公投研究

自决权理论与公民投票

王英津　著

九州出版社
JIUZHOUPRESS

图书在版编目（CIP）数据

自决权理论与公民投票 / 王英津著．—北京：九州出版社，2007.11

ISBN 978-7-80195-738-2

Ⅰ．自… Ⅱ．王… Ⅲ．人权：研究 Ⅳ．D911.04

中国版本图书馆 CIP 数据核字（2007）第 164710 号

自决权理论与公民投票

作　者	王英津　著
出版发行	九州出版社
地　址	北京市西城区阜外大街甲 35 号(100037)
发行电话	(010)68992190/2/3/5/6
网　址	www.jiuzhoupress.com
电子信箱	jiuzhou@jiuzhoupress.com
印　刷	三河东方印刷厂
开　本	720×1020 毫米　1/16 开
印　张	22
字　数	366 千字
版　次	2007 年 12 月第 1 版
印　次	2007 年 12 月第 1 版　第 1 次印刷
书　号	ISBN 978-7-80195-738-2/D·177
定　价	42.00 元

目　录

第一编　自决权理论之本体研究

第二编　自决权与相关范畴之关系研究

结束语:自决权理论的问题与思路

图表目录

导　论

一、选题依据

在当代国际人权法和国际政治领域，没有任何研究课题能够像自决权问题这样吸引如此广泛的注意力。①主要原因是自决权不仅涉及种族、宗教、历史和文化问题，还关系到国家资格、政治独立和领土完整等问题。在非殖民化结束后，如何处理自决权与国家领土完整之间的关系成为国际社会面临的一个复杂而尖锐的问题。基于此，本课题选择以自决权问题为研究对象具有重要的理论和现实意义。

（一）理论意义

首先，“作为一种哲学理念的自决原则固然是美好的，但在法治思维上仍有一些暧昧不清的逻辑困境”。②围绕着自决的概念及其相关理论，学术界产生了颇多争议。自决权本身的复杂性和模糊性，使得这一理论时常被当今的少数分离主义势力所利用，他们对自决理论进行随意地发挥和曲解，主张通过所谓的“自决”来在一些主权国家内部进行分离主义活动。为了解决自决权与领土完整的冲突，有些西方学者对“民族自决权”的涵义做了扩大解释，试图使其突破“反殖”和反外族征服的原始涵义的局限。在此基础上，西方学者逐步把“民族自决权”作为主权国家内部少数民族权利保障的法理基础，一种所谓的“自决权内外划分学说”也在西方学术界发展起来，并被许多人所接受。同时，西方学者强调国家主权和同时，西方学者

① See J. Oloka-Onyango, *Heretical Reflections on the Right to Self-Determination: Prospects and Problems for a Democratic Global Future in the New Millennium*, American University International Law Review, Vol. 15, No. 1, 1999, p. 151.

② 季卫东著：《宪政新论——全球化时代的法与社会变迁》（第二版），北京大学出版社 2005 年版，第 388 页。

强调国家主权和主权和同时，西方学者强调国家主权和民族自决权应当协调共存，不应过分重视任何一个方面。现行国际法固守民族自决权原始的反殖和反外族征服的含义，过分重视了国家主权，现在应该有新的突破。上述关于西方学者的“新自决权理论”，根据论述者对主权和自决权重视程度的不同、对“对外自决权”和“人道主义干预”执行门槛和执行程序的不同主张，以及理论阐述的不同角度，各有不同的版本和侧重点，但基本观点如上所述。面对西方学者提出的“新自决权理论”，我们该如何正确看待和评析？这需要我们对该问题去做进一步的探索。

其次，由于自决权本身存在着模糊之处，又加之学术界长期以来缺乏对自决权问题的规范性研究成果，导致了在学理上对自决权的概念、内容、性质、功能、主体以及实现方式等一系列基本理论问题的认识产生了分歧和争议，甚至在诸如自决权的概念这样一些最基本的理论要素上也还没有完全形成共识，以至于使理论界在民族自决权形成国内的政治和法律概念之初，就对其产生了争论。二次大战后，民族自决权成为国际法上的重要原则，但有关的争论仍在继续，甚至愈演愈烈。当前，围绕民族自决权的争论，已经成为整个国际人权领域斗争的一个重要方面。从国际法的角度来看，自决权的概念、主体、实现形式和行使方式都是相当复杂的问题。

基于解释上述一系列问题的需要，我们今后必须进一步研究：自决权究竟是一种什么样的权力？它的性质、本质以及基本功能是什么？它的主体有哪些？它的适用条件是什么？它是否只适用于殖民地人民和其他被压迫民族？如果是，自决与独立有什么区别？如果不是，主权国家内部的人民是否享有自决权？如果享有，其主体是一个国家的所有人民还是一个国家的部分人民？由此又引申出许多相关的理论问题，如自决权与国家主权、自决权与人权、自决与民主、自决与自治等到底是什么关系？殖民体系瓦解后，国际社会对民族问题及其相关的民族自决权出现了新的认识和思考，诸如：殖民体系瓦解后民族自决权是否已完成了历史使命？民族自决权可否适用于主权国家内的少数民族、土著居民？民族自决权是否包括分离权？如何防止分离主义势力利用民族自决权来从事分裂国土的活动？等等。这一系列的问题都需要我们从理论上做出科学的回答。

要对上述问题进行科学的回答，我们必须对自决权理论进行跨学科的综合研究。以往我们在论证自决权的合法性时，通常引用国际人权公约等国际法律文件，但这不足以奠定自决权合法性的理论基础。例如，国际法基于什么样的理念才确立这一原则？这是国际法和国际政治本身不能够很好地回答的问题。笔者认为，这与国家主权理论和人民主权理论具有密切关联，而国家主权理论和人民主权理论在更大程度上属于政治哲学和法理学的研究范畴，所以，要弄清自决权合法性的理论基础，还需要我们从政治哲学和法理学的角度来对自决权理论进行探讨。通过回答这些问题来对自决权理论进行跨学科的综合研究，对于丰富和发展我国的政治学、国际政治学、宪法学和国际法学等学科，无疑具有积极的意义。

（二）现实意义

任何理论研究都是以一定的现实需要为其价值所在。自决理论的研究也是如此。

首先，是反对地区或民族分离主义的现实需要。民族自决权理论在人类社会发展中，发挥了不可磨灭的历史作用。回顾历史，我们可以发现，自决作为一种思潮，最初曾经是民族主义兴起的根本动力。在西欧民族独立的过程中，它成为民族国家建构合法性的依据。在拿破仑战争以后，意大利和德意志民族主义觉醒，两个民族终于通过战争的手段摆脱了异族的统治，分别实现了民族统一，建立了独立的国家。20 世纪初在列宁和美国第 28 任总统威尔逊（Thomas Woodrow Wilson）的倡导下，民族自决原则日益引起国际社会的重视。在 20 世纪推翻殖民主义统治、进行民族国家建构以及建立世界新秩序的历史过程中，它发挥了重要的作用。一次大战以后，随着奥匈帝国、沙皇俄国和奥斯曼帝国因战败或革命而解体，奥地利、爱沙尼亚、阿尔巴尼亚、捷克斯洛伐克、立陶宛、匈牙利、拉脱维亚、波兰、罗马尼亚、前南斯拉夫等一大批民族国家在民族自决的旗帜下实现了独立和统一。二次大战以后，亚非拉民族解放运动空前高涨，有 100 多个前殖民地和附属国相继独立。正如卡塞斯（Antonio Cassese）所说："从国际政治的角度来看，自决一直是当代国际社会中最重要的推动力量之一。"①然而，由于这一理论本身的模糊不清，"后来它又成为各种分离主义者和领土收复主义的种族主义的重要理由。在战后阶段，自决学说被所有的反现存制度的运动所利

① Antonio Cassese, *Self-Determination of Peoples, A Legal Reappraisal*, Cambridge University Press, 1995, p. 1.

用。”① 到了20世纪80年代末，随着冷战的结束，苏东地区出现了新一轮民族独立运动，前苏联、前南斯拉夫和前捷克斯洛伐克三个国家纷纷解体，最终分裂出了23个新兴的民族国家，而自决原则再次成为这些新兴国家争取独立地位的基本依据。试问，这是真正意义上的自决吗？我们该怎么看待这场对统一的多民族国家的解构运动？冷战结束后，从加拿大魁北克省的独立要求到北爱尔兰的分离倾向，这些分离主义行径“假借”的一个共同依据也是自决权原则。与此同时，一些国家的分离主义势力乘机非法提出分离的要求，蓄意制造动乱，如俄罗斯的车臣危机、中国的“藏独”、“疆独”和“台独”活动，等等。为此，民族自决权原则的合法性，引起了不少多民族国家的恐慌和质疑。为了防止本国的分裂，一些国家走向另一个极端——否定少数民族的权利，甚至否定少数民族的存在。在土耳其，只有土耳其民族才可以要求民族权利，其他民族不能有这种要求。在伊朗、柬埔寨、法国等国家有时竟不承认少数民族的存在。主体民族顽固地不承认多民族现状，压制国内的少数民族，并强制同化少数民族，以防止少数民族受到诱惑而从事民族自决和民族分裂。这种异常做法的思想基础，显然是参照了西欧单一民族国家的基本模式和历史经验，主张一族一国。从国际社会来看，个别强权国家打着“人权高于主权”的旗号，借着自决权是一项国际法上的集体人权这一事实，主张将自决权适用于主权国家内部的部分人民，以达到肢解他国的目的。国际社会政治斗争的现实，迫切需要我们从理论上弄清自决权的真正含义是什么，究竟少数民族是否享有自决权，自决权是否就是分离权，上述的分离主义运动是否属于自决运动的范畴。为此，我们必须厘清自决权的含义、主体、内容、性质等问题，以及它与主权、人权之间的关系问题。

其次，是与国际人权公约接轨的需要。《公民权利和政治权利国际公约》和《经济、社会和文化权利国际公约》是人权国际保护领域两个最重要的国际人权文件。全国人大常委会已经批准了《经济、社会和文化权利国际公约》，因此，对于该公约规定的缔约国义务，我国政府必须认真履行；我国政府也已经签署了《公民权利和政治权利国际公约》，迄今为止，全国人大常委会还没有批准该公约，目前该公约正处于批准前研究和讨论阶

① ［英］戴维·米勒、韦皮·波格丹诺编：《布莱克维尔政治学百科全书》，邓正来译，中国政法大学出版社1992年版，第693页。

段。从国际惯例来看，《公民权利和政治权利国际公约》虽然目前还没有对我国产生直接的法律约束力，但是在我国政府已经签署该公约的前提下，立法机关就不能再出台与该公约的基本原则和基本精神相违背的法律规定。对于学术界来说，目前最重要的理论研究任务就是结合两个人权公约的实施机制来探讨在我国如何来贯彻落实两个国际人权公约的规定，通过国内法的法律保障机制来保证两个国际人权公约中所保障的普遍人权的实现。其中，第1条关于自决权的条款，在我国批准时是否要成为保留条款呢？若单从公约的文本来分析，公约规定人民自决权意义重大，但文本的规定更像是一个原则的宣示，它用词模糊（比如“人民”一词），规定也很抽象，其后随着时代的发展和变迁，对其理解产生了很多争议，进而产生了进一步解释的需要。比如，自决权的主体是谁，自决的具体内容是什么，它是否只意味着独立，自决权如何行使，等等。诸如此类的问题，都需要我们对自决权问题加以认真地研究。

二、研究现状及文献综述

（一）西方学者关于自决权的研究

西方学界对该问题的研究，主要是从国际法或国际政治的角度来进行的，特别着眼于从法律操作层面来对其进行研究。例如科本（Alfred Cobban）、凯尔逊（Hans Kelson）、埃默森（Rupet Emerson）、卡塞斯（Antonio Cassese）、福克斯（Gregory H. Fox）等学者大都从国际法或国际政治的视角对自决权问题进行过深入的研究。

在西方国家，卡塞斯被堪称为西方学界研究自决权问题的代表人物。1995年他出版了《人民自决权：法律再评析》（英文版），该书不仅是他本人的代表作，而且也反映了当时国际法学界在这个领域里的研究水平。在该著作中，他提出了“自决权的内外划分理论”，主张将自决权划分为“内部自决权”和“外部自决权”。所谓“对内自决权”是指在现有主权国家的框架内寻求本民族的政治地位，以及政治、经济和文化的发展。其主要内容包括基本的公民权利和政治权利，维系和发展本民族文化、宗教和语言的权利，平等参与政府政治的权利等。所谓“对外自决权”则是在现有主权国家的范围之外寻求独立的政治地位，自主地处理本民族的国际事务和安全事务的权利。对外自决等于脱离现在的主权国家而独立建国；[①]他同时主张，主权国家内部的少数民族在一定条件下有权行使“民族自决权”。一般说来，少数民族行使民族自决权与主权国家的领土完整之间不存在直接冲突。但是，当少数民族的基本人权受到大规模的严重侵害，这种侵害危及该民族的生存，并且不大可能在现有主权国政治范围内求得解决时，受害民族可以行使“对外自决权”，即脱离出去另组新的独立主权国家。国家主权不应成为少数民族行使“民族自决权”和外国执行人道主义干预的障碍。[②]除了卡塞斯以外，也有其他西方学者对“内部自决”与“外部自决”的划分进行了较为深入的论述，并提出了一系列的个人观点。

从总体来看，西方学者大都是从国际法或国际政治的角度来研究自决的，而对于有关自决的一系列基础理论问题，例如自决的性质、功能，以及它与主权、民主、人权、自治等理论的关系问题，仍缺乏深入的探讨。就西方学者的有关论述来看，他们过多地关注了自决权的主体、适用范围，以及自决权与国家主权的关系等问题，而且他们在研究中大多以西方国家的利益为出发点来考量和审视问题，兼具西方中心主义和功利主义的色彩。

（二）中国学者关于自决权的研究

从国内学界对自决问题的研究来看，著作的数量相对较少。迄今，关于研究自决权的专门著作只有北京大学法学院白桂梅教授的《国际法上的自决》（中国华侨出版社 1999 年版）一书，该书主要从国际法的视角对自决问题进行了系统而深入的研究。该著作围绕着什么是国际法上的自决、谁来自决、决定什么和如何自决等问题展开了深入的探讨，然后在此基础上探讨了自决与分离的关系，从而澄清了许多模糊的认识，最后探讨了自决权原则在现行国际法上的地位和影响。迄今为止，白桂梅教授的这本著作堪称为中国国际法学界在自决问题研究方面的杰作。

另外，北京大学政府管理学院宁骚教授在其《民族与国家》（北京大学出版社 1995 年版）中也有些关于自决权的研究，其特点是从国家与民族关系的视角来研究自决权的。中山大学慕亚平教授在《和平、发展和变革中

---

① Antonio Cassese, *Self-Determination of Peoples, A Legal Reappraisal*, Cambridge University Press, 1995, p. 90.

② Antonio Cassese, *Self-Determination of Peoples, A Legal Reappraisal*, Cambridge University Press, 1995, p. 1.

的国际法问题》(法律出版社 2003 年版) 中也有大量的篇幅来专门对国际法上的自决权问题进行深入探讨。在其他一些国际法著作、国际政治著作和民族学著作中也有关于自决权问题的研究内容，在此不一一列举。不过，这些研究成果大都缺乏系统性，准确地说，是散见于其他问题（如民族问题、国家主权问题、人权问题等）的探讨之中，不是针对自决权而专门进行的研究。

国内关于自决权问题的研究成果更多地体现于学术论文，这方面的论文主要有：《自决原则在历史上的实践及其含义的演变》(任东来，《太平洋学报》1997 年第 3 期),《对列宁民族自决权思想的再认识》(张祥云，《理论学刊》1997 年第 5 期),《论冷战后时代的国家主权》(曾令良，《中国法学》1998 年第 1 期),《论国家主权与民族自决权的一致性与矛盾性》(孙建中，《北京大学学报》(哲学社会科学版) 1999 年第 2 期),《对国际法中民族共同地域与民族自决权的再认识》(王佐龙，《青海民族研究》1999 年第 4 期),《全球化、新干涉主义和民族自决权对国家主权的挑战》(杨小云，《现代国际关系》1999 年第 12 期),《民族自决权的历史演化》(王冰，《探索与争鸣》1999 年第 12 期),《伍德罗·威尔逊的民族自决思想》(张澜，《江西师范大学学报》(哲学社会科学版) 2000 年第 3 期),《对国际法中民族自决原则的重新认识》(尚颖、张丽东，《浙江社会科学》2000 年第 3 期),《民族自决权、人权与主权》(王智娟、潘志平，《新疆师范大学学报》(哲学社会科学版) 2001 年第 1 期),《民族区域自治理论中自治权与自决权的区别》(郭锐，《云南民族学院学报》(哲学社会科学版) 2002 年第 4 期),《民族自决原则的欧洲哲学渊源及在现代的发展》(高四海、潘光辉，《世界民族》2003 年第 4 期)，等等。笔者通过学术期刊网查询，获得关于自决权研究的理论成果近 400 篇。

对于上述国内这些研究成果的意义，我们应该给予积极的肯定和高度的评价。但是，国内对于自决权的研究成果，倘若与西方国家的研究相比较，则呈现出以下几个不足：首先，成果形式比较单一——大部分是学术论文，学术专著较少。而学术专著是对问题进行系统而深入研究的成果形式，学术专著的数量至少从一个侧面反映出学界对这个问题的关注程度。其次，研究视角更加狭窄，过分地局限于国际法学的视角。而事实上自决问题是一个跨学科的命题，所以，单从国际法的视角对有些问题所做的分析，难免显得捉襟见肘。再次，在研究内容上往往“避重就轻”，过多地关注了自决权的一些热点问题，而对于自决权理论中的一些难点和前沿问题，则缺乏有深度的挖掘和剖析，甚至对有些难点问题“绕道而行”。第四，研究方法比较单一，在引证自决权的有关资料方面，过多地拘泥于国际法上的有关法律文本，而对于法律文本背后的相关基础理论问题则缺乏深入的研究。第五，过分关注了自决权理论的现实性，而忽视了它的学术独立性。学术研究要关注现实，这是对学术研究的基本要求。作为一项研究成果，其生命力在于它能够回答或解读有关现实问题，否则，这项研究成果便失去意义。但是，过分地强调学术研究的现实性，而牺牲其独立性，则不利于对学术理论本身的深入研究。而学术理论研究的不深入又反过来影响它对现实问题的回答或解读。目前我国学术界在自决权理论问题上的研究，就存在着这样的问题。

三、内容架构

本书主要从政治学与国际法学相结合的角度，围绕着自决权理论的源流、自决权内在的性质和功能、自决权与相关权能的区别和联系等问题展开讨论，并在此基础上研究自决权的实践及其规则。从架构上来说，本书的主要内容大致包括：

导论部分，主要介绍本课题的选题依据（包括理论意义和现实意义），介绍国内外学术界对相关选题的研究现状，轮廓性地说明本课题的大致内容和基本架构，在此基础上阐述本课题在研究内容和研究方法上的创新之处，最后介绍本课题在研究过程中所采用的五种研究方法。

第一章，自决权的由来及发展。主要研究以下了几个问题：从起源上看，自决权观念最早是政治哲学中的学术话语；自决权从头脑中的观念到正式概念的提出，是西欧资产阶级革命中的产物；自决权从国内政治范畴发展到国际政治原则，应归功于列宁和威尔逊的贡献；自决权又从国际政治原则发展成了国际法律原则，后又发展为国际法上的集体人权。通过上述历史考察，笔者在本章的小结部分提出了关于自决权问题的个人观点。

第二章，主要研究自决权的“不同版本”。首先介绍马克思主义经典作家对于自决权问题的认识及其有关论述；其次介绍了西方学者关于自决权的基本观点；然后分析了国际法上的自决权的涵义，并阐明了笔者在此问题上的观点和主张。

第三章，主要研究国际法学界有些西方学者所提出的“自决权内外划分学说”，以及对它的评析。首先，研究了该学说产生的背景、西方学者的有关论述、该学说的基本内容等；然后，对该学说进行了评价，指出了其不足；在此基础上提出以“学科划分法”取代“内外划分法”的个人主张，并论证了“学科划分法”的理论意义。

第四章，主要探讨自决权的性质。本章围绕着以下六个问题的辨析而展开讨论：是法律原则，还是法律权利；是单一权利，还是复合权利；是一次性权利，还是永久性权利；其独立形式只有独立，抑或还有其他；是绝对性权利，还是相对性权利；是国际强行法性质的权利，还是国际习惯法性质的权利。最后，根据国际法原理和国际法规范得出结论。

第五章，主要研究自决权的主体。首先，探讨了表述自决权主体的两个基本概念——人民与民族；接着探讨了能够作为自决权主体的“人民”是哪些人民，能够作为自决权主体的“民族”是哪些民族；然后对少数者、土著人、一国内的部分人民、国家和个人是否享有自决权进行了辨析，指出他们不是国际法意义上的自决权主体；最后，笔者对本章的内容作了总结。

第六章，主要研究自决权与国家主权的关系。首先介绍国家主权的一般理论；然后分析自决权碰撞国家主权的情形及原因；分析自决权与国家主权的相互依存和相互制约的关系；指出内在统一才是自决权与国家主权关系的实质所在；最后对五种观点进行了评析，从而澄清一些模糊的认识。

第七章，主要研究自决权与人权的关系。首先，在自决权与集体人权的关系方面，笔者认为，自决权是人权发展史上的里程碑，自决权是一项最重要的集体人权；其次，探讨了自决权与个体人权之间的关系，认为自决权是实施个体人权的前提和条件，在此基础上分析了自决权与个体人权关系的新观点，并对这种学术观点进行了评析。

第八章，主要研究自决与自治的关系。首先介绍了自治的涵义及其一般理论；重点探讨了自决与自治的区别、自决与自治的关联等问题；接着分析混同自决与自治的原因；然后通过一个案例分析来说明自决与自治关系的错位与协调问题。

第九章，主要研究自决与民主的关系。主要探讨了自决与民主的关系，重点研究了自决与民主的区别、自决与民主的关联等问题；分析造成自决与民主关系混乱根源何在；最后对国际法上正在或已经形成一项新权利（即民主权利）的主张作了介绍，并进行了评析。

第十章，主要研究自决与分离的关系。为了对自决权的内涵有一个深刻的把握，首先研究自决与分离、独立、分立等几个概念的关系，在此基础上，从几个方面来论证自决权不包括分离权；接着指出分离权是一个近乎虚拟的概念，并对分离权的性质和行使条件进行了分析；通过对分离主义的现实考察，指出自决权并非分离主义的挡箭牌。

第十一章，重点研究自决权的实现方式与公民投票的关系原理。主要内容包括：自决权的实现方式有武力方式与和平方式，前者即民族解放战争，后者即公民投票。在对以往关于公民投票类型划分所做的评价的基础上，将公民投票的类型划分为自决性公民投票和民主性公民投票。最后得出结论：自决权的实现方式与公民投票之间是逻辑上的交叉关系。

第十二章，主要研究自决性公民投票。这一章是第十一章的进一步展开。自决性公民投票又分为归属性公民投票和独立性公民投票。前者在国际社会中比较典型的个案，如萨尔区；后者在国际社会中比较典型的个案，如多哥、东帝汶。通过对个案的分析，概括出自决性公民投票的操作模式。

第十三章，主要研究民主性公民投票。该章也是第十一章的进一步展开，首先研究民主性公民投票的历史起源和发展、理论基础，以及制度规范；接着研究了公民投票的适用范围和议题，分析了公民投票制度的功能及其局限性，并对公民投票制度的利弊进行了评析；最后针对弥补公民投票制度的不足提出了笔者个人的意见。

第十四章，主要研究了民主性公民投票的一种特殊类型——分离性公民投票。以加拿大魁北克的分离运动为个案，对分离性公民投票的运作进行了分析；然后总结了分离性公民投票的几点启示；最后提出了关于遏止分离性公民投票滥用的两点思考。

结束语部分，主要研究自决权理论存在的问题和解决这些问题的思路。内容大致包括：自决权理论混乱的根源与思路，学界有人提出的所谓两个“法理上的陷阱”及其超越思路，自决权的工具主义色彩，自决权的局限及其边际，自决权在当代的存在价值。

四、研究突破

笔者认为，本课题的主要学术贡献在于，综合运用多学科的研究方法对以往学术界中零散的、混乱的理论材料进行系统的梳理、科学的归纳和清晰的界定，并以“学科划分法”为贯穿全文的主要分析工具，运用它来对以往学术界在有关自决权理论上的混乱进行深入的剖析，指出其问题和出路之所在，进而提出了个人的观点。概括起来，本课题拟尝试性地在以下几个方面实现该项研究的理论突破。

（一）内容上的突破

（1）提出了自决权的“学科划分法”。即在学科意义上，将自决权划分为国际法意义上的自决权和国内宪政意义上的自决权。笔者不赞同某些当代西方学者在国际法层面上将自决权区分为内部自决权和外部自决权的观点，并认为目前关于自决权理论的许多混乱都是由于这种“内外划分法”带来的。但自决权理论的产生及其演变历程表明，它具有对内属性和对外属性，并且自决权在不同的学科语境下具有不同的含义。据此，笔者主张以“学科划分法”取代“内外划分法”，这样可以解决和避免许多自决权概念使用上的混乱。

（2）厘清了自决范畴与其外在相关范畴的关系。本课题除了注重对自决权理论本身的研究之外，更注重对自决权理论与其外在相关范畴的关系的研究，以求能够从理论上厘清它们之间的不同和关联。自决理论的混乱源于自决权概念的混乱，本课题在科学地界定自决权概念内涵和科学地划分自决权类型的基础上，厘清了自决与国家主权、人权、自治、民主、分离等相关理论范畴的关系，从而澄清了以往学术界在这些方面所产生的理论上的混乱，也为我们今后科学地理解和把握自决的内涵和本质奠定了理论基础。

（3）对公民投票进行了更为科学的类型划分。以往学术界对公民投票的类型划分，要么单纯局限于民主领域，要么单纯局限于国际法领域。笔者认为，这有失偏颇。事实上，公民投票既存在于国内民主政治领域，也存在于国际法领域。为了在覆盖两个领域的普遍意义上进行分类，笔者主张将公民投票划分为自决性公民投票和民主性公民投票。这样可以看清很多打着“自决”旗号的政治行为的性质。

（4）提出了自决权的所有与行使相区分的观点。将国内法上权利的所有与行使相区分的原理运用于国际法的分析，认为自决权的所有与自决权的行使是两个不同的概念。这样可以更有说服力地解释某些国际法论断或条文。例如，依此观点，“所有人民都有自决权”是从所有权的角度来讲的，其主体既包括殖民地和其他被压迫民族的人民，也包括已经独立建国的人民。但从行使权的角度来说，只有殖民地和其他被压迫民族的人民才可以行使自决权。这样解读既能照应国际法条文，又能防止自决权的随意行使而造成的对国家主权的冲击。

（5）将“种族”和“国内一部分人”对自决权的拥有和行使状况界定为：与国内其他种族或国内其他人民“共同拥有”和“共同行使”自决权。以往学术界为防止种族或国内一部分人利用自决权从事分裂国家的活动，一般的论述是：“种族不拥有自决权”，“一个国家内部的部分人民不拥有自决权”，等等。笔者认为，这种论述不准确。试想，如果每个种族或国内一部分人民都不拥有自决权，那么，由各个种族组成的民族共同体或一个国家的全体人民怎么会拥有自决权呢？基于论证逻辑上的严谨，同时也为了防止种族或国内一部分人滥用自决权，本课题将种族和国内一部分人的自决权状况界定为“不单独拥有”自决权。既然“不单独拥有”自决权，自然也就“不能单独行使”自决权，只能与其他种族或其他人民共同行使自决权。

（二）视角上的突破

以往对自决权的研究主要局限于国际政治、国际法等学科。国内外的政治学和宪法学研究基本上不涉及这一命题，正如季卫东先生所说：“即使在讨论人民主权、直接民主、地方独立性、民族自治、‘一国两制’等方面的法理根据的场合，自决权的话语也几乎完全被拒之门外。”①从表面上看，自决权主要是国际政治和国际法上的概念，从国际法和国际政治学的角度来研究自决权也是无可厚非的。但对自决权合法性的论证或研究仅仅靠引用国际法律文件上的有关规定是不够的，因其缺乏理论支撑，它不能回答：自决权到底是权利（right）还是权力（power）；它的独特功能何在；它与主权、人权、自治、民主以及分离的关系是什么；等等。要对诸如此类的问题做出回答，必须从政治学理论的高度来对之进行探讨。要论证自决权的意义，就要突破原有的研究框架，不仅要论证它是实践的需求，更要证明它在理论上是能够成立的。因而与以往对自决权的研究主要局限于国际政治、国际法等学科不同，本课题综合运用政治学、宪法学、国际政治、国

① 季卫东著：《宪政新论——全球化时代的法与社会变迁》（第二版），北京大学出版社 2005 年版，第388页。

际法等的学科视角与方法来对自决问题进行研究。首先从政治学的视角来对自决权问题进行深入的探讨，是因为自决观念最早起源于政治哲学领域，它与近现代民族国家的形成和发展密切相关。只有从政治学的角度，结合近现代的人民主权、民主、人权等理论或思想，才能对自决理论的本质和内涵有深刻的认识。主要运用政治学研究自决权的起源和未来动向，因为起源和未来两个阶段上的自决权与国内政治有关，而在起源和未来之间阶段自决权在国际政治和国际法上的发展，则与国内政治没有直接的关系，故无法用政治学和宪法学的理论来加以分析。通过研究自决权未进入国际政治和国际法领域时期的含义和主张的考察，可以帮助我们从一般意义上更好地把握自决权的原始内涵。通过研究国际法上有关自决权发展的动向，特别是将自决权延伸到国内政治领域（即提出“内部自决权”）的动向，再运用政治学和宪法学的视角来分析“内部自决”的概念延伸到国内政治学和宪法学领域后带来的概念使用上的混乱，从而指出，国际法上的自决权最好不要延伸到政治学和宪法学领域中来。

但由于自决权理论的发展变化与国际政治、国际法等密切相关，所以本课题的研究还必须结合国际政治学和国际法学来研究自决问题。倘若抛开国际政治和国际法去谈自决，我们将无法理解这一概念的实质，这样一来，所得到的研究结果将是不成熟的和不切实际的。因此，本课题的研究在以国际法为主要视角的同时，也辅之以政治学、宪法学等相关学科的研究视角。从现实政治的角度看，冷战结束之后，“对内自决权”日益成为政治和法律话语中的热点，甚至有上升为国际性法律规范的趋势。在这个过程中，颇有一些少数民族或族群试图借助人权保障问题作为中介环节在自决权的框架下寻找分离独立的根据，试图通过民主化的途径来获取自决权主体的资格。他们的逻辑是既然“对内自决权”（民主）不能得到充分的实现，那么只好追求“对外自决权”（分离）。针对这种有可能危及世界稳定秩序的情形，一些国际法专家（特别是欧洲的学者和政界人士）又反过来限制“对外自决权”，强调国际民主主义的本质是主权平等；对非殖民地的主权国家的人民，只能在像南非共和国那样的例外情况下才承认其分离独立的诉求；在一般场合，无论政府如何专制和独裁，只要没有实施制度化的种族歧视或者宗教歧视，就不能承认其人民享有“对外自决权”。但另一方面，在政治的实践中，联合国已经开始把民主主义的国际保障作为新的活动目标，积极介入人民通过投票选举政府的有关组织活动。①因此，在考察人民自决权原则时，我们必须把政治学理论、宪政理论和国际法理论的结合起来，进行跨学科的综合研究。众所周知，运用不同的学科视角对同一问题进行研究，会得出的不同（甚至可能完全相反）的结论。对于本课题中的自决权而言，若从政治学或宪法学的视角来看，其主体是个人；而从国际法的视角来看，其主体则是集体。以往在自决权问题上的混乱，在很大程度上是由于将不同学科语境下自决权概念穿插在一起使用而造成的。本课题通过比较不同学科背景下自决权的涵义及其相关概念的不同，为学术界今后避免概念的混同使用尽一点微薄之力。

五、研究方法

内容决定形式，目的决定手段。研究方法作为研究手段或工具的重要组成部分，其选择和运用并不是随意的，而是由其所要研究的内容和目的所决定的。与本课题的研究内容和目的相适应，本课题主要采用以下研究方法：

（1）历史研究方法。即运用历史资料，按照历史发展的顺序对问题进行研究的方法。该方法强调通过对问题及其学说的起源和历史发展来发现其精神的基本原则，它具有历史的传统和生命力。通过对制度及其学说的历史考察，可以发现内含于一定法律的“民族精神”。该方法要求我们运用历史的眼光对自决思想的起源及其发展脉络作一纵向考察。自决权概念的演进与近代民族国家发展史、国际关系史密切相关，在分析自决权的涵义、性质、功能、运作等问题之前，我们先结合近代民族国家发展的历史、国际关系发展的历史，对自决思想的源流作了历史考察和分析，力求发现自决权思想前后经历了哪些变化。如果对理论的历史缺乏了解，势必会造成“所有的创建都不过是未被揭露的重复，所有的正确都不过是未经觉悟的谬误”这样令人尴尬的结局。②我们研究自决权产生和发展史的目的在于从根源上准确地把握自决权概念的真谛，并从各种事件的联系中发现因果关系，找出造成问题现状的原因，以便更好地解决自决权在当前所面临的问题，以及推测和

① 季卫东著：《宪政新论——全球化时代的法与社会变迁》（第二版），北京大学出版社 2005 年版，第 392－383 页。

② 祝勇主编：《重读大师：激情的回归》“序”，人民文学出版社 1999 年版，第 2 页。

把握自决权在未来的演变趋向。

(2) 案例分析方法。即围绕一个特殊的政治现象或政治行为而进行研究的方法。该研究不同于比较研究和抽样调查研究，它注重一个单独的案例或事件，侧重于对单一事件和活动作详尽分析，进而可以刺激人们思考重要的具有普遍意义的问题和可能的理论方案。本课题通过该方法对人类历史上典型自决性公民投票个案（如萨尔区、多哥、东帝汶等）和以分离为议题的特殊民主性公民投票个案（如魁北克）进行实证分析和研究，以此来考察和归纳国际法上的公民投票和分离性公民投票的不同适用条件和具体操作模式，从而为正确地运用两种公民投票提供科学指导，同时也用之来揭穿台湾当局故意混淆两种不同性质的公民投票制度，以浑水摸鱼的方式寻求“法理台独”的问题之所在。

(3) 比较研究方法。比较研究是把某一特定的政治现象与具有可比性的其他不同的地区或国家的政治现象进行对比研究，寻找共通性和差异性的研究方法。它是政治学研究的重要方法之一，特别是在对有关制度进行探讨时，它是一个有力的辅助分析工具。探讨自决原则，必然要联系中西方国家在自决权问题上的不同理解，以及中西方国家对待自决权的态度差异。可以说，这样的研究，只有通过运用比较的研究方法，才能发现并揭示出自决理论的阶级性和工具性。探讨自决权的法理基础必然要联系到主权、自主权、自治权这几个概念。可以说，这几个概念是界定自决权概念外延与内涵的参照物，只有深刻研究这些概念，通过自决权和这些概念的比较，才能揭示自决权所蕴含的学理价值，准确理解其意义。采用比较方法研究自决权的目的不在于单纯地罗列自决权与主权、自治权和民主等概念的表面异同，而在于透过表面的异同，分析其产生原因。通过比较，可以凸显自决权的独特功能和存在价值，可以提高人们对自决实践的政治认知和判断能力。例如，通过对历史上公民投票个案与加拿大魁北克公民投票个案等的比较，可以使人们进一步了解分离性公民投票的启动条件和程序。

(4) 阶级分析方法。即用阶级的观点考察政治现象的理论和方法，是马克思主义分析政治现象的根本方法。根据该分析方法，不同的阶级有不同的立场，不同的阶级立场决定了人们持有不同的观点。对有关自决理论的解析，需要通过阶级分析的方法来反映问题的实质。例如，就生活在同一时代的列宁和威尔逊来说，他们都对自决权理论进行过较为系统的论述，但由于两位政治思想家分别处于无产阶级和资产阶级两个不同阶级立场，所以他们对自决权的见解和论述存在着很大的差异。同样，发达国家的学者和发展中国家的学者，甚至在同一国家内部，代表国家一方的学者和代表地区（或种族）分离一方的学者对自决权理论的认识和表述，也会有很大的不同。因此，我们只有结合某一政治思想家的阶级背景、阶级立场，才能对其自决权理论和观点有深刻的认识。

（5）生态分析方法。尽管民族自决权的概念经过近百年的发展，其作为一项国际法原则已经得到各国的广泛接受，但是，到目前为止，在国际法上仍没有一个确定而通行的自决权的定义。从历史上看，不同时期的思想家，在不同的背景下，站在不同的角度分别对自决权作过不同的论述。有时即使是同一个思想家，他在不同时期对自决权的论述也是前后不一致的（譬如，列宁关于自决权的论述就是这种情况）。因此，面对“自决权”这样一个不断发展的概念，我们在理解某个思想家关于自决权的论述时，必须将这个论述连同作出论述的那个思想家一同放回到他所处的那个时代的背景下来理解，这样才能真正科学地理解这个论述的内涵和本质。譬如，按照这一方法，我们可以发现，自决权在不同历史时期具有不同侧重的内容：在非殖民化前期，自决权侧重于狭义上使用，即为殖民地、半殖民地、非自治领土和托管领土摆脱殖民统治，建立独立国家，决定自己的政治地位和权利；而在非殖民化后期，它通常侧重于广义上使用，除了包括自由地决定自己政治地位的权利以外，还包括自由寻求经济、社会和文化发展的权利。我们只有将自决权放到一定的社会生态环境下，采用历史的、联系的、发展的观点来对之进行系统研究，才能真正理解和把握自决权的科学涵义。

六、概念界定

（一）“自决权”、“民族自决权”与“人民自决权”

在中文语境里，与自决权联系在一起的概念是“民族自决权”。“自决权”在国际法英文文献中与其对应的是“Rights of Peoples to Self-Determination”，在通常情况下，它被译为“民族自决权”，但也被译为“人民自决权”。如1966年的《公民权利和政治权利国际公约》和《经济、社会、文化权利国际公约》重申自决权时，使用的就是“所有人民都有自决权”。此后在联合国文件中对民族自决权统合而名之为“人民自决权”。在联合国的工作语言中，联合国的翻译人员实际上并不深究“人民”和“民族”的区别，有时将两者混同使用。因而，本课题也不去进一步探究“民族自决权”和“人民自决权”的区别，而用“自决权”来笼统代替这两种可能的涵义，甚至有时也将两者互换使用。

（二）“非殖民化运动”

在历史上，自决权原则的形成、发展与非殖民化运动密切相关，所以本文研究自决权离不开考察非殖民化运动。那么，什么是非殖民化运动呢？在学术界，“非殖民化运动”有广义和狭义之分。广义上的“非殖民化运动”经历了一个漫长的历史发展过程。如果将 18 世纪美国独立战争作为非殖民化的开始，那么非殖民化运动在一次大战和十月革命的影响下又有了很大的发展，并在二十世纪六七十年代达到高潮，80 年代末进入尾声，前后经历了二百多年的时间。而狭义上的“非殖民化运动”是单指二次大战后开始并大致于二十世纪六七十年代结束的殖民地人民和其他被压迫民族的民族解放运动。本课题研究中所谓的“非殖民化运动”是就狭义而言的。

第一编

自决权理论之本体研究

第一章　自决权的由来及发展

自决权的形成和发展是个长期的历史过程，在这个过程中，不同时代、不同阶级和不同国家对其含义有着不同的理解和论述。基于此，本章以自决权的起源作为切入点，通过考察自决权的历史演变过程，来进一步厘清自决权理论的来龙去脉，以更好地把握和理解其实质，从而澄清有关自决权理论问题上的许多模糊认识。

一、自决权的起源

从政治哲学史的角度来看，自决权思想是 17—19 世纪资产阶级民主革命的产物。但是，作为反映这一思想内涵的观念却可以向前追溯到 15—16 世纪的西欧。从历史上看，在最早明确表达民族独立和国家统一思想的西欧政治思想家中，文艺复兴时期意大利的马基雅维利是其中的代表人物之一。当时意大利在政治上处于四分五裂的状态，这种状态极大地激发了他的民族主义情感，他坚信民族独立和国家统一是意大利人不可剥夺的权利；而对于意大利来说，君主正是帮助人们去实现这一权利的伟人。因此，他在其《君主论》中，向当时统治佛罗伦萨的君主呼吁“将意大利从蛮族手中解放出来”，这充分表现了他对于实现民族自决的渴望。①中世纪的欧洲大都以神权的名义实行君权统治，宗教改革运动的加尔文分支提倡自主的、以个人信仰为基础的宗教生活。英国的清教徒走得更远，他们把宗教的自主和政治的自主联系起来。历史证明，清教徒的理想尽管没有在英国实现，却为后来北美新大陆的独立运动奠定了思想基础。

17 世纪荷兰著名法学家格老秀斯首先把主权概念引用到国际法领域，提倡民族平等的主权学说，认为“被称作主权者的权力，其行为不从属于他人

① ［意］尼科洛·马基雅维利著：《君主论》，潘汉典译，商务印书馆 1997 年版，第 121 页。

的合法控制，以不会让其行为之实施在他人意志的作用下变成无效。”①他强调国家对外主权的独立性、平等性，为刚刚摆脱西班牙的殖民统治而独立的荷兰共和国进行法律辩护。很显然，他的主权理论中也包含着民族自决的思想。17世纪英国政治思想家霍布斯也指出，一部分人去统治另一部分人，或者一个民族去统治另一个民族，均是不合理的。②这里面包含着人与人之间或民族与民族之间相互独立平等的意思。因而，他也被认为是最早论述人民或民族自决权的政治思想家之一。英国的另一位政治思想家约翰·洛克在其社会契约论中也包含着自决权思想的萌芽。根据洛克的社会契约论，统治者的权力只能来自于他与其国民之间的社会契约，人民的同意是政府建立的合法性基础。他认为，如果一个政府是征服者强加于被征服者的，那么被征服者的后裔有权摆脱这个政府。他认为虽然个人在自然状态下可以享有各种权利，但这种自然状态有许多缺陷。为了摆脱或避免这些缺陷，他们“同其他人协议联合组成一个共同体，以谋求他们彼此间的舒适、安全和和平的生活，以便安稳地享受他们的财产并且有更大的保障来防止共同体以外任何人的侵犯。……当某些人这样地统一建立一个共同体或政府时，他们因此就立刻结合起来并组成一个国家，那里的大多数人享有替其余的人做出行动和决定的权利”。③洛克特别强调社会中的其他人必须服从大多数人的“合意”。因为“如果不这样，它就不能作为一个整体、一个共同体而有所行动或继续存在”。④从洛克关于合意性的论述中，我们可以清晰地看到有关自决权思想的萌芽。

在思想史上，对自决权思想的产生有着直接而重大影响的理论是以卢梭为代表的“自然权利说”和“天赋人权说”。按照卢梭的这一理论，国家权力是公民意志的自主运用，其最终来源是人民，人民是根据自己的自由意志组织和参与政治，以平等自由的身份为公共生活订约立法。这种“主权在民”的思想也为19世纪欧洲民族国家的建立提供了国际法依据，即解决领土纠纷时，应根据当地人民的意愿进行全民表决。卢梭的人民主权思想为人民自决权的提出奠定了思想基础。从某种意义上讲，人民自决权思想是由人

① 转引自徐大同主编：《西方政治思想史》第三卷，天津人民出版社2006年版，第133页。

② 参见［英］霍布斯著：《利维坦》，黎思复、黎廷弼译，商务印书馆1997年版，第162－172页。

③ ［英］洛克著：《政府论》下篇，叶启芳、瞿菊农译，商务印书馆1997年版，第59－60页。

④ ［英］洛克著：《政府论》下篇，叶启芳、瞿菊农译，商务印书馆1997年版，第60页。

民主权学说直接导出的。换言之，人民自决权是人民主权的逻辑延伸。

考察自决权思想的起源，就不能不提到康德。首先，他是哲学史上主张个人自由，充分肯定人的自主权利的学者之一。他认为，人的道德意识不是自然的物理定律或神的戒律，而是来自于人的先验的对自由的需要，这种自由表现为对至善至美的追求，因为人是不完美的和受客观规律支配的，所以人把上帝作为绝对自由与完美的象征。人之所以自由，不是因为他不受外部世界的约束，而恰恰相反，自由的人必须服从一种“内在的法律”（即道德）。只要服从内在的规范，一个人即使是受奴役的，他在意志上也是自由的。为了达到善，必须能自由选择善。善不是由外部权威来定义的，而是由人自主选择的结果。正如道德完善的人是自主的，好的政治也是自决的。其次，康德关于国家独立的理论与“一国整个人民的自决”也有着密切的联系。康德认为任何独立存在的国家都不能通过继承、交换、出售或捐赠的方式被另一国家夺取。根据康德的理论，“国家是由许多人依据法律组织起来的联合体”，①除了它自己，谁都没有统治或处置的权利。再次，康德主张在尚未发展成国家的土地上，所有人都有寻求自由的权利。康德强调每个社会都有自己进行统治或处置的权利，其他任何人都没有凌驾于它之上的权利。辛莫尼兹认为，尽管康德在这里并未使用“自决权”一词，但很显然，他的这些观点是对人民自决权思想的阐发或说明。②除此之外，也有人从康德的其他理论中为自决权寻求哲学基础。例如，摩根认为康德关于人的能力的学说对自决思想的形成至关重要。在康德看来，人作为法律权利的持有者，有能力通过说明其法律存在的合理思维，将其激情和愿望独立地转化为行动。人的这种能力对自决权之所以重要，是因为它是一种普遍性能力。所有人将思想转化为行动的平等能力与人类压制内心激情的普遍能力合在一起，又产生了避免将利己的想法强迫地施加于人的共同能力。可见，康德这种关于人的能力的学说为自决权的产生提供了道德意义上的支持，成为自决权思想的重要哲学基础之一，从而使自决权思想有了最普遍的以个体生命为出发点的人权价值意义。18 世纪，德国著名哲学家黑格尔明确提出：“独立自主是一个民族最基本的自由和最高荣誉”，③从理论上进一步强调了民族

① ［德］康德著：《法的形而上学原理》，苗力田译，商务印书馆 1986 年版，第 139 页。

② Dr. Frank Przetacznik, *The Basic Collective Human Right to Self-Determination of Peoples and Nations as a Prerequisite for Peace*, Vol. 8New York School Journal of Human Rights, p. 56.

③ ［德］黑格尔著：《法哲学原理》，范扬、张企泰译，商务印书馆 1961 年版，第 339 页。

的独立性。

康德的浪漫主义追随者，尤其是哲学家费希特，把自由意志的主体从个人扩大到了团体，特别是文化共同体或民族。①他认为，个人的完全自主最终要求民族的自主。因为在他看来，世界是作为一个整体而存在的，是一种普遍意识的产物。个人的自由意志参与其中，形成了一个“自我”，这个“自我”又超越了所有个体，成为一种公共意志，这种公共意志能够提供个体意志所无法提供的社会秩序的稳定性、有序性。因此，在存在价值上整体重于和大于所有组成它的个体，个体要证明自己的存在和实在性，就要通过在整体中占有一个位置来进行。个人的自由在于他自身从属于整体进而获得他的实在性。完全的自由即意味着完全地融入整体。人的自由就是自我实现，自我实现就要完全融入普遍意识。个体因整体而存在，并从整体中获得意义。个体的自决要通过整体的自决来实现。自此以后，新康德主义者在康德的自由和自决观念的基础上，进一步将个人自主和民族自主联系在了一起，从而推演和发展出了民族自决权的观念。

上述欧洲政治思想家、哲学家们虽然都没有直接就自决权问题展开论述，但他们在政治哲学著作中关于“自己管理自己”、“不受外来统治”、“独立自主”以及“各社会间平等”等学说，无疑包含着自决权思想的萌芽。在这些思想家们的诠释和传播下，自决权成了一个道德上的诉求，成为追求正义和公平的方法之一。虽然从权利的性质上来说，此时的自决权仅仅是一种道德权利，但这为后来自决权概念的正式提出奠定了理论基础。

二、自决权的发展脉络

自决权是在自决实践中形成的一项权利，研究自决权离不开研究早期自决的国际实践。在这个意义上说，研究自决实践是研究自决权的逻辑起点。

（一）自决权的早期实践

从实践的角度来看，自决权的历史是与近现代民族国家构建的历史紧密联系在一起的。现代民族国家最早发端于尼德兰反抗西班牙的起义（1567

① Cf. Ernst Tugendhat, *Self-Consciousness and Self-Determination*, *Cambridge*, Mass.: MIT Press, p. 1986.

年）和乌德勒支协定（1714 年）之间的一个半世纪里的欧洲。现代民族主义的基本理念是，一个民族（nation）不仅享有全体臣民或公民的普遍忠诚，在其地域范围内还拥有完整的权威或主权。

自决权的形成和发展是与 17 世纪的欧洲宗教改革运动、18 世纪末 19 世纪初的法国大革命、欧洲建立民族国家运动和美国独立战争分不开的。其中，对自决权的发展最有推动力的是美国独立战争和法国资产阶级革命。在美国的独立运动和法国的资产阶级革命中，民族自决再一次成为资产阶级思想家们所青睐的政治口号。这两次运动被认为是最早实践人民自决权原则的重要历史事件，它们标志着人民受压迫、受剥削、任人宰割、任人摆布的观念和制度不再是天经地义的了。

18 世纪，美国独立战争和法国资产阶级革命时期提出的人权理论，对自决权的提出产生了重要影响。在那时，人权被看作一个人从出生就开始享有的自然权利。这些权利来自于造物主，人所固有、与生俱来、不可剥夺。①美国独立战争的政治领袖托马斯·杰斐逊深受自然权利理论的影响。他在 1774 年给英国政府的一份文件中写道：美国人与英国人一样享有自然赋予所有人的权利，上帝给了我们生命，同时也给了我们自由。②1776 年的美国《独立宣言》指出："当一个民族必须解除其与另一个民族之间迄今所存在着的政治联系，而在世界列国之中取得'自然法则'和'自然神明'所规定给他们的独立与平等地位时，有一种真诚的尊重人类公意的心理，要求他们一定要把那些迫使他们不得已而独立的原因宣布出来。"③为了反对英国的殖民统治，庄严宣告："解除对于英王的一切隶属关系"，成立"自由独立的合众国"，"享有全权去宣战、媾和、缔结同盟、建立商务关系，或采取一切其他凡为独立国家所理应采取的行动和事宜。"美国独立的原因正像独立宣言接着指明的："人人生而平等，他们都从他们的'造物主'那边被赋予了某些不可转让的权利，其中包括生命权、自由权和追求幸福的权利。为了保障这些权利，所以才在人们中间成立政府。而政府的正当权力，则系

---

① 通常，人权被视为是不可剥夺的，但这并不是说人们不能否定某个人对某些权利的享用，而是强调如果一个人丧失了这些基本权利，他在道德上不可能再过着一种能称得上是人的生活。参见［美］杰克·唐纳利著：《普遍人权的理论与实践》，王浦劬、张文成等译，中国社会科学出版社 2001 年版，第 15 页。

② Umozurike Oji Umozuride, *Self-Determination in International Law*, 1972, p. 7.

③ 董云虎、刘武萍编著：《世界人权约法总览》，四川人民出版社 1990 年版，第 272 页。

得自被统治者的同意。如果遇有任何一种形式的政府变成损害这些目的的，那么，人们就有权利来改变它或废除它，以建立新的政府。”①据此，北美13个殖民地宣布独立，他们要做自己命运的主人。《独立宣言》中虽然没有使用“自决权”这个词，但其中有关自决权的含义是不言而喻的。为此，学术界有人认为，美国独立战争应为人类历史上的首次自决实践。

但是，自决权作为一种政治口号最早被提出来，是在法国大革命时期。在这次革命中，法国资产阶级首次提出了“平等”、“自由”、“博爱”和“人权”等主张，颁布了《人权和公民权宣言》，明确提出了民主主义、民族主义和民族自决权的口号，反对封建专制的王权和罗马教皇的神权。②为适应当时法国资产阶级革命的需要，1793年的法国宪法宣告：法国人民决不干涉别国的政治，他们也不容许别国干涉法国的政治。③这里尽管没有明确提出“民族自决权”的概念，但民族自决作为一项抽象的原则，是得到了充分体现的。因此我们认为，民族自决权最初作为一种政治口号被法国资产阶级提出来，主要是基于反对当时法国大革命爆发以后欧洲其他国家的封建势力联合起来干涉法国大革命的需要，他们强调法国大革命是法国内部的事务，应由法国人民自己来决定。这一口号的诞生，与资产阶级启蒙思想家所倡导的“天赋人权”、“人生而平等”等口号有着内在的联系。

法国和美国的这些法律文件及其提出的一些原则，虽然并非国际法，但它们对自决权原则的形成和确立，产生了直接的影响。由于法国资产阶级革命在西欧资产阶级革命史上具有非常重要的地位，因此在这一过程中产生并被确认的人民自决权原则与人民主权原则、不干涉别国内政原则等结合在一起，对西欧其他资产阶级革命产生了十分广泛而深刻的影响。在这一思想的影响下，意大利和德意志的民族主义觉醒，两个民族也分别通过战争的手段摆脱了异族的统治，到1871年时西欧各国已大体上分别实现了民族(nation)统一，完成了单一民族国家的建立，从根本上打破了中世纪以来

① 董云虎、刘武萍编著：《世界人权约法总览》，四川人民出版社1990年版，第272页。

② 参见董云虎、刘武萍编著：《世界人权约法总览》，四川人民出版社1990年版，第295－296页。

③ 参见法国1793年宪法第119条。

西欧邦国林立的分裂割据状态。[1]在这一过程中，资产阶级认识到，实现nation的统一对于资产阶级革命具有决定性的意义。如恩格斯所说："文明欧洲大部分地区的激进的政治活动家彼此建立了联系，并试图制定一种类似共同纲领的东西，解放和统一被压迫和被分裂的民族（nation——笔者注），便成为他们的共同口号。"[2]到19世纪末，自决权原则在民族运动中得到了进一步发展，"并且同民族国家原则相结合，这个原则要求把国际社会组织为一些民族国家，因为只有民族国家是自然的创造物"，[3]因而在19世纪民族自决权成了欧洲建立民族国家的指导原则。另外，民族自决权理念与人民主权思想经常联系在一起，对抵御个人（君主或独裁者）和派别（垄断组织或阶级）的暴政也起到了积极的作用。可见，民族自决权思想在19世纪欧洲普遍形成民族国家的进程中发挥过积极的影响。自决权作为西欧新兴资产阶级的政治要求，适应了当时欧洲民族主义兴起的需要，在历史上具有进步意义。

（二）国际社会中的一项政治原则

在19世纪，作为一项政治原则，民族自决权对欧洲各国产生了重大影响。[4]伴随美、法资产阶级革命的胜利，自决权一时在东欧备受推崇，但此时的东欧还没有形成统一的nation，当时的民族只是一些像恩格斯所说的一大堆氏族联系或由此联系引申而得的"民族碎片"，即nationalities。19世纪末20世纪初，自决权思想在欧洲各种民族主义运动中得到了进一步的发展，其中对自决权思想的发展有一定影响的是"国家民族主义"，即各民族均有权建立独立国家，只有建立单一民族国家才是合法的。总体说来，一次大战

---

① 近代欧洲的民族主义学者认为，各民族由他们各自的代表实行统治效果最好，只有民族国家才是真正的国家，即"民族—国家"论。这种理念产生于下述认识：族体意识及其政治权利意识的出现是当今世界的突出现象；族体是自然的，国家是人工的，两者不相符合是当代政治问题的关键所在，只有将两者统一起来，才能避免族际的暴力冲突。由该认识出发，结论自然便是：国家的边界应与族体的边界相一致；每个语言、文化不同的族体都有权建立属于自己的国家；人民自决是国家合法性的源泉。但从世界上民族国家形成的总体情形来看，这一情况仅适合于西欧近代民族国家形成的情况。在世界其他地区，情况并不尽然，在实践中并非所有的民族主义都追求完全的独立和国家地位，而且只有极少数国家是由唯一的特定的种族共同体所构成的。

② 《马克思恩格斯全集》第16卷，人民出版社1964年版，第174页。

③ ［奥］菲德罗斯著：《国际法》，李浩培译，商务印书馆1981年版，第679页。

④ 参见［奥］曼弗雷德·诺瓦克著：《民权公约评注》，毕小青、孙世彦主译，生活·读书·新知三联书店2003年版，第7页。

以前，民族自决权原则主要适用于欧洲的范围，是欧洲构建民族国家以及解决民族问题的一项指导原则。在整个殖民体系建立过程中，殖民者从来没有试图把这项原则适用于广大殖民地或半殖民地国家和人民。

进入20世纪，民族自决权原则无论在理论还是在实践中，都得到了前所未有的发展。众所周知，资产阶级取得国家政权之后，驱于资本的本性，展开了血腥的资本原始积累历程，他们对内盘剥劳苦大众，对外进行殖民扩张，从而促成世界范围内压迫民族和被压迫民族的分化。为此，殖民地人民高举民族自决权的大旗，为维护自身最基本的生存、发展权而奋起抗争。至此，“民族自决权”这个资产阶级革命时期所提出的口号，在无产阶级革命家列宁的启导下移转到了广大殖民地和被压迫民族的人民的手中。列宁在领导俄国人民反对沙皇专制统治、进行民主革命和社会主义革命的过程中，提出了与西欧“国家民族主义”完全不同的“民族自决权”原则，主张被压迫民族享有自决权，并将其作为殖民地半殖民地国家的人民反对帝国主义殖民统治、争取民族解放的思想武器。“列宁被认为是第一个向国际社会坚持自决权应成为民族解放的一般标准的人”。①一次大战期间，列宁在《论社会革命和民族自决权》一文中首次对民族自决作了全面的论述：“所谓民族自决，就是民族脱离异族集合体的国家分离，就是成立独立的民族国家”。②同时，列宁也主张各民族之间进行自由的合并，但他反对违反民族意志的合并，他在《和平法令》中进一步阐述：“凡是把一个弱小民族合并入一个强大国家而没有得到这个民族的同意合并、希望合并的明确而自愿的表示，就是兼并或侵占别国领土的行为，不管这种强迫合并发生在什么时候，不管这个被强迫合并或被强制留在别国版图之内的民族的发展或落后情况如何，最后不管这个民族是居住在欧洲或是居住在远隔重洋的国家，都是一样的。”③后来，列宁的民族自决权原则不仅写进了马克思主义者纲领（第9条），而且还写进了前苏联1918年的《被剥削劳动人民权利宣言》，该宣言规定：“无论如何都要用革命手段争取在各国人民之间实现以自由的民族自决为基础的、不割地不赔款的民主和平”，“欢迎人民委员会宣布芬兰完全独立，开始从波斯撤退军队，宣布阿尔明尼亚有自决自由的

① 白桂梅著：《国际法上的自决》，中国华侨出版社1999年版，第8页。
② 《列宁全集》第25卷，人民出版社1988年版，第225页。
③ 《列宁全集》第26卷，人民出版社1988年版，第227－228页

政策。”[①]1918年苏联宪法第22条规定：“俄罗斯社会主义联邦苏维埃共和国在承认公民不分种族及民族享有平等权利的同时，宣布在这一基础上规定或容许任何特权或特许，以及对于少数民族的任何压迫或对其平等权利的任何限制，均属违背共和国的各项根本法律。”[②]在外交上，民族自决权原则包含在许多处理国际关系的文件（例如1917年10月26日颁布的“和平法令”）之中。列宁关于民族自决权的思想是他当时所处的时代的产物，其核心内容是反对民族压迫和殖民统治，他强调各民族间的平等，每个民族都有权建立民族国家。但是这并不意味着每个民族都必须或能够独立，因为“无产阶级认为民族要求服从阶级斗争的利益。…… 因此，无产阶级就只提出所谓消极的要求，即要求承认自决权，而不向任何一个民族担保，不向任何一个民族答应提供损害其他民族利益的任何东西”。[③]十月革命的胜利扩大了民族问题的范围，使民族问题从反对欧洲民族压迫的局部问题，变成了国际上反对一切帝国主义、反对一切殖民主义、反对一切民族压迫，把一切被压迫民族、殖民地和半殖民地的人民从帝国主义的压迫下解放出来的普遍性问题。[④]在这一时期，虽然苏联一再强调这项原则的重要性并企图使其成为处理民族和国家间关系的准则，但这项原则在当时并没有成为一项国际法上的原则，而只是一项政治原则。

除了列宁之外，与其同时代的美国总统威尔逊也极力向国际社会倡导自决权原则。早在1917年1月，他就指出：“任何国家都不应该将自己的政策强加给别的国家和人民”。[⑤]1918年1月8日，威尔逊在美国国会发表演说，在他所提出的“十四点原则”中也体现出了自决权的问题，提出应当“自由开放地、完全公正地判断所有殖民地所提出的主张”，所有人民都有选择它愿意接受其统治的主权者之权利。但他在其“十四点原则”中使用的是

① 董云虎、刘武萍编著：《世界人权约法总览》，四川人民出版社1990年版，第388页。

② 董云虎、刘武萍编著：《世界人权约法总览》，四川人民出版社1990年版，第391页。

③ 《列宁全集》第25卷，人民出版社1988年版，第238页。

④ 《斯大林全集》（第四卷），人民出版社1956年版，第148－149页。

⑤ ［美］亨利·基辛格著：《大外交》，顾淑磬、林添贵译，海南出版社1998年版，第201页。

"自治"一词[①]。直到1918年俄国"十月革命"之后，由于列宁提出的自决权思想得到了国际社会的普遍认同，威尔逊才开始从列宁那里借用"自决"一词来表达他的"自治"概念，他说："如果不承认和接受政府的所有正义权力都来自被治者的同意的原则，任何和平都不会也不该持久；无论在什么地方都不存在把人民像对待财产那样从一个主权交给另一个主权的权利。"[②]他认为自决就是人民自由地选择他们自己的政府，决定政府的形式。自决的意思就是自治。[③]为此，有的学者认为，威尔逊所倡导的自决体现了被治者同意的原则，是国内民主在国际场合的延伸。[④]后来，威尔逊在不同场合又进一步阐发了他的这一自决权思想——"当今民族仅受其同意的支配和统治。民族自决不仅仅是一个词语，它是一个必须服从的行动准则"，"每一个问题的解决，……都必须建立在与此直接相关的民族对该方案的自由接受之上。"[⑤]他认为在这方面，自决不应是唯一的甚或最高的尺度，自决必须要协调殖民国家的利益。

列宁和威尔逊虽然都在当时向国际社会积极倡导自决原则，但他们两人的自决权思想有着很大的不同。列宁的自决权以马克思主义为指导，以推翻殖民主义统治，彻底解放全世界被压迫民族为宗旨；威尔逊的自决权以西方传统的民主主义思想为基础，以被统治者的同意为核心，他不像列宁那样旗帜鲜明地支持被压迫民族和殖民地人民。列宁的自决权强调民族平等权和独

---

① 学界一般认为，美国总统威尔逊在这里虽然没有直接使用"自决"这个概念，但其中明显地包含了自决权原则的内容。从第五点到第十三点都与民族自决有关。例如第六点指出："凡已被占之俄国领土，须一律退还。凡关于俄国种种问题，须协助其自由发达为前提，俾其自定政策，建设相当之政府，并欢迎其入自由国之社会。……"第七点："凡已被占之比利时领土，须完全退还。其一切主权，不得丝毫加以限制。俾与世界自由国享同等之权利。……"第八点："阿尔萨斯、洛林两省归还法国"；第九点："确保奥匈帝国诸民族的自决权"；第十点："重划意大利国界，使其与民族分布相吻合"；第十二点："对土耳其帝国之土耳其种族，须承认其主权。其在土耳其政权下之他种族，当享受保护生命、发达自治之权利。……"；第十三点："波兰独立，由国际保证其政治经济独立及领土完整。"参见王绳祖等编选：《国际关系史资料选编》（17世纪中叶—1945年），法律出版社1988年版，第484－485页。

② 转引自 Michla Pomerance, *United State and Self-Determination*: *Perspectives on the Wilsonian Conception*, Vol. 70 American Journal of International Law, 1976. p. 2.

③ Antonio Cassese, *Self-determination of Peoples*, *A Legal Reappraisal*, Cambridge University Press, 1995, p. 19.

④ ［美］理查德·霍夫施塔特著：《美国政治传统及其缔造者》，崔永禄、王忠和译，商务印书馆1994年版，第272页。

⑤ Johannes Mattern, *The Employment of the Plebiscite in the Determination of Sovereighty*, Baltimore: TheJohns Hopkins Press, 1920, p. 177.

立权；而威尔逊的自决权则侧重于自治权，侧重于一国内的人民自己管理自己，自由地决定自己的统治者以及统治形式。尽管列宁和威尔逊的自决权思想有着如此大的不同，但他们都对自决权原则后来在国际法上的发展产生了不同程度的重大影响。①然而，我们也应当看到，他们的自决权思想也存有一定的局限性。就列宁的自决权思想来说，他此时使用的“民族”概念与现代国际法上解释为“people”或“nation”的民族有较大差别。如苏联著名学者克留科夫所说，列宁总是把 nation、nationality 和 peoples 这几个词当作同义词使用。②就威尔逊向世界推介的自决权而言，其目标指向只是东欧巴尔干地区的少数民族的自决权，战后只解决了战败国的部分民族问题，而对战胜国的民族问题却根本避而不谈。民族自决权原则在当时不过是一次世界大战的战胜国肢解战败国的一个理论工具。战后依据《国际联盟盟约》第 22 条建立的所谓“委任统治”制度，假国际联盟之名，“委任”战胜国“统治”战败国的殖民地，不过是为殖民主义提供了一种华丽包装，使其合法化而已。正像汉南姆指出的：“在一次大战之前及其期间，伴随着机关枪、飞机及其他对肉体具有毁灭性力量的武器的大规模使用，民族主义热诚加速了奥匈和土耳其帝国的解体。因为前帝国的领土需要新的主权者，自决权原则（作为划分新的民族国家边界的方式）成了使战胜国重新分割欧洲合法化的工具。”③在这一时期协约国之所以积极推动所谓的“民族自决”，是因为他们想通过自决权原则来实现其国家战略利益，而不是为了那些少数民族本身。

尽管威尔逊竭力公开倡导把“自决权原则”作为战后确立领土疆界的和平条约的指导原则，并在客观上赢得了世界众多弱小民族和被压迫民族的热烈拥护，但因为威尔逊的自决权思想直接威胁到殖民主义的利益，涉及欧洲殖民国家的海外领地，所以，欧洲协约国集团对威尔逊的主张感到难以接受，但在当时因急需美国的援助，因而也无可奈何地接受了民族自决权的思想。然而，欧洲协约国集团将民族自决权的适用范围严格限制在了同盟国集团内的被压迫民族，至于他们自己压迫、殖民其他民族的行为则仍视为

---

① 参见白桂梅著：《国际法上的自决》，中国华侨出版社 1999 年版，第 14 页。

② ［苏］M·B·克留科夫：《重读列宁——民族学者关于当代民族问题的思考》，载《民族译丛》1988 年第 5 期。

③ Hurst hannum, *Self-Determination in the Post-Colonial Era*, in *Self-Determation*: *International Perspectives*, edited by Donald Clark and Robert Willianmson, St. Martin's Press, Inc. , 1996, p. 13.

"理所当然"。不仅如此，他们还试图瓜分战败国的海外殖民地。这实际上不是将民族自决权作为战争所追求的"一个目标"，而是将其作为赢得战争胜利的一个手段而已。所以协约国的首脑们，包括威尔逊本人在内，从一开始也没认为这个原则就是绝对的和普遍适用的。事实上，在一次大战后重新瓜分欧洲的"巴黎和会"上，自决要求的胜或败跟19世纪末一样，很大程度上取决于一个或几个大国的支持。"在多数情况下，谁胜谁负不是以谁的自决主张最强烈，而是由列强的政治计算标准和它们感觉到的需要来决定的。除了几个前线区域以外，没有举行任何公民投票来决定受到凡尔赛划定版图影响的人民的意愿。实际上，1919年后的许多领土处置是在协约国集团战时达成的密约基础上解决的。"①"巴黎和会"仍将战败国德国的一些殖民权益转赠给战胜国，如德国在中国山东的殖民权益就被指认转让给日本。因此，此时的民族自决权在某种程度上只是列强国家虚伪的政治原则。战后成立的国际组织——国际联盟的盟约也只是通过法律的形式把这些都固定下来，盟约中从未提到过"自决权"或"民族自决权"。②在一次大战后的国际实践中，人民自决权原则虽然得到了广泛的传播，但是殖民主义者并不甘心主动退出其殖民地，让其所统治的人民实行自决。因此我们说，当时的国际法上根本不存在我们现在所理解的人民自决权原则。

（三）国际法上的一项基本原则

在二次大战结束以前，自决在本质上还只是政治问题，而不是法律问题，并且它通常与殖民地的独立和不干涉内政以及新国家的边界的划定问题有关。③从其性质上来说，它仅仅是国际政治原则，而不是国际法原则。所谓国际政治原则是指它是国际政治实践中应当遵循的价值准则和指导思想，它还不是在国际法层面上将其设定为应当遵循的规则和标准。从国际法的意义上说，由国际政治原则发展到国际法原则，等于是扩大了自决权的国际社

---

① Hurst hannum, *Self-Determination in the Post-Colonial Era*, in Self-Determation: International Perspectives, edited by Donald Clark and Robert Willianmson, St. Martin's Press, Inc. , 1996, p. 13 - 14.

② 因为战胜国也存在着殖民主义的事实，例如，英国有爱尔兰和印度问题，加拿大有魁北克问题，美国有夏威夷、印第安人、黑人及南北战争的遗留问题。参见 Stephen D. Krasner, *Sovereighty and Intervention*, in Gene M. Lyons and Michael Mastanduno, Beyond Westphalia, State Sovereighty and International Intervention, The Johns Hophinks Univeisity Press, 1995, p. 239.

③ See James Crawford, *The Rights of Self-Determination in International Law: Its Development and Future*, in Philip Alston ed. , Peoples' Rights, Oxford University Press, 2001, p. 2 - 14.

会认可程度，提高了它的法律地位。

国际法是国家之间的法律，一国不能创造国际法。一个或数个国家提出的原则，在未得到国际社会公认之前，是不能成为国际法的基本原则的。因此，一项原则要成为国际法的基本原则，必须得到各国公认，即该项原则为各国公认为国际法基本原则。这种承认，或者反复体现在各国缔结的双边或多边条约中，或者作为国际习惯而被各国接受。只有这样，该原则才具有法律根据，产生法律拘束力并产生法律上的权利和义务。一国或数国提出的某一原则，也可能具有重大的政治、法律意义，在部分国家之间发挥重要的作用，但是，在未得到各国公认之前，它不能成为国际法基本原则。当然，所谓的各国公认，并不意味着所有国家对它一致公认，而是说它必须具有广泛的普遍性，为多数或绝大多数国家承认。①

随着自决运动广泛而深入地开展，自决权越来越受到国际社会的重视。为了彻底摆脱或根除殖民主义，必须在国际社会中将殖民地和其他被压迫民族用以反对殖民统治或民族压迫的理论武器——自决权理论，由政治原则上升为法律原则。客观地说，自决原则被写进《联合国宪章》并逐渐发展成为国际法的原则，在很大程度上是由于前苏联的倡导和努力。在苏联和众多第三世界国家的不断努力下，国际会议通过一系列法律文件的形式，将自决确立为一项国际法原则，并在今后的实践中不断将其加以丰富和发展。

概括起来，自决权原则在其确立和发展的过程中，大致经历了以下几个国际法律文件的签署阶段：

（1）1941 年 8 月的《大西洋宪章》。1941 年 8 月，美、英两国签署的《大西洋宪章》中提出：“尊重各民族自由选择其所赖以生存的政府形式的权利。各民族中的主权和自治权有横遭剥夺者，两国俱欲设法予以恢复”。②该宪章虽然没有将自决权作为一项法律原则提出来，但这是第一次通过国际法律文件的形式对自决权加以肯定，这对自决权的发展无疑具有积极的意义。

（2）1945 年 6 月的《联合国宪章》。二次大战胜利后，在苏联的大力推动下，自决权原则被明确写进了该宪章，在宪章第 1 条规定联合国的第 2 项宗旨时提出：“发展国际间以尊重人民平等权利及自决原则为根据之友好

① 参见端木正主编：《国际法》，北京大学出版社 2000 年版，第 38 – 39 页。

② 董云虎、刘武萍编著：《世界人权约法总览》，四川人民出版社 1990 年版，第 927 页。

关系，并采取其他适当办法，以增强普遍和平。”①宪章在第55条提及自决原则时，也是将自决原则作为发展国际间友好关系的根据，其措辞基本相同。《联合国宪章》是最早将人民自决权作为一项法律原则提出的国际法律文件。宪章虽然未对民族自决权的内涵作出阐述，但这毕竟是第一次以多边国际公约的形式对民族“自决原则”加以确认，这不仅表明了民族自决权在国际法中的地位，也为以后的联大决议和其他文件对该原则的进一步阐明和规定打下了基础。

（3）1952年第七届联合国大会通过的《关于人民与民族自决权的决议》。该决议指出：“一、联合国会员国应拥护各国人民与各民族自决的原则；二、联合国会员国应承担并提倡行使各该国管理下非自治领土及托管领土各民族之自决权”。②联合国大会还通过了许多与支持殖民地人民实现自决权直接相关的决议。这些决议一般都承认殖民地人民享有完全的自决权并谴责殖民国家侵犯人权和违反人民自决权原则的行为。联合国大会的这些实践表明这样的一个趋势，即至少在联合国范围内，人民自决权原则正在成为国际习惯法原则。

（4）1955年亚非“万隆会议”通过的《亚非会议最后公报》。该公报宣布：“完全支持联合国宪章中所提出的人民和民族自决的原则，并注意到联合国关于人民和民族自决权的各项决议，自决是充分享受一切基本人权的先决条件”。③由于当时北非各国人民的自决权继续遭到殖民主义者的否定，该公报还在第四部分专门宣布：“支持阿尔及利亚、摩洛哥和突尼斯人民的自决和独立权利，并要求法国政府不迟延地促成这一问题的和平解决。”④亚非国家“万隆会议”的最后公报虽然不是具有法律约束力的文件，但它对世界非殖民化运动产生了深远影响，对于国际法上自决原则的形成做出了不可磨灭的贡献。

（5）1960年第15届联合国大会通过的《给予殖民地国家和人民独立宣言》。为了加快非殖民化的步伐，该宣言在苏联的积极倡议和发展中国家的热烈响应下得以顺利通过。该宣言把殖民统治与基本人权和世界和平紧密地联系在一起，宣布：“所有的人民都有自决权；依据这个权利，他们自由地

① 董云虎、刘武萍编著：《世界人权约法总览》，四川人民出版社1990年版，第929页。
② 董云虎、刘武萍编著：《世界人权约法总览》，四川人民出版社1990年版，第1346页。
③ 王铁崖、田如萱编：《国际法资料选编》，法律出版社1982年版，第27页。
④ 王铁崖、田如萱编：《国际法资料选编》，法律出版社1982年版，第28页。

决定他们的政治地位，自由地发展他们的经济、社会和文化。”该宣言还就自决与殖民地国家的义务、自决与国家的团结和领土完整、自决的实现方式等问题做了规定。可以说，这时的自决不再仅仅是一项政治原则了。一般认为，该宣言第一次明确地把自决权表述为一项法律权利，标志着民族自决权作为国际习惯法原则的确立。该宣言的通过大大地鼓舞了正在争取解放的被压迫民族，把非殖民化运动推向了高潮，新独立国家大量涌现。①

（6）1966 年联合国大会通过的两个国际人权公约。首先，《公民权利和政治权利国际公约》第 1 条规定：“一、所有人民都有自决权，他们凭这种权利自由决定他们的政治地位，并自由谋求他们的经济、社会和文化的发展。二、所有人民得为他们自己的目的自由处置他们的天然财富和资源，而不损害根据基于互利原则的国际经济合作和国际法而产生的任何义务，在任何情况下不得剥夺一个人民的生存手段。三、本盟约缔约各国，包括那些负责管理非自治领土和托管领土的国家，应在符合联合国宪章规定的条件下，促进自决权的实现，并尊重这种权利。”②其次，联合国大会通过《经济、社会、文化权利国际公约》在其第 1 条第 1 款又重申上述条文。虽然两个国际人权公约关于自决权方面的规定尚存在着许多的不足之处，③但这一规定对于自决权原则在国际法上的确立和发展具有重要的历史意义。

（7）1970 年联合国大会通过的《关于各国依联合国宪章建立友好关系及合作之国际法原则之宣言》（以下简称 1970 年《国际法原则宣言》）。该宣言指出：“根据联合国宪章所尊崇之各民族享有平等权利及自决权之原则，各民族一律有权自由决定其政治地位，不受外界之干涉，并追求其经济、社会及文化之发展，且每一国均有义务遵照宪章规定尊重此种权利。”④与《联合国宪章》的规定相比，宣言的这一段似乎比较具体地解释了自决原则中“决”的含义和方式。该宣言具有解释宪章和宣布现存国际法原则的双重作用，它是自决权成为一项国际法的基本原则的重要证据，是自决权原则发展史上的里程碑。

---

① 例如，1960 年有 17 个民族独立的非洲国家参加联合国。1962 年有 6 个；1966 年有 4 个；1971 年有 5 个；1975 年有 6 个。参见江伟钰著：《现代国际法原理解析》，中国人民公安大学出版社 2002 年版，第 49 页。

② 董云虎、刘武萍编著：《世界人权约法总览》，四川人民出版社 1990 年版，第 972 页。

③ 例如，这一规定没有给“人民”下一个清晰的定义，以至于后来的学术界出现了“人民”到底是指哪些人的争论。还有，关于自决权的实现形式，从这一条中也找不到答案。

④ 王铁崖、田如萱编：《国际法资料选编》，法律出版社 1982 年版，第 7 页。

上述这些文件在不同历史时期对自决权原则的发展产生了不同的影响。特别是1970年《国际法原则宣言》中关于自决权的规定在后来的“国际立法”实践中得到反复引用，这种实践进一步证明自决原则作为国际法原则已经确立。例如，在1974年联合国大会通过的《关于侵略定义的决议》中，自决权原则就是作为国际法的原则加以强调的。此外，1981年12月9日联合国大会通过的《不容干涉和干预别国内政宣言》、1987年11月18日联合国大会通过的《加强在国际关系上不使用武力或进行武力威胁原则的效力宣言》，几乎都用同样的措辞做出与上述《侵略定义》类似的规定。① 因此，“如果说自决原则在联合国宪章起草阶段尚未成为各国公认的、具有普遍意义的法律原则的话，那么，20世纪70年代末80年代初自决原则在国际法上的法律地位已经得到普遍的承认。”②

（四）国际法上的一项集体人权

二次大战后，非殖民化运动使自决权与人权紧密地联系了起来。这是因为，殖民主义统治是对人民自决权的最严重侵犯，非殖民化的过程就是人民自决权原则在国际法上逐步得以确立并逐步发展为集体人权的过程。人民自决权原则促进了非殖民化运动，非殖民化运动反过来又使人民自决权原则有了很大发展。

二次大战后，民族自决原则得到了《联合国宪章》的确认。但是，在《联合国宪章》里，仅仅提到了民族自决的“原则”，而非“权利”。从“原则”到“权利”这一发展过程，是与民族解放运动高潮迭起、第三世界

① 需要说明的是，这三个文件都不只一次地提到自决原则。《不容干涉和干预别国内政宣言》在序言中“重申依照《宪章》，处于殖民统治、外国占领或种族主义政权之下的人民均享有自决和独立的权利”。在第三部分（b）中宣布：“各国有权利和义务充分支持处于殖民统治、外国占领或种族主义政权下的人民的自决、自由和独立权利，并支持这些人民为此目的而依照《宪章》宗旨和原则进行的政治斗争和武装斗争的权利。”《加强在国际关系上不使用武力或进行武力威胁原则的效力宣言》也在序言中“重申《宪章》所载的各国人民享有平等权利和自决的原则”，并“强调所有国家必须避免采取旨在剥夺各国人民的自决、自由和独立权利的任何强制行动。”该宣言还在第一部分（5）中宣布：“遵照《联合国宪章》所载平等权利和自决原则，各国人民均有权不受干涉，自由地决定其政治地位，追求其经济、社会和文化发展，而各国均有义务按照《宪章》规定尊重此项权利。”《危害人类和平及安全治罪法草案》将殖民统治和其他形式的外国统治规定为危害人类和平及安全的罪行。该草案第18条规定：“作为领袖或组织者违反庄严载入《联合国宪章》的人民自决权以武力建立或维持，或以武力命令建立或维持殖民统治或任何其他形式的外国统治的个人，应于定罪后判处……”

② 参见白桂梅著：《国际法上的自决》，中国华侨出版社1999年版，第39页。

崛起、国际社会民主化有所进展、“国际立法”再也不被少数所谓“文明国家”一手把持这一时代背景密不可分的。自决权发展成为集体人权的历程，始于20世纪50年代两个国际人权公约的起草阶段，当时联合国大会围绕是否及如何将自决权写进国际人权公约展开了激烈争论。

将人民自决权写进两个国际人权公约是二次大战后新独立的国家和被压迫民族积极斗争和努力争取的结果。联合国将自决原则发展成为一种法律权利——所有人民的世界性人权，在很大程度上是由于苏联的支持。在西方国家积极促进个人人权的时候，苏联是把自决作为被奴役国家和民族的集体人权的首要推动者。①早在1950年，负责起草国际人权公约的联合国人权委员会在其第6次会议上就接到一个关于要把人民自决权写进公约的议案：每个人民和民族应享有民族自决权。对管理非自治领土负有责任的国家，应在联合国宪章的宗旨和原则的指导下，促进这种领土上的人民的此项权利的实现。但是由于某种原因，这个议案被否决了。同年，联合国大会第三委员会，在第三世界国家的代表的敦促下通过了一个联合修正案，敦促人权委员会研究人民和民族自决权问题。他们的决议草案又在联合国大会上通过，即GA421DV号决议。该决议认为应该将人民自决权的条款写进国际人权公约的草案当中，因为：（1）这项权利是其他人权的渊源和基本条件，如果不实现自决权就不能真正行使个人的权利；（2）应该适用并维护联合国宪章的原则和宗旨，后者包括人民的平等和自决权；（3）《世界人权宣言》的许多规定直接包含了自决权；（4）如果人权公约不包括这项权利，那将是不全面的，也是不能运作的。该决议请求人权委员会研究保障人民和民族自决的方式和手段并提出建议供联合国大会考虑。但是，第三世界的这种努力遭到了西方国家的反对。他们认为，在《联合国宪章》第1条提及的意义上，自决权是一项政治原则，但不是严格的法律意义上的人权。

面对各种不同的甚至根本对立的观点，联合国大会不顾国际人权公约的实质性条款以往都是由人权委员会讨论通过的情况，对人民自决权条款的讨

① 参见［美］熊玠著：《无政府状态与世界秩序》，余逊达、张铁军译，浙江人民出版社2001年版，第165页。

论直接进行指导。①由于人权委员会没有按联合国大会 GA421DV（1950）号决议的请求对自决权的有关问题进行研究，联合国大会在西方殖民国家提出反对意见的情况下，②通过了 GA545VI（1952）号决议。该决议要求在人权公约中写进自决条款。经过激烈的辩论、反复研究和修正，自决权条款的最后条文于 1955 年在第三委员会上通过。因此可以说，到 1955 年时，现行两个国际人权公约中关于人民自决权的条款已经基本形成。把自决权正式写进具有法律拘束力的国际人权公约，这在自决权的发展史上尚属首次，这是自决权发展成为一项集体人权的转折点，也是自决权发展成为集体人权的重要标志，因而具有重要历史意义。

从上述起草过程不难看出，两个国际人权公约第 1 条的通过经历了一个复杂的斗争过程。直到 20 世纪 70 年代中期两个国际人权公约生效之时，人民自决权作为国际法上的法律原则和集体人权才得到国际社会的普遍承认，届时当初竭力反对将自决权写进两个国际人权公约的西方国家也先后批准了这两个公约。需要特别注意的是，至此国际法上的自决原则和权利都是围绕着殖民地人民和其他被压迫民族的解放和独立展开的，上述两个载有自决权规定的国际人权公约都将自决权与非殖民化联系在一起。

继两个国际人权公约之后，还有一个国际公约对自决权作为集体人权做出了规定，即 1981 年在非洲国家统一组织通过的《非洲人权和民族权宪章》。该宪章第 20 条规定："1. 一切民族均享有无可非议和不可剥夺的自决权。它们应自由地决定其政治地位，并按照它们自由选择的政策谋求其经济和社会的发展。2. 被殖民或受压迫的民族有权诉诸国际社会所确认的任何手段使自己摆脱统治权的束缚获得自由。3. 一切民族在反对外来统治的斗争中均有权享受本宪章各缔约国的援助，不论这种援助是政治援助、经济援助抑或是文化援助。"该宪章第 21 条规定："1. 一切民族均可自由处置其天然财富和资源。此项权利之行使理应唯民族利益是从。在任何情况下均不得剥夺一个民族的此项权利。"③由此看出，上述规定与国际人权公约第 1 条

---

① 国际法学界自决问题专家汉南姆（Hurst Hannum）特别注意到这一点，他指出，人权公约的多数实质性条款都是在人权委员会讨论的，然而关于自决的条款却是在联合国大会的指导下进行的。参见 Hannum, *Self-Determination in the Post-Colonial Era*, in Self-Determination: Interantional Perspectives, Edited by Donald Clark and Robert William, 1996, p. 21.

② 当时投反对票的国家有七个，它们是：澳大利亚、比利时、法国、卢森堡、新西兰、英国和美国。

③ 董云虎、刘武萍编著：《世界人权约法总览》，四川人民出版社 1990 年版，第 1085 页。

的内容和措辞基本相同。以上这些论述是各国讨论后形成的，其重要性在于它不是一个人的权利，而是一个民族的集体权利。

三、本章小结

从上述自决权的发展脉络来看，其最初只是政治哲学中的话语，在近代西欧民族国家形成时它是一个与民族主义、民主主义紧密联系在一起的概念，在一次大战后才开始进入国际政治领域；在二次大战以后，特别是在《联合国宪章》制定以后，才更多地进入国际法领域，在发展为国际法的一项基本原则的同时，又发展为国际法上的一项集体人权。

从上述自决权由理念到概念的发展过程，我们也可以发现：自决权问题并非抽象的理论问题，它在不同历史时期有着不同的内容，其含义有着不同的侧重。（1）在早期的西欧，自决权思想与古典民族主义理论、民主主义理论是紧密联系在一起的。人民自决权原则通常包含着对帝国统治和异族君主主权的反抗，过去我们往往只注意这个口号的资产阶级反抗君主专制的民主主义性质，而忽略了它反异族统治的民族主义性质。从历史上看，中世纪西欧的君主制，往往和异族国王的统治联系在一起，一个王国的王位继承权不由这个王国的人民意志决定，而是由王室血统决定，尽管继承人可能是外国人。因此，开始登上历史舞台的资产阶级打出人民自决权的旗帜，才会得到本国人民的普遍支持。但实现了独立自主以后，君主制并非一定要废除。因为资产阶级发现，保持君主制往往反而有利于增强民族凝聚力和社会的稳定。目前，西欧实行君主立宪制或立宪君主制的国家比例很高，有的国家一度推翻君主制后又恢复君主制象征（如西班牙）的原因，就在这里。①在17、18世纪西欧资产阶级革命时期，民族自决权反映了资本主义发展到一定阶段后需要建立民族国家的要求。民族国家对于西欧是资本主义时期典型的国家形式，是最能保证资本主义最自由、广泛、迅速发展的形式。（2）在被法国大革命倡导之时，这一原则被用来反对外国势力对国内政治的干预。民族自决权最初作为一种政治口号被法国资产阶级提出来，目的在于反对法国大革命爆发以后的外来干涉，当时欧洲其他国家的封建势力害怕本国人民去效仿法国人民进行资产阶级革命，便联合起来对法国大革命进行干涉。在这种背

① 参见王建娥等著：《族际政治与现代民族国家》，社会科学文献出版社2004年版，第281页。

景下，资产阶级提出“自决”的口号，认为法国大革命是法国内部的事务，应由法国人民自己来决定，与欧洲其他国家没有关系，反对其他欧洲国家对法国大革命所进行的干涉。(3) 尔后自决权与一个民族摆脱外来的殖民统治、建立自己的国家紧密地联系在一起。第一次世界大战特别是俄国十月革命扩大了民族问题的范围，使民族问题从欧洲部分民族反对民族压迫的局部的国内问题，变为各被压迫民族、各殖民地半殖民地从帝国主义压迫下解放出来的世界问题。民族自决权的基本内容也成为殖民地半殖民地人民从帝国主义压迫下实现民族独立、民族解放的问题。(4) 在二次大战后的非殖民化运动中，民族自决权成为殖民地和托管领土的人民努力实现的目标。民族自决权原则指导和促进了非殖民化运动，非殖民化运动又使这一原则的内涵更加具体，并为这一原则的实施提供了大量的范例。事实上，一些学者正是从非殖民化的角度来给民族自决权下定义，认为民族自决权是指被外国奴役和殖民统治下的被压迫民族自己决定自己的命运，摆脱殖民统治，建立民族独立国家的权利。①

回顾这段历史，我们还可以发现，自决权作为一种理论武器，曾对美国独立战争、法国资产阶级革命、欧洲民族主义运动、俄国十月社会主义革命、二次大战后的非殖民化运动等等都起过非常积极的作用。对于这一点，我们必须给予充分的肯定。当然，对于自决权理论的不足，特别是其在涵义、主体、内容等方面存在着的模糊之处，以及其逻辑体系上的欠严谨，我们也要正视。对于这些问题，我们将在后面的有关章节中逐步加以研究。

---

① 参见王建娥等著：《族际政治与现代民族国家》，社会科学文献出版社 2004 年版，第 281 页。

第二章 自决权的“不同版本”

由于自决权的产生和发展受到国际社会的政治、经济、文化、宗教、语言、历史等复杂因素的影响，使得自决权成为具有不同背景和思想根源的复杂概念。“自决原则或自决权的法律含义现在还不是完全清楚的，尤其是因为在某些方面它似乎与国际法的其他规则相抵触的。”①围绕着自决权的概念及其相关理论，在学术界产生了颇多的争议，从而使自决权问题的探讨就像打开了“潘多拉之盒”。②众所周知，自决权是一个跨学科的概念，它涉及政治学、宪法学、国际政治学和国际法学等多学科的内容，不同学科的学者对其内涵有不同的界定，正如有的学者所说：“民族自决的概念急需给予定义而且对其内容几乎无一致看法。”③基于此，笔者认为，只有确切理解自决权的本质内涵，才能正确地理解和运用它。因而在对自决权理论进行系统研究之前，对自决权概念及其含义加以清晰地描述、说明和界定是十分必要的。

一、马克思主义的自决观

（一）马克思主义经典作家的基本观点

1. 马克思、恩格斯：对“民族自决权”的初步论及

民族自决权作为被压迫民族在政治上同压迫民族自由分离的权利，很早就被马克思主义创始人所关注。1865 年 9 月，马克思在论述波兰问题时就

---

① ［英］詹宁斯、瓦茨修订：《奥本海国际法》第一卷（第一分册），王铁崖等译，中国大百科全书出版社 1995 年版，第 178 页。

② Antonio Cassese, *Self-Determination of Peoples, A Legal Reappraisal*, Cambridge University Press, 1995, p. 1.

③ ［美］路易斯·亨金著：《国际法：政治与价值》，张乃根等译，中国政法大学出版社 2005 年版，第 175 页。

曾向国际工人协会总委员会建议“必须在运用民族自决权原则的基础上，并通过在民主和社会主义基础上恢复波兰的办法，来消除俄国佬在欧洲的影响。”①1865年11月20日，马克思在致海尔曼·荣克的信中再次提到民族自决权原则。此外，有关民族自决权思想的论述还大量散见于马克思、恩格斯的演讲、通信和国际工人组织的决议和宣言中。例如，1867年11月30日马克思在致恩格斯的信中谈道：“爱尔兰人需要的是：……自治和脱离英国而独立。”②可见，马克思、恩格斯从支持资产阶级民主革命和争取社会主义的利益出发，历来赞成民族自决权原则。他们对民族自决原则的充分肯定，为列宁提出民族自决权原则奠定了基础。

2. 列宁：对“民族自决权”的全面阐述

马克思主义经典作家中，对民族自决权思想作出系统、完整阐述的是列宁。列宁在《论民族自决权》、《社会主义革命和民族自决权》、《革命的无产阶级和民族自决权》、《关于自决问题的争论总结》等一系列文章中，集中阐述了他的民族自决观。

(1) 列宁关于民族自决权的最初解释

19世纪末20世纪初，随着西欧资产阶级民族国家的建立，垄断资产阶级不仅不提民族自决权，而且自己还成为了殖民主义者。列宁具体分析了当时俄国不同于西欧各国的情况后，论证了俄国社会民主党提出和坚持民族自决权原则的必要性。他指出，西欧各国早已完成了资产阶级民主改革的任务，建立了单一的民族国家，因而这些国家社会民主党的纲领不提民族自决权是可以理解的。而俄国资产阶级民主改革当时尚未完成，它本身又是一个以大俄罗斯民族占统治地位的多民族国家，民族压迫非常严重，在这种背景下，提出和坚持民族自决权是十分必要的。为此，列宁对各种否认民族自决权的观点进行了严厉地驳斥，对德国社会民主党中的真正左派罗莎·卢森堡等人在民族自决权问题上的“实际主义”进行了严肃的批评，反对在一切民族要求和民族分离问题上作出“是”或“否”的具体回答。列宁认为，无产阶级应承认各民族一律平等，承认各民族都有成立民族国家的平等权利。列宁最早明确提出民族自决权问题是在1902年，他在《俄国社会民主

① 《马克思恩格斯全集》第19卷，人民出版社1963年版，第164页。

② 《马克思恩格斯全集》第31卷，人民出版社1972年版，第405页。

工党纲领草案》一文中指出："承认国内各民族都有自决权"。[①]1903 年 3 月，列宁在《论亚美尼亚社会民主工党人联合会的宣言》中指出："俄国一切社会民主党人在民族问题上都应遵循的两个基本原则……，这就是：第一，不要求民族自治，而要求政治自由、公民自由和完全平等；第二，要求国内每个民族都有自决权。"[②]这是列宁关于"民族自决权"的最初的经典解释。列宁的解释引起了波兰社会民主党人的强烈抗议。他们指责列宁的解释"离开了本来的含义"，要求无条件地支持任何民族的自决，无条件地承认一切民族的独立。1903 年 7 月，列宁撰文《我们纲领中的民族问题》反驳道："无条件地承认争取民族自决的自由的斗争，这丝毫也不意味着我们必须支持任何民族自决的要求。社会民主党作为无产阶级的政党，其真正的主要的任务不是促进各民族的自决，而是促进每个民族中的无产阶级的自决。我们应当永远无条件地努力使各民族的无产阶级最紧密地联合起来。"[③]民族自决的要求应"完全服从无产阶级斗争的利益"，"马克思主义者只能有条件地而且只能在上述条件下才承认民族独立的要求"。[④]1913 年，列宁在与黑帮十月党人及自由资产阶级党派的斗争中进一步论述道："对我们纲领中关于民族自决的那一条，除了从政治自决，即从分离和成立独立国家的权利这个意义上来解释以外，我们决不能做别的解释。"[⑤]与此同时，列宁对此也做了一些限制性的说明，他说："社会民主党承认一切民族都有自决权，决不是说社会民主党人在每一个具体情况下对某一民族的国家分离是否适宜的问题不作出独立的估计。相反，社会民主党人正应该做出这种独立的估计，既要考虑到资本主义发展的情况和联合起来的各民族的资产阶级对各民族的无产者压迫的情况，又要考虑到总的民主任务，首先是而且主要是无产阶级争取社会主义的阶级斗争的利益。"[⑥]

列宁认为，对于什么是民族自决权这一问题的答案绝不能从根据法权的"一般概念"得出的法律定义中去寻找，而应从对民族运动的历史的和经济的研究中去寻找，因为事情的本质不在于法律的定义，而"在于全世界民

① 《列宁全集》第 6 卷，人民出版社 1986 年版，第 195 页。
② 《列宁全集》第 7 卷，人民出版社 1986 年版，第 89 页。
③ 《列宁全集》第 7 卷，人民出版社 1986 年版，第 218 页。
④ 《列宁全集》第 7 卷，人民出版社 1986 年版，第 220 页。
⑤ 《列宁全集》第 23 卷，人民出版社 1990 年版，第 329 页。
⑥ 《列宁全集》第 23 卷，人民出版社 1990 年版，第 330 页。

族运动的经验”。于是，列宁在对民族运动的历史条件和经济条件作了考察之后，对民族自决权的一般含义作出了新的解释：“如果我们要懂得民族自决的意义，不是去玩弄法律上的定义，‘杜撰’抽象的定义，而是去研究民族运动的历史——经济条件，那就必然得出如下结论：所谓民族自决，就是民族脱离异族集合体的国家分离，就是成立独立的民族国家”。①很显然，列宁关于民族自决权的这个定义在很大程度上受到了西欧民族主义的影响，尚未超出资产阶级民主要求的范围，因此，列宁在阐明了民族自决权的“一般意义”之后紧接着说，至于从马克思主义的观点来看，究竟在什么条件下才能支持“民族国家”这个资产阶级民主的要求，则要作具体的分析。因为“在分析任何一个社会问题时，马克思主义理论的绝对要求，就是要把问题提到一定的历史范围之内。”②

（2）对民族自决权涵义的扩充

在一次大战期间，列宁继续高举“民族自决权”的旗帜，并赋予其新的含义。1916年，列宁在《社会主义革命和民族自决权》中对“民族自决权”作了新的表述：“民族自决权只是一种政治意义上的独立权，即在政治上从压迫民族自由分离的权利。”③在这里，列宁将原来的“与异族集体的国家”分离改为“同压迫民族”的分离。为了避免产生误解，列宁进一步解释道：“这种政治民主要求并不就等于分离、分裂、建立小国，它只是反对任何民族压迫的斗争的彻底表现。一个国家的民主制度愈接近充分的分离自由，在实际上要求分离的愿望也就愈少愈弱。”④“从历史——经济的观点看来，马克思主义者的纲领上所谈的‘民族自决’，除政治自决，即国家独立、建立民族国家以外，不可能有什么别的意义。”⑤列宁在此所指称的民族自决，是指处于殖民统治和外国奴役下的人民有摆脱外国统治和建立民族独立国家的权利。

列宁对民族自决权的涵义作扩充解释，坚持被压迫民族的自决权，承认被压迫民族有摆脱殖民统治，在政治上实行分离和成立独立的民族国家的权利，具有重要的意义。因为压迫民族的无产阶级坚决承认遭受本民族殖民统

① 《列宁全集》第25卷，人民出版社1988年版，第225页。
② 《列宁全集》第25卷，人民出版社1988年版，第229页。
③ 《列宁全集》第27卷，人民出版社1990年版，第257页。
④ 《列宁全集》第27卷，人民出版社1990年版，第257页。
⑤ 《列宁全集》第25卷，人民出版社1988年版，第228页。

治的被压迫民族享有民族自决权，必然会大大加强被压迫民族的无产阶级对压迫民族的无产阶级的信任和团结。列宁援引1905年瑞典无产阶级支持挪威从瑞典王国中分离的事例，高度赞扬了当时瑞典无产阶级所持的国际主义立场。他说："瑞典工人这样承认挪威人的分离权，促进了挪威和瑞典两国工人的紧密联盟，促进了他们同志般的充分的阶级团结。"①而无产阶级的国际团结是社会主义革命胜利的最可靠的保证。

（3）将"自决权"改为"自由分离权"

"十月革命"前夕，俄国无产阶级投入了全面夺取政权的斗争。这时列宁郑重宣布："大俄罗斯人向一切民族建议结成兄弟联盟"，"组成共同国家"。为了争取非俄罗斯各族人民，列宁仍高举"民族自决权"的旗帜。但出于建立联盟国家的需要，他将"民族自决权"的表述改为"自由分离权"。他论述道："取得胜利的社会主义必将实现充分的民主，因而，不但要使各民族完全平等，而且要实现被压迫民族的自决权，即政治上的自由分离权。……没有分离自由，自由结盟就是一句谎话。"②1917年10月，列宁在《论修改党纲》中说："自决一词曾多次引起了曲解，因此我改用一个十分确切的概念：'自由分离的权利'……我们夺取政权之后，会无条件地承认芬兰、乌克兰、亚美尼亚以及任何一个受沙皇制度（和大俄罗斯的资产阶级）压迫的民族都享有这种权利。但是从我们方面来说，我们决不希望分离。"③

民族自决权的根本目的就是要消灭民族压迫，实行民族平等。当无产阶级政权建立之后，就会造成完全铲除民族压迫的可能。那么，在社会主义制度下，民族自决权的原则是否就失去了意义呢？如果没有失去意义，它在内容上有没有新的特点？这是"十月革命"胜利后一个在理论和实践上都需要回答的问题。在理论上，列宁认为社会主义制度下也必须承认民族自决权，"在社会主义制度下如果拒绝实行民族自决，那就是背叛社会主义。"④但社会主义制度下的民族自决权具有了新的特点，那就是它要求：实现民族平等，促进各民族的自愿联合和团结，从而建立起统一的社会主义的多民族国家。列宁指出："社会主义的目的不只是要消灭人类分为许多小国家的现象，消灭一切民族隔离状态，不只是要使各民族接近，而且要使各民族融

① 《列宁全集》第25卷，人民出版社1988年版，第257页。
② 《列宁全集》第27卷，人民出版社1990年版，第254页。
③ 《列宁全集》第32卷，人民出版社1985年版，第369－370页。
④ 《列宁全集》第28卷，人民出版社1990年版，第17页。

合。”①可见，列宁认为在社会主义制度下仍然要承认民族自决权。但列宁说：我们宣传和维护民族自决权，“绝不是为了‘提倡’实行分离，相反地，是为了促进和加速各民族的民主的接近和融合”；②我们之所以要求给遭受帝国主义暴力兼并和殖民统治的一切被压迫民族以分离的自由，“仅仅是因为我们主张自由的、自愿的接近和融合，但不主张强制的接近和融合。仅仅是因为这一点。”③他把党的民族纲领简要地概括为两个“自由”：“分离自由”、“联合自由”。它意味着取消强制性的民族联系，代之以自愿的民族联系。“十月革命”胜利后，列宁主张按照自愿、平等、民主集中制的原则建立苏维埃社会主义共和国联盟。他说：“我们主张建立自愿的民族联盟，这种联盟不允许一个民族对另一个民族施行任何暴力，它的基础是充分的信任，对兄弟般团结一致的明确认识，完全的自觉自愿。”④1922 年成立苏维埃共和国联盟时，在斯大林起草的决议草案中，提出其他民族苏维埃共和国应作为自治共和国“参加”俄罗斯联邦，而不是各苏维埃共和国正式“联合成”一个苏维埃共和国联盟。列宁对这种大俄罗斯民族主义思想进行了严厉的批评。列宁坚决认为，压迫民族的无产阶级坚决承认遭受本民族殖民统治的被压迫民族享有民族自决权，必然会大大加强被压迫民族的无产阶级对压迫民族的无产阶级的信任和团结。在列宁思想的指导下，1922 年 12 月 30 日的《苏维埃社会主义共和国联盟成立宣言》明确宣布，苏维埃社会主义共和国联盟是“平等民族的自愿联合，保证每个共和国有自由退出联盟的权利，保证现有的或将来产生的一切苏维埃社会主义共和国都可以加入联盟”。事实证明，苏联的成立是列宁社会主义民族自决权思想的成功运用的范例。

3. 斯大林：对“民族自决权”的发展

在民族自决权问题上，斯大林的观点在很大程度上与列宁的观点相同。斯大林也追随列宁的观点认为，民族自决权就是在政治上同压迫民族自由分离的权利，组织独立国家的权利。但是，“不应当把分离的权利理解为分离的义务，分离的责任。每个民族都可以行使这种分离权，但是也可以不行使

① 《列宁全集》第 27 卷，人民出版社 1990 年版，第 258 页。
② 《列宁全集》第 28 卷，人民出版社 1990 年版，第 160 页。
③ 《列宁全集》第 28 卷，人民出版社 1990 年版，第 161 页。
④ 《列宁全集》第 38 卷，人民出版社 1986 年版，第 46 页。

这个权利，那是它自己的事情，这一点不能不注意到。”[①]就是说，一个民族有权选择分离，也有权选择不分离，决不能把民族有权分离，理解为必须分离，认为民族不分离就是没有民族自决权。斯大林 1913 年 1 月发表的《马克思主义与民族问题》一文认为：“自决权就是民族能按照自己的愿望去处理自己的事情。它有权按自治原则安排自己的生活。有权和其他民族建立联邦关系。它有权完全分离出去。每个民族都是自主的，一切民族都是平等的。”[②]“民族有权按照自治原则处理自己的事情。它甚至有权分离。但这并不是说它在任何条件下都应当这样做，也不是说自治或分离无论何时何地都有利于该民族。”[③]“十月革命”后，斯大林指出：“同帝国主义决裂，结束掠夺性的战争；……宣布被压迫民族劳动群众实行自决。”“这样，‘十月革命’结束了旧的资产阶级的民族解放运动，开辟了被压迫民族工人和农民新的社会主义运动的纪元，这个运动的目的在于反对一切压迫（也包括民族压迫），反对‘自己的’和异族的资产阶级政权，反对整个帝国主义。”[④]

1920 年俄国国内战争取得决定性胜利后，俄共关于“民族自决权”从提法和内容上发生了根本变化。斯大林撰文《苏维埃政权对俄国民族问题的政策》说：“使边疆与俄国分离”“应当加以排斥”。[⑤]斯大林在为这篇文章收入论文集撰写的《作者的话》中写道：“这篇论文坚决地反对边疆各地同俄国分离的要求，认为这是反革命的计谋，这也许有人会觉得奇怪。但是实际上这没有什么可奇怪的。我们主张印度、阿拉伯、埃及、摩洛哥和其他殖民地同协约国分离，因为这种分离意味着这些被压迫民族国家从帝国主义压迫下解放出来，意味着削弱帝国主义阵地……。我们反对各边疆地区同俄国分离，因为这种分离意味着使各边疆地区受帝国主义奴役，意味着削弱俄国的革命实力而加强帝国主义阵地。”[⑥]在这里，斯大林将分立（离）看作是“反革命的计谋”。

（二）对马克思主义自决观的简要评析

马克思主义经典作家（特别是列宁）关于民族自决权原则的一系列论

① 《斯大林全集》第七卷，人民出版社年 1958 版，第 64 页。
② 《斯大林选集》上卷，人民出版社 1979 年版，第 74 页。
③ 《斯大林选集》上卷，人民出版社 1979 年版，第 76 页。
④ 《斯大林全集》第四卷，人民出版社 1956 年版，第 146 页。
⑤ 参见《斯大林全集》第四卷，人民出版社 1956 年版，第 314 – 318 页。
⑥ 《斯大林全集》第四卷，人民出版社 1956 年版，第 329 页。

述及其观点，在自决权理论发展史上占有重要的地位，并对自决权原则最终在国际法上的形成和确立产生了重要的影响。概括起来，其积极意义有以下几个方面：

首先，“十月革命”胜利后，自决权思想在世界范围内成为反对殖民主义的理论武器。列宁从民族问题的角度提出民族自决权原则并将其与“殖民地与附属国人民争取从帝国主义压迫下获得解放的问题联系在一起”。反对一切殖民主义是十月革命唤醒全世界劳动阶级的口号，是列宁民族自决权思想的核心。处于殖民统治和民族压迫下的人民可以根据自决权原则获得独立。“十月革命”的胜利“扩大了民族问题的范围，它使民族问题从欧洲反对民族压迫的局部问题变为各被压迫民族、各殖民地和半殖民地从帝国主义压迫下解放出来的总问题。”①一次大战给殖民地和被压迫民族带来了深重的灾难，加深了殖民地半殖民地同帝国主义之间的矛盾。与此同时，战争严重削弱了几个主要帝国主义国家的实力，也为殖民地半殖民地人民的民族解放斗争提供了有利条件。因此，在一次大战和“十月革命”的影响下，从1918年至1923年，殖民地半殖民地国家出现了民族解放斗争的新高潮。在二十世纪六七十年代的非殖民化运动中，列宁在一次大战时提出的民族自决权原则，也是广大被压迫民族和殖民地人民与外国统治者和殖民主义者进行斗争的有力思想武器。虽然西方学者大多批评列宁及其他苏联领导者更关心各国无产阶级的自决，但他们同时也承认列宁的民族自决概念，特别是它强调反殖民主义的方面，对许多国家的外交政策以及对整个国际社会都产生了巨大的影响。自决原则被写进联合国宪章并在后来逐渐发展成为国际法上的一项基本原则，在很大程度上是由于前苏联的努力。

其次，列宁的民族自决权思想是对马克思、恩格斯关于民族自决权思想创造性的发展，是马克思主义人权理论的重要组成部分。他第一次将民族自决权问题同帝国主义和无产阶级革命时代以及同殖民地问题联系起来，从而扩大了民族自决权的本来含义，使争取民族自决权由俄国或欧洲反对民族压迫的局部问题变为各被压迫民族、各殖民地和半殖民地从帝国主义压迫下解放出来的总问题；他第一次把殖民地、半殖民地人民争取民族自决权的斗争与社会主义革命联系在一起，从而使民族自决权成为一个与无产阶级国际主义相结合的彻底的革命的人权原则。列宁的民族自决权思想为殖民地、半殖

① 《斯大林全集》第四卷，人民出版社1956年版，第149页。

民地人民争取民族解放的斗争提供了思想武器，推动了许多长期遭受外国侵略和奴役的民族和国家赢得独立，并最终使民族自决权成为一项被国际人权法律文件确认的重要权利。

当然，由于当时历史的局限使得列宁关于民族自决权的个别论述也有不尽完善的地方。其一，列宁在不同历史时期对"民族自决权"有过不同的解释或提法，但是在经典作家看来，或许这些都不重要，最重要的是无产阶级的革命利益。列宁在肯定民族自决时，明确阐述了它对无产阶级革命利益的从属性。他在《我们纲领中的民族问题》中说："他们在自己的纲领中不仅提出语言、民族等等完全平等，而且承认每个民族有自己决定自己命运的权利。在承认这种权利的时候，我们对民族独立要求的支持，是服从于无产阶级斗争的利益的。"①在这一点上，卡塞斯教授对列宁的观点评价道：社会主义事业和革命的利益永远优先于自决原则。②列宁把无产阶级的利益置于至上的地位，表现出他对无产阶级和劳动人民的深切关怀，这值得肯定。但是，他根据无产阶级革命和社会主义建设的需要，对自决的内涵做不同解释的做法，也不可避免地使其自决权理论带有浓厚的工具主义色彩，从而影响了它的神圣性。其二，在"民族"概念的使用上，也存在着将不同含义的"民族"混同起来使用的现象。在此时的东欧，民族自决权是指一切民族享有的自决权，即享有自决权的民族不仅指 nation，也指 nationality。恩格斯敏锐地注意到了这一点，他在《工人阶级同波兰有什么关系》中论述了 nation 与 nationality 的不同。③可是列宁没有接受恩格斯关于 nation 和 nationality 不容混淆的劝告，在他的文章中仍然出现了将 nation、nationalities 和 people 等概念混用的现象。

（三）余论：列宁的自决权是否等同于分离权？

有的学者认为，列宁提出的民族自决权等同于分离权。因为如前所述，列宁曾经说过："所谓民族自决，就是民族脱离异族集体的国家分离，就是组织独立的民族国家。"④那么，如何看待上述观点呢？列宁的这个论断是

① 《列宁全集》第 7 卷，人民出版社 1986 年版，第 225 页。

② Antonio Cassese, *Self-Determination of Peoples, A Legal Reappraisal*, Cambridge University Press, 1995, p. 18.

③ 参见《马克思恩格斯全集》第 16 卷，人民出版社 1964 年版，第 175－176 页。

④ 《列宁全集》第 25 卷，人民出版社 1988 年版，第 225 页。

否就意味着他“无条件地”承认民族自决权、“无条件地”拥护民族分离呢？要厘清这些问题，就要正确、全面地领会和把握列宁的民族自决权思想。为此，至少应明确下几个方面：

第一，从列宁早期的提法来看，似乎民族自决权就是分离权，实际它是有明显针对性的，即主要针对沙俄那样的殖民主义。自决权的提出，意在打倒、摧毁沙俄的国家机器。不仅如此，列宁还反反复复强调要把殖民地人民的“民族自决”与民族主义的“民族分立”区分开来。简言之，列宁的“民族自决”基本点是非殖民化，而不是民族主义。在列宁看来，承认民族自决和自治并不等于鼓励民族主义；承认民族自决的要求，也并不意味着必须支持任何民族自决的要求。民族自决和自治并不是无产阶级的目的，而是一种达到民主改革的手段。所以，“决不允许把民族有权自由分离的问题同某一民族在某个时候实行分离是否适当的问题混为一谈。对于后一问题，无产阶级政党应当根据整个社会发展的利益和无产阶级争取社会主义的阶级斗争的利益，分别不同的场合完全独立地加以解决。”① 在这里，需要我们特别注意的是，列宁提倡的民族自决是有特定条件的：民族自决的要求必须完全符合无产阶级阶级斗争的利益，符合当时革命需要。所以，列宁提倡的民族自决是有时代背景的。任何脱离当时的历史条件，凭空进行的界说，都必然陷入误读或曲解。

第二，列宁提倡的民族自决有其明确的目的，是为了消除压迫民族的无产阶级与被压迫民族的无产阶级之间的隔膜，是为了在民族平等的基础上，实现国内外各民族的无产阶级的大团结。在国际范围内，一方面压迫民族的“无产阶级应当要求受‘它的’民族压迫的殖民地和民族有政治分离的自由。否则无产阶级的国际主义就会始终是一句空话，被压迫民族的工人和压迫民族的工人之间的信任和阶级团结都将无从谈起，……另一方面，被压迫民族的社会党人必须特别维护和实行被压迫民族的工人与压迫民族的工人的充分的无条件的（包括组织上的）统一。”② 基于此，列宁认为：“我们要求民族有自决的自由，即独立的自由，即被压迫民族有分离的自由，并不是因为我们想实行经济上的分裂，或者想实现建立小国的理想；相反，是因为我们想建立大国，想使各民族在真正民主和国际主义的基础上相互接近乃至

① 《列宁全集》第29卷，人民出版社1985年版，第431页。
② 《列宁全集》第27卷，人民出版社1990年版，第259页。

融合的需要，但如果没有分离自由，这种接近和融合的基础就不可能建立。马克思在1869年要求爱尔兰分离，并不是为了制造分裂，而是为了将来爱尔兰能同英国自由结盟。”①因此，从总体来说，列宁是反对民族分离的。实际上，列宁所说的“分离”与通常人民理解的分离，即一个主权国家内的一部分从该国分离，是有区别的。

第三，从实践来看，列宁的民族自决权概念也不等同于分离权。首先从列宁时代的苏联提出民族自决权的背景及实施或促进实现此项原则的实践来看，列宁在最初提出这个概念时，他明确说明这个概念包括分离权，或者说就等于分离权。这是由于当时苏联的联邦原来都是独立的国家，现在建立了新的联邦共和国，必须要给他们分离权使他们可以自由地加入也可以自由地分离出去，才可以吸引他们加入联邦。当时的民族自决就是为了团结俄罗斯以外的民族，所以在联邦宪法中明确规定各个加盟共和国任何时候可以自由决定分离出去。其次，从苏联宪法写进自决原则的起因及苏联在存续69年期间，特别是苏联解体时实施此项原则的实践来看，苏联宪法中规定的“分离权”只是起到了扩大加盟共和国数目、“建立大国”、“使各民族接近乃至融合”的作用，它在苏联的历史上从未被适用过。1991年苏联的解体，被一些学者援引来证明列宁所说的自决权包括分离权的观点。实际上波罗的海三国和其他共和国的独立都不是行使苏联宪法中规定的分离权的结果。因为从苏联的解体或分立过程看，先是波罗的海三国在1991年9月先后分别宣布独立，然后是其他加盟共和国（格鲁吉亚共和国除外）通过签约的方式建立了独联体，分别成为独立国家，至此苏维埃联邦社会主义共和国不复存在。众所周知，波罗的海三国历史上曾经是独立国家，1940年时才被强行并入苏联版图。这三国在要求独立时提出的合法性依据是要恢复1940年以前的独立地位，而不是苏联宪法第72条规定的分离权。与波罗的海三国不同，其他12个加盟共和国的分立是在法律程序之外完成的，是苏联中央的政治危机加上地方的离心力剧增所引起的突发事件的结果。1991年12月21日12个加盟共和国的11个（格鲁吉亚除外）在哈萨克斯坦首都阿拉木图签署了建立独立国家联合协议议定书，正式宣布建立独立国家联合体。因此，这种情况属于国际法上的“分立”情形，而不是“分离”情形。在各加盟共和国的母国不复存在的情况下，不存在分离的问题，也就谈不上行使

① 《列宁全集》第27卷，人民出版社1990年版，第85页。

“分离权”了。所以，苏联的解体并非行使“分离权”的结果。①

所以，列宁提出并被他标榜为“分离权”的民族自决权实际上是被压迫民族的独立权。苏联宪法有关分离权的规定，也只是想借着这一规定来达到更加联合的目的。最后，应当特别指出的是，列宁提出的以及苏联宪法规定的民族自决权原则仅仅是苏联的外交和国内法原则，无论它是什么内容，它都不是国际法上的规定，因而对其他国家不产生拘束力。②

二、西方学者对自决权的一般认识

除了历史上美国的威尔逊对自决问题进行过系统的论述之外，当代西方学者也分别从不同的学术视角对自决的内涵进行过全面的论述。事实上，在西方学术界，对民族自决原则的看法也是很不一致的。概括起来，有代表性的学者及其观点如下：

科本（Alfred Cobban）曾以民族学家的身份较早地对自决原则进行过理论上的概括，他在《民族自决》一书中描述道：“民族独立，在第一次世界大战期间称之为自决原则，一般说来是指每个民族有权建立独立国家并决定自己的政府的信念。”他承认“这种描述本身”是“不恰当的”，因为从逻辑上讲，首先应该界定“民族”这个词。在此基础上，科本强调了重新研究、界定自决的必要性，③并且对与自决概念相关的问题，如“民族”、“民族与国家的同一性”、“民族决定主义”（national determinism）等，做了历史性的分析。但他最终并没能跳出“民族运动——民族独立——国家”这个狭小的圈子，没有对“自决”做出更为恰当的描述。

凯尔森（Hans Kelson）在评价《联合国宪章》规定的人民自决原则时指出：“人民自决权通常是指内部政策的原则，民主统治原则。但是第1条

① 也有学者对此持有另一种看法，认为：一方面，自由分离权在苏联一直被郑重承认，并被明白地载入1922年、1936年和1977年的苏联宪法；另一方面，“分立（分离）在苏联被斯大林视为‘反革命的企图’，因此以往的批评者视”自由退出“苏联的条款是纸面上的东西。这似乎也有道理，至少在苏联成立半个世纪的历史上是如此的。但必须看到，既然根本大法上明明白白写上这一条，那么在‘无产阶级革命利益’之说被完全抛弃后，‘反革命企图’的帽子谁也不再恐惧之时，一旦有分离的契机，分离的实践就绝对地合法合理了。从这个意义上说，”民族自决“既是沙俄解体的理论，也是苏联瓦解的实践。”参见潘志平主编：《民族自决还是民族分裂》，新疆人民出版社1999年版，第176页。

② 参见白桂梅著：《国际法上的自决》，中国华侨出版社1999年版，第186－189页。

③ Alfred Cobban, *National Self-Determination*, 1944, p. 45.

2 款所指的是国家之间的关系。因此，当‘人民’一词与‘平等权利’联系在一起时，可能也是指国家，因为只有国家才根据一般国际法享有平等权利。”凯尔森之所以对宪章中的自决原则做出这种解释，原因主要是：第一，他认为宪章第 1 条 2 款中人民自决一词中的“人民”是指国家；第二，对凯尔森来说，通常意义上的自决原则是有关国家内部政策的原则，是指“政府的民主形式”。“联合国组织的宗旨是在尊重‘人民’自决原则的基础上发展国际间友好关系，并不意味着国际间友好关系取决于政府的民主形式”，因为那样既不符合会员国主权平等原则，也不符合宪章第 2 条 7 款不干涉内政原则；凯尔森认为平等原则和自决原则是两个不同的原则，但宪章在提及平等和人民自决原则时，其中“原则”用单数“principle”而不是用复数“principles”来表示。这种形式与第 2 条 1 款似乎是一样的，后者也是把平等原则和主权原则合二为一，成为“主权平等原则”。①应当指出的是，由于当时大规模的非殖民化运动尚未开始，国际社会缺乏这方面的实践与经验；又加之凯尔森从纯粹法学的视角来观察问题，所以造成了凯尔森对自决原则的理解有很大的历史局限性。

埃默森（Rupert Emerson）也从国际关系的角度对自决进行了新的考察。他重点描述了自决在摧毁殖民主义统治、改变世界秩序方面所具有的革命性。他说：“自决学说是变革的学说，其实质是革命变革，因为它授权对政治权力的渊源进行基本修正并涉及解体及现秩序的重新安排。”②正因为自决的这种革命性，“自决权只是在特殊情况下对某种人民适用。……作为一般化的权利，只有当适用此项权利的人民经过严格界定才能列入有序的国际体系中”。埃默森认为，自 1946 年以来已经帮助人民建立新国家的非殖民化运动形成了一个运作模式，这种模式成为执行自决权的全盘性模式，即殖民地人民或附属地人民有取得独立的自由。③

约翰逊（Harold S. Johnson）从国际政治的角度认为，自决是与国际社会本身的性质和范围紧密联系在一起的概念。他将自决原则与国际体系中关于国家承认的理论和实践紧密地联系起来进行理解。认为每个人民只要占领一特定领土并形成政府就具备了被承认的基础。至于政府的形式，不必考

---

① Hans Kelsen, *The Law of the United Nations: A Critical Analysis of Its Fundamental Problems*, 1950, p. 52 -53.

② Rupert Emerson, *Self-Determination Revisited in the Era of Decoloniaation*, 1964, p. 30.

③ Rupert Emerson, *Self-Determination Revisited in the Era of Decoloniaation*, 1964, p. 27 -28.

虑。①因为自决的核心是作为一个国家的人民的主权。自决所涉及的是国际体系内民族单位的地位和国际关系的形式。②根据约翰逊的观点，自决是人民决定其主权地位的过程。自决的愿望主要是从他们要控制自己命运的愿望中演变而来的。民族主义作为一种情感，增强了这种愿望并激发了具有民族地位的人民要求自决的主张。政府应以被治者同意这种民主理论为基础，接受民族是民主的单位，民族自决意味着每个民族拥有成为主权者的权利。③

乌莫朱利克（Umozurike Oji Umozurike）认为，自决原则过去被视为民族主权独立的权利，但这个原则的现代含义并不具有这样的限制性。自决原则是“所有人民决定其政治未来及自由谋求他们的经济、社会和文化发展的权利。在政治上自决通过独立以及自治、地方自主、合并、并入、或参与政府的其他形式表现出来。自决原则通过内部和外部的运作保障国内的统治和排除来自内外的压迫，因此，它与附属和独立领土都有关系”。乌莫朱利克对自决原则的描述可以分为三个部分：（1）“所有人民决定其政治未来及自由谋求他们的经济、社会和文化发展。”（2）“自决通过独立以及自治、地方自主、合并、并入、或参与政府的其他形式表现出来。”这部分阐述了实现自决的形式，即享有自决权的人民可以宣布独立、与他国合并或并入他国等，从而实现自决。（3）“通过内部和外部的运作保障国内的统治和排除来自内外的压迫”，自决的运作有内外之分。内部保障国内的统治，外部排除来自国外的压迫。④

卡塞斯（Antonio Cassese）教授也是在自决理论研究方面做出突出贡献的西方学者。他虽然没有为自决下任何定义，但是他在《人民自决权：法律再评析》一书中对自决的性质的分析，可以说是对自决比较概括的描述。他说：“在内部，自决可以用作而且已经被用作选举权授予之工具，以扩大公民反对各种旧制度的范围。因此，民族的‘自我’已经转移：该‘自我’不再体现于统治一国的君王，而是该国的公民。自决从而在国际法上反映了一个起始于美国和法国革命的运动，20 世纪的普选思想标志着这个运动的

① Harold S. Johnson, *Self-Determination Within the Community of Nations*, A. W. Sijthoff, Leyden, 1967, p. 31 - 32.

② Harold S. Johnson, *Self-Determination Within the Community of Nations*, A. W. Sijthoff, Leyden, 1967, p. 7.

③ Harold S. Johnson, *Self-Determination Within the Community of Nations*, 1967, p. 200.

④ Umozurike Oji Umozurike, *Self-Determination*, 1972, p. 3 - 16.

发展顶点。在外部，自决无非是对业已建立的权威——构成国际法律秩序小范围的权威——的挑战。……自决是通过接纳新成员对国际旧制度进行挑战的工具。20世纪国际法的一个主要发展是国际社会的扩大，……使它包括所谓第三世界国家。”①

进入20世纪70年代，许多欧美学者赋予民族自决权新的涵义，他们主张将民族自决权划分为“对内自决权”和“对外自决权”两部分。(1) 所谓“外部自决权”，通常指被压迫民族，包括殖民地人民和其他在外国统治下的民族，摆脱被压迫的地位，获得独立的权利。有人也称它作“对自决的权利”，即尚不具备主权的政治实体成为国际上独立国家之权利。一般说来，“外部自决”只适用于殖民地人民和遭受外国军事侵略和占领的人民。它是指这些人民有摆脱殖民统治或异族统治，建立或恢复独立国家的权利。这是民族自决权被引申到国际场合以后的最初含义。前面提到的列宁所倡导的民族自决权就是这种意义上的自决权，非殖民化运动中被压迫民族所要求的自决权也是这种意义上的自决权。它的主要内容是政治独立权，它所涉及的主要是人民或民族（nation，即国族）与其他人民或民族（nation，即国族）之间的关系，这种关系要受国际法的调整。外部自决权通常被认为是一种一次性权利，即一旦实现，这种权利就不复存在了。民族自决权的“外部自决”方面，不适用于已经建立了独立国家的人民。(2) 所谓“内部自决权”，通常指内部自治（self-government）的权利，即主权国家内的人民真正享有代表性民主政府的权利。有人亦称之为“自决的权利”，即人民自由组织政府、选择其政府形态、经济体制和社会文化制度的权利。其主要内容包括民主自治权、民族自治权、民族平等权。他们认为，“内部自决”是民族自决权在发展过程中产生的新内容，它只适用于那些已经建立了独立国家的人民。它与民主政治密切关联，是一种多次性权利，即它可以反复持续地行使。由于这样，阿纳亚（S. James Anaya）将内部自决称为“持续性的自决”。与外部自决不同，内部自决需要有一个法律秩序，在此秩序下个人和团体能够在持续的基础上就关系到生活的所有问题做出有意义的选择。②

---

① Antonio Cassese, *Self-determination of Peoples, A Legal Reappraisal*, Cambridge University Press, 1995, p. 5.

② S. James Anaya, *A Contemporary Definition of International Norm of Self-Determination*, 3 Transnational Law and Contemporary Problems. 1993, p. 151.

三、国际法上的自决权

尽管民族自决权作为一项国际法原则已被世界各国所接受。然而，迄今为止，它在国际法上仍没有一个确定而通行的定义。对其内涵和外延也是众说纷纭，莫衷一是。①之所以如此，其原因大致有二：一是对于何为“民族自决权”这一理论和现实问题，至今国际法上尚没有统一的定义，甚至存在着严重的分歧；二是国际关系处于不断的变化、发展之中，国际法规范也在不断变化、发展，从而使得民族自决权的涵义也随之不断地变化和发展。因此，界定自决权内容的确是件不容易的事。

对于第一个原因，人们难免要问，为什么国际法不给自决权下一个通行的定义，把“人民”、“民族”等概念界定清楚呢？这主要是由于自决权载入国际法的历程是一个充满政治斗争的历程。西方发达国家和广大发展中国家关于自决的涵义、适用范围等问题存有重大分歧，如果不采取“模糊策略”，则很难将其载入有关的国际法文件，所以，“模糊”是故意的，是双方在政治斗争中相互妥协的结果，是为了能够将自决权顺利载入国际法的一种无奈选择。所以回顾自决权载入国际法文件时双方围绕着自决权问题相互斗争的立场、观点和历程（该部分内容，请参阅第四章的分析），对于我们科学地理解自决权的内涵具有重要的意义。

对于第二个原因，人们不禁要问，自决权的一般性含义是什么？尽管其在不同时期有不同的侧重，但其一般内涵还是稳定的。我们只要把握了其一般性内涵，就容易把握其本质。然后再结合具体历史阶段的任务来把握其在当代国际法上的特定内涵就容易多了。下面我们从国际法上自决权的一般内容入手，来进一步探讨自决权的一般含义和特定含义，进而提出作者的观点。

（一）从法律文本看自决权的内容构成

从民族自决权作为非殖民运动的政治口号的提出，到《联合国宪章》、《关于人民与民族自决权的决议》、《给予殖民地国家和人民独立宣言》，1966年的《经济、社会、文化权利国际公约》和《公民权利和政治权利国

① 参见慕亚平著：《和平、发展和变革中的国际法问题》，法律出版社2003年版，第80页。

际公约》，再到1970年的《国际法原则宣言》等等，众多国际法律文件对于自决权的内容作了规定。概括这些文件的规定，自决权的内容大致包括以下几个方面：

1. 政治自决权

即人民自由决定其政治地位的权利。从自决权原则的演变历史可以看出，在殖民体系瓦解前，民族自决权主要是指这种权利。1960年《非殖民化宣言》第2项宣布，依据民族自决权，“他们自由地决定他们的政治地位”。1966年两个国际人权公约均在第1条第1项明确规定：“所有人民都有自决权。他们凭这种权利自由决定他们的政治地位”。这里所说的“自由决定他们的政治地位”主要是指有权“自由决定建立自主独立国家，与某一独立国家自由结合或合并，或采取任何其他政治地位”。虽然大部分非自治领土和托管领土在自决时选择建立独立国家，但并不是只有独立才算行使自决权，民族也可选择与其他国家合并等其他自决形式，但这种选择必须是该民族人民自由意志的结果，而不是他国或他民族强加的意志。

2. 经济、社会和文化自决权

即一国之全体人民在不受外来干预的情况下自由谋求其经济、社会和文化发展的权利。殖民地人民获得政治上的独立，决不意味着非殖民化斗争的结束。第三世界国家在摆脱殖民统治后，随即意识到获得政治上的主权只是非殖民化运动的第一阶段，只有摆脱经济上落后和依附状态，国家才有可能真正地独立。因此，在政治自决权的基础上应当大力倡导经济自决权，使自决权建立在雄厚的经济条件基础上，发挥其强大的生命力。前南斯拉夫学者米兰·布拉伊奇指出：“自决权作为人权的组成部分，不仅从政治上看待各民族和国家的自决权，而且应从经济上看待它，即自决权的经济性和政治性。在政治上主要表现为民族独立和政治上的自主，在经济上主要表现为对自然资源的永久主权。两个方面的有机结合才能构成较完整的自决权形态。如果没有经济自决和经济独立，政治独立是一句空话。”①20世纪70年代，著名的几内亚政治家塞古·杜尔在他发表的一篇文章中说过：“如果有人认为取得独立就万事大吉，可以不必再作努力，那么他就是不睁开眼睛去看现

---

① ［南斯拉夫］米兰·布拉伊奇著：《国际发展法原则》，中国对外翻译出版公司1989年版，第231页。

实状况，就是同历史的进程背道而驰。”①于是，非殖民化运动进入了第二阶段——反对新殖民主义经济上的剥削与掠夺，建立国际经济新秩序的斗争，新独立民族争取获得经济上的主权，可以“对自己的自然资源和一切经济活动拥有充分的永久主权”，可以自由选择国家的经济制度和适合本国的发展道路。这时，自决权在很大程度上与国家主权原则、不干涉内政原则的有关内容是一致的，强调排除外来干涉，主张自我决定自我事务。需要指出的是，虽然这时的自决权原则与国家主权原则和不干涉内政原则的内容有相同之处，但并不意味着它是可有可无的，它仍然有自己独特的存在价值。

有关自决权的主要国际法律文件和国际社会的实践表明，“政治自决权”是自决权的核心内容。在某种意义上，经济、社会和文化自决权是政治自决权的一种延伸。从理论上说，这里的几种自决权完全可以而且应当同时实现，但在实践中，经济、社会和文化领域内的自决权的实现经常滞后于政治自决权的实现。在这种情况下，争取实现经济、社会和文化领域内的自决权便与巩固已经取得的政治独立一起成为许多新独立国家面临的艰巨任务。

（二）国际法上自决权的具体涵义

众所周知，自决权是一种实践性的权利，其含义在其实践过程中不断得以变化和发展。回顾自决权含义的前后变化，它的实践性非常明显，在不同的历史发展阶段，有其不同的特定内涵。正如任东来先生所说：“自决完全是一个历史的概念。正是历史的演进赋予了它不尽相同的含义。因此，自决只有结合具体的历史背景才能得到全面公正的说明。”②所以我们只能从不同阶段中概括或抽象出其共同的东西，来形成自决权的定义。对于自决权的含义，我们既要从一般意义上去把握，也要从特定阶段意义上去把握。

若从一般意义上来看，自决权在实质上表现为一种行为选择的自由。这种自由包括以下几个方面：首先，自决权尽管有政治自决权、经济自决权、文化自决权等各种存在形态，但最终要体现于行为的自由权。其次，自决权的实现过程也体现为人民的行为选择的自由。再次，自决权只有表现为人民的行为选择的自由，才能体现自决权的本质；如果是被迫性质的行为，也构不成自决。第四，自决权是集体性权利，它表现为一种集体自由权。

① 转引自陆庭恩著：《非洲问题论集》，世界知识出版社 2005 年版，第 207 页。

② 任东来著：《政治世界探微》，北京大学出版社 2005 年版，第 278 页。

若从特定阶段的意义上来看，自决权围绕着“自我决定”这个中心意思，其内容在不同历史时期有不同的侧重。我们可以将自决权在国际法上的发展划分为非殖民化时期和后非殖民化时期两个阶段。非殖民化时期主要是指消除殖民主义统治的时期，亦即非殖民化运动时期，该时期又可以分为非殖民化前期和非殖民化后期；后非殖民化时期主要是指非殖民化运动结束以后的时期，即殖民主义统治在全球被根除以后的时期。在这两个阶段，自决权的功能和内容是不一样的。首先，从功能上看，在非殖民化时期，其功能主要是消除殖民主义；而在后非殖民化时期，其功能主要是防止出现殖民主义。其次，从内容上看，在非殖民化前期，其历史任务主要是消除政治殖民主义，其内容侧重于政治自决；而在非殖民化后期，其历史任务主要是消除新形式的殖民主义（即经济殖民主义和文化殖民主义），其内容侧重于经济自决、文化自决。

为了更清晰地表达上述内容，现列表说明如下：

表 2－1　国际法上的自决权在不同时期的内容和功能比较表

阶级 / 项目	非殖民化时期		后非殖民化时期
	非殖民化前期	非殖民化后期	
自决内容	侧重于政治自决	侧重于经济自决和文化自决	侧重于经济自决和文化自决
自决功能	侧重消除政治殖民主义	侧重于消除经济殖民主义和文化殖民主义	消除和预防各种形式的殖民主义

据此，笔者认为，国际法上的自决权有狭义和广义两种涵义。狭义上的自决权是特指处于外国殖民统治、占领或奴役下的民族或人民的政治自决权，即决定自己的命运和政治地位直至取得民族独立包括建立民族国家的权利。广义的自决权除了包括狭义上的含义之外，还包括已经独立建国的人民的经济自决权、社会自决权和文化自决权，即自由谋求经济、社会和文化发展的权利。在非殖民化前期，民族自决权侧重于狭义上使用；在非殖民化后期，民族自决权侧重于广义上使用。本书在大部分场合下分析问题时所使用的自决权是狭义上的自决权。

第三章　关于自决权的“内外划分学说”及其评析

在目前关于自决权的各种理论和学说当中，西方国际法学界所提出的关于自决权的“内外划分学说”，无疑对传统的自决权理论产生了重要的影响，也对其构成了严峻的挑战，可以说，目前学术界关于自决权问题上的很多混乱现象都导源于这一学说。因此，研究这一学说的出台背景、提出动机和基本观点，不仅有助于我们正确地评价这一学说，也有助于我们进一步澄清关于自决权问题的一些模糊认识。

一、“内外划分学说”的提出

（一）提出背景

首先，在非殖民化运动基本结束之后，一些西方学者对于自决权是否过时的问题提出质疑。因为国际法上的自决权一直是以殖民地人民和其他被外国压迫的民族为权利持有者的。现在这些人民和民族几乎全部获得了独立，建立了自己的国家，自决权的权利持有者没有了，自决权是否已经没有存在之必要了呢？一些学者把自决权遇到的这种问题描述成自决权的“危机”。为了使国际法上的自决权能够继续存在下去，西方学者主张将其延伸到国内政治领域，提出了“内部自决”的概念。

其次，20 世纪 80 年代末 90 年代初，世界范围内掀起了新一轮的民族独立运动。在“民族自决”的口号下，前苏联一分为十五，捷克斯洛伐克一分为二，南斯拉夫一分为五，并且这种要求“民族自决”的分离主义浪潮仍在继续。然而这些新独立国家中的少数民族也纷纷打着“民族自决”

的旗号要求“自决”，建立自己的“民族国家”。①更有甚者，这股民族分离主义浪潮也迅速向世界其他地区蔓延，并引发了与国家主权的严重冲突，甚至造成了内战，从而危及地区稳定及世界和平与安全。为了避免或解决自决权与国家主权和领土完整可能发生的冲突。西方学者的解决办法是将自决划分为“外部自决”和“内部自决”，然后自决的重心转向“内部自决”，认为如果自决权适用于非殖民化以外的场合，即适用于主权国家范围内的部分人民，不用选择独立建国而实行内部自治，可以避免自决与国家领土完整发生冲突。

再次，许多民族或国家打着自决权的旗号获得了国家独立；同时，这些民族或国家在实现独立以后，自己又面临着国内其他民族（nationality）也打着自决权的旗号来独立建国的问题。为此，在联合国成立后的前二十多年里，西方国家一直淡化联合国宪章第 1 章第 2 条，认为它只是笼统的一般原则，并不能用以支持反殖民主义。但随着殖民地人民独立解放潮流的不可逆转的发展，西方国家的国际关系理论家和外交家们转守为攻。他们不再淡化和否定民族自决权，而是赋予“自决权”以新的涵义。他们最重要的新理论是区分“外部自决”（external self-determination）和“内部自决”（internal self-determination），前者指反对殖民主义，后者指各族人民选择和改变自己的政治、经济、文化制度的权利。

（二）相关论述

卡塞斯（Antonio Cassese）教授在分析了国际社会的现实以后认为，只要自决还没有获得，它就具有诱惑力。换言之，只要自决是适用于他人的，就具有吸引力。一旦实现了自决，积极性便很快消失，因为此后自决只能用来破坏感觉到的内部和外部的稳定。对愿意成为但尚未成为国家者来说，自决是打开所追求的国家俱乐部的大门的钥匙。②卡塞斯对自决的上述描述揭示出，自决概念在实际运用中存在着内部的二重矛盾，即只有针对他人时才适用而且是积极适用，在反过来针对自己时就拒绝适用。为了解决这一矛

---

① 笔者认为，这种分离主义浪潮尽管打着“自决权”的旗号，但不属于国际法意义上的“自决”的范畴。因为国际法上的自决权旨在去殖民化，是针对异族的统治和压迫而言的。而这种分离主义并非针对异族统治，它与以往国际法上的自决是不同的。

② Antonio Cassese, *Self-determination of Peoples, A Legal Reappraisal*, Cambridge University Press, 1995, p. 5.

盾，卡塞斯进而认为，两个国际人权公约的订立和生效使自决权原则已经不再是仅仅适用于某些特定领土之上的强调分离的原则，它更成为一种包容性原则，具体体现为政治参与的权利，成为普遍人权的一部分。①自决权内外划分理论的提出，作为一种策略，是想通过扩大自决原则的内涵，并以"内部自决"取代"外部自决"，最终达到消除含糊的自决原则所衍生的分离权与尊重国家主权和领土完整的原则相冲突的目的。这种划分，呈现出国际法上的自决权原则有向少数人权利领域演化的倾向。

福克斯（Gregory H. Fox）教授认为把自决视为一种内部的权利，可以消除因分离与国家领土完整的冲突使自决原则面临的"危机"。因为作为内部权利，"可能要求一国从根本上重新调整国内法，以便达到对该权利的遵守，但无需重新划分国家的边界"。②根据福克斯的分析，这种将内部自决权"包容"到自决概念中去的策略可以避免分离与国家领土完整的冲突。但是福克斯的这种"包容"的策略是想首先通过扩大自决原则的内涵，使其包括内部自决的内容，然后用内部自决取代外部自决，最终达到避免自决与国家领土完整冲突的目的。因此其实质与第三世界的"排除"方法没有什么区别。因为福克斯主张："如果任何关于内部权利的争辩都被接受，那就必须面对一个重要开端，赋予自己决定其未来的权利中的'自己'必须与领土国家一致。因为将此项权利赋予任何次国家实体（substate entity）就是开始滑向使分离合法化。福克斯虽然没有像第三世界国家那样把自决的适用范围局限于"外国统治下的人民"，从而排除属于一国或一个人民的一部分的实体，但他坚持把行使自决权的"自"与国家等同起来，目的也是为了排除"次国家实体"。实际上弗兰克教授所说的"包容性权利"也是相对的。其包容性只是体现在自决权属于"所有国家的人民"，并在此意义上属于"每个人"。其目的是为了从自决原则中排除"分离"的因素，使其与国家领土完整原则不发生冲突。可见，内部与外部自决的概念区分是为了解决分离与国家领土完整之间的冲突，特别是非殖民化运动基本结束后，为了解决自决概念所面临的"危机"才提出来的。

早在20世纪60年代，哈罗德·约翰逊教授在其《国际社会中的自决》

① See Antonito Cassese, *Self-Determination of Peoples: A Legal Reappraisal*, Cambridge University Press, 1995, p. 53.

② Gregory H. Fox, *Book Review*, *Self-Determination in the Post-Cold War Era: a New Internal Focus?* 16 Michigan Journal of International Law, Spring, 1995, p. 734.

一书中谈到民主对民族主义学说的意义时就提出了内部与外部自决的区别。他说："民主对于民族主义学说一直是很重要的，因为它是每个国家赖以建立的基础，它承认国家是一个自治（self-government）的单位，国家不仅有权选择自己政府的形式，还有权决定自己作为国家的地位。这就是内部与外部自决的区别。前者是一个人民构成一个民族的权利，后者是一个民族以国家的形式决定自己命运的权利。"①

除此之外，西方学者还竭力地从国际法中寻找内外自决权划分的依据。奥地利学者曼弗雷德?诺瓦克认为："所有人民的内部自决的权利来自第1条第1款的第二句。其政治地位的自由决定可以通过在某一国家提供广泛的自治或给予有关人民相应的参与国家政治决策程序的方式来实现。"②也有一部分学者认为《赫尔辛基最后文件》就是承认"内部自决权"的文件，该文件与1960年《给予殖民地国家和人民独立宣言》和1970年《国际法原则宣言》相比有着明显的不同，主要表现在它通过主张"各民族……自由地决定他们的内外政治地位"，强调自决原则中的民主因素。该文件试图扩大自决的概念，使其适用于当时的东西德国、北爱尔兰以及种族和语言少数者的情势。总之，有些西方学者坚持认为，《赫尔辛基最后文件》是侧重于所谓"内部自决权"的国际法律文件。该文件对"内部自决"的强调成为一些西方学者主张国际法上存在内部自决原则的依据之一。

二、"内外划分学说"的基本观点

在国际法上为解决分离与国家领土完整的冲突而系统论述内外自决区分的学者首推卡塞斯教授。他关于内外自决权划分的论述，应该说，代表了西方国际法学者在这方面的基本观点。

1. "外部自决权"

外部自决权是与内部自决权相对而言的。在内部自决权的概念尚未提出之前，也无所谓外部自决权，虽然在多数情况下自决权就是指外部自决权。所谓外部自决权根据传统的概念主要是指被压迫民族，包括殖民地人民和其

① Harold S. Johnson, *Self-Determination with in the Community of Nations*, 1967, p. 26.

② ［奥］曼弗雷德·诺瓦克著：《民权公约评注》，毕小青等译，生活·读书·新知三联书店出版社2003年版，第23－24页。

他在外国统治下的民族，摆脱被压迫的地位，获得独立的权利。[①]随着非殖民化运动的基本结束，外部自决权的内容已经超出了这个范围，但无论如何，外部自决原则主要涉及的仍是人民或民族在国际上的地位问题。在某种程度上，外部自决与国家主权平等原则有着密切联系。因此，即使并不局限于将外部自决权理解为殖民地人民获得独立的权利，也仍然超不出国家间关系这个传统的范围。这仍可从卡塞斯教授的论述中得到证明。他认为，外部自决权主要包括三个方面：

（1）被压迫民族获得独立的权利。这是传统的，也是发展最完善的权利。实践证明，到20世纪60年代国际社会已经发展出一套能够具体体现自决权原则（特别是殖民地人民的自决权）的一般标准。这些标准主要包括五个方面：第一，在殖民统治之下的所有人民都有自决权，即自由决定他们的政治地位和自由谋求经济、社会和文化发展的权利；第二，这项权利只涉及外部自决，即选择人民及其所居住之领土的国际地位；第三，这项权利属于整个人民，如果一个殖民地的人口是由不同族类团体或民族组成的，这些团体或民族不能自己随便选择其国际地位，因为领土完整原则优先；第四，实现自决的形式可以是建立独立主权国家、与一个独立国家合并或并入一个主权国家成为其一部分；第五，一旦某个地域上的人民行使了它的外部自决权，该权利即告终止。[②]由于非殖民化运动基本结束了，外部自决的这个方面的概念也就没有什么现实意义了。

（2）被外国占领和剥削的人民的自决权。虽然在联大1514（XV）号决议和两个国际人权盟约中都没有明文规定，但卡塞斯认为，在1970年《国际法原则宣言》中作出了明确地区别于殖民地人民自决权的规定。[③]该宣言在宣布“每一国均有义务……促进各民族享有平等权利及自决原则之实现，……迅速铲除殖民主义”的同时，指出每一国家的义务还包括“毋忘

① 参见白桂梅著：《国际法上的自决》，中国华侨出版社1999年版，第64页。

② 在卡塞斯教授归纳的这五个方面的标准中，第三和第五都有双重含义。第三项中的一层意思是，殖民地人民要以一个整体在不改变殖民地边界的基础上行使外部自决权，成为一个独立国家，而不是相反，由构成殖民地人民的不同族类团体或民族分别行使并建立几个独立国家。这一项还隐含着另一层意思，即只有殖民地人民才有外部自决权，因为现存主权国家内的族类团体或民族也不能破坏优先适用的领土完整原则而要求外部自决。第五项的一层意思是外部自决权是一次性行使的权利，另一层意思是外部自决权中不包括分离权。

③ Antonio Cassese, *Self-determination of Peoples*, *A Legal Reappraisal*, Cambridge University Press, 1995, p. 90.

各民族之受异族奴役、统治与剥削，即系违背此项原则……”，即自决原则。卡塞斯认为这种更广泛的外部自决的概念已经得到国际社会的接受。但是他不得不承认外部自决这方面的含义是非常复杂的。关键的问题是：什么是“异族奴役、统治与剥削”？卡塞斯认为，“异族奴役、统治与剥削”主要是指外国军事占领。卡塞斯教授认为被外国军事占领的人民之所以享有外部自决权，是因为：当一个国家遭受外国军事侵略并因而造成其领土被占领时，该国人民的外部自决权，即自由决定其国际地位的权利遭到破坏。但是，使被侵略国赶出侵略者的武装自卫行动合法化的国际法原则首先是国家主权和领土完整及国家的自卫权原则，而不是自决权原则。另外，当被侵略国家援引自卫权把侵略者赶走后，其自决权自然会失而复得。因此，遭到“军事占领”的人民的外部自决权与国家的自卫权是一回事，没有独立存在的必要。①

（3）一个国家整个人民不受他国干涉地自由决定其政治地位和经济、社会和文化发展的权利。卡塞斯教授认为“自由地”一词就包含着不受外来干预的意思。②外部自决的这个方面与上述第二方面有重叠之处，因为武装干涉即构成侵略。其他一些学者也认为外部自决权含有这种因素。例如，罗萨斯（Allan Rosas）教授在阐述自决权所包含的权利内容时首先列举的就是，一个国家的人民自由决定其地位，不受外来干涉的权利。外部自决在这方面的含义与调整国家间关系的互不干涉原则没什么区别。确实有一些学者将其与不干涉原则混淆起来。例如，埃默森（Ruper Emerson）教授（在阐述内部自决权时）指出，实现自决权既不需要采取积极步骤，也不需要或偏好任何特定的政府或社会、经济或文化制度，只是要求没有外来干涉从而破坏国家自由作出自己的选择的能力。③

综上所述，外部自决的概念中能够区别于其他国际法原则——国家主权平等、不干涉、自卫权等——而独立存在的方面只有上述第一个方面，即被压迫民族获得独立的权利。这方面的外部自决权不同于独立权，因为后者的权利持有者是主权国家。这种外部自决权的权利持有者主要是殖民地人民和其他被压迫民族，包括非自治领土和托管领土的人民。这些人民，在非殖民

---

① 参见白桂梅著：《国际法上的自决》，中国华侨出版社1999年版，第67页。

② See Allan Rosas, *Internal Self-Determination*, *in Modern Law of Self-Determination*, edited by Christian Tomuschat, 1993, p. 229.

③ See Rupert Emerson, *Self-Determination*, 65 American Journal of International Law, 1971, p. 466.

化运动中常被统称为“争取独立的民族”。由于具有独立于所属殖民国家、宗主国或管理国的政治组织并在一定范围内与现存国家发生国际关系，因此它们已经在国际法上取得了“准国家”地位并被普遍接受为国际法主体。然而随着非殖民化运动的基本结束，这方面的外部自决权逐渐地只剩下其历史意义。外部自决的其他两个方面相当于国际法上不干涉原则和自卫权。因此，“内部自决”概念的提出成为使自决原则延续下去的重要因素。

2. “内部自决权”

根据卡塞斯教授的观点，内部自决权是指“真正自治（self-government）的权利，即人民真正自由地选择自己的政治和经济政制（regime）的权利。与外部自决权不同，内部自决权是一种持续的权利，它不因曾经援引并行使过而失效或消失。”①持续性是内部自决权的重要特征。根据1975年赫尔辛基《欧洲关于指导与会国间关系原则的宣言》第8部分的规定——“本着平等权利和民族自决的原则，各民族始终有权在他们愿意的时候，按照他们的愿望，在没有外来干涉的情况下，完全自由地决定他们的内外政治地位，并且根据他们的愿望，实行政治、经济、社会和文化的发展。”②萨曼（Jean salmon）教授认为，自决权不是像一些第三世界国家有时主张的那样，一旦在独立后就不能再行使了，而是连续不断行使的权利。③由于内部自决权的这一持续特性，阿纳亚（S. Janes Anaya）教授直接将其称为“持续性的自决”（ongoing self-determination），而称外部自决为“构成性的自决”（constitutive self-determination），认为“持续性自决”需要有一个统治的法律秩序，在此秩序下个人和团体能够在持续的基础上就关系到生活的所有问题作出有意义的选择。④霍尔珀林将内部自决权称为“享有民主政府的权利”，并认为赋予这种权利在许多情况下可以有助于解决自决的要求并防止分离和暴力。⑤

关于内部自决权的主体，西方学者大致将其概括为以下三类：一是主权

① Antonio Cassese, *Self-determination of Peoples, A Legal Reappraisal*, Cambridge University Press, 1995, p. 101.

② 董云虎、刘武萍编著：《世界人权约法总览》，四川人民出版社1990年版，第1006页。

③ 转引自白桂梅著：《国际法上的自决》，中国华侨出版社1999年版，第73页。

④ S. Janes Anaya, *A Contemporary Definition of the International Norm of Self-Determination*, 3 Transnational Law and Contemporay Problems, 1993, p. 151.

⑤ Morton H. Halperin, David J. Schefher eds., *Self-Determination in the New World Order*, 1992, p. 61 -62.

国家的所有人民；二是少数者团体，包括族类（ethnic）、宗教、语言的少数者及土著人；三是被拒绝参政的种族团体（racial groups）。具体说来：

（1）当权利的主体是一个主权国家的所有人民时，内部自决权是指人民享有代表性的民主政府的权利。卡塞斯教授认为这项权利已在国际条约，如1966年的两个人权公约中得到确立。两个人权公约的第一条都规定，根据自决权，人民有权“自由地”决定国家的政治、经济、社会和文化制度。卡塞斯教授认为，“自由地”这个词有两层意思。首先，第一条要求人民在不受国内权力本身操纵或不当影响下选择他们的立法者和政治领导。“内部自决权的先决条件是让所有人口行使他们表达民众的意愿的那些权利和自由。因此，内部自决权是《公民权利和政治权利国际公约》所载所有权利的集中体现，这些权利是对内部自决权的最好的解释。”①其次，“自由地”的蕴含着排除外来干涉的意思。

（2）当权利主体为少数者时，内部自决权有着双重涵义。首先，少数者作为构成国家所有人民的一部分，与其他成员有共同的自决要求，即享有代表性的民主政府的权利；其次，他们要维护少数者（宗教的、族类的或语言的少数）团体的特性。卡塞斯教授以1970年《国际法原则宣言》关于自决权原则的所谓“保留条款”为依据，认为“保留条款”虽没有明文规定内部自决权原则，但间接地涉及了内部自决权。由于“保留条款”是用否定的形式陈述的，因此常常被一些评论家忽视。卡塞斯教授认为必须调过来变成肯定的形式才能理解它的真正意思和内涵。因此他对该“保留条款”作了如下的推理性解释：“如果一个主权国家的政府是代表其整个人口的，就是说它允许任何团体平等地参与政治抉择过程，特别是它不以种族、宗教或肤色为由拒绝团体的参政，那么这个政府就是尊重自决原则。其结果是，只有当政府以种族、宗教或肤色为由拒绝团体的参与时，他们才有权主张自决权”。②

除了卡塞斯等学者的论述以外，一些政府的政要也发表了类似的看法，

---

① Antonio Cassese, *Self-Determination of Peoples, A Legal Reappraisal*, Cambridge University Press, 1995, p. 52 – 55.

② 这里需要说明的是，卡塞斯教授所主张的种族团体的自决权是有条件的，这些条件是他们必须是被剥夺了参政的权利的这种团体。换言之，只有当政府因以种族、宗教或肤色为由拒绝种族团体的参政权利而不具有代表性时，他们才有权主张自决权。卡塞斯教授对“保留条款”的这种解释得到一些学者的赞同。

譬如，荷兰前外交部长 P. U. Kooijmans 认为对内自决权包括广泛参与国家事务管理的权利和选择一个不分种族、信仰和肤色的真正有代表性的政府的权利。①就其实质而言，所谓对内自决权，是讲民族在国内的权力和地位，严格说来其应属于国内法，如同中国的民族自治制度一样。对外自决权才是真正意义上的民族在国际法上的权力，也就是通常意义上的民族自决权。这种权利开始主要体现于反对殖民主义方面，后来发展为独立权，以及决定政治地位和谋求经济、社会和文化发展的权利。

经过以上分析，我们可以对西方学者关于“内部自决权”的内涵作如下概括：现存国家的整个人民不受外来干涉地自由决定自己的政治、经济、社会和文化地位，决定其政府的形式的权利；作为一国整个人民一部分的种族团体在不受歧视的基础上平等参政的权利；以及少数者取得一定程度的自主权利。②

三、“内外划分学说”之简要评析

如前所述，西方学者为了解决自决与国家领土的冲突，将自决划分为内部自决权和外部自决权两部分。对于这种划分，学术界也存有不同的看法。但笔者对于“内外划分学说”（以下笔者有时也从方法论的角度称其为“内外划分法”）持否定的态度，理由是：“内外划分法”不仅达不到预期的目的，而且还引起了一些混乱。这些混乱主要包括以下几个方面：

1. 它的理论前提是一个错误的假定

“内外划分学说”是建立在自决权包括分离权的假定之上的一种学术观点，这种对自决权原则进行的内外划分，是与非殖民化运动结束和世界范围内人权保护增强的趋势相联系的。西方学者提出该理论的目的是想以此来解决自决权原则与国家领土完整原则之间的冲突，而这种冲突是以自决原则包括分离权为假定前提的，因为与领土完整冲突的不是自决原则，而是（假

① See P. H. Kooijmans, *Tolerance, Sovereignty and Self-Determination*, Netherlands International Law Review, 1996, p. 2.

② 这与福克斯教授的描述比较接近，根据他的描述，内部自决就是“把自决权视为仅在现存国家领土范围内运作的权利，权利和义务的关系不是体现在宗主国与殖民地之间或国家与自我定义的‘人民’之间，而是体现在国内政治制度的结构中。这些制度包括少数者保护、民主的政治程序、文化权利的保护、及各种形式的自治。”参见 Gregory H. Fox, *Self-Determination in the Post-Cold War Era: A New International Focus?* 16 Michigan Journal of International Law, 1995, p. 734.

定）它包括的分离权。事实上，殖民地及其他被压迫民族的自决权包含独立权但不包含分离权。殖民地和其他被压迫民族的独立和解放与从一个主权国家分离出去没有任何联系。国际法和国家实践都表明一国的一部分从该国分裂出去的所谓分离权在国际法上是根本不存在的。建立在“自决包括分离”这种假定基础之上的“内外划分法”使原本比较简单的自决原则复杂化了，如果把这种错误的假定再带到“内外划分法”框架下的“内部自决”中去，问题就更加复杂了。①

2. 它使自决权及相关概念变得更加混乱

笔者还认为，当现存的概念或范畴不能表达意思、阐明观念时，创造新概念来加以补充或替代是非常有意义的。假如一个人为了有效地表达他的观点而建构自己的“概念”，这在科学研究上也是允许的。但是，随意地创制学术概念可能会引起相关学术概念的混淆。在国内政治领域里，已经有了“人民主权”、“民主”、“自治”等概念，并且这些概念足以表达相关的国内治理或统治的思想，没有必要再借助“内部自决”这一概念来表达。相反，这一概念的引入引起了相关概念的混乱。事实上，目前学术界在“自决”、“民主”、“自治”等概念或范畴使用上的混乱，就是由于“内部自决权”这一概念的引入而造成的。解决这一问题的最好办法就让“内部自决权”这一概念退出国内政治范畴，或干脆取消这一学术概念（非法律概念），让自决权回归其本意，单纯在国际法层面上使用。这样做的意义有三：一是自决权的概念变得清晰了；二是自决与自治、民主等概念的边际也容易界定了；三是国内政治领域内的有关概念之间的关系也容易界定。所以，笔者不主张对自决权进行“内”与“外”的划分。

3. 它容易导致干涉他国内政合法化

“内外划分法”混淆了国际法和国内法甚至国内政治的概念，假如把“内部自决权”归结为民主、自治等内容，这就很容易导致使外国假借着自决权的名义来干涉他国内政。②国际法和国内政治虽然有一定的联系，但两者之间有着根本的区别。国际法主要是调整国家与国家之间关系的法律。一个国家内部的机构、团体、个人之间、一国的人民与该国家之间的关系，以

① 参见白桂梅著：《国际法上的自决》，中国华侨出版社1999年版，第84页。

② 因为那时自决权变成了个人人权，对于西方发达国家来说，他们就会打着“人权高于主权”的旗号来干涉发展中国家的内政。这时双方斗争的焦点问题在实质上便转换成了另一个问题，即“主权与人权的关系”问题——这个问题一直是西方发达国家与发展中国家所争执的命题。

及一国的内部事务，包括一国政府形式，一国的政治、经济和社会制度及其发展，都不是国际法调整的范围，除非国家间通过签订条约或参加国际条约等方式就这些问题承担了国际义务。"内外划分法"中的"内部自决"将一国的政府形式、政治制度等国内政治概念与国际法上的自决原则联系起来，容易通过将这种意义上的"内部自决"作为国际法上人民自决原则的一部分，使得干涉他国内政合法化。一国采取何种政府形式、实行何种政治制度应由一国人民自己自由决定。一国人民对其国家的政治制度不满而否定甚至推翻其政府，那是一个国家的内政，这不属于国际法调整的范围。①简言之，"内外划分法"虽然可以解决自决权与国家主权在后非殖民化时期出现的"冲突"，但却造成了依此而干涉内政的合法化。这是我们必须要正视的。

4. 它不仅不能挽救反而会断送自决权原则的命运

为了解决自决权的存在"危机"，使自决权能够在国际法上继续存在和发展下去，西方学者创制了"内部自决权"的概念。而"内部自决权"概念的提出，则会使本来作为集体人权的自决权转化成了民主等个人权利，这便使得自决权的独特功能不复存在，这样便在事实上取消了自决权的存在意义。本来为了使自决权存在下去而提出的"内部自决权"却适得其反，走向了主观愿望的反面。对此，季卫东先生评论道："在把自决权融化为个人权利之后，自决权将名存实亡。""国际法上承认的自决权是一种集体性人权，其主体是殖民地和被压迫民族的人民或者主权国家内部的全体公民。虽然自决权的范围有扩大到国内少数民族、族群的倾向，但并没有改变基本属性的定义。然而，当对内自决的标准改变为对市民自由权的保障，并且通过一人一票的表决来判断时，实际上自决权的主体就由复数的人民变成了单数的个人，集体性人权与个体性人权的界限也被抹消殆尽。在这样的状况下，人民自决的原则已经失去了本来的内涵，甚至不再具有存续的意义。"②国外也有学者批评这种"内外划分法"，认为这种划分方法"没有看到现在的自决运动对国际社会提出的更广泛的挑战并使其陷入更多的两难境地的情况。"

① 参见白桂梅著：《国际法上的自决》，中国华侨出版社 1999 年版，第 85 - 86 页。

② 季卫东著：《宪政新论——全球化时代的法与社会变迁》（第二版），北京大学出版社 2005 年版，第 399 - 400 页。

当然，对于“内外划分学说”，我们也不必对其抱以过分的忧虑。因为目前国际法上的自决权，就其含义来说，仍然是就外部自决权来讲的，它不包括内部自决权。迄今国际法上尚不存在适用于主权国家内部的有关人民自决的规则，因为一个主权国家内的人民或部分人民实行自决、自治，甚至从母国分离出去等，均属于一国主权范围内的事务。“内外划分学说”也仅仅是国际法学者在国际法层面上进行的一种学术上的划分，是一种观点、主张或倡议，而不是法律上的划分。从国际法上来看，现行国际法上的自决权还是原来的意义，并没有增加关于“内部自决”的内涵。

四、应以“学科划分法”取代“内外划分法”

鉴于目前西方学者的“内外划分学说”在学术界所造成的概念混淆和理论混乱，为了科学地使用自决权这个概念，为了清晰地辨别有关自决权的各种理论，也为了防止有人利用自决权这个概念来达到其隐藏着的政治目的，笔者认为，应该将自决权划分为国际法意义上的自决权与国内宪政意义上的自决权。

（一）“学科划分法”的内容

宪政意义上的自决权和国际法上的自决权有着很大的不同。宪政意义上的自决权是指一个国家内部的全体人民所享有的自决权，是人民主权的体现。这样的权利在国内是通过宪法的形式规定下来的，是法律权利。只有在民主国家里，人民才拥有宪政意义上的自决权；在专制国家里，人民并不享有这种性质的自决权。可见，宪政意义上的自决权与国家性质有着直接的关系。而就国际法意义上的自决权而言，无论是专制国家，还是民主国家，其内部的人民都享有该项权利，与国家性质和民主政治无关。至于一国内部的人民是否拥有宪政意义上的自决权，那是一个国家的政权性质问题，即国体问题。国际法对此不加干涉，否则，就有干涉他国内政之嫌了。国际法所赋予人民的是国际法意义上的自决权，它和宪政意义上的自决权有着很大的不同。有些人民虽然享有国际法意义上的自决权，但不享有宪政意义上的自决权，如有些殖民地人民虽享有国际法意义上的自决权，但他们独立建国后建立起来的政府是专制独裁政府，在这种政府统治下的人民就不享有宪政意义上的自决权。所以，从政治学的视角来看，在君主专制的国家里人民没有自决权。但如果从国际法的视角来看，君主制国家中的人民也享有自决权。

宪政意义上的自决权以人民主权为基础，强调人民当家做主；而国际法意义上的自决权强调的是去殖民化，并非一定要以人民主权为基础。一些殖民地获得独立后也并非一定建立民主国家。至于一个摆脱殖民统治后新建立的国家，是否要采行民主政体，那是一个国家的内政问题，国际法不加干涉。这也算是宪政意义上的自决权和国际法意义上的自决权的区别之一。倘若现行国际法赋予这些国家的人民以宪政意义上的自决权，就等于赋予了这些国家的人民去推翻专制君主政体的权利，那是违背现行国际法的。

宪政意义上的自决权平时多处于冻结状态，由政府代表人民来行使。正常情况下，政府、国家和人民三者的利益在根本上是一致的，只有在政府代表国家行使的主权违背人民的意志时（如中国近代史上的卖国政府出卖国家权益），人民自决权就会发挥作用，如人民通过革命推翻“异变”的卖国政府，重新成立新政府，甚至重新建立国家。在当代的一些君主制国家中，其立国理念是君主主权，而非人民主权。宪政意义上的自决权是用来防范或对抗国家主权异变的重要力量。①但这一功能从目前国际法上体现不出来，因为这是内政。倘若“国际民主”有朝一日在国际法上果真得以确立了，那么这一功能就体现出来了。事实上，宪政意义上的人民自决权与民主政体是紧密联系在一起的。

（二）“学科划分法”的依据

从第一章关于自决权历史发展脉络来看，自决权最早是一个国内政治哲学领域中的概念。在早期西欧民族国家形成时，自决权主要是反对封建专制的思想武器，属于资产阶级民主主义革命的范畴。因而，自决权的最早实践

---

① 就宪政意义上的人民自决权而言，它在理论上界于人民主权与国家主权之间，它在法理上高于国家主权，是国家主权的正当性基础。在世界上有些民主国家中，当政府不能对某一重大事项做出决定时，往往要举行全民公决，看看人民的意愿如何。全民公决就是人民行使宪政意义上的自决权的重要形式。一般而言，在民主政治国家里，国家主权是人民主权的集中体现。国家主权代表人民主权，但有时国家主权并不一定代表人民主权，如专制政府或卖国政府行使的主权，虽代表国家主权，却不代表人民主权。“在理论上，国家不会做任何错事，但在实践中以国家名义出现的错误，从税监的失职到集中营的罪恶却层出不穷。”参见 Robertson, A. H.; Merrills, J. G., *Human Rights in the World*, 4th ed., Manchester University Press, 1996, p. 11。笔者认为，在现代社会里，以人民享有自决权来对抗国家主权的异变，防范其违背人民的意志，确实是非常有必要的。

主要是在国家内部进行的，属于国内政治运动的范畴。不过需要说明的是，早期的自决实践又不纯粹属于民主主义的范畴，它也是与民族主义联系在一起的。当资本主义发展到帝国主义阶段后，列宁提出并主张被压迫民族享有自决权，并把民族自决权作为殖民地半殖民地国家人民反对帝国主义殖民统治、争取民族解放的思想武器。因而，在列宁和威尔逊等政治家的倡导和推动下，自决权的概念才从国内政治领域逐步走向了国际政治领域。在这个过程中，自决的内涵开始发生变化，即由内部自决的含义引申出来了外部自决的含义，即脱离“异族的统治”。然而，直到二次大战结束，民族自决还只是一项政治原则，而不是法律权利。二次大战后，民族自决权进入了新的发展阶段。在前苏联等国家的努力下，自决权原则最终在国际法上得以确立，并发展为一项集体人权。

从上述自决权理论的发展过程来看，自决权首先是国内政治领域的概念，强调的是人民自主性，其具体表现是在反对国内异族统治的同时，也反对国内的专制统治；然后随着资本主义的发展而进入国际政治领域和国际法领域，强调的是人民独立性，其具体表现是反对国外的殖民统治而争取独立建国。所以，我们说，自决权同时具有对内属性和对外属性。国际法是侧重于自决权的对外属性进行研究的，强调的是人民的对外独立性。而政治学则是侧重于自决权的对内属性进行研究的，强调的是人民的对内自主性，即人民当家做主以及如何实现人民当家做主的问题，即民主政治问题。由于国际法与政治学对于“自决权”研究的侧重点有所不同，所以对自决权的有关表述也就略有差异，为此，我们在理解有关自决权论断时只有结合一定的学科背景，同时将国际法与政治学两个学科背景结合起来，才能准确而完整地把握自决权理论的内涵。基于以上分析，笔者将国际法和政治学两个不同学科视野中的自决权分别称之为国际法意义上的自决权和宪政意义上的自决权。

（三）“学科划分法”的意义

1. 可以澄清有关自决权理论方面的许多混乱

由以上可见，国际法上的自决权和国内宪政意义上的自决权是不相同的，在不同的学科话语系统中，它们各有自己不同的特定含义。所以，在使用概念时一定要结合学科背景，即要分清是在什么学科背景下使用这一概念的。否则，容易在不同学科之间进行概念的嫁接或转换，从而造成概念使用上的混乱。目前学术界关于自决权概念的许多混乱都是由于这两种自决权在使用上的混淆而造成的。同时，自决与主权、民主、自治关系的混乱，在很大程度上也与这种混淆有直接或间接的关系。（在后面第二编的几个章节中还会就这个问题专门做进一步的论述，在此不再赘述。）可见，宪政意义上的自决权和国际法意义上的自决权的区分将有助于避免上述经常发生的概念使用上的误解和混用。另外，“学科划分法”可以帮助我们对某些似是而非的结论进行准确的判断。例如，有些西方学者把“所有人民都有自决权”理解为“一个主权国家的全体人民享有民主政府的权利”。[①]倘若以“学科划分法”来视之，这是很不恰当的。从国际法上来看，一个主权国家的人民是否享有代表性民主政府的权利，那是国家内政问题。若从权利的性质上来说，尽管它是宪政国家里国内法上的权利，但却不是国际法上的权利。就目前的国际法来说，并未确立这样的法律规范。那么，如何来理解“所有人民都有自决权，他们凭着这一权利，自由决定他们的政治地位”这一论断呢？它主要是针对这样的情形而言的：一个国家一旦沦为殖民地，它的人民就可以凭着这项权利去脱离外国的殖民统治，其功能是消除殖民主义，同时也防止出现新的殖民主义。它是一项带有事后救济性质的权利，是一项“不出现殖民主义就不行使的权利”。

2. 可以解决“内外划分学说”的弊端

我们将自决权区分为国际法意义上的自决权与宪政意义上的自决权以后，还可以有助于我们对“内外划分学说”作出恰当的评判。我们认为，自决权具有对内属性和对外属性，宪政意义上的自决权主要是对内属性的体现，国际法意义上的自决权主要是对外属性的体现。倘若以学科的视角来审视，宪法学上的自决权就相当于内部自决权，国际法上的自决权就相当于外部自决权。我们除了在这一特定意义上对自决权进行内外划分之外，在其他意义上均不能再进行“内”与“外”的划分。按照“自决权内外划分学说”，在原来国际法上自决权（即外部自决权）含义的基础上，再赋予国际法上的自决权以新的含义（即内部自决权）。这样，国际法上的自决权就包括内部自决权和外部自决权两部分内容了。这种做法事实上等于将宪政意义上的自决权所包含的内容纳入到了国际法调整的范畴，这在事实上等于将国

① See Nihal Jayawickrama, *The Right of Self-Determination: A Time for Reinvention and Renewal*, 57 Suskachewan Law Review, 1993, p. 3-4.

际法的触角伸向了国内政治领域，从而容易导致干涉内政的合法化。这是很危险的学术动向。

宪政意义上的自决权和国际法意义上的自决权虽然具有一定的联系，但两者之间有着不可混淆的界限。如果在国际法层面上进行自决权的内外划分，在某种意义上就是混淆了国际法意义上的自决权与宪政意义上的自决权之间的界限。众所周知，在一定层面意义上能够成立的命题，在另一层面意义上未必能够成立。倘若将某一层面意义上能够成立的命题直接套用于另一层面上使用，那就犯了逻辑上的错误。“内外划分法”将学科意义上的内外划分直接套用于国际法层面，结果导致了问题的更加复杂化。要使问题变得简单起来的最好的办法就是不要赋予国际法意义上的自决权新的含义，不要在国际法层面上对自决权进行内外划分。至此，笔者认为，用自决权的“学科划分法”来取代其“内外划分法”更为科学，这样既不容易产生歧义，也不容易被别有用心的人所利用。

（四）两种划分法的区别所在

“学科划分法”与“内外划分法”都涉及到了内部自决权和外部自决权的问题。所以，有学者可能要问，作者反对“内外划分法”，怎么又将宪法学上的自决权和国际法上的自决权分别视为内部自决权和外部自决权呢？这不还是变相的“内外划分法”吗？笔者认为，要清晰地回答这样的质问，关键要弄清一个问题，即西方国际法学界所作的内外划分与我们这里在学科意义上所作的内外划分存在着根本的区别。从表面上看，两种划分法都涉及到了内部自决权与外部自决权的区分，但这两种区分的基础和依据是不同的，因而具有不同的意义。就本质意义上说，“学科划分法”框架下的内部自决权与外部自决权，与卡塞斯的“内外划分法”框来来架下的内部自决权与外部自决权是不同的。尽管宪政意义上的自决权相当于内部自决权，国际法上的自决权相当于外部自决权。但是，这里所说的宪政意义上的自决权（即内部自决权）只受国内法的调整；而卡塞斯的内部自决权既受国内法的调整，也受国际法的调整。

假如撇开西方学者“内外划分法”的逻辑基础不谈，单从“内外划分法”的内容来审视，国内政治领域的自决其实是就内部自决而言的，而国际政治领域的自决和国际法上的自决却是就外部自决而言的。从这个意义上说，自决包括内部自决和外部自决两部分的观点，也不能算是西方学者的凭空臆造，而是自决思想在历史演进过程中其本身发展逻辑的外在体现。西方学者的“自决权内外划分学说”之所以时常受到批评，是因为西方学者将“内外划分法”建立在了国际法的基础之上，而不是建立在自决权本身发展逻辑的基础之上。

尽管宪政意义上的自决权在思想内容上是现实存在的，并且也有学者在宪法学、政治学等学科领域里经常使用宪政意义上的自决权这样的概念，但笔者认为，学界在自决权问题上的很多混淆都是由于将这两种自决权混淆在一起而造成的，故笔者不主张在宪政领域（特别是在宪法学、政治学等学科）里再使用自决权这一概念，下面第二编各章的分析既可以清晰地反映学界在两种自决权使用上的混乱，也可以有力地支撑或证明笔者在此所提出并主张的这个观点。也正由于如此，下面各章的分析主要是围绕着国际法意义上的自决权而展开的，虽然个别地方的论述也涉及了宪政意义上的自决权，但目的是想通过两种自决权的比较来进一步凸显国际法意义上的自决权的涵义和内容。

分析至此，可能有学者又会质问：作者反对在宪政领域使用自决权这一概念，怎么又在此主张采用“学科划分法”将自决权划分为宪政意义上的自决权和国际法意义上的自决权呢？这是否自相矛盾呢？笔者认为，这不矛盾，这正是下面的讨论（特别是第二编里各章节的讨论）的真正意义之所在。答案的理由包含在后面各章的分析之中，此不赘述。

第四章　自决权的性质辨识

自决权原则是一项得到国际法确认的基本原则，但由于国际法没有对这一原则下任何定义，以至于国外有些学者经常对其性质作任意性解释，从而导致了自决权理论上的许多混乱，而这些混乱又常常被现实中的分离主义势力所利用。所以，我们很有必要正本清源，对自决权的性质作出界定。西方学者詹克斯（Jenks）认为，民族自决权显然不同于其他的权利和自由，因为它不能通过法律程序生效。①民族自决权有其特定的性质，那么，这些特定的性质是什么？下面本章将通过比较和辨析的方法来对自决权的性质问题加以研究。

一、法律原则抑或法律权利？

要回答这个问题，首先必须搞清楚国际法原则与国际法权利之间有何区别。一般说来，国际法原则是贯穿于国际法律关系之中，指导国际立法和实施的根本原理或基本准则。它是方向性、指针性的东西，它较为宏观，较为笼统，较为抽象，是非制度化的存在，也往往缺乏保障实施的救济机制，是形而上的东西。在通常情况下，有法律规定则依照法律规定，无法律规定就依照法律原则。它通常体现的是价值层面的规范。而国际法权利却与此不同，它是指国际法主体参与国际活动时所具有的资格。权利，与义务相对应，是具体的，是形而下的东西。它通常体现的是实然层面的规范。

就自决而言，它在国际法上究竟是原则还是权利，抑或兼而有之？对于这一个直接涉及自决性质的问题，广大发展中国家和西方发达国家的学者有着不同的认知和理解。西方发达国家的学者一般认为自决只是一项原则，而非一项权利。英国学者基思·安文（Keith Unwin）在1977年联合国人权委员会的会议上指出："如果自决本身可视为一种法律权利而不管情况如何，

① 转引自韩德培主编：《人权的理论与实践》，武汉大学出版社1995年版，第67页。

它可能会产生与联合国宪章的其他概念冲突的情况，即授权脱离或使兼并的要求正当化。”①发展中国家的学者则一般认为，自决既是国际法的基本原则，也是国际人权法上一项重要的权利。事实上，关于自决究竟是原则还是权利的争论，早在两个国际人权公约起草时就开始了。这与当时的时代背景有密切的关系。二次大战结束后，亚非拉出现了反殖民主义的民族解放运动，通过自决实现民族独立成为不可阻挡的历史潮流。而联合国成立之初通过的《世界人权宣言》却没有关于人民自决权的规定。早在起草宣言时曾为之做过努力的苏联，从两个国际人权公约起草的一开始就建议必须明确规定人民自决权。在第三世界国家的支持下，1951 年联合国大会通过决议，要求人权公约的起草要明确规定自决权。尽管基本原则得以确立，但是分歧仍然很大。美国等西方发达国家认为，自决仅仅是一项政治原则，而不是一项法律权利，将自决权放进旨在保护个人人权的公约是不妥当的，人权事务委员会也不可能用保护其他人权的方法来保护自决权，因此，充其量可以在序言中一般提及，不能在具体条文中规定。这种主张违背了广大发展中国家的利益，并遭到了他们的强烈反对。发展中国家为了消除旧的殖民主义的影响并防止新殖民主义的产生，要求自决权也包括经济独立权和自然资源的永久主权。经过反复的较量，最后双方妥协的结果是，将自决权同时放在两个国际人权公约中，表述的内容吸纳不同的意见，反复修改，就成了今天的模样。②

虽然自决权被写进了两个国际人权公约，但如果单从法律文本上看，还是难以分辨出自决究竟是原则还是权利。因为有的国际法律文件称其为权利，如《公民权利和政治权利国际公约》和《经济、社会和文化权利国际公约》都将自决表述为“a right of self-determination”，而不是“a principle of self-determination”；也有的国际法律文件称其为原则，如《联合国宪章》将自决表述为一项原则。为此，我们要准确地判断自决的性质，就必须结合自决在国际法上的演变历程来进行。通过考察自决在国际法上确立和发展的过程，我们可以发现，自决既是国际法上的一项原则，也是国际法上的一项权利——集体人权。自决权发展成为集体人权后，并非意味着它就不再作为

① 转引自韩德培主编：《人权的理论与实践》，武汉大学出版社 1995 年版，第 67 页。

② Dr. iur. Et habil, Manfred nowak, *CCPR Comentary*, N. P. Engel, Publisher. Kehl. Strasbourg. Arlington, 1993, p. 9.

国际法的一项基本原则。正如联合国人权委员会专门报告员埃斯皮尔（H. G. Espiell）所说，民族自决作为国际法的原则并不表明它不能同时是国际法上的一项权利。①联合国国际法院在“西撒哈拉”（Western Sahara）一案的咨询意见中也明确指出，民族自决不仅仅是联合国主张和促进的一项指导性原则，而且是一项可主张建立独立主权国家的安全的权利。②

二、单一权利抑或复合权利？

自决权究竟是单指政治上的独立权，还是除了政治独立权之外也指经济、社会和文化的独立权？在这一问题上，发达国家和发展中国家也存在严重的分歧。以美国为首的西方发达国家认为自决权单指政治上的独立权，而发展中国家为了消除旧的殖民主义的影响并防止新殖民主义的产生，要求自决权也指经济独立权和自然资源的永久主权。1952 年，在《公民权利和政治权利国际公约》起草的开始阶段，双方就存在着很大的争议。当时，老殖民主义虽然大势已去但他们并不甘心完全退出历史舞台，同时新殖民主义正在成为阻挠民族自决原则实施的主要问题。民族自决原则不仅仍然有现实意义，而且这一原则已被赋予新的内容。民族自决除了体现在政治方面，还更多地体现在经济方面。广大发展中国家虽然在政治上获得了独立，但殖民主义遗留下来的贫穷、落后状况远未消除，一些发达国家还在变换各种手段对其进行掠夺。正如有的学者所说：“政治上的自决——殖民主义的终结——创造了新的独立的经济与政治角色，并且，随着殖民时代的结束，经济关系和贸易模式的变化，政治上也开始重新组合。但是，政治上的独立并没有带来新国家在经济上的独立，对于其经济的责任确实只能说明它们还依赖于其他国家以及归因于它们在传统经济体系中的脆弱性。”③因此，发展民族经济，反对国际资本的剥削和欺凌，成为实现民族自决的另一重要方面。发展中国家清楚地认识到：对于新独立国家来说，经济上的独立与政治上的独立同等重要。没有经济上的自主与发展，政治上的独立是不可能巩固的。

基于以上背景，在国际人权公约起草的过程中，智利代表提出应在自决

---

① 转引自韩德培主编：《人权的理论与实践》，武汉大学出版社 1995 年版，第 68 页。

② 《国际法院报告》（ICJ Reports），1975 年，第 12 页、第 31 – 53 页。

③ ［美］路易斯·亨金著：《国际法：政治与价值》，张乃根等译，中国政法大学出版社 2005 年版，第 230 页。

权条文中加上国家对自然资源永久主权的建议案。这一提案虽然遇到西方发达国家代表的反对，但还是在人权委员会中以 10 票赞成、6 票反对和 2 票弃权得以通过，决定在人权公约中加入天然资源的条款。[①]1960 年的《给予殖民地国家和人民独立宣言》庄严宣告迅速和无条件结束一切形式和表现的殖民主义，“所有的人民都有自决权，依据这个权利，他们自由地决定他们的政治地位，自由地谋求他们经济、社会和文化的发展”，[②]该宣言通过规定所有人民可以“自由发展经济、社会和文化”，突破了民族自决权囿于政治领域的局限，而将其拓宽到经济、社会和文化领域，丰富了民族自决权的内容。

1966 年两个国际人权公约最后通过时较大程度地反映了发展中国家的意愿，同时也顾及了发达国家的要求，于是才有了现行国际法上《公民权利和政治权利国际公约》第 1 条这样的表述。1974 年《各国经济权利和义务宪章》，将民族平等和民族自决原则作为指导国际经济关系的准则之一，[③]这也较充分地反映了发展中国家人民的愿望，使得民族自决原则更加富有时代的特征。

通过以上分析，我们认为，可以结合自决权的广义和狭义的区分来理解它的这一性质。从狭义上说，自决权是单一权利，单指政治独立权；从广义上说，自决权是复合权利，不仅指政治独立权，也指经济、社会和文化的独立权。

三、一次性权利抑或永久性权利？

在自决权的这一性质问题上，学术界同样也存在着它是一次性权利还是永久性权利的争论。大致有三类观点：（1）有的学者认为自决权是一次性权利，只要通过行使自决权而实现政治独立以后，它就完成了其历史使命而“终结”了，以后就不能再行使了。他们主张自决权是一次性权利，其目的是防止其被分离主义势力所利用，他们认为如果把自决权界定为永久性权利，有人就会利用自决权的这一性质来为其分离主义活动寻找合法性依据。

---

① 转引自王铁崖等编：《国际法》，法律出版社 1995 年版，第 209 页。

② 董云虎、刘武萍编著：《世界人权约法总览》，四川人民出版社 1990 年版，第 1348 页。

③ 董云虎、刘武萍编著：《世界人权约法总览》，四川人民出版社 1990 年版，第 995 页。

为防患于此，干脆就把自决权界定为一次性权利。（2）也有的学者通过分析法律文本的表述方式来论证自决权是可以反复地行使的永久性权利，譬如，我国青年学者刘连泰认为，“从《公民权利和政治权利国际公约》第1条的规定来看，自决权应该是一项永久性的权利。从英文文本的表述来看，‘所有人民都有自决权’，用的是‘all peoples have’，而不是‘all peoples will have’，国际人权公约的每一个用词都经过起草委员会的字斟句酌。如果用‘all peoples will have’，就表示自决权是针对没有独立的民族而言的，但两个国际人权公约都没有作这样的表述。”①西方国家也有学者主张自决权是可以反复行使的永久性权利，但他们的目的是复杂的。有的是企图借着自决权的这一性质去肢解他国，有的是强调自决权的重要性。（3）还有的学者从内部自决与外部自决相区分的角度来界定自决权的这一性质，如卡塞斯教授认为，外部自决权是一次性权利，而内部自决权则是可以反复行使的权利。②西方学者的这一主张，其目的是企图解决20世纪八十年代末以来所出现的自决权与国家领土主权完整之间的冲突，但也有的是希望借此而使干涉他国内政合法化。

那么，如何正确界定自决权的这一性质呢？目前关于自决权的国际法律文件都没有涉及这个问题，因而这个问题在国际法律文件中是找不到答案的。要解决这一问题必须结合自决权在国际法上得到确立以及后来行使的国际实践来判断。回顾自决权在国际法上得以确立和发展的历程，我们可以发现，自决权在国际法上的形成和发展，与二次大战后的非殖民化运动有着直接的关联。众所周知，消除殖民主义是自决权在国际法上得以确立和发展的根本理由。因此，可以认为，自决权的行使条件是出现被殖民主义统治的情形。某殖民地人民通过行使自决权实现独立建国以后，该独立国家的人民仍拥有自决权，也就是说，原来殖民地人民的自决权在他们实现政治独立后并没有消失或终结，只是它的行使受到了限制，即只有重新出现被殖民主义统治时，它才可以再次行使。倘若反复出现被殖民主义统治的情形，那么就可以反复地行使自决权。在这一意义上说，自决权不是一次性的权利，而是可以反复行使的永久性权利。但是，这项权利的行使并不是没有限制的，出现

① 刘连泰著：《“国际人权宪章”与我国宪法的比较研究——以文本为中心》，法律出版社2006年版，第88页。

② Antonio Cassese, *Self-Determination of Peoples, A Legal Reappraisal*, Cambridge University Press, 1995, p. 101.

被殖民主义统治的情形，既是自决权的行使条件，也是自决权的限制条件。如果不重新出现被殖民主义统治的情形，人民就不能再行使自决权。基于此，笔者认为，自决权是一项可以反复行使但又不能够随意行使的永久性权利。那些主张自决权是一次性权利的观点，其目的是良好的，但与自决权存在和发展的历史事实相违背，而且也是以自决权包含分离权为假定前提的（事实表明，自决权不包含分离权，这一问题将在第十章详细讨论，故不在此展开论述），因而是不能够成立的。

四、唯有独立的实现形式抑或还有其他？

在规定自决权的几个重要国际法律文件中，《联合国宪章》没有明文规定实现自决权的具体形式。最早明确规定自决权的实现形式的国际法律文件是1960年《给予殖民地国家和人民独立宣言》，该宣言指出：“在托管领地和非自治领地以及还没有取得独立的一切其他领地内立即采取步骤，依照这些领地的人民自由地表示的意志和愿望，不分种族、信仰或肤色，无条件地和无保留地将所有权力移交给他们，使他们能够享受完全的独立和自由。”①这表明，该宣言将独立视为殖民地人民实现自决权的形式。然而，独立是不是实现自决权的唯一形式呢？联合国大会在该宣言通过后的第二天（即1960年12月15日）通过了1541号决议，根据该决议的规定，独立不是实现自决权的唯一形式，除此之外，与他国合并或成为他国之一部分也是实现自决权的形式。1970年的《国际法原则宣言》指出：“一个民族自由决定建立自主独立国家，与某一独立国家自由结合或合并，或采取任何其他政治地位，均属该民族实施自决权之形式。”②概括几个国际法律文件的规定，独立建国、与他国合并或并入他国通常是实现自决权的最基本形式。从非殖民化运动的国际实践来看，殖民地人民实现自决权的形式也基本上反映或体现了上述规定。具体体现在：

（1）独立建国。从二次大战后的非殖民化运动来看，绝大多数的殖民地人民和其他被压迫民族的人民都选择了独立建国作为实现自决权的形式，在20世纪五六十年代亚非拉民族解放运动中新独立的国家，大多也属于这

① 董云虎、刘武萍编著：《世界人权约法总览》，四川人民出版社1990年版，第1348页。

② 董云虎、刘武萍编著：《世界人权约法总览》，四川人民出版社1990年版，第951页。

种情况。应该说，独立建国是自决权最普遍的实现形式。

（2）与他国合并或并入他国。在国际实践中，也有一些殖民地人民或其他被压迫民族的人民选择了独立之外的其他形式。例如，纽埃岛于1974年实行内部自治，同新西兰保持自由联合关系；北婆罗洲和沙捞越于1963年并入马来西亚；波多黎各于1952年取得美国“自由联邦”地位；阿拉斯加、夏威夷于1959年成为美国的州；多哥于1957年与黄金海岸合并成为加纳。但是，应当注意的是，无论做何选择，都必须由生活于该领土之上的相关人民来自由决定，任何形式的强迫都是不能接受的。

这里需要澄清一个问题：是否采用了独立之外的其他实现形式后，就不能再采取独立这一实现形式了呢？根据非殖民化特别委员会一些成员的观点，对于那些个别选择了并入一个独立国家或与他国合并的殖民地人民来说，独立仍是保留给他们的权利，换言之，一直到最终选择独立之前，他们都可以再次行使自决权。该委员会的成员要求，“任何没有达到独立的自决行为都应该是有条件的，即这种自决行为以后可能被最终满足人民的独立要求所取代。”①这表明，只有独立才是自决权的最终实现形式，其他形式都不是最终地实现了自决权，因此还可以再次行使，直至独立。事实表明，国际实践中的确也存在过个别民族最初选择了独立以外的自决权实现形式，后来又通过再次行使自决权而最终获得了独立的实例。例如，英属洪都拉斯1964年实行内部自治，1973年改名为伯利兹，1981年又独立建国。

五、绝对性权利抑或相对性权利？

任何权利和自由都不是毫无限制的。法国启蒙思想家孟德斯鸠就曾说过：“自由是做法律所许可的一切事情的权利；如果一个公民能够做法律所禁止的事情，他就不再自由了，因为其他的人也同样会有这个权利。”②虽然上述论断是孟德斯鸠就国内法的自由和权利而言的，但他的观点用来分析国际法上的自决权问题也同样能够成立。自决权既然是国际法的基本原则，其合法性自然也就不容置疑，但是国际法承认并保障自决权，并不意味着自决权可以随意地、不受限制地行使。“自决权并不是一项没有任何限制的绝

① Rupert Emerson, *Self-Determination*, 65 American Journal of International Law, 1971, p. 470.

② ［法］孟德斯鸠著：《论法的精神》上册，张雁深译，商务印书馆1997年版，第154页。

对权利”。[①]自决权的性质要求在行使该项权利时应对其实施某些限制。对自决权的这些限制，是旨在保护每个人（而不只是那些谋求自决的人）的权利以及国际社会的共同利益。这种限制通常表现在以下几个方面：（1）“出现外来殖民统治时才能行使”是对行使自决权的专门限制。任何一个国家的人民（既包括殖民地和其他被压迫民族的人民，也包括独立国家的人民）都拥有自决权，但这个自决权的行使不能在无殖民主义统治的状态下进行，只有出现殖民主义统治的情形时，一个国家的人民才可以行使这项权利。对于殖民地和其他被压迫民族的人民来说，他们在拥有自决权的同时，也具备行使自决权的条件，因而也就无所谓限制了。但对于主权独立国家的人民来说，情况就不一样了。主权独立国家的人民也拥有自决权，但他们不能随意地去行使他们的自决权，只有在该国家遭受外国的侵略而处于被压迫状态或殖民地状态时，他们才可以行使他们的自决权。这种情形既是主权独立国家的人民行使自决权的条件，也是对他们行使自决权的一种限制。“赋予权利同时又限制行使权利”的做法具有积极的意义，这样可以防止自决权的滥用。如果赋予他们自决权并可以随意地行使，则容易导致自决权的滥用。（2）政治自决只能对外行使，不能对内行使。政治自决权只能用来摆脱外来的殖民主义统治，而不能用来摆脱国内中央政府的控制和破坏国家领土的完整。1960 年《给予殖民地国家和人民独立宣言》在主张殖民地人民通过行使自决权实现政治独立的同时还宣布：“任何旨在部分地或全面地分裂一个国家的团结和破坏其领土完整的企图都是与联合国宪章的目的和原则相违背的。”[②]1970 年《国际法原则宣言》在“各民族享有平等权利与自决权之原则”部分的最后指出：“以上各项不得解释为授权或鼓励采取任何行动，局部或全部破坏或损害……自主独立国家之领土完整或政治统一。”[③]这一限制是为了防止自决权的滥用，进而创造一个相对稳定的国际政治秩序。在由主权国家构成的国际体系中，通过自决来创设领土边界通常会影响到政治秩序的稳定。当然，我们不能在任何情况下都利用“保持国际秩序的稳定”来限制自决权。但为了保持国际秩序的稳定而限制自决权的滥用，也是一个不争的事实。（3）“殖民边界的维护”（又称“法律上的占有原

---

① Mortimer Sellers ed., *The New World Order: Sovereignty, Human Rights, and the Self-Determination of Peoples*, Oxfird 1996, p. 16.

② 董云虎、刘武萍编著：《世界人权约法总览》，四川人民出版社 1990 年版，第 1348 页。

③ 王铁崖、田如萱编：《国际法资料选编》，法律出版社 1982 年版，第 8 页。

则”，Uti Possidetis Juris）是对行使自决权的又一限制。[①]自决所遇到的另一个问题是，在什么范围内自决，即自决的边际在哪儿？根据国际实践，这个边际大致沿袭某民族在历史发展过程中所形成的领土边界。这个边界形成的国际法依据就是所谓的“占有原则”。因此，占有原则可以作为自决权的一种限制。占有原则的目的是通过维护一国的殖民边界来实现领土稳固。一个国家的疆界是在历史上经过长期发展而形成的，在这个疆界内的各民族（即种族）共同拥有并共同行使自决权。可以说，这种限制是为了维护国际和平与安全。诚如国际法院在布基纳法索与马里共和国边界争端一案（Case concerning the Frontier Dispute，Burkina Faso and Mali）的裁决中所指出的：“维护非洲领土的现状，经常被视为是最明智之举……劝使非洲各国在解释民族自决原则时，要考虑占有原则。”[②]实行这一原则的目的是为了防止宗主国撤离后，新独立国家因边界争端互相残杀，以致危及他们的独立和稳定。所以，殖民地人民要以一个整体在不改变殖民地边界的基础上行使自决权，成为一个独立国家。非洲新独立国家应尊重领土现状，这不仅是国际实践，而且是在非洲的非殖民化运动中稳固确立的具有普遍效力的法律原则。[③] 在当今世界，“虽然在普遍适用占有原则的过程中还存在着不确定性，但是，占有原则是需要考虑作为自决权限制的一项原则。”[④]

通过以上分析，我们发现，自决权的行使不是无条件的。从自决权的所有与行使相区分的角度来看，自决权的所有是无条件的，因为自决权是固有的、不可转让的集体人权，但自决权的行使却是有条件的，受到限制的；就像宪法虽然确认每个公民都享有政治权利和自由，但是公民在行使其政治权利和自由时并不是无条件的，它必须以不妨碍他人权利和自由的行使为前提。基于此，笔者认为，自决权既是一项绝对性权利，又是一项相对性权利。具体说来，从权利所有的角度来看，自决权是一项绝对性权利；而从权利行使的角度来看，它又是一项相对性权利。

---

① 参见［英］詹宁斯、瓦茨修订：《奥本海国际法》第一卷（第二分册），王铁崖等译，中国大百科全书出版社 1998 年版，第 94 页。

② 《国际法院报告》（ICJ Reports），1986 年，第 567 页。

③ 参见中国政法大学国际法教研室编著：《国际公法案例评析》，中国政法大学出版社 1995 年版，第 227 页。

④ Mortier Sellers ed.，*The New World Order*：*Sovereignty*，*human Rights*，*and the Self-Determination of People*，Oxford 1996，p. 20.

六、强行法性质的权利抑或习惯法性质的权利？

国际强行法与国际习惯法有着本质的区别。国际强行法是指国际社会整体接受而必须遵守的国际行为标准。如果一个或少数几个国家不承认经绝大多数国际社会成员作为整体接受的国际强行法标准，这一标准所包含的规范对不接受者同样有拘束力。①那么，有关自决权的规范到底属于国际强行法，还是属于国际习惯法？从国际法上来看，尽管自决权在发展成为国际法的基本原则之前，它已经形成国际习惯法的一部分，但在更多学者和国家看来，自决权在发展成为国际法的基本原则之后，它在性质上已超越了国际习惯法，而属于国际强行法的组成部分，甚至是最重要的组成部分。②1969 年的《维也纳条约法公约》第 53 条承认了一般国际法强制规范的存在。③但是，国际法上哪些规范属于强制规范，以及国际法基本原则是否就是强制规范，该公约并未做出明文规定。尽管如此，但倘若参照条约法公约第五十三条对国际强行规范的有关规定来看，强行规范必须具备以下条件和特征：国际社会全体接受；公认为不许损抑；仅有以后具有同等性质之原则始得更改。以此作为根据，完全可以肯定国际法基本原则完全具备强行规范应具备的条件和特征。因而，我们认为，它具有强行法性质，并不是可以选择或随意更改的原则。④

在这里，推论出自决权原则具有国际强行法性质的一个基本前提是：自决权原则是国际法的一项基本原则。如果前提虚假，那么在这个前提下所做的推理以及最后所得出的结论都是不能够成立的。也就是说，如果自决权原则不是国际法的基本原则，那么，自决权原则也就不具有国际强行法的性质。因此，这里首先必须要澄清的一个核心的问题是：自决权原则是否是国

① 参见邵沙平、余敏友主编：《国际法问题专论》，武汉大学出版社 2004 年版，第 151 页。

② Edvard Lawson, *Encyclopedia of Human Rights*, Second Edition, Taylor and Francis, 1996, p. 1333.

③ 该公约第 53 条规定："条约在缔结时与一般国际法强制规范抵触者无效"。参见王铁崖、田如萱编：《国际法资料选编》，法律出版社 1982 年版，第 715－716 页。

④ 但是，基本原则并不等于强行规范，反之亦然。基本原则是适用于一切国际法领域的原则，而强制规范有可能是某一特定国际法部门的具体规则，例如有关惩治国际犯罪行为的规则，被认可具有强制性，但并不是国际法基本原则。由此可见，国际法基本原则与国际强行规范是两个既有区别又有联系的法律概念。参见端木正主编：《国际法》，北京大学出版社 2000 年版，第 40 页。

际法的基本原则？在这个问题上学术界是存有争议的。持否定意见的学者认为，自决权原则是国际法的一项“具体原则”，但不是一项“基本原则”。其理由是：国际法的基本原则必须是适用于国际法的一切领域，具有普遍效力的全局性原则，对国际法的各个领域都具有指导作用和拘束力。而自决权原则仅适用于殖民地人民和其他被压迫民族的人民摆脱外来殖民主义统治这个特殊的领域，它也不对国际法的各个领域具有指导作用，因而它不能构成国际法的基本原则。

笔者对上述观点不予苟同，认为自决权原则能够构成国际法的一个基本原则。因为要构成国际法的基本原则必须具备三个条件：各国公认；具有普遍约束力；构成国际法的基础。而自决权原则均具备这三个条件。就上述“持否定论者”所说的“理由”，笔者认为，他们将自决权的适用范围局限于殖民地和其他被压迫民族的范围内是不合理的。正如本书前面所论述的，自决权在发展为集体人权以后，国际人权公约的文本表述是：“所有人民都有自决权”，这里的“所有人民”不仅包括殖民地和其他被压迫民族的人民，也包括主权独立国家内的所有人民（关于该问题的详细论述，可参见本书第五章“自决权的主体界定”中的有关部分内容）。而且，根据《联合国宪章》第 2 条第 6 款，[①]自决权原则在法律上除了对联合国的成员国具有约束力之外，对于非联合国成员国也具有约束力，这表明自决权具有普遍的适用性和约束力。基于对“自决权原则是国际法的一项基本原则”的认定，笔者认为，自决权原则具有国际强行法的性质。

七、本章小结

以上分析表明，自决权是一项具有多重性质的权利，从不同的角度看，其性质表现为不同的权利形式。从其在国际法上的地位来看，自决权不仅是国际法上的一项基本原则，也是国际法上的一项基本权利（集体人权）；从其内容构成来看，自决权有广义和狭义之分，狭义上的自决权是单一权利，单指政治独立权，而广义上的自决权是复合权利，不仅包括政治独立权，也

---

① 该宪章第 2 条第 6 款的具体规定是：“本组织在维持国际和平及安全之必要范围内，应保证非联合国会员国遵行上述原则。”参见董云虎、刘武萍编著：《世界人权约法总览》，四川人民出版社 1990 年版，第 929 页。

包括经济独立权和文化独立权；从其是否可以反复行使的角度来看，自决权不是一次性权利，是一项可以在一定条件下反复行使的永久性权利；从其行使结果来看，自决权的实现形式除了独立之外，还有与他国合并或并入他国等形式；从其存在状态来看，自决权在权利所有层面上表现为绝对性权利，而在权利行使层面上却表现为相对性权利；从其拘束力大小的角度来看，自决权基本上超越了传统的国际习惯法的性质，而更多地表现为国际强行法性质的权利。弄清了自决权的这些性质及其表现形式，可以更好地帮助我们去理解和把握自决权的内涵和本质。

第五章 自决权的主体界定

自决权主体问题是自决权理论中备受争议的重要问题之一。颇具权威的《奥本海国际法》在指出自决权的含义模糊不清的同时，进一步指出："同样不确定的是这个自决原则所适用的'人民'的确切范围。"①自决权是只能被反对殖民主义或帝国主义压迫的殖民地和其他被压迫民族所享有，还是也可以被人类学意义上的其他民族或人民所享有？换言之，谁来自决？"正如历史经验所表明的那样，自决学说的'自我'经常是怀疑、模糊和冲突的客体，就以与民族自决权有关的问题而言，必须提出其他标准用于确定'自我'的范围。"②如果不弄清谁享有这项权利，过分地扩大或缩小权利主体的范围，不仅为实施自决权原则带来困难，还会使滥用此项权利或原则者有了可乘之机。正如有的学者所说："如果对自决的主体以及效力范围不能给予严格的界定，那么逐层类推的自决诉求就很有可能导致一种无限制的自我表达权观念以及超自由主义的无政府状态，最后陷入'造反有理'的窠臼。"③为此，本章将对自决权主体问题再做进一步的探讨。

一、与主体相涉的基本概念："人民"与"民族"

在一些国际法律文件中，通常用来表述自决权的主体的概念是两个词，即"民族"和"人民"。联合国大会于1952年通过的《关于人民和民族自决权的决议》，要求"支持一切人民和民族的自决权"。1960年的《给予殖民地国家和人民独立的宣言》指出："所有人民都有自决权"。其他的国际

① ［英］詹宁斯、瓦茨修订：《奥本海国际法》第一卷（第一分册），王铁崖等译，中国大百科全书出版社1995年版，第179页。

② 参见［英］戴维·米勒、韦农·波格丹诺编：《布莱克维尔政治学百科全书》，邓正来译，中国政法大学出版社1992年版，第693页。

③ 季卫东著：《宪政新论——全球化时代的法与社会变迁》（第二版），北京大学出版社2005年版，第388－389页。

法文件也作了相应规定。①问题是其中的“人民”、“民族”两词到底指什么?“人民”和“民族”是否含义等同?由于这些概念之间的关系问题没有解决,使得学者们围绕着自决权主体问题的论争持续不断。

由于人民自决权原则当中的“人民”在所有规定该原则的国际公约中都没有确切的定义,而且在英文中,“人民”和“民族”这两个词之间彼此都有联系,有时甚至还相互换用,这也为确定自决权主体的具体所指造成了更大的困难。另外,中文中“人民”和“民族”的含义与这些词在英文中的相应概念不一定完全吻合。不同语言之间的差别也为准确把握这些词的一般含义带来一些困难。例如,“民族”一词在英文里有广泛的含义。它可以包括国家、殖民地、被保护国等,这个词在中文里的含义则更加广泛,在同样的情况下“西方语言用不同词语表达的概念,中文都用‘民族’一词表达”。例如,中文里广义的民族,指所有族体,英文中用“people”和“peoples”来表示;中文“国族”指与国家概念相联系的民族,如“中华民族”、“美利坚民族”等,而在英文里用“nation”来表示;中文里狭义的民族,在英文里则用“nationality”来表示。②最后,从国际政治和民族学的角度来看,这两个词本来就是相互关联的。可见,“人民”和“民族”在用词上的混乱确实为我们清晰地界定自决权主体带来了一定的困难。

但从《联合国宪章》的情况来看,在技术委员会的条文中“民族”(nation)一词仅使用了7次,多数情况都属于广义的、非政治意义的,即“民族间友好关系”。在这种非政治性用法中,“民族”一词的含义足以包括殖民地、托管领土、被保护国、准国家和主权国家。而每当要强调“整个人类”或“所有人类”的意思时,在技术委员会的条文中都使用“人民”(peoples)一词,似乎没有出现什么问题。从有关解释来看,这两个词在《联合国宪章》中的运用都是经过反复斟酌的,且各有不同的含义。③

自决权是一个在国际法上已经建立起来的法律概念,在翻译成中文时,有学者将其译为“人民自决”,也有学者将其译为“民族自决”,到底哪个

① 在概念使用上,1952年《关于人民与民族自决权的决议》是“人民自决权”和“民族自决权”两者并用;1960年的《给予殖民地国家和人民独立宣言》使用了“人民自决权”(Rights of Peoples to Self-Determination)这一概念,两个国际人权公约也使用了“人民自决权”的概念。

② 参见宁骚著:《民族与国家——民族关系与民族政策的国际比较》,北京大学出版社1995年版,第4-5页。

③ 参见白桂梅著:《国际法上的自决》,中国华侨出版社1999年版,第94-95页。

更妥当，这个问题是有争论的。民族自决与人民自决是两个不同的概念。在民族国家形成的背景下，传统的自决理论是指民族自决，列宁的自决也是民族自决。但发展到国际法上，自决权的含义在民族自决权的基础上又发展出了人民自决权的含义。从国际法对这两个概念的具体使用来看，通常是根据不同的情形而对它们交替使用的，它们各有其特定的内涵。

二、作为自决权主体的“人民”

（一）围绕着“人民”含义的论争

国际法律文件尽管对自决权主体都做了一般性的规定，而且有的文件还对若干特殊的权利主体做了列举，但它们对有关权利主体的范围、具体含义和确定标准都未作出精确的说明。实践中，包括联合国大会、经社理事会和国际法院在内的联合国主要机关以及包括人权事务委员会和经济、社会和文化权利委员会在内的人权条约机构也未能对这一问题作出权威的解释。因此，在这一问题上，理论与实践中长期以来存在广泛的分歧。①对于“人民”的具体所指，目前学术界没有一个普遍接受的说法。有的学者认为，“人民”是泛指的，是指任何一个国家的全体人民。而有的学者则反对这种观点，认为“人民”是特指的，是指殖民地人民和其他被压迫民族的人民。

主张“人民”泛指者认为，《世界人权宣言》虽未提及“自决”一词，但它接受了人民的意志是政府权力的基础这一原则，这一意志应以定期的和真正的选举予以表现，而选举应依据普遍和平等的投票权，并以无记名投票的方式，按相当自由的投票程序来进行。这一原则在 1976 年生效的《公民权利和政治权利国际公约》和《经济、社会、文化权利国际公约》中得到更具体、更明确的表达。两个公约的第 1 条第 1 款均用的是：“所有人民都有自决权。”尽管早在 1960 年的联合国大会通过的《给予殖民地国家和人民独立宣言》中已有相同的表述，但在那时它是特指殖民地人民。现在世界上绝大多数殖民地已经独立，因此应认为这里的“人民”是泛指的。上述两个公约的相关内容实际上是把自决权也赋予了独立主权国家中的人民，

① Javaid Rehman, *International Human Rights Law: A Practical Approach*, Pearson Education Limited, 2003, p. 325.

从而使之普遍适用于公约的所有缔约国。因而人民自决权具有广泛的适用性，人民不仅有权选择是否独立，而且也有权选择政府。这意味着它是一种连续性权利，而不是仅仅在独立时才表达的一次性权利。它使国家很难再以主权为由妨碍其治下的人民自由地表达意愿与寻求基本人权。

反对“人民”泛指者认为，虽然两个国际人权公约大都使用“人民”一词，但是其第1条的规定，并没有给“人民”下任何定义。“所有人民都有自决权”，这种不加限定的措辞在实践中一定会引起公约条文的解释问题。印度等国家担心不限定自决权的适用范围可能导致一国的种族、宗教、语言等少数者要求行使自决权。于是，他们在签署两个国际人权公约时专门对此做出声明：“……‘自决权’一词仅适用于在外国统治下的人民，不适用于主权独立国家或一个人民或民族的一部分，这是国家统一的根本。”① 汉南姆教授指出，在1945年后的非殖民化运动时期，“人民”的含义主要是并且通常仅仅是指欧洲以外的前殖民地居民。②又如，萨曼教授认为自决权的持有者包括三种人民：第一，在殖民统治之下的人民（主要是指在非自治领土和托管领土上生活的人民）；第二，在外国占领下的人民，第三，在种族主义统治下的人民。③再如，卡塞斯根据国际习惯法认为，“自决权”的持有者主要是殖民地人民和在外国占领或统治下的人民。④白桂梅教授认为，自决权的持有者还是应该限定在殖民地人民的范围内。在这个范围内，自决权的主体（即殖民地人民和其他被压迫民族的人民）和国家的关系是比较简单的，随意扩大是不恰当的，也是不符合实际的。但怎样解释这个结论与两个国际人权公约共同第1条的规定是不冲突的呢？因为这一条明明规定“所有的人民都有自决权”。她论证道：全世界所有的人民都享有自决权，根据这项权利，每个人民都有权自由地决定其政治地位。但是，在国际法上的自决权形成和发展过程中，全世界的人民只有殖民地人民和其他被压迫民族没有行使自决权，或者说只有他们的自决权是被否定的。因此，自决

① See Hurst, *Autonomy, Sovereignty, and Self-Determination, The Accommodation of Conflicting Rigths*, rev. ed., University of Pennsylvania Press, 1996, p. 42.

② Hurst Hunnum, *Self-Determination as a Human Right*, in Richard Pierre Claude and Bum 3 H. Weston, *Human Rights in the World Community: Issues and Action*, 1992, p. 179.

③ Jean Salmon, *Internal Aspects of the Right to Self-Determination Towards a Democratic Legitimacy Principle*, in *Modern Law of Self-Determination*, edited by Christian Tomuschat, 1993, p. 256.

④ Antonio Cassese, *Self-Determination of Peoples, A Legal Reappraisal*, Cambridge University Press, 1995, p. 71 - 100.

权的持有者当然只有殖民地人民和其他被压迫民族了。而且，随着非殖民化过程的深入发展，要求行使自决权的殖民地人民越来越少了，到20世纪80年代末就已经寥寥无几了。实际上，在20世纪80年代末、90年代初国际法学界出现的关于国际法上自决权是否过时的讨论和“内部自决”、国际法上的“民主权利”等新理论的提出，都从反面证明：人民自决权的持有者是殖民地人民和其他被压迫民族。①现行国际法不关注一个主权国家内部的人民是否享有自决权，因为国际法把它视为内政，而国际法是不过问一个国家的内政的，国际法对这个问题的过问是从这个国家叛乱成功得到国际社会的承认开始的。因此，在现行国际法上只承认殖民地人民、被压迫民族和被外国占领的领土上的人民享有自决权。

主张“人民”泛指者则认为，第1条第2款是关于人民对其自然资源的永久主权的，不管这种权利的范围如何，确实看不出这一款所涉及的“人民”与第1条第1款中的“人民”究竟有什么区别。此外，在第1条第3款中具体地、包容性地提及殖民地的情况，更说明了“人民”概念的广泛含义。

而反对“人民”泛指者认为，第1条第3款关于“负责管理非自治领土和托管领土的国家，应在符合联合国宪章规定的条件下，促进自决权的实现，并尊重这种权利”的规定暗示着“人民”是有一定范围的，即生活在“非自治领土”和“托管领土”上的人民，也即通常所说的“殖民地人民和其他被压迫民族的人民”。

（二）上述论争之评析

关于自决权主体的不同主张分别受到政治、法律、历史、文化、经济、社会及其他许多方面的因素的影响，体现了各种认识和利益之间的广泛分歧，应从多个不同角度加以认真的分析和对待。②从历史上看，关于“人民”内涵的争论一直贯穿第1条起草的整个过程。以苏联为代表的一些国家坚持缩小自决权的适用范围，尽量将其限制在殖民地人民的范围。一些西方国家，特别是像法国、英国、比利时那样的老牌殖民主义国家，反对限制自决权的适用范围，更反对将其仅限于殖民地人民。由于当时各国对“人

① 参见白桂梅著：《国际法上的自决》，中国华侨出版社1999年版，第102－103页。

② 参见徐显明主编：《国际人权法》，法律出版社2004年版，第421页。

民”的解释实在难以达成一致，以至于影响到了自决权的条款最终能否写进国际人权公约。国际人权公约没有给自决权下任何定义实际上是一个妥协的产物。然而，国际人权公约没有给“人民”下定义毕竟是它的缺陷。根据上下文能够对“人民”做出完全不同的解释，就是这种缺陷的最好证明。①

应该说，学术界关于自决权主体的争论，既没有输家，也没有赢家。尽管如此，这一争论为如何界定国际法上的自决权主体问题开阔了新的思维空间，加深了人们对这一问题的认识和理解，也为人们进一步探索如何解读国际法上这一模糊规定提供了依据和基础。但双方在争论过程中也暴露出来了许多的问题或不足。

（1）双方讨论问题的出发点，都将自决权的所有与自决权的行使等同了起来。在各方看来，只要拥有自决权就可以随意行使，所以，反对“人民”泛指者从维护国家主权和领土完整以及反对外来干涉的角度出发，竭力主张将“人民”解释为殖民地人民和其他被压迫民族的人民；而主张“人民”泛指者则从肢解他国或强权干涉的企图出发，竭力强调将“人民”解释为任何一个国家的全体人民。由于双方将自决权的所有与行使混同为一体，所以双方都在“谁拥有”这个问题上极其敏感。事实上，他们忽略了“权利的所有”与“权利的行使”并不是一回事，拥有某项权利并非一定可以随意行使该项权利。按照笔者的观点，双方所争执的不是一个层次的问题。实际上，一方是侧重于自决权的所有来谈的，而另一方则是侧重于自决权的行使来谈的。

（2）从双方的论证及其依据来看，各方都存在着问题。就主张“人民”泛指者来说，他们将两个国际人权公约第1条解释为“内部自决”的内涵。笔者对此不予赞同，特别是不赞同他们将国际法上的自决权解释为：人民不仅有权选择是否独立，而且也有权选择具有代表性的民主政府，并认为它是一种连续性权利，而不是仅仅在独立时才表达的一次性权利。这些将自决权向内部自决权方面的发展的解释，是有问题的。众所周知，国际法是调整国家与国家之间关系的法律规范，如果国际法调整了主权国家内部的管理事项，那就违背国际法上不干涉内政的原则了。事实表明，这种解释是对国际法上人民自决权原则的曲解。正如有的学者所分析：“主要由西方国家倡导

① 参见白桂梅著：《国际法上的自决》，中国华侨出版社1999年版，第98页。

的这种人民自决权，由于存在着引起强国干涉他国内政的可能性以及瓦解一些现存国家合法政府的危险性，因此没有得到联合国成员国的一致支持。由于第三世界国家国内的民族问题较发达国家更为尖锐，民主制度也远不如发达国家完善，因此无限制的人民自决权只会给它们带来混乱。正是在它们的影响下，联合国大会从未在事关选举这类重大政治问题上放弃专属国内管辖的立场。"①

笔者主张，还是在现行国际法的框架内来解读国际法文件的有关规定，才是符合国际法的。反对"人民"泛指者的论证也存在着瑕疵。比如，白桂梅教授的分析，尽管其意图是好的，但她在论证"所有人民都有自决权"与"殖民地人民和其他被压迫民族的权利"的关系并不冲突时，仍存在着不尽完美之处。文中说，全世界的人民只有殖民地人民和其他被压迫民族没有行使自决权，因而自决权的持有者也就只有殖民地人民和其他被压迫民族了。从白老师的上述表述来看，论证也是有缺陷的，至少这个论证欠周延。比如，在一个还没有被殖民化的君主专制的国家里，其人民有没有自决权？如果没有，怎么解释"所有人民都有自决权"？如果有，人民是如何行使的？至少按照白老师的论证逻辑，是比较难回答这个问题的。更何况，这也是一个国家的内政，从国际法的角度也无法回答这个问题。那又怎样解释"全世界的人民只有殖民地人民和其他被压迫民族没有行使自决权"这一论断呢？似乎不好解释。

（3）笔者认为，反对"人民"泛指者将自决权主体限制于殖民地和其他被压迫民族，其初衷是好的，但是他们过于片面地理解了民族自决权。民族自决权是国际法的一项基本原则，所谓基本原则就是能够构成国际法的基础，并贯穿于国际法各个领域的规则，如果民族自决原则主体仅限于殖民地和其他被压迫民族的人民，便难以被称为基本原则。况且，自决权已成为国际法上的集体人权。既然是人权，那就应当是普遍性的权利。倘若把自决权界定为属于殖民地人民的权利，那它就不是普遍性的权利了，因而其也就称不上人权了。另外，这种限定在殖民地和其他被压迫民族的人民的阐述有悖于联合国的实践和《联合国宪章》的解释。因为尽管《联合国宪章》第1条第2款并没有就此作出规定，但2526号决议却明确指出，宪章第1条第2款的这一权利是针对所有人民所规定的一项普遍性权利，无论其是否是殖民

① 参见任东来著：《政治世界探微》，北京大学出版社2005年版，第277页。

地和其他被压迫民族的人民，都享有这一权利。[①]因而，笔者认为，将自决权的主体限于殖民地人民和其他被压迫民族是不合适的。

（4）双方的观点都不能全面地解释“两个不同时期”的自决权主体问题。自决权在国际法上的发展可以分为非殖民化前期和后期两个阶段。在非殖民化前期（20世纪40年代中期至60年代中期），国际社会的自决实践基本限于政治非殖民化领域。在非殖民化后期（20世纪60年代中期至20世纪末殖民主义被消除），许多新独立国家积极主张维护自身的主权、独立和领土完整，反对外来干涉，促进本国社会、经济和文化的全面发展。面对前期，反对“人民”泛指者将殖民地、托管领地、非自治领地和尚未取得独立的其他一切领地内的人民视为自决权的主要的甚至是唯一的权利主体。而面对后期，主张“人民”泛指者认为所有人民或民族均享有自决权，主张对自决权的主体做非常广泛的解释。但是，双方都不能作出让对方信服的解释。反对“人民”泛指者不能很好地解释后期的自决权主体问题，而主张“人民”泛指者不能很好地解释前期的自决权主体问题。

（三）“人民”含义之解析

在评析上述论争的基础上，笔者就“人民”的含义问题提出如下观点：

1. 解析的理论工具

下面讨论的依据是权利的所有和行使相区分的理论。该理论认为，权利的所有和行使是两个不同的概念，在实际运用中必须将他们区分开来。就像国内法上的申诉、控告等权利一样，虽然拥有但一般不去随意行使这项权利，只有出现个人权利遭到侵害时，才去行使这项权利。我们不能因为拥有申诉、控告等权利，就随时随地都可以去行使。如果我们将这一理论适用于自决权主体的分析，那就要求我们将自决权的所有和自决权的行使区分开来。必须认识到，拥有自决权是行使自决权的基础，但拥有自决权并非一定能够行使自决权。如前所述，自决权的行使条件是出现被殖民主义统治的情形（详见本书第四章“自决权的性质辨识”中关于“一次性权利抑或永久性权利”的论述）。也就是说，只有出现被殖民主义统治的情形时，才可以去行使它。如果一个国家没有出现被殖民主义统治的情形，它的人民就不能够去行使自决权。

① 参见周勇著：《少数人权利的法理》，社会科学文献出版社2002年版，第7页。

2. 解析的要点

（1）以自决权发展为集体人权的标志性事件——1966 年两个国际人权公约的通过为基本分界线，在自决权发展为集体人权以前，自决权的主体是殖民地和其他被压迫民族的人民；而在自决权发展为集体人权以后，自决权的主体是任何一个国家的所有人民，这里的“所有人民”既包括殖民地国家和其他被压迫民族的人民整体，也包括任何一个独立主权国家的人民整体。需要说明两点：一是这里的“人民”与其所属的国家所采行的政体没有关系，就某些专制国家里的人民来说，无论其国家是否存在殖民化的状态，他们也都拥有自决权。①二是能够作为自决权主体的“人民”应界定为“任何一国之全体人民”，这里的“人民”是一个国家内所有人民所组成的整体，而不是其中的一部分人。

（2）在自决权发展为集体人权以前，自决权的主体（即殖民地和其他被压迫民族的人民）在拥有自决权的同时，也具备行使自决权的条件，因而对于殖民地和其他被压迫民族人民的自决权来说，“拥有即可行使”。但在自决权发展为集体人权以后，情况就显得比较复杂。又分两种情形：一是相对于“所有人民”中“殖民地和其他被压迫民族的人民”来说，他们拥有自决权的同时也可以行使自决权，这种情况与自决权发展为集体人权以前自决权主体行使自决权的情况相同。二是相对于独立主权国家的人民来说，他们虽然拥有自决权，但不能随意地行使自决权，即“拥有但限制行使”。只有出现了他们被殖民主义统治的情形时，他们才可以行使其自决权。从这一意义上说，独立主权国家的人民的自决权更多地发挥着“防御”殖民主义的功能。

（3）从整体来看，自决权发展为集体人权以前，其所有者总和是殖民地和其他被压迫民族的人民，其行使者总和也是殖民地和其他被压迫民族的人民，在这一阶段，自决权的所有者和行使者在总体数量上是重合的。在自决权发展为集体人权以后，自决权的所有者总和是“所有人民”（既包括独立主权国家的人民，也包括殖民地和其他被压迫民族的人民），而其行使者总和却只是殖民地和其他被压迫民族的人民，在这一阶段，自决权的所有者

---

① 需要强调的是，一个被殖民化的“专制国家”里，其人民行使自决权后所建立起来的国家也未必是一个民主国家。这一点与自决权原则并不冲突，因为，如前所述，国际法上的自决权的真正含义是去殖民化，至于去殖民化以后，人民选择的政府形式是民主政体还是专制政体，那是一个国家的内政，国际法不加干预。否则，就有干涉他国内政之嫌。

总和与行使者总和在总体数量上是不重合的。

3. 解析的依据

（1）首先，在联合国大会的有关决议（如1960年的《给予殖民地国家和人民独立宣言》和1966年的两个国际人权公约）中都规定："所有人民都有自决权"。人权事务委员会在有关人权公约涉及民族自决的评论中明确表示：自决是所有人民的权利。①其次，从自决权的国际实践也可以看出，在非殖民化的前期，倡导民族自决原则的直接目的是为了铲除殖民主义，实现殖民地人民的独立建国，因而民族自决原则主要适用于外国统治下的殖民地人民和其他被压迫民族的人民。但在自决权发展为集体人权以后，特别是到了非殖民化后期，自决权的适用范围已不仅仅是殖民地和其他被压迫民族的人民，而是所有国家和领土——独立的、托管的或非自治领土——的所有人民。倘若此时再将民族自决原则理解为仅仅适用于外国统治下的殖民地人民和其他被压迫民族，这不仅不符合联合国有关文件的本意，而且与国际社会的具体实践也不相符合。

（2）就两个国际人权公约第1条中使用的"人民"的具体含义来说，由于该公约没有给"人民"下任何定义，所以要确定这里所使用的"人民"的具体所指，还必须要考察当时国际法作出这一规定的历史背景和"立法"动机。当时的背景和动机是将自决权发展为国际法上的集体人权。通过对自决权发展为集体人权的背景和历程的考察，可以肯定地说，"所有人民都有自决权"中的"人民"应该是"任何一个国家的全体人民"。因为只有将"所有人民都有自决权"中的"人民"界定为"任何一个国家的全体人民"，它才能称得上是集体人权。众所周知，人权具有普遍性，是普遍性的权利；如果不是所有人的权利，而是一部分人的权利的话，那是特权，而不是人权。所以，规定"所有人民都有自决权"是与人权及人的基本自由密切联系在一起的。只有它是"所有人民"的权利，它才能是普遍性的权利；只有它是普遍性的权利，它才能称得上是国际法上的人权。因此，笔者主张将自决权界定为"所有人民"（既包括殖民地和其他被压迫民族的人民，也包括独立主权国家的人民）的权利，而不仅仅是"殖民地和其他被压迫民族"的人民的权利。为此，笔者对于将国际法的自决权主体仅局限于"殖

---

① *Report of the Human Rights Committee*, General Assembly Official Records, 39th Session, Suppl. No. 40（A/39/40）, p. 142.

民地和其他被压迫民族的人民”的观点不予苟同。

4. 解析方法的进一步运用

（1）按照本课题研究的分析框架，上述关于“人民”论争的双方所争论的不是一个层面或侧面的问题。主张“人民”泛指者主要是从“拥有”自决权角度来看问题，认为所有人民都有自决权；而主张“人民”特指者主要是从“行使”自决权的角度来看问题，认为自决权是殖民地人民和其他被压迫民族的人民的特有权利。只要我们将权利的所有与行使区分开来以后，就会很清晰地发现上述论争双方的问题之所在。他们分别是从不同的两个侧面（一个是权利的所有，另一个是权利的行使）来解读自决权主体的，更严格地说，他们所争论的甚至不是同一个问题。笔者认为，从权利所有的角度说，自决权的主体是泛指的，即“所有人民都有自决权”；而从权利行使的角度来说，自决权的主体又是特指的，即只有殖民地人民和其他被压迫民族才可以行使自决权。

（2）可以更好地来解读自决权在不同条件和不同时期的基本功能。国际法上的自决权与非殖民化有着密切的关系，在出现外来殖民主义统治的国家里，对于其人民来说，他们处于外来民族压迫或奴役的地位，因而也就具备直接行使自决权的条件，因此，可以说其人民自决权的功能主要是“去”殖民化；在没有出现或已经消除外来殖民主义统治的国家里，其人民自决权不具备直接行使的条件，但它并不是可有可无的，其自决权的功能主要是“防”殖民化。基于此，我们也可以说，在非殖民化时期，自决权的主要功能是“去”殖民化；在后非殖民化时期，自决权的功能主要是“防”殖民化。不要将其他与殖民化无关的内容也纳入到自决权的范畴。

（3）可以更准确地理解有关国际法律文件中“人民”的具体所指。依据上面的分析，在自决权发展为集体人权以前，自决权的主体是殖民地人民和其他被压迫民族的人民；而在自决权发展为集体人权以后，自决权的主体是任何一个国家的全体人民。据此，笔者认为，《联合国宪章》第 1 条第 2 款以及第 55 条前文对自决权的表述：“尊重人民平等权利及自决原则”，虽然在这里自决权主体不妨解释为所有民族国家的人民，但重点显然是在殖民地人民及其他被压迫民族的独立自主方面。同样，1960 年《给予殖民地国家和人民独立宣言》第 2 条所说的“所有人民都有自决权”，也是指殖民地人民以及其他被压迫民族的人民。然而，在 1966 年两个国际人权公约制定后，各在公约第 1 条分别规定的“一切人民的自决权”的范围都理所当然地被解释为包括两个公约的所有参加国人民在内，而不仅仅是指殖民地和其他被压迫民族的人民。1970年的《国际法原则的宣言》和1975年的《赫尔辛基宣言》也都采用了同样的表述并能从上下文中确认同样的概念内涵。可以说，自从在1976年两个国际人权公约生效之后，任何民族国家的人民自决权也都已经变成了实证法上的权利，这里的自决权所有者应是任何一个国家的所有人民。

5. 问题澄清

把“所有人民都有自决权”解释为“任何一个国家的全体人民”的权利，这一解释能否成为“内部自决权”的国际法依据？笔者对此持否定态度，认为应将这一解释局限于国际法的范畴，不能将其解读为“内部自决权”的国际法依据，更不是国际法赋予一个主权国家内部的全体人民的一种用来对抗中央政府的权利。如果那样的话，那就是国际法规范了国内管辖的事项，这就违背了国际法上的不干涉内政的原则了。在理解这一论断时，我们必须结合当时出台这一规定的背景（即消除旧殖民主义和反对新殖民主义）。国际法上的自决权始终与非殖民化运动联系在一起，非殖民化运动的目的是通过行使自决权来实现独立建国，从而恢复以前那种“自由地”决定自我事务的状态。另外，“所有人民都有自决权，他们凭这种权利自由决定他们的政治地位，并自由谋求他们的经济、社会和文化的发展”，这一规定是广大发展中国家积极争取的结果。从广义上讲，民族自决权可以分为政治、经济、社会和文化等方面的自决权。在政治方面，其核心思想是各殖民地人民和其他被压迫民族的人民有权摆脱殖民统治，建立独立国家，自由决定自己的政治地位，并自由选择本国的各项政治、社会和法律制度。在经济、社会和文化方面，各国有权根据本国的实际情况，选择本国的发展道路，确定本国所采取的模式，并适时作出必要的调整，从而自由追求自己的经济、社会和文化的发展。别国对于上述权利只有尊重的义务，而没有干涉的权利。①这一规定针对的是“他决”或“宗主国的代之以决”。国际法只强调的是“非他决”，在“非他决”的情况下，至于一个主权国家内部究竟怎样自决的问题，那是一个主权国家内部宪政范畴的问题，国际法不加干涉。

需要进一步说明的是，国际法的调整对象原则上（除个别领域外）不

① 参见富学哲著：《从国际法看人权》，新华出版社1998年版，第148页。

涉及国家内部的人民，它只以主权国家为调整对象，而不以国家内部的人民为调整对象。因为按照国际法理论，国家有四个要素，人民仅仅是其中的一个要素；国家是属概念，而人民是种概念。那么，这里的国际法为什么涉及了人民呢？因为一个国家一旦出现被殖民统治的情况，其主权就被破坏了，若按照国家构成的四要素学说，这时的国家也就不再是完整意义上的国家。在国家已不存在或基本不存在（更准确地说，国家虽存在但其主权不完整）的情况下，国际法要想赋予现已不存在的“原来国家”以恢复主权状态的权利（即自决权），也就只好赋予“原来国家”境域内的全体人民（亦即后来被殖民统治的人民）了。所以，国际法是在国家不存在或基本不存在的情况下而涉及一国内部的人民的，否则，它一般不直接涉及国家内部的人民。因此，我们不能因为这里涉及了国家内部的人民，就把它看作是“内部自决”的依据，这是不科学的。

（四）“人民”范围之具体界定

自决权行使的合法性要件是出现被殖民主义统治的情形。要求行使自决权的民族与进行殖民统治的民族在宗教、文化、语言、血统等方面均不同，不但不是同一个民族，甚至还遭受另一个民族殖民统治，此时被殖民主义统治的民族就可以起而要求自决。从国际实践来看，国际法上自决权的行使者主要是殖民地人民和其他被压迫民族的人民。但是，殖民地人民和其他被压迫民族的人民仍是一个很宽泛的概念，它具体包括哪些人民？为了更深入地了解自决权主体的具体所指，及其合法地行使自决权的应备条件，下面对“人民”的范围再作进一步的界定。根据国际法原理和国际实践，殖民地人民和其他被压迫民族的人民通常是指处于下列状态或情势下的人民。

（1）殖民地（Colony）

在狭义上，殖民地是指受到帝国主义侵略，丧失了主权和独立，在政治上和经济上完全受宗主国统治和支配的国家或地区。它一开始是指一个国家设在征服地区或别国领土上的移民居留地。从国际法上看，殖民地不具有单独的国家资格或主权，只有其宗主国才具有国际人格。宗主国可以而且往往授予殖民地以一定程度的内部自治权。各殖民地所拥有的内部权力，像它们与其宗主国的法律关系的差别一样，在程度上有很大差别。由于殖民地没有单独的国家资格或主权，所以它们不能派遣或接受外国使节，也不能缔结条约。然而，殖民地可以偶尔在它们享有自治权的那些领域内参加一些国际活动。①

（2）国际托管地（International Trusteeship）

所谓国际托管地是指把一些领土依特别协定置于联合国权力下按照一定程序进行管理或监督的领土。国际托管的基本目的之一是增进该领土居民“趋向自治或独立之逐渐发展”。它是二次大战后在“国际管理”名义下对殖民地进行统治的一种形式，是国际联盟的委任统治的继续。托管地与委任统治地的不同是，托管地必须定期接受实地考察，并且一般说来能迅速取得独立。按《联合国宪章》的规定，被托管的领土包括：①二次大战结束时尚未独立的前国联委任统治制度下的领土；②从二次大战战败国割离的领土；③负管理责任的国家自愿置于该制度下的领土。在实际执行中，并无任何殖民国家自愿将其负责管理的领土置于托管制度之下，而第二类领土也只有意大利对索马里的托管一例。因此，托管地主要是第一类领土。②

（3）委任统治地（Mandate）

委任统治地是主权被技术性地停止行使，但实际上交给超国家权力机构（即国际联盟）的非自治领土。它是为在一次大战中从德国和土耳其手中解放的殖民地而创立的。这些殖民地的行政控制权移交给了战胜国——英国、法国、日本、比利时、澳大利亚、新西兰和南非，③这些国家被要求每年向国联常设委任统治委员会提交一份年度报告。原则上讲，委任统治地须按当地居民的利益来统治，而国际共管是为了减少各国争夺殖民地的企图。实际

---

① 参见［英］詹宁斯、瓦茨修订：《奥本海国际法》第一卷（第一分册），王铁崖等译，中国大百科全书出版社 1995 年版，第 172 – 173 页。

② 自联合国成立后，托管领土共有十一处。它们是：英国管理的多哥、喀麦隆和坦噶尼喀，法国管理的多哥和喀麦隆，比利时管理的卢旺达 – 乌隆迪，新西兰管理的西萨摩亚，澳大利亚管理的新几内亚，澳、新、英管理的秘鲁，意大利管理的索马里，以及美国管理的太平洋若干岛屿。由于托管地人民坚持反对殖民统治、争取民族解放，自 1975 年巴布亚新几内亚宣告独立后，11 个托管地中已有 10 个终止效力。这些托管领土，有的已单独成为的主权国家，有的已加入相邻的独立国家，实现了独立或自治。参见《中国大百科全书》（法学卷），中国大百科全书出版社 1984 年版，第 237 页。

③ 根据《国际联盟盟约》第二十二条的规定，委任统治地分为三类。按照政治个性的强弱次序，分别称为“甲”、“乙”和“丙”类。委任统治地分配并经受任统治国接受情况如下——（1）甲类：伊拉克——英国；巴勒斯坦（和外约旦）——英国；叙利亚和黎巴嫩——法国。（2）乙类：英属喀麦隆——英国；法属喀麦隆——法国；英属多哥——英国；法属多哥——法国；坦尼噶喀——英国；卢旺达乌隆迪——比利时。（3）丙类：西南非——南非联邦；萨摩亚——新西兰；瑙鲁——英帝国（由英、澳、新共同管理）；其他赤道以南的太平洋岛屿——澳大利亚；其他赤道以北的太平洋岛屿——日本。委任统治地（甲、乙、丙三类）的分配是由主要协约国作出决定并通知国联行政院，然后记载于委任统治协定的前言之中。

上，由于国联是受几个在海外也有殖民地的大国所支配的，因此，从未提出对委任统治地进行国际检查的要求。一个领土被置于委任统治之下，并没有因此而被委任统治国所兼并。委任统治协定的条款禁止委任统治国做领土所有者可以合法地去做的许多事情。委任统治地居民按照规定的程序有向国联请愿的权利。

（4）附属地（Dependency）

附属地是隶属于某个外部的宗主国并接受其统治的国家。一般说来，附属地是殖民地，或是由宗主国的移民所开拓，或是在战争之后被某帝国所征服并由另一敌对国所割让，也有些是势力范围，在势力范围中，宗主国为其保护领地。附属地相对宗主国居于从属地位，因而只享有部分主权。经过战胜国的同意，某些区域可以成为委任统治地（1919 年以后）或托管地（1945 年以后）。[①]附属地的最典型形式是附庸国。附庸国虽然保持了其内部的独立，但是，它一般没有独立的国际法人地位。[②]通常情况下，宗主国与附庸国的关系，视具体情况而有所不同。有的附庸国被完全剥夺了对外关系的权力，例如，1914 年被英国置于它保护之下的埃及。有的附庸国则有一定的对外关系权，例如，19 世纪中期在土耳其宗主权之下的附庸国埃及和保加利亚，则有一定的对外关系权，它们可以对外缔结特种条约，比如，保加利亚还独立地参加了 1899 年和 1907 年的海牙和平会议，签订了海牙诸公约。

（5）自治领（Dominion）

“自治领”在 20 世纪初期主要是指联合王国的几个“海外”自治殖民地。主要包括的国家有：澳大利亚、加拿大、纽芬兰、新西兰和南非。在一次大战以前，自治领没有任何国际地位，而且从国际法的观点来看，它们只是宗主国的殖民地部分。因而它们也不可能成为国际法主体，只不过在某些问题上行使宗主国在那个限度内所委托给它们的缔约权而已。在一次大战和二次大战之间的一段时期，自治领的地位逐渐发生了显著的变化，即走向国际上完全国家地位。1926 年英国明确把联合王国与海外自治领的关系描述为英帝国内部的自治共同体地位平等，尽管各个自治共同体由对王室的共同效忠结合起来，并作为英联邦成员国自由地发生联系，但在它们国内外事务

---

① 参见［英］戴维·米勒、韦皮·波格丹诺编：《布莱克维尔政治学百科全书》，邓正来译，中国政法大学出版社 1992 年版，第 194 页。

② ［英］詹宁斯、瓦茨修订：《奥本海国际法》第一卷（第一分册），王铁崖等译，中国大百科全书出版社 1995 年版，第 170 页。

的任何方面，绝不存在一方对另一方的从属关系。1931年，联合王国通过《威斯敏斯特法》。自治领和联合王国之间的平等原则得到了加强。二次大战后，各自治领都正常地取得了独立。

（6）“海外领地”或“海外省”（Overseas Manor）

在国际法上，如果一个地区被列为“海外领地”或“海外省”，而其居民因肤色、种族、信仰等原因不能享有与宗主国公民完全平等的政治权利，则该地区仍被作为殖民地看待。这方面最著名的例子就是20世纪50年代葡萄牙宣布安哥拉、莫桑比克等非洲殖民地为“海外省”后，由于当地的黑人无法享有完全的公民权利，世界上大多数国家均不承认这些地区为非殖民地地区。另如，1965年11月伊恩·史密斯宣布罗得西亚（今津巴布韦）独立后，由于国内的黑人政治地位仍与独立之前相同，因此除南非和葡萄牙等少数国家之外，包括英国在内的世界绝大多数国家均不承认罗得西亚为独立国家，英国还提出了被称为“NIBMAR”的原则，即“（实现）非洲人的多数统治之前没有真正的独立”的原则。

（7）被保护国（Protectorate）

被保护国是指依据条约将其重要的对外事务交由一个强国行使而处于该强国保护之下的国家。尽管在欧洲也有这种情况，但在19世纪和20世纪，最常见的那种被保护国是殖民地被保护国。由于受保护国家的国防和外交受到保护它的大国的控制，这些被保护国就成为徒具独立名义的殖民地。它们与纯粹殖民地的最重要区别在于，由于没有发生领土兼并，因此被保护国的人民并不是保护国的属民。保护国和被保护国的关系与宗主国和附庸国之间的宗主权关系有所不同，从形成的历史原因上来说，保护关系主要是帝国主义和殖民主义的侵略政策造成的，这种关系的成立是以条约为依据的。但从国际法上看，被保护国作为一个国家，在一定限度内保有它的国际地位，仍然是国际法主体，而绝不能被看作保护国的一部分。“一般地说，被保护国在不同程度上具有国家资格的某些因素，而且在本质上是外国，不过保护国对它们享有广泛的控制权、特别是对外关系方面的控制权。”①

（8）半殖民地国家（Semi-colonial state）

半殖民地国家是指具有形式上的独立和主权，但实际上在政治、经济、

---

① ［英］詹宁斯、瓦茨修订：《奥本海国际法》第一卷（第一分册），王铁崖等译，中国大百科全书出版社1995年版，第172页。

军事、外交等方面受帝国主义列强操纵和控制的国家。它是独立国家向殖民地演变的中间形式。半殖民地国家与殖民地的不同之处在于，半殖民地国家具有形式上的主权、完整的国家组织系统、对内的最高决策权和对外的国际关系主体地位，但本国在领土、领海、海关、司法等方面的主权行使权遭到严重破坏，在政治、军事、外交等方面失去部分自主权，例如1840至1949年的近代中国。历史发展表明，随着民族解放运动的发展，许多半殖民地国家成为独立主权的社会主义国家；另一些半殖民地国家在本国民族资产阶级领导下逐步摆脱了外国资本的控制，实现国家独立。①半殖民地国家所进行的旨在推翻帝国主义或殖民主义压迫的民族解放运动，是世界民族解放运动的重要组成部分，属于非殖民化运动的范畴。所以，半殖民地国家的人民也被视为国际法意义上的自决权主体。

综上所述，国际法律文件及国际实践已经把人民自决权的行使限定在非殖民化这一特定领域。自决权的行使权只属于被殖民统治下的人民，并不适用于生活在主权国家合法政府统治下的人民。因此，现存国家中（哪怕它以前曾是殖民地）少数民族进行的分离运动并不在民族自决权的保护之下。

需要强调的是，殖民地人民和其他被压迫民族的人民作为自决权的主体是以整体的形式出现的。非殖民化运动的实践证明，殖民地人民和其他被压迫民族的人民是作为一个整体来要求并行使自决权的。换言之，自决权的主体是殖民地或被外国占领领土上的整个人民，而不是构成该人民或民族的个人或团体。如果殖民地人民是由不同的种族团体构成的，各个团体不能作为权利主体，因为殖民地同样存在意义更重大的领土完整问题。②这是非殖民化运动中适用自决权原则的一般实践。这反映广大发展中国家和将要成为新独立国家的殖民地人民对国家统一和领土完整的重视。这一点对于新独立国家的领土完整具有重要意义。从历史上看，许多殖民地人民是由多种民族或部族构成，例如，非洲的扎伊尔全国有大小部族256个，赞比亚有73个部族，肯尼亚有48个部族，如果处于被殖民统治状态的每个民族或部族都享有自决权，其结果不堪设想。③

① 参见《中国大百科全书》（政治学卷），中国大百科全书出版社1992年版，第7页。

② Antonio Cassese, *Self-determination of Peoples, A Legal Reappraisal*, Cambridge University Press, 1995, p. 72.

③ 参见白桂梅著：《国际法上的自决》，中国华侨出版社1999年版，第103－104页。

三、作为自决权主体的"民族"

有的学者认为，一个国家内部的少数民族也享有民族自决权。他们认为，国际人权公约的第1条宣布；"所有人民都有自决权"，这里的"人民"也包括少数民族。然而，更多的学者反对这种少数民族作为民族自决权主体的观点。由于作为自决权受益者的"民族"（peoples）一直没有被明确地界定。国际社会面临着一个难题：究竟根据什么标准来区分哪些民族是属于有权行使"民族自决权"的"民族"（peoples），哪些民族是只能行使"少数者"权利的"少数者"（minorities）？这就需要我们首先从概念上弄清楚不同"民族"概念的不同含义。

如前所述，民族一词有多重含义，但最基本的有两类：即"国族"（nation）和"种族"（nationality）。那么，在 nation 与 nationality 当中，哪一个是行使自决权的"peoples"呢？在英语中，nationality 与 nation 是不同的概念。早在19世纪，欧洲人就对这两个概念作了区分，认为后者比前者层次更高，如有人说："我所属的共同体是一个 nation，你所属的共同体是一个 nationality。"①这种层次的差别在哪里呢？西欧的"民族——国家"的构建过程表明，nation 是指能够建立自己统一国家的民族，而 nationality 则是指没有资格去建立统一国家的民族。众所周知，马克思主义经典作家也注意到了这两种不同民族的区别。恩格斯早在1866年撰写的《工人阶级同波兰有什么联系》一文论述道：

"每一个民族（nationality）都应当是自己命运的主宰；任何一个民族（nationality）的每一个单独部分都应当被允许与自己的伟大祖国合并，——还有什么能比这更自由主义呢？不过，请注意，——现在说的已经不是 Nations，而是 Nationalities 了。

欧洲没有一个国家不是一个政府管辖好几个不同的民族（nationalities）。苏格兰山区的克尔特人和威尔士人，按其民族（nationality）来说，无疑地有别于英格兰人，然而，谁也不把这些早已消失了的民族（peoples）的残余叫做民族，同样，谁也不会把法国的布列塔尼的克尔特居民叫做民族。此外，没有一条国家分界线是与民族（nationalities）的自然分界线，即语言分

---

① Hugh Seton-Watson, *Nations and Stattes*, Washington-Cambridge, 1972, p. 4.

界线相吻合的。法国境外有许多人，他们自己的语言是法语，同样，德国境外也有许多人，他们说的是德语，这种情形大概还会继续存在下去。欧洲最近一千年来所经历的复杂而缓慢的历史发展的自然结果是，差不多每一个大的民族都同自己机体的某些末梢部分分离，这些部分脱离了本民族的民族生活，多半参加了其他某一民族（people）的民族生活，已经不想再和本民族的主体合并了……

这样一来，我们可以看出，在‘民族原则’同民主派和工人阶级关于欧洲各个民族有分离的独立生存权利的旧论点之间，是有差别的……”。①

上述论断表明，在恩格斯看来，nation 和 nationality 是不同层次的民族，两者不容混淆。“民族自决权”中的“民族”不是指一个国家中的不同的民族（nationality），而是指一个国家之内的不同民族所组成的整体，即“国族”（nation）。如果混淆 nation 和 nationality，势必会把民族自决权引入民族分裂主义的误区。实践表明，民族是有层次的，如中华民族（the Chinese nation）与汉民族（Han nationality）、回民族（Hui nationality）就不是处在一个层次上的民族。②因此，切不可把 nationality 和 nation 相混淆。

可见，一个国家内不同的 nationalities 并非民族自决权的主体，它们没有权利单独要求自决，否则就是滥用民族自决权、搞民族分裂。“倘若建立族体国家被认为是一种符合历史潮流的合理诉求，那就必然在世界范围内引发性质相同而表现形式相异的两种运动：在一些民族构成相对单一的国家里触发‘民族净化运动’，将‘非我族类者’逐出国门之外；在一些民族构成相对复杂的国家里触发‘民族分离运动’，几乎每一个族体，甚至一些族体的组成部分，都要求建立自己的国家。这样，整个世界不是变得更加相互依赖、更加整合，而是被分割得更加支离破碎。这一选择显然为几乎所有的民族国家所不取。”③

在理解民族自决权时应当特别注意的是，国际法上的民族不同于国内法或民族学上的民族的概念。④在民族学上，我国学者往往引用斯大林 1913 年

① 《马克思恩格斯全集》第 16 卷，人民出版社 1964 年版，第 175－176 页。

② 参见潘志平主编：《民族自决还是民族分裂》，新疆人民出版社 1999 版，第 140 页。

③ 宁骚著：《民族与国家——民族关系与民族政策的国际比较》，北京大学出版社 1995 年版，第 248 页。

④ 对“民族”的概念，可作宏观和微观两种不同的理解，宏观上指大民族或国族（nation），微观上指作为大民族组成部分的民族（nationality）。学界一般认为，国内法或民族学上通常使用微观意义上的概念，而在国际法上应使用宏观意义上的概念。

在《马克思主义与民族问题》一文下的定义："民族是人们在历史上形成的一个有共同语言、共同地域、共同经济生活以及表现在共同文化上的共同心理素质的稳定的共同体。"①此概念只界定了"作为国族的组成部分的民族"。而在国际法上的民族应当作"大民族"或称"国族"——即与国家概念紧密联系的民族（如民族国家或准国家）的含义来理解，如"中华民族"、"美利坚民族"、"日本民族"等等。认识这一点具有重要的理论和现实意义。当今世界上的绝大多数国家都是多民族国家，几乎每个国家都有少数民族。②因而，绝大多数国家不赞成国内的种族（nationality）打着自决权的旗号来从事分裂国家的活动。为此，我们只有将作为自决权主体的民族界定为"国族"（nation），才能有效地防止自决权被少数分离主义势力所利用。如果不界定为"国族"，世界上的3000多个种族都会建立自己的主权国家，那么世界就会动荡不安，这与国际法上自决原则旨在根除殖民主义，建立公正合理的国际政治经济秩序的目的相冲突。

四、观点辨析

（一）少数者：能否是自决权主体？

在国际实践中，国家也常常面临如何处理自决权和少数者或少数民族关系的问题。因为人们常常把自决权与少数者两个问题联系在一起。在非殖民化运动基本结束的当今世界，一国境内的少数者是否可以行使自决权的问题，是发达国家和发展中国家都关心的问题。

1. 少数者（Minority）的定义

对于何为少数者，目前国际法上没有统一的定义。不同的学者对于少数

① 《斯大林选集》上卷，人民出版社1979年版，第64页。

② 在亚洲的单一民族国家，即主要民族占总人口95%以上的国家有日本、朝鲜、孟加拉国和多数阿拉伯国家。除此之外，大多数亚洲国家是多民族国家。如中国、越南、印度和印度尼西亚都有50多个民族，菲律宾有100多个民族，伊朗、阿富汗、缅甸、泰国等各有30多个民族。在非洲的52个国家中，几乎没有一个是单一民族成分的国家，其中尼日利亚有250多个，扎伊尔有254个，苏丹有570多个。欧洲有民族160多个，其中前苏联有100多个民族，其余地区有60多个民族。南北美洲和澳大利亚也是各个外来民族移民的国家，其中美国有100多个民族，巴西、加拿大、墨西哥和澳大利亚各有数十个。参见丁伟、朱榄叶主编：《当代国际法学理论与实践研究文集》国际公法卷，中国法制出版社2002年，第280页。

者的定义有不同的侧重。例如，联合国促进和保护人权小组委员会的弗兰西斯科·卡波托蒂（Francesco Capotorti）认为："少数者是指这样一些群体，其在数量上与其所居住的国家的其他人口相比处于劣势，不具有主导地位。其成员作为居留国的国民，具有种族、宗教或语言上的特性，并以此区别于其他人口，并表现出（即使是含蓄的）保有这些特性的团结意识。"①联合国促进和保护人权小组委员会的另一位成员，朱利斯·德斯切涅斯（Jules Deschenes）1985 年在上述定义的基础上认为："一国公民的群体，在该国构成数量上的少数并处于非支配地位；他们在种族、宗教或语言上的特性与该国的多数人口不同，具有一种由生存的集体意志（即使是含蓄的）所激发的彼此之间的团结意识，其目的是在事实上和法律上实现与多数人的平等。"②而克里斯汀·亨瑞德（Kristin Hellrard）认为："少数者是指那些在种族、宗教或语言上具有不同于境内其他人口的特征，不具有支配地位，在数量上处于少数，并希望保有自己特征的群体。"③尽管国际法上目前尚没有一个普遍接受的关于"少数者"详细定义，但是这一概念的构成要素已经被普遍接受。根据联合国关于种族、宗教和语言上属于少数人的权利的机构的建议，少数者群体的定义包括客观因素和主观因素两个方面，可以表述为：一个群体，其在数量上与一国人口的其他部分相比处于劣势，处于一种非支配地位，其成员作为该国国民拥有不同于该国其他人口的种族、宗教或语言上的特性，并表现出一种（哪怕是含蓄的）保存他们的文化、传统、宗教或语言的一致表现。④

2. 少数者不是自决权主体

从国际法的有关规定和国际实践来看，少数者不是自决权主体。这首先表现在：

（1）从文件起草和签署过程来看，两个国际人权公约都在第 1 条第 1 款中用同样的措辞规定："所有人民都有自决权，他们凭这种权利自由决定他们的政治地位，并自由谋求他们的经济、社会和文化的发展。"在这里，

---

① See UN Doc. E/CN. 4/Sub. 2/384/Rev. 1.

② See Thomberry, in Phillips and Rosas eds, *The UN Minority Rights Declaration*, 1993, p. 24.

③ See Kristin Henrard, *The Interrelationship Between Individual Human Rights, Minority Rights and the Right to Self-Determination and its Importance for the Adequate protection of Linguistic Minorities*, in The Global Review of Ethnopolitics Vol. 1, September 2001, p. 41 – 61.

④ 参见朱晓青、柳华文著：《"公民权利和政治权利国际公约"及其实施机制》，中国社会科学出版社 2003 年版，第 103 – 104 页。

"所有人民都有自决权"，这种不加限定的措辞在实际运用中引起了对公约解释的分歧。这里的所有人民是否包括少数者？如前所述，印度在签署两个国际人权公约时曾专门对此做出保留的声明，实际上有此担心的也不仅仅印度一个国家，许多国家都对少数者可能与自决权联系起来表示了不同程度的担忧，因此在自决权主体问题上，主流的观点是：自决权是整个人民的权利。①另外，《公民权利和政治权利国际公约》第 27 条规定："凡有种族、宗教或语言少数团体之国家，属于此类少数团体之人，与团体中其他分子共同享受其固有文化、信奉躬行其固有宗教或使用其固有语言之权利，不得剥夺之。"②这里的第 27 条也没有给"少数者"下定义，只是在范围上加上了"人种的、宗教的或语言的"限制。这说明仅仅数量上少并不能构成第 27 条所指的少数者，否则一国将充满少数者。人们担心，如果不对少数者群体的权利加以限制，就可能威胁国家的统一。因此，在起草第 27 条之初，乌拉圭的代表就建议应当在第 27 条中加上"此种权利不能解释为授权任何居住在，特别是根据该国移民法居住在一国境内的团体，在该国境内形成独立的可能损害该国的国家统一和安全的社会共同体"。虽然原来乌拉圭的建议没有被采纳，但这表达了多数国家在保护少数者权利与国家统一的关系问题上，将后者置于优先位置的共同心声。③

（2）从公约形式上看，在联合国制定的国际人权文件中，对"少数者"的权利和"人民自决权"是分别做出规定的。国际人权公约第 1 条规定的民族自决权主体并不包括少数者，所以在《公民权利和政治权利国际公约》的第 27 条，对少数者的权利作了专门规定："在那些存在着人种的、宗教的或语言的少数人的国家中，不得否认这种少数人同他们的集团中的其他成员共同享有自己的文化，信奉和实行自己的宗教或使用自己的语言的权利。"一些区域性的人权文件对于民族自决权和少数者的权利也是分别规定的。例如，欧安会 1975 年 8 月 1 日通过的《欧洲关于指导与会国间关系原则的宣言》也是分别在其第 7 部分规定和第 8 部分单独对少数者的权利和人民自决权加以规定的。这种将两种权利并列的做法，是为了表明或突出两种权利是不同性质的权利。正如桑伯利（Patrick Thornberry）所言：国际人权

---

① Patrick Thornberry, *Self-Determination, Minorities, Human Rights: A Review of International Instruments*, Vol. 38 International and Comparative Law Quarterly, 1989, p. 880.

② 王铁崖、田如萱编：《国际法资料选编》，法律出版社 1982 年版，第 175 页。

③ 参见徐显明主编：《国际人权法》，法律出版社 2004 年版，第 347－348 页。

公约“第1条中的自决权与第27条中的少数者权利并列，给了我们仔细比较国际法赋予人民和少数者什么性质的权利的机会”。国际人权公约起草者们的这种做法，旨在强调少数者的权利是个人权利，避免将少数者视为一个整体并与自决权联系在一起。

(3) 从权利性质上看，自决权是集体权利，即“所有人民的权利”；少数者的权利是个体权利，即“属于少数团体之人”的权利。为了强调少数者的权利是个人的权利而非集体权利，防止歧视保护少数小组委员会认为应该用“属于少数者的个人”取代“少数者”，理由是少数者不是法律的主体，“属于少数者的个人”用在法律上容易界定。人权公约第27条故意淡化集体的概念，强调少数者权利的持有者是少数者群体的每一个成员（即个人）而非该群体本身，旨在防止分裂，维护国家统一。国际法上对少数者的保护属于人权问题。虽然自决权也属于人权，而少数者的人权是个体人权，自决权则属于集体人权。正如人权事务委员会所明确指出，第27条所保护的权利是赋予个人的，是一种个人权利，而自决权则是属于民族的，是一种集体权利。《少数者权利宣言》也认为，少数者权利是一种个人权利。事实上，1960年的《给予殖民地国家和人民独立宣言》第2条宣布“所有人民都有自决权”的同时，该宣言第6条也做出特别规定：“任何旨在部分地或全面地分裂一个国家的团结和破坏其领土完整的企图，都是与联合国宪章的目的和原则相违背的。”这就意味着，主张他国的少数者享有民族自决权，破坏他国的国家统一和领土完整都是违反国际法的，从而排除了主权国家内的少数者享有民族自决权的可能性。①从国际社会和联合国的有关实践来看，联合国对于族类团体（如库尔德人、亚美尼亚人和巴斯克人）、土著人（如拉丁美洲、北艾、澳大利亚和新西兰的土著人）、语言少数者（如加拿大的魁北克人）和宗教者（如北爱尔兰的天主教徒）提出的自决要求也一直保持沉默。②虽然也有个别例外，但一般而言，对主权国家的人民及主权国家内部的少数者来说，目前的国际法并没有增加任何可以用来证明他们拥有自决权的内容。③联合国对于族类团体（如库尔德人、亚美尼亚人和巴斯克人）、土著人（如拉丁美洲、北艾、澳大利亚和新西兰的土著人）、语

---

① 参见韩德培主编：《人权的理论与实践》，武汉大学出版社1995年版，第69页。

② 参见白桂梅著：《国际法上的自决》，中国华侨出版社1999年版，第130－146页。

③ Antonio Cassese, *Self-Determination of Peoples, A Legal Reappraisal*, Cambridge University Press, 1995, p. 108.

言少数者（如加拿大的魁北克人）和宗教者（如北爱尔兰的天主教徒）提出的自决要求也一直保持沉默。①

因此，少数者不是自决权的主体。但在实践中，一直有人将自决权与少数者权利相联系。②笔者认为，人们之所以将两者联系在一起，在很大程度上是因为将自决权与少数者权利混淆了。应该说，从理论上对作为集体权利的自决权和作为个人权利的少数者权利作上述区分似乎并不难。但在实践中，自决权与少数者权利之间的界限有时并不是像盟约第1条和第27条那样把集体权利和个人权利分得那么清楚。特别在非殖民化运动基本结束之后，出现的内外自决权划分以及自决权和少数者权利相互渗透的趋向，在一定程度上模糊了集体权利和个体权利之间的严格区分。③

需要指出的是，西方某些学者把自决权与少数者权利混淆在一起的做法是很值得关注的。就拿科索沃来说，科索沃是南联盟的一个自治省，科索沃问题主要是南联盟内部阿尔巴尼亚族人图谋分离出去独立建国的问题，本质上属于南联盟的内政问题，与二战后国际法上的民族自决权问题有着本质的区别。然而，以美国为首的北约却借口保护人权，悍然对南联盟发动战争，这是对已有国际法原则的践踏，在国际关系中开了恶劣的先例。

（二）土著人：能否是自决权主体？

土著人（Indigenous people）是否享有国际法上的自决权，是自决权原则在后非殖民化时期所遇到的另一个颇为棘手的问题。

1. 何为土著人④？

目前国际法上还没有一个权威的“土著人”定义。比较有代表性的有：(1) 1986年，联合国促进和保护人权小组委员会土著民族问题特别报告员马提涅茨·柯堡（Jose. R. Martinez Co bo）关于土著民族的定义。即：“土著社区、人民和民族是那些与入侵和殖民前在该领土发展的社会具有历

① 参见白桂梅著：《国际法上的自决》，中国华侨出版社1999年版，第130－146页。

② 例如索恩伯里教授认为自决和少数者的权利就像一个硬币的两个面那样，是一个问题的两个方面。参见 Patrick Thornberry, *Self-Determination, Minorities, Human Rights: A Review of International Instruments*, Vol. 38 International and Comparative Law Quarterly, 1989. p. 67。

③ 参见白桂梅著：《国际法上的自决》，中国华侨出版社1999年版，第105－122页。

④ 土著人（indigenous people）有很多不同的称谓，如“原始居民”或“土人”（aboriginals）、“本土人”或“当地人”（natives）、“第一人”（first persons）、“第四世界”（the fourth world）等，但是在国际文件中、国际组织中和国际论坛上，“土著人”是最常用的术语。

史的连续性并认为自己与这些领土上占优势的社会其他部分的群体或其中一部分不同的人们。他们现在是社会的非主导部分，并决心将其领土和民族特性，作为其继续作为民族而存在的基础，根据自己的文化模式、社会体制和法律体系，保存、发扬并传承给后代。”①联合国关于土著民族保护的实践，一定程度上，就是在上述定义指导下进行的。（2）联合国人权事务高级专员办公室关于土著民族的定义。即：“他们被称为土著民族或土著居民是因为在殖民者从其他地方来到之前他们就住在他们的土地上；根据一种定义，他们的祖先在不同文化或不同种族的人到来时就已经居住在一个国家或一个地理区域，后来者通过征服、占领、殖民和其他手段取得了统治地位。”②（3）国际劳工组织 1989 年通过的关于土著和部落民族公约（即 169 号公约）中的定义。该公约第 1 条的规定通常被视为土著人的定义，即：“本公约适用于：（a）独立国家内的部落民族。其社会、文化和经济条件使他们有别于国家社会的其他部分，其地位完全或部分地由他们自己的习惯或传统或由特殊的法律或规定来加以确定；（b）在独立国家内被视为土著人，因为他们是在该国被征服或该国确定边界之时居住在该国或该国所属区域的人口的后裔，而且他们保留着他们自己的一些或所有的社会、经济、文化或政治机构。”③上述定义，虽然仍存有一定的缺陷，但应该说是目前最广泛使用的土著人定义。

2. 土著人与自决权

既然“所有人民都有自决权”，那么，“所有人民”中的“人民”是否包括土著人？换言之，土著人是否享有国际法上的自决权？这在国际法上也是一个讨论得很激烈问题。从历史上看，他们和殖民统治有一定的关联，起初，土著族（tribe）并没有国家的概念，在西方国家强行占领了他们生活的地方以后，这些土著人在很长一段时间也要求行使自决权，并提出了很多主张。在联合国设有专门的关于土著人权利的工作小组，1992 年在纪念哥伦布发现新大陆五百周年的活动中，这个工作小组负责起草了《土著人权利的宣言》，该宣言草案已于1994 年提交联合国人权委员会讨论。该宣言草案

---

① See *Study of the Problem of Discrimination against Indigenous Populations*, UN. Doc. E/CN. 4/Sub. 2/1986/7/Add. 4.

② See *UN Human Rights Fact Sheet* NO. 9 on the Rights of Indigenous Peoples, 1990.

③ 转引自 Elsa Stamatopoulou, *Indigenous Peoples and the United Nations: Human Rights as a Developing Dynamic*, Vol. 16 Human Rights Quarterly, 1994, p. 72.

宣布："土著民族享有自决权，凭着这项权利，他们自由地决定他们的政治地位，自由地谋求他们的经济、社会和文化的发展。"①尽管这个宣言所提出的自决权何时在联合国大会上通过仍需拭目以待，但土著人与自决权的关系问题已经提到联合国的议事日程上来了。

事实上，早在联合国土著人口工作组建立之时，这个问题就已经引起联合国的注意。这反映在如何给工作组取名的问题上，是称"土著人民或民族"还是称"土著人口"。为了避免因使用"人民或民族"而导致土著人援引人民自决权，最后选择使用"土著人口"。土著人在这个问题上也十分敏感。因为他们知道在国际法上只有人民或民族（peoples）才有自决权，所以他们在工作组的代表一直强调"他们是'peoples'，而不仅仅是'人口（populations）'或'群体（groups）'"。②在土著人权利运动中，使用加复数的"人民"或"民族"（"peoples"）一词成为土著人争取自决期望的象征。③

就 1989 年国际劳工组织通过的第 169 号公约来看，该公约与 1957 年国际劳工组织通过的第 107 号公约最大的区别就在于，将"土著居民"（indigenous population）改称为"土著民族"（indigenous peoples），④那么这种变化是否意味着土著民族享有 1966 年两个国际人权公约第 1 条所规定的自决权呢？问题的关键在于，"土著民族"是否是 1966 年两个国际人权公约共同第 1 条意义上的"民族"？如果是，他们就有权自由地决定自己的政治地位，自由地追求自己的经济、社会和文化的发展，并为此目的自由地处置他们的天然财富和资源而不受任何妨碍。虽然国际劳工组织在 169 号公约中论及关于独立国家内的土著或部落民族时使用了"民族"（peoples）这个词，但是为避免与人民自决权联系起来，该公约又在第 1 条第 3 款专门规

① Henry J. Steiner, Philip Alston, *International Human Rights in Context: Law, politics, Morals*, 1996, p. 1001.

② Elsa Stamatopoulou, *Indigenous Peoples and the United Nations: Human Rights as a Developing Dynamic*, Vol. 16 Human Rights Quarterly, 1994, p. 73.

③ Fergus MacKay, *the Rights of Indigenous Peoples Under International Law: Selected Issues*, being a paper presented to the International Symposium of Human Rights and Development, Beijing, June, 1996, p. 14.

④ 国际劳工组织和土著民族权利工作组在关于是使用"民族"（peoples）还是"居民"（populations）来称呼土著群体的问题上曾有过一些争论。有些国家担心使用"民族"一词将意味着在国际法上承认土著民族有权从其居住的国家分离出去，而使用"居民"一词则可以减轻土著群体针对他们现在被包括在其中的那个民族国家中的多数定居者而提出的自决和领土独立的主张的分量。最后争论的结果是，只有使用"民族"（peoples）一词才能正确表达这样一种意思，即承认土著群体作为一个具有自己特征的有组织的社会的存在，而不仅仅是共享某些种族或文化特征的人的类聚。至于"自决"一词应在一般国际法中作如何解释已经超出了国际劳工组织的职权范围。

定："本公约使用'民族'一词不得解释为包含该词在国际法上可能附有的权利。"①显然该条专门规定旨在防止利用"民族"一词作为要求领土分离的借口。

关于土著人是否享有自决权，国家和土著人持有相反的观点。国家通常是尽量缩小"peoples"所包括的范围，以便限制行使自决权的团体的数量。相反，作为要求自决的团体，土著人则竭力主张扩大"peoples"的适用范围。②从上述"用词论战"可以清楚地看出国家之所以回避土著人自决的问题，主要是由于害怕土著人会要求分离，从而破坏国家领土完整。事实上，土著人要求自决权的目的并非都是要从所在国分离出去。根据研究土著人问题的权威学者汉南姆教授的分析，由于不同的土著人团体的处境不尽相同，他们要求自决的目的并不一致。有的是想完全独立并建立国家，有的只是要求在某些具体的领域实行自主权或自治权。③土著人问题专家安德列·劳里也同意这种分析并指出："不是所有的土著人团体都要求最彻底意义上的自决，即外部自决；许多团体只想在国家范围内对自己的事务有更多的控制。"④事实上，土著人要求自决权的原因比较复杂。白桂梅教授认为，土著人在所属国的地位和处境是促使他们提出自决权要求的主要原因。土著人坚持要作为不同的民族继续存在，而国家的一贯政策就是同化他们。所以他们要求自己决定自己的命运，要求行使自决权。对多数土著民族来说，要求自决并非完全为了分离。那么，国家为什么如此担心土著人与自决权联系起来呢？因为自决权原则一直与非殖民化运动联系在一起，殖民地人民及其他被压迫民族的人民实现自决的最终形式几乎都是获得独立并建立主权国家，因此国家就有了一个错误的印象：自决等于独立、分离或分裂，自决与国家领土完整是根本冲突的。由于这个原因，国家就反对其领土范围内的任何团体提出自决要求。另一方面，从土著人的角度来看，也想在利用国家害怕分离的恐惧心理，以要求自决权为手段，争取达到在各个领域加强自己的控

① 转引自 Andree Lawrey, *Contemporary Efforts to Guarantee Indingenous Rights under International Law*, 23 Vanderbilt Journal of Transational Law, 1990, p. 719.

② Erica-Irene A. Daes, *Some Considerations on the Right of Indigenous People of Self-Determination*, Vol. 3 Transnatinal Law and Contemporary Problems, 1993, p. 3.

③ Hurst Hannum, *New Developments in Indigenous Rights*, Vol. 28 Virginia Journal of International Law, 1988, p. 671 –672.

④ Andree Lawrey, *Contemporary Efforts to Guarantee Indigenous Rights Under International Law*, 23 Vanderbilt Journal of Transnational Law, 1990, p. 763.

制，排除国家干涉的目的。这大概是土著人运用的一个政治策略。①有的学者主张，土著人应当停止主张自决权，而把重点放在如何赢得他们想要的有关土地、自然资源、传统法等特定权利的承认上。②然而，“自决这个词所附带的强大力量使得土著群体并不愿意采取这种办法；如果他们承认了自决不适用于他们的情形，这将减损其主张的力度。”③

总之，现行国际法尚未把土著人与自决权联系在一起，相反，目前有关的国际公约是把两者严格区分开来的。依笔者观点，土著人与其所属国家的其他人民共同拥有自决权，它自己不单独拥有自决权，基于此，笔者认为土著人不是自决权主体。

（三）一国内的部分人民：能否是自决权主体？

民族自决权不是给予每个具体的少数民族的，正如我国学者宁骚教授所言：“当今世界的各个民族国家的范围内，作为国族的各个组成部分的民族（nationality，ethnicity，ethnic，group），是不享有民族自决权的”。④自决权不适用于主权国家中的一部分人民，这是保障一个主权国家的完整性所必需的。如果认为每个民族都有自决权，就会产生一系列的问题。第一，会严重损害国家主权。每个国家都是由不同的民族来组成的，如果每个民族可随时以自决的名义抛开国家而独立，就意味着每个国家的主权不存在任何权威，民族自决虽不等同于民族分立，但作为自决的不良后果之一就是国家领土分裂，这是任何主权国家都不支持的，所以民族自决权原则也就不能成为一项处理国内民族关系的原则和政策。借民族自决进行分裂国土的行径也为国际社会所反对，正如韩国学者柳炳华所言：“随着国际社会的发展，地球上所有的空间均已置于各种形式的统治之下，…… 新国家的创立不是从殖民统治下独立，就是从已形成的国家中分离，对这两种国家创立的形式，国际社会的态度是对于殖民地解放积极承认其权利，而对于国家中的分离则根据领

① 参见白桂梅著：《国际法上的自决》，中国华侨出版社 1999 年版，第 141－145 页。

② See Corntassel，J.，Primeau，T.，*Indigenous “Sovereignty” and International Law：Revised Strategies for Pursuing “Self-Determination”*，17 Human Rights Quarterly，1995，p. 343.

③ ［英］苏珊·马克斯著：《宪政之谜：国际法、民主和意识形态批判》，方志燕译，上海世纪出版集团 2005 年版，第 140 页。

④ 宁骚著：《民族与国家——民族关系与民族政策的国际比较》，北京大学出版社 1995 年版，第 399 页。

土保全原则、不干涉内政原则等，反应十分消极。”[①]第二，会破坏现有既定的国家格局。一般认为，全世界现有大小民族3000多个，[②]如果让每个民族都去建立一个国家，世界就可能有3000多个国家，这种彻底改变现有国家存在格局或状态的情形是不可想象的。冷战结束以后，西方国家曾一度把民族自决权解释为：任何国家的少数民族或种族都有从所属国分离出去，建立独立国家的权利。从南斯拉夫的实例来看，人们想通过承认各共和国来解决少数民族问题，但却造成了更加严重和难以调和的少数民族问题。因为每一个要求自治和在其领土范围内建国的民族本身，都发现自己又将面临着一个新的少数民族问题。如果新国家又是一个多数民族国家，那么这个新的少数民族通常也不想承认这个新国家。[③]因此，这种理论不仅一开始就遭到了大多数发展中国家的抵制，就是西方国家现在也很少提及这种理论了。正如前联合国秘书长加利所指出的那样，如果任何种族、宗教和语言的群体都主张其国家资格，分裂现象显然就无法控制，所有人的和平、安全以及经济福利也就很难实现。[④]所以，片面地强调民族自决，搞极端的民族主义，力图通过民族清洗来达到民族的“纯化”，或者不顾政治、经济等现实因素是否允许，硬要在稳定和睦的多民族国家里搞分裂主义，都会破坏现存的国际国内法律秩序，造成国内的动荡不安，加剧国际局势的紧张。无论是国际条约还是国际实践，都不支持把民族自决解释为国家内部的一个民族对抗中央政府的权利。[⑤]

倘若将该问题置于前述的“自决权的所有与行使相区分”的解析框架，并借用“共同拥有”和“共同行使”两个概念来分析，笔者认为：一个国家内部的部分人民不单独拥有自决权，而是和其他部分人民共同拥有自决权，因而也就无法单独行使自决权，只能和其他部分人民共同行使自决权。这是因为，如前所述，“所有人民都有自决权”中的“所有人民”是指“一个国家的所有人所组成的整体”。在此前提下，在一个被殖民主义统治的多

① ［韩］柳炳华著：《国际法》（上卷），朴国哲、朴永姬译，中国政法大学出版社1997年版，第326页。

② 此外，还有人认为世界上共有民族有2000多个。UNPO组织认为有5000多个。参见宁骚著：《民族与国家——民族关系与民族政策的国际比较》，北京大学出版社1995年版，第59页。

③ ［瑞士］托马斯·弗莱纳著：《人权是什么》，谢鹏程译，中国社会科学出版社1999年版，第64页。

④ B. Boutros-Ghali, An Agenda for Peace, Para. 17, 1992.

⑤ 参见韩德培主编：《人权的理论与实践》，武汉大学出版社1995年版，第974页。

民族国家里，其种族或地方行政单位不单独拥有自决权，而是与其他种族或地方行政单位共同拥有自决权。在这个民族共同体通过自决实现独立建国后，它仍拥有自决权，但构成它的种族不单独拥有自决权，而是与其他种族共同拥有自决权。在这种情况下它就不能随意地单独行使自决权，因而我们说，种族不是自决权主体。“共同拥有和共同行使”具有积极的意义。对于多民族国家中的某个民族来说，可以防止其滥用自决权，借着自决权的旗号从事分离主义活动。如果赋予他们自决权并可以随意地行使，则容易导致地方分离主义或民族分离主义。

（四）主权国家：能否是自决权主体？

两个国际人权公约的第1条规定：“所有人民都有自决权，他们凭这种权利自由决定他们的政治地位，并自由谋求他们的经济、社会和文化的发展。”据此，有人认为此时的自决权原则实际上已变成了国家主权原则，因而它的主体已经变成主权国家了。为此，我们必须进一步澄清“主权国家能否成为自决权主体”这个问题。

主权国家在国际法上有许多权利，有些权利是它作为国际人格者所固有的，如独立权、平等权、管辖权和自卫权等；有些权利是依据国际条约或国际习惯所享有的。但是人民自决权不是国家的权利，相反，它是国家的义务，即国家有尊重人民自决权的义务。根据两个国际人权盟约第1条第3款的规定：“本公约各缔约国，包括那些负责管理非自治领土和托管领土的国家，应在符合联合国宪章规定的条件下，促进自决权的实现，并尊重这种权利。”①国家通过国际人权公约更多的是承担义务，而不是享受权利。这是国际人权法与国际法的其他分支的最大区别。虽然人民自决权是集体权利，但它不是以国家这个集合体为权利主体的权利，不是国家的权利，而是一项人权，两者是不能混淆的。国家的权利是与国家的本质内容——国家政权或国家机器紧密关联的。无论是国家的基本权利，还是派生的权利，或是由国际公约产生的权利，都与国家政权或国家机器在国内国际的运作有关。然而，集体人权如自决权，则是与人民的命运息息相关的权利，是与构成该人民的个人的命运紧密关联的权利。国家通过参加1966年的任何一个国际人权公约都会承担条约义务，尊重所有人民的自决权，以确认和保证“自决”

① 王铁崖、田如萱编：《国际法资料选编》，法律出版社1982年版，第965页、第972页。

的自愿性、真实性和广泛代表性。这意味着国家政权或国家机器的运作无论在国际还是国内都应以不违背这项义务为前提。①

根据国际法，各国在实现民族自决权方面应承担以下四项义务：（1）尊重并促进民族自决权的实现。《联合国宪章》第55条和第56条规定，联合国各会员国应采取共同及个别行动与联合国组织合作，以“造成国际间以尊重人民平等权利及自决原则为根据之和平友好关系所必要之安定及福利条件”。②1952年联合国大会《关于人民与民族的自决权的决议》宣布，“联合国各会员国依照宪章规定，应尊重其他国家内自决权之维护”，因此“联合国会员国应拥护各国人民和各民族自决的原则”。③为促进实现民族自决权，1960年《给予殖民地国家和人民独立宣言》第7项规定了下述原则：“一切国家应在平等、不干涉一切国家的内政和尊重所有国家人民的主权及其领土完整的基础上忠实地、严格地遵守联合国宪章，世界人权宣言和本宣言的规定。”④联合国大会于1965年12月21日通过的《关于各国内政不容干涉及其独立与主权之保护宣言》第6项宣布：“所有国家均应尊重各民族及国家之自决及独立权利，俾能在不受外国压力并绝对尊重人权及基本自由之情形下，自由行使，故所有国家均应致力于各种形式与表现之种族歧视及殖民地主义之彻底消除。⑤1970年《国际法原则宣言》重申了各国依照《联合国宪章》第55条和第56条规定的义务。⑥其他一些国际法文件对此也有规定。（2）不得以任何方式剥夺民族自决权。《国际法原则宣言》宣布，一切国家都负有义务对争取独立的民族不采取“剥夺其自决、自由及独立权利之任何强制行动”。⑦这也包括武力镇压措施。1960年《给予殖民地国家和人民独立宣言》第4项特别宣布：“必须制止各种对付殖民地人民

① 参见白桂梅著：《国际法上的自决》，中国华侨出版社1999年版，第100页。

② 董云虎、刘武萍编著：《世界人权约法总览》，四川人民出版社1990年版，第938页。

③ 董云虎、刘武萍编著：《世界人权约法总览》，四川人民出版社1990年版，第1345－1346页。

④ 王铁崖、田如萱编：《国际法资料选编》，法律出版社1982年版，第12页。

⑤ 王铁崖、田如萱编：《国际法资料选编》，法律出版社1982年版，第15页。

⑥ 该宪章第五十五条规定：“为造成国际间以尊重人民平等权利及自决原则为根据之和平友好所必要之安定及福利条件起见，联合国应促进：（子）较高之生活程度，全民就业，及经济与社会进展。（丑）国际间经济、社会、卫生、及有关问题之解决；国际间文化及教育合作。（寅）全体人类之人权及基本自由之普遍尊重与遵守，不分种族、性别、语言、或宗教。”第五十六条规定：“各会员国担允采取共同及个别行动与本组织合作，以达成第五十五条所载之宗旨。”参见董云虎、刘武萍编著：《世界人权约法总览》，四川人民出版社1990年版，第938页。

⑦ 王铁崖、田如萱编：《国际法资料选编》，法律出版社1982年版，第7页。

的一切武装行动和镇压措施，以使他们能和平地、自由地行使他们实现完全独立的权利；尊重他们国家的领土完整。”①(3) 不得以任何借口拖延殖民地人民的独立。《给予殖民地国家和人民独立宣言》第3项宣布：“不得以政治、经济、社会或教育方面的准备不足作为拖延独立的借口。”②(4) 不得借口民族自决权而从事分裂国家的活动。《给予殖民地国家和人民独立宣言》第6项规定：“任何旨在部分地或全面地分裂一个国家的团结和破坏其领土完整的企图都是与联合国宪章的目的和原则相违背的。”③对于主权国家的上述义务，联合国大会、非殖民化特别委员会、托管理事会乃至联合国安理会都负有不同程度的监督职责。任何国家如果违背了上述义务，均要按照国际法承担相应的国际责任。若其拒不履行相应的国际责任，国际社会（特别是联合国）可以采取相应的制裁措施。

人权事务委员会在其一般性意见④中指出，《公民权利和政治权利国际公约》第1条第2款作为自决权的一项特殊内容的经济方面的权利，关涉到各缔约国和国际社会相应的责任和义务。人权事务委员会还就第3款指出，该款加诸缔约国特别重要的义务，这不仅关系着它们本民族，而且关系到所有没能行使或者被阻止可能行使自决权的民族。不论一个民族实行自决是否依赖有关的缔约国，它要求所有公约缔约国都应采取实际的行动，促进自决权的实现和尊重此种权利。应当注意的是，委员会还强调，这样的实际行动必须符合基于《联合国宪章》和国际法产生的国家义务；尤其是，国家必须要防止干涉其他国家的内政从而负面地影响自决权的行使。

自决权是一项集体权利，自决权的主体不应当是国家。假如国家是自决权主体，而国家的自决权就是国家的主权，这就意味着在一个主权国家不再有自决问题，这显然与事实不符。在国际法中，国际法主体是国家，有的国际法专家便把自决权的主体也理解为国家，因此便有自决权只能行使一次的

---

① 王铁崖、田如萱编：《国际法资料选编》，法律出版社1982年版，第11页。

② 王铁崖、田如萱编：《国际法资料选编》，法律出版社1982年版，第11页。

③ 王铁崖、田如萱编：《国际法资料选编》，法律出版社1982年版，第11页。

④ 人权事务委员会就《公民权利和政治权利国际公约》作出的解释称为“意见”，可用来指导各缔约国实施《公约》条款和编写他们的报告。但人权事务委员会与欧洲人权法院、欧洲人权委员会不同，它既不是法院，也不具有准司法性质的职权，所以，委员会的决定不是“判决”。然而，经验显示，它们经常采取符合委员会决定的立法、行政和司法措施。随着批准《公民权利和政治权利国际公约》及其《任意议定书》的国家的数目日益增多，人权事务委员会所作出意见的影响力也日益增大。参见中国社会科学院法学所编：《国际人权文件与国际人权机构》，社会科学文献出版社1993年版，第827－831页。

说法，这些国际法专家如此说并非缘于误解。事实上，从国际法的角度去看自决，会遇到这样的困惑：一方面，在国际法的施行中并不像国内法那样，有最高立法机构和强制执行机构，国家主权在国际法中的地位至高无上；另一方面，在现实中，民族自决的结果总是以建立独立国家为目标的，从而对国家主权构成威胁。所以，某些国际法学家为了避免这一矛盾，就试图把自决权主体只解释为国家。诚然，这些国际法学家解决问题的意图是良好的，但将国家看作是自决权主体的论断是不合逻辑的。

在国际法上，国家是自决权的义务主体，是指对它的殖民地人民来说，国家有义务帮助他们实施自决，而不是国家必须负有保障其国内的全体人民实现自决的义务。对于专制国家的中央政府来说，倘若负有这样的义务，那就等于负有保障本国人民来推翻自己的义务。事实上，这种理解如果成立的话，那就违背了国际法上的不干涉内政原则。显然，这种理解是不能成立的。正确的理解应该是：这里的“人民”不是本国人民，只能是遭受外国殖民统治的人民和其他被压迫民族的人民。按照权利与义务相统一的关系原理，权利与义务是对应的。国家履行义务并不是无条件的，只有它对某一外国实施了殖民统治或民族压迫，它才对被统治的殖民地人民或被压迫民族的人民负有保障实施自决权的义务。如果一个国家没有对外实施殖民统治，它也就不负有保障自决权实施的义务。

我国学者任东来先生将自决权的发展划分为三个阶段，其中将第二个发展阶段称之为“国家的自决权”，认为国家也是自决权的主体。①对于任先生的观点来说，笔者不予苟同，因为国家不享有自决权，相反，它有帮助殖民地人民和其他被压迫民族的人民实施自决权的义务，自决权的行使正是为了建立独立的主权国家，此时还没有建立主权国家，国家正等待着通过自决权来建立。对于半殖民地国家（如近代中国），尽管在完全独立以前已经是一个国家，但它们也是以民族自决权的名义来行使自决权的，即以“nation”的名义，而不是以国家的名义。“民族”与“国家”尽管存在密切的联系，但它们是不同范畴的概念。至于两个人权公约规定的“所有人民都有自决权”，那是人民的自决权，而不是国家的自决权。

① 参见任东来著：《世界政治探微》，北京大学出版社2005年版，第274页。

（五）个人：能否是自决权主体？

理解自决权的含义时，一个重要的问题是：与公约规定的其他权利不同，自决权是一种集体人权，而不是个人人权，因此任何个人不能为其自身而主张该项权利。

国际法上的一系列国际人权文件中，有的没有提及自决权，有的即使提及了也是针对集体而言的。前者干脆就没有将人权与自决权相联系；后者虽然将人权与自决权相联系，但强调自决权是集体人权，而不是个人人权。例如，《世界人权宣言》中就没有直接提到民族自决权。两个国际人权公约都在第1条规定了人民自决权。这两个公约使用了“人民”的自决权，而不是民族自决权的提法。而这两个人权公约的英语文本中使用的“人民”一词是复数形式，显然是针对集体而非个人。根据《世界人权宣言》的基本精神制定的三个区域性人权公约《欧洲人权公约》、《美洲人权公约》、《非洲人权和民族权利宪章》当中，只有《非洲人权和民族权利宪章》将自决权作为一项民族的权利加以规定（第20条），①在个人权利的有关条款中则没有关于自决权的规定。另外两个以列举个人权利为主的区域性人权公约，都没有明确提到民族自决权。因此，个人一般不能因为属于某一个民族而随意主张自决权。

联合国人权事务委员会作为人权公约的监督执行机构，依据《公民权利和政治权利国际公约任择议定书》第1条规定，有权受理和审议缔约国管辖下的个人关于其权利遭到侵害的申诉。②但是，议定书规定的是个人权利受到侵害时的救济程序，这些权利是人权公约第三部分第6条到第27条所规定的权利。人权公约第1条规定的自决权不属于议定书所规定的权利范围。所以，人权事务委员会不能根据第一任择议定书接受个人关于自决权的申诉，换言之，任何个人无权向人权事务委员会申诉称“他的自决权遭到侵犯”。自决权是一项集体人权，不能为某个单独的个人所享有。这种谨慎是很有必要的，因为自决权可能被用为干涉他国内政的口实。为了防止曲解自决权以达到以上目的，自决权的适用应当严格按照国际法，特别是联合国

① 董云虎、刘武萍编著：《世界人权约法总览》，四川人民出版社1990年版，第1085页。

② 中国社会科学院法学所编：《国际人权文件与国际人权机构》，社会科学文献出版社1993年版，第42页。

的一系列决定来进行，不能任意扩大范围。曾经有人根据人权公约第1条向人权事务委员会申诉，但被委员会驳回。该案是Kitok诉瑞典案。案情牵涉到有关拒绝申诉人放牧驯鹿的权利。申诉人是斯堪的那维亚的SAMI人，申诉人称成员国拒绝他放养驯鹿违反了人权公约第1条的规定，人权事务委员会在驳回申诉的裁决中指出，根据下列条件不能接受关于第1条的申诉：委员会注意到申诉人作为一个单个人不能提出他是违反自决权条款的受害者，鉴于第一任择议定书规定的个人在他们的权利遭到侵犯时可以通过申诉得到补救。但是自决权的主体不是某个人单独所能享受，而是一种集体权利，须由人民集体享有，因此，个人不能以其自决权受到侵犯要求补救。①白桂梅教授认为，作为殖民地人民的组成部分的个人和少数者团体是自决权的受益者，但不是该项权利的持有者，两者是不能混淆的。②有些人将两者混为一谈并坚持认为个人是自决权的持有者，这是有害的。

个人不能是国际法上的自决权主体，那么，怎么来理解颇具权威的理论工具书《布莱克维尔政治学大百科全书》中的如下论述呢？——“自决理论是一种论证个人或团体自主和独立的正当性的激进学说，它认为个人或团体具有独特的个性和自由意志。”③很显然，该书在这里将自决理论看作是论证个人自主的正当性的学说的观点，隐含着自决权是个人权利的观点，由此可以推论，它把个人看作是自决权的主体。这个论断之所以没有遭到质疑，是因为《布莱克维尔政治学大百科全书》是关于政治学理论与方法的工具书，它是从政治学的视角来审视和论述自决权的，因为从宪政意义上说，个人可以是自决权的主体。倘若从国际法的角度来分析，这个表述就会遭到质疑了。所以，笔者一再强调，分析问题时所运用的学科工具很重要，对于同一个问题，从不同的学科来研究，最后可能会得出不同或相反的结

---

① 参见杨宇冠著：《人权法——“公民权利和政治权利国际公约”研究》，中国人民公安大学出版社2003年版，第97页。

② 白桂梅教授认为，权利的持有者与权利的受益者是不同的概念。两者的区别在于：后者是指因某项权利的存在而从中获得利益者，受益可以是直接地，也可以是间接地，因此受益者不一定享有该权利；而权利的持有者，即权利的主体，必须是权利的享有者，并且当然是权利的直接受益者。两者虽然是有联系的且很多情况下是一致的，但是绝不能混为一谈：权利的持有者当然会因享有权利而受益，此时，权利的持有者和受益者是一致的；当权利的受益者不是作为权利的持有者而受益时，两者就应该是有区别的，而且两者的区别在国际人权法上是十分重要的。参见白桂梅：《国际法上的自决》，中国华侨出版社1999年版，第91页。

③ ［英］戴维·米勒、韦皮·波格丹诺编：《布莱克维尔政治学百科全书》，邓正来译，中国政法大学出版社1992年版，第693页。

论。这告诉我们，对于自决权的有关论述，一定要看它是在什么学科语境下来谈的。有时在某一学科语境下能够成立的论断，在另一学科语境下却未必能够成立。目前，国内外学术界在自决权问题上的很多混乱，就是由于将不同学科语境下（表面上相似或相同，而实质上很不相同）的术语或论断随意地进行嫁接或转换而造成的。

五、本章小结

按照法律文本的翻译，自决权的主体应是“人民”或“民族”。如果译为“人民”，那么这里的“人民”应界定为“任何一个国家之全体人民”（既包括殖民地人民和其他被压迫民族的人民，也包括独立主权国家的人民），而非一个国家内部的一部分人民。如果译为“民族”，那么这里的“民族”应界定为国族，而非种族。对于单一民族国家来说，民族自决权的主体是指单一的民族；对于多民族国家来说，民族自决权的主体则指一定领土范围内由多个民族构成的民族整体。在多民族国家中，种族不是民族自决权的主体，个人也不是自决权主体。倘若认为一部分人民或种族拥有自决权，那么，一个国家的地区或种族就可以假借着自决权而“合法”地从其母国中脱离出去，并且无休止地进行下去，这样势必会破坏国际政治秩序，这与国际法上民族自决权原则的宗旨相违背，因为国际法的这一原则是基于维护稳定、合理、和平的国际秩序而建构起来的。

第二编

自决权与相关范畴之关系研究

第六章　自决权与国家主权

自决权原则与国家主权原则均是获得国际法确认的基本原则，均具有被广泛承认的合法性基础。20 世纪 80 年代以前，无论是在理论上还是在现实中，很少有人提出自决权与国家主权相冲突的问题。但是，20 世纪 80 年代以后在殖民体系已不复存在的背景下，一些现存主权国家内部的种族、地方政治实体也纷纷打着“自决权”的旗号要求建立新的主权国家，从而形成了所谓的自决权对国家主权的严重挑战。那么，如何看待这种挑战？这种挑战究竟有没有合法性基础？自决权和国家主权究竟是什么关系？这些问题自然引起了国内外学术界的关注。有学者认为：“自决的历史就是民族形成和国家分裂的历史”。①也有学者认为：“主权原则从逻辑上排除了自决权。如果国际法要保证现行国家的主权，就不可能又同时允许主权在自决的名义下受到侵犯。”②还有学者更直接地认为：“自决与尊重领土完整等原则可能是互相抵触的。”③那么，如何认识这些论述？基于解读这一重大理论与现实问题的需要，笔者欲在前人研究的基础上对自决权与国家主权的关系问题再做进一步的探讨。需要说明的是，本章虽然着重探讨国际法意义上的自决权与国家主权之间的关系，但为了看清自决权与国家主权关系上的一些观点的实质，澄清国家主权与自决权关系上的困惑，也在相关地方论及到宪政意义上的自决权与国家主权的关系。

我们要弄清自决权与国家主权的关系，首先必须弄清国家主权的涵义及其有关理论。

---

① Alfred Cobban, *The Nation-State and National Self-Determination*, rev. ed., London, 1969, p. 42－43.

② Christian Tomuschat ed., *Moden Law of Self-Determination*, Martinus Mijhoff Publishers 1993, p. 23.

③ ［英］詹宁斯、瓦茨修订：《奥本海国际法》第一卷（第一分册），王铁崖等译，中国大百科全书出版社 1995 年版，第 179 页。

一、国家主权的一般理论

主权最早是作为国内法的概念提出的。最早赋予"主权"独立完整定义的是近代法国思想家让·布丹，他在其1576年出版的《国家论六卷》中首次提出"主权"这一概念，并将其定义为"不受法律约束的、对公民和臣民进行统治的最高权力"，还将主权的属性界定为永恒的、非授予的、不可转让且不受法律支配的。①当主权学说发展到洛克那里的时候，他从社会契约论出发，在继承布丹等人的思想的基础上，主张主权在议会而不在君主，议会以立法权体现主权，君主仅以行政权执行主权。洛克的"议会主权论"是主权理论发展的一个转折点，标志着主权已从一个人手中转移到少数人手中，是主权发展史上的一大进步。随着资本主义生产关系的发展，卢梭的人民主权说应运而生。卢梭继承了前人关于人民主权的思想，在历史上第一次比较完整的阐述了"人民主权论"。卢梭在1754年的《献给日内瓦共和国》中勾画一种国家，"在那里，主权者和人民只能有唯一的共同利益，因之政治机构的一切活动，永远都只是为了共同的幸福"。②他在《社会契约论》(1762)中还指出：为了确保自己的自由，每个公民应把自己置于代表公共意志的至高无上的主权支配之下。主权就是公共意志的运用。因此，主权是不可转让的，主权是不可分割的，主权是绝对的、神圣的和不可侵犯的。③他反对"议会主权论"，认为议会充其量只是主权的执行者，而不是所有者。卢梭的人民主权思想，动摇了传统的对主权归属的见解，使主权理论又上升到了一个新的历史高度。自法国大革命后，"主权在民"的思想和观念逐步成为风靡一时的国际思潮。这一时期人民主权思想集中和典型的表现是通过政治宣言或宪法表达的。1776年美国的《独立宣言》就明显地体现出了"人民主权"的思想。1793年法国宪法也宣称主权属于人民，主权是统一而不可分割的，是不可动摇的和不可让与的，"任何一部分人民都不得行使全体人民的权力"。这些思想和宣言表明，这一时期主权的内涵

① 转引自［美］萨拜因著：《政治学说史》下册，盛葵阳等译，商务印书馆1986年版，第462页。

② ［法］卢梭著：《论人类不平等的起源和基础》，李常山译，商务印书馆1997年版，第51页。

③ ［法］卢梭著：《社会契约论》，何兆武译，商务印书馆2001年版，第35－39页。

和主体较之以前都发生了分解，已很明显地不同于布丹时代。

随着西方资本主义的发展，国家与国家之间的交往开始频繁起来。在这种情势下，迫切需要国家与国家之间进行交往的规则，因而国际法开始产生并发展起来。被誉为“国际法之父”的荷兰国际法学家格老秀斯最早将国内法上的主权概念引入到国际法领域，他在1625年的《战争与和平法》中论述了国家主权的思想。在国内法中富有最高权威含义的主权，在国际法中不可能再是最高的；倘若是最高的，那么其他国家的主权该怎么体现呢？于是格老秀斯将国际法上主权解释为：不依附于其他国家的权威，即独立和平等。①国家主权在18世纪后逐渐成为国际法的一项基本原则。《联合国宪章》序言中宣告了“大小各国平等权利的信念”。②从《联合国宪章》的基本精神看，主权独立和平等是当代国际法律秩序的核心。第二次世界大战后，由于广大发展中国家的倡导，国家主权进一步扩大到经济方面，并且几乎所有的国际文献都确认这一原则。

从上述主权演进的历史轨迹可以看出，主权的内涵自始就处于发展变化中，经历了一个从国内领域逐步向国际领域延伸的过程。这正如阿库斯特所言：“主权学说最初是作为国家内部结构进行分析的企图而出现的，……之后，由于词义的转移，这个词不仅用来表示一国之内上级对其下属的关系，而且用以表示一国的统治者或者国家本身对他国的关系。”③应该说，主权是国家具有的独立自主地处理自己对内和对外事务的最高权力。这就是国家主权的两重性，即在国内表现为最高权，在国际上表现为独立权。这早已为许多政治思想家和国际法学家所肯定。最高权指的是国家的统治权，它是国家对整个国家范围内的一切人和事的至高无上的、排他的支配、管理和控制的权力，是国内一切公民或臣民必须绝对服从的权力。这一属性决定主权国家可以通过立法、司法、行政、军事、经济、文化等各种手段来实现自己的政治统治，而不受任何其他力量的干预和限制。独立权指的是国家在其相互关系中独立自主地处理一切对内对外事务的权力。这一属性决定主权国家可以按照自己的意志自由选择政治、经济制度，自由决定外交方针和政策、签订条约、缔结同盟、参加国际组织、决定战争与和平等问题，不受任何其他

① 转引自徐大同主编：《西方政治思想史》第三卷，天津人民出版社2006年版，第133页。

② 董云虎、刘武萍编著：《世界人权约法总览》，四川人民出版社1990年版，第928页。

③ ［英］阿库斯特著：《现代国际法概论》，汪瑄等译，中国社会科学出版社1981年版，第18页。

国家或实体的干涉和限制。主权对外的独立权派生于主权对内的最高权。①

国家主权体现在领土上就是领土主权。领土主权是一个主权国家在其领土内行使的最高的、排他的权力，处于其领土内的一切人和物都受其管辖。领土主权和领土完整是国家主权的重要标志。领土主权得不到保护，则国家主权就失去了意义。正是基于领土主权对国家存在的重要性，国际法和国内法都认为，领土主权的完整性不受挑战。破坏一个国家的领土完整，就是严重地侵犯国家主权。

二、自决权碰撞国家主权的情形及原因

（一）基本情形

就自决权而言，真正对国家主权构成挑战的情形有：

（1）将自决权主体界定为种族和一部分人，并将独立看作是自决权的唯一实现形式。若将民族自决权延伸适用于既存国家内的少数民族，势必引起与国家主权的冲突。当今世界上绝大多数国家是多民族国家，国家内部的民族问题是普遍存在的。据统计，当今国际体系中，真正的单一民族国家不超过十个，如日本、韩国/朝鲜、冰岛、葡萄牙等。②承认民族自决权并不意味着每一个民族都应该而且也可以成为独立的国家。如果将民族自决问题绝对化，就会产生严重的道德正义悖论。因为绝对的民族自决论所代表的是一种极端的排他主义，反而违背了民族自决所依据的人道主义和道德正义的基本原则。换句话说，如果每个民族都必须成为一个独立国家，那么这种认知本身就意味一个极端的看法：不同的民族不可能和睦互利地生活在一起。这显然既不符合人类社会的历史事实，也背离了人道主义的基本原则。③人为地将自决权的主体扩大到国内的种族，势必会导致多民族国家的无限分割，主权国家的稳定性将受到极大的破坏，而且基于主权国家而建立的国际

① 参见程晓霞主编：《国际法的理论问题》，天津教育出版社 1989 年版，第 136 – 138 页。

② See Walker Connor, *National Self-Determination and Tomorrow's Political Map*, in Alan C. Cairans etal., *Citizenship, Diversity and Pluralism.* Montreal and Kingston: McGill-Queen's University Press, 1999, p. 163 – 176.

③ See Karen Parker, *Understanding Self-Determination: The Basics, Presentation to First International Conference on the Right to Self-Determination*, Geneva: United Nations, 2000.

关系体系将陷入空前的混乱之中，世界将不是更加整合、融汇，而是将出现无数个的碎片式“袖珍国家”，并使得主权国家之间的摩擦、冲突空前加剧。可见，如果将以政治独立权为主要内容的自决权适用于主权国家内部的场合，必然导致自决权与国家主权之间的尖锐冲突。

（2）将自决权的内容理解为分离权，甚至等同于分离权。在冷战后的新形势下，少数民族分裂主义分子仍然极力以分离权来界说民族自决权，甚至坚持主张自决权就是分离权。倘若依此主张，势必出现危及国际社会安定的局面，因为“分离权”会对国家主权产生猛烈的碰撞，“它可以彻底地破坏领土的完整”。①而领土与主权均为国家构成的要素，领土不完整即标志着一国主权的不完整。如果将分离权作为维护民族利益的首选途径，那么主权国家将会无限地分解下去。面对可怕的现实和前景，一些学者和政治家提出对民族含义作法律界定和对自决权行使应加以限制的主张。②至于将不属于自决权内容的分离权适用于主权国家内部的情形，那不是行使自决权，而是分裂国家主权和领土完整的分离主义行为。自决权之外的分离权之所以与国家主权相摩擦，是因为二者均与领土密不可分。维护已有领土的完整是一国主权的首要内容，而分离则意味着原来所属国领土的必然丧失。

从自决权和分离权相区分的角度来看，殖民地和其他被压迫民族过去曾经是独立的民族国家或某个主权国家的一部分，是帝国主义的侵略和殖民主义统治才使它们处于被压迫、被奴役的地位。因此，殖民地及其他被压迫民族行使自决权，结束被压迫、被奴役地位并获得独立，当然不属于从母国分离，更谈不上行使分离权的问题，这自然不会对宗主国的国家主权产生伤害。如新加坡和尼日利亚独立时，英国的领土完整不受其损害；越南和阿尔及利亚独立时，法国的领土完整不受其损害。但是，如上所述，相当一部分学者将殖民地人民享有的自决权所包括的独立权误解为分离权，并错误地认为自决权当然包括分离权。正是这种理论上的混乱致使一些学者主张国家内部的次国家实体为了实现自决权可以从其母国分离，从而为种族或地区的分裂主义活动提供理论根据。

一个现行主权国家内的某一种族倘若打着自决权的旗号来独立建国，那

① P. H. Kooijmans, *Tolerance*, *Sovereignty and Self-Determination*, Netherlands International Law Review, 1996, p. 2.

② 参见慕亚平著：《和平、发展与变革中的国际法问题》，法律出版社 2003 年版，第 134 页。

是对自决权的歪曲，如前所述，那是民族分离而不是民族自决，其行使的结果势必挑战其所属国的国家主权和领土完整。事实上，这不是民族自决与国家主权发生了碰撞，而是民族分离与国家主权发生了碰撞。

(3) 将自决权划分为内外自决权，使国际干涉合法化，从而侵犯国家主权。进入20世纪70年代后，有的西方学者从赋予自决权以新含义的角度，主张将国际法上的自决权划分为内部自决权和外部自决权，以解决自决权与国家主权的冲突。①这种主张在一定程度上可以解决自决权与领土主权完整的冲突，在这一意义上它可以缓冲了自决权与国家主权的冲突，但这种主张在缓冲矛盾的同时也会导致干涉内政的合法化，这样又侵害他国的国家主权，从而在自决权与国家主权之间又产生了新的冲突。因为，如前所述，西方国家在国际法层面上将自决权划分为内外自决权，这里的内部自决权所调整的东西就是原来国家内部的东西，这样便使国际法调整了国内法所调整的事项，从而便干涉内政了。另外，自决权变成了一项个人人权以后，强权国家有时可以借着“人权高于主权”来干涉他国内政，从而冲撞他国主权。

由以上分析可见，自决权与国家主权的矛盾，是人为因素造成的。我们不可将民族分离与国家主权的矛盾，视为民族自决与国家主权的矛盾，更不可因此得出自决权与国家主权相互排斥的结论。

（二）主要原因

从根本上说，自决权与国家主权都是基于人民主权理论而产生的具体形式，在价值追求上是一致的。但在现实中何以将自决权歪曲为分离权，进而与国家主权发生了冲突呢？这是因为：(1) 从自决权本身来说，迄今它没有任何确切的定义，这为学术界对它的含义作任意发挥提供了空间和余地。由于不同的国家、不同的民族、不同的政治团体对自决的内容有着不同的政治需求，因而对自决权的含义有着不同的解释，这难免会造成自决权解释上的随意性。(2) 由于第一个因素决定了自决权的适用范围是不确定的。随着非殖民化运动的基本结束，有些学者认为传统的国际法上自决权理论，即外部自决权理论已经过时；虽然多数学者坚持认为国际法上的自决权理论没有过时，但其中有些学者为了使国际法上的自决权继续存在下去而不断赋予

① Antonio Cassese, *Self-Determination of Peoples, A Legal Reappraisal*, Cambridge University Press, 1995, p. 88 -92.

其新的涵义，甚至有的学者主张将外部自决权适用于主权国家内部的某些场合。如果一个国家内部的一部分人民或次国家实体也拥有并行使以政治独立权为内容的外部自决权，这在事实上等于赋予了主权国家内部的次国家实体享有从该国家脱离出去的权利，从而势必会与国家主权产生碰撞或冲突。(3) 即使确定了自决权新的适用范围，如果不适当地、生硬地套用在非殖民化运动中发挥主要作用并形成一些习惯法规则的自决权原则，也会造成概念上的混乱。一些人认为前苏联和前南斯拉夫的解体也是实现自决权的体现，①并错误地将自决权与分离权联系在一起，误认为自决权包括分离权，行使自决权必定行使分离权，从而也人为地制造了自决权与国家主权的矛盾。(4) 自决权本身也是工具性的理论，在其形成和发展过程中一直贯穿着以国家为一方和以非国家实体为另一方的激烈斗争。代表国家一方的学者坚持政治统一和领土完整优先于人民自决权，为非国家实体争辩的学者则强调国家只有在尊重人民自决权的前提条件下才可以坚持其领土完整。②双方在论争的过程中不自觉地又反过来加剧了两者的对立。

三、自决权与国家主权的关系

为了解决自决权与国家领土完整的冲突，有的学者试图从解释自决权的实现形式来作出努力。如英国著名国际法学家罗莎琳·希金斯教授指出："当自决开始被接受为非殖民化过程的一项法律权利时，从未将其局限于独立这样一个选择。一个领土上的人民选择加入另一个国家、或者选择保持与前殖民地国家之间的宪法上的关系，同样是可以接受的。"③希金斯教授强调自决的形式不仅限于独立一种，其目的在于：如果自决权适用于非殖民化以外的场合，即适用于主权国家范围内的部分人民，不用选择独立的形式即可实现自决，可以避免自决与国家领土完整发生冲突。如果人民自决权适用于主权国家的部分人民，独立的形式就意味着分裂，与国家领土完整原则相

---

① Deborah Z. Cass, *Rethinking Self-Determination: A Critical Analysis of Current International Law*, 18 Syracuse J. International Law and Commerce, 1992, p. 21.

② Ved Nanda, *Self-Determiation Under International Law: Validity of Claims to Secede*, 13 Case W. Res. J. International Law, 1981, p. 269 – 270.

③ See Rosalyn Higgins, *Problems and Process: International Law and How We Use it*, New York: Oxford University Press, 1994, p. 113 – 114.

悖，是所有国家都不愿意接受的。面对有人利用自决权原则从事分离活动，有的学者从限定主体的角度，主张将自决权主体界定为“国族”，而非“种族”；①也有的西方学者主张将自决权划分为内部自决权和外部自决权，以解决自决权与国家主权的冲突。②以上为解决自决权与国家主权的冲突所做的努力，虽具有不同程度的合理性，但也有不同程度的局限性。③笔者认为，厘清自决权与国家主权关系的关键在于弄清自决权的基本含义是政治独立权，而非分离权。在此基础上，笔者认为，自决权与国家主权之间是一种相互依存和相互制约的关系。

（一）两者的相互依存

“简单说来，不论是民族自决权，还是人权与主权，实际上讲的都是主体（民族、国家和人民）独立地决定自己命运的权利。”笔者认为，自决权与国家主权和领土完整并不冲突，两者从不同的角度维护着国家利益，在功能上有相当的一致性。如果认为自决权与国家主权相对立、相冲突，那就犯了简单化、片面化的错误。

1. 自决权和国家主权的内在统一性

首先，从近代西欧民族国家的生成来看，自决权是实现国家主权的重要手段。在西欧民族国家生成的历史过程中，民族自决权理论和国家主权理论的形成具有相当的一致性，这两个理论相辅相成，共同推动了近代民族国家的生成。其次，从非殖民化运动的历史实践来看，许多殖民地的独立，正是通过行使民族自决权，进而获得或恢复独立自主地处理对内对外事务的权力，即国家主权。而国家主权原则赋予了主权国家对内最高和对外独立的地位，确保了国家内部的统一完整和在国际社会中的自主身份，因而建立自己的独立自主的民族国家便成为殖民地和其他被压迫民族的人民行使自决权，以摆脱政治奴役处境的基本目标和前进方向。再次，当某一民族为反对殖民统治、建立民族独立国家而斗争时，它所行使的是民族自决权；当该民族一旦获得独立或与别的民族共同建立一个主权国家后，这时自决权的目标就得

① 参见宁骚著：《民族与国家——民族关系与民族政策的国际比较》，北京大学出版社 1995 年版，第 5 页。

② Antonio Cassese, *Self-Determination of Peoples, A Legal Reappraisal*, Cambridge University Press, 1995, p. 88 - 92.

③ 任东来著：《政治世界探微》，北京大学出版社 2005 年版，第 272 页。

到了最充分的实现。在这个意义上说，国家主权就是民族共同体（即国族）通过集体行使自决权而组建起来的最高公共权威。国家主权和民族自决权在根本利益上是统一的。一旦主权国家得以建立起来，民族身份就应让位于国家公民的身份，原先民族自决权在国际舞台上的民族主体地位也自动让位于其自主选择的国家主体地位。这时民族自决权与国家主权在逻辑上和实践上实现了统一。

2. 自决权以国家主权的丧失或损伤为行使前提

自决权是一项被动的、消极的权利，带有事后救济的性质，只有出现了殖民主义时它才发挥作用，而不是积极的主动的可以无条件行使的权利。有些国家在沦为殖民地或半殖民地以前，原本就是独立的主权国家，只是后来被列强帝国给征服了。它们之所以拥有并行使自决权，就是因为它们原先拥有完整的国家主权，它们行使自决权的目的就是要恢复到原来的主权状态。也就是说，殖民地和其他被压迫民族行使自决权的前提就是它们原本是一个主权国家，而现在却处于被殖民统治的境况。自决权是一种相对权利，它的实施必须考虑其他相关民族的利益，必须以尊重领土完整和国家主权为前提。因此，随着殖民地和其他被压迫民族的消失，民族自决权与国家主权之间应该是相互依存的和谐关系。“无论是国际条约还是国际实践都不支持把民族自决解释为国内一个民族对抗中央的权利”。①所以，在统一的主权国家形成之后，就应坚持国家主权不可侵犯和领土完整的原则，民族自决权的行使应以国家主权由于遭到殖民主义侵略而丧失或损伤为前提条件。如果独立建国后没有重新出现被殖民主义统治的情形，自决权就不能随意行使。为此，《联合国宪章》和相关的国际人权文件强调，自决权作为一项集体人权仅适用于处于外国殖民统治、外国占领或外国奴役下的人民，不得借口自决权而从事分裂国家领土的活动。这表明，自决权具有实现和维护国家主权的功能。

（二）两者的相互制约

1. 自决权对国家主权的制约

国家主权原则虽然是国际法的基础，但它不是不受任何限制的。就它与自决权的关系而言，它也受自决权原则的制约和影响。（1）从国际法上来

① 韩德培主编：《人权的理论与实践》，武汉大学出版社 1995 年版，第 975 页。

看，自决权属于集体人权，被纳入了国际人权保护的范畴。国际人权保护机制会对国家主权产生重要的制约。具体说来，自决权原则对国家主权的限制主要表现在：首先，从国际层面来看，国家必须履行其签订的含有自决权内容的有关国际公约所规定的国际法律义务。由于人权的国际保护已成为现代国际法的一项重要内容，《联合国宪章》和一系列的国际人权公约都为各国政府普遍设定了保护人权（包括自决权）的国际法律义务。例如，《联合国宪章》第 1 条规定："发展国际间以尊重人民平等权利及自决原则为根据之友好关系……增进并激励对于全体人类之人权及基本自由之尊重。"①按照有关国际法律文件的规定，国家应采取适当的措施，保障处于其殖民统治下的人民的自决权得以完全实现。主权国家的中央政府要认真履行公约所规定的义务，通过立法、司法和行政等措施严格执行公约的规定，并按时提交有关公约执行情况的报告。这就构成了对国家主权的一个重要限制。（2）虽然一个国家内的部分人民不是自决权主体，但是，如果主权国家内的一部分人民遭到了严重的种族歧视，甚至种族灭绝，那么受到主体民族的虐待或压迫的这部分人民通常会打着"自决权"的旗号来从事分离运动，主张从主权国家的压迫下"独立"出来。虽然这种分离运动并不是在真正意义上行使自决权（因为自决不同于分离，关于该问题的详细论述，请参见本书第十章"自决与分离"中的第一部分内容），但这种假借自决的分离通常会受到国际社会的支持。这种情况，对有些奉行种族歧视政策的专制政府形成一种强有力的制约，使他们能够实施良好的民族政策，关心少数民族的发展。如果在国家内部实施种族歧视和压迫，那就不单单是国家内政问题，而是一个国际人权保护问题。正如美国前总统卡特 1977 年 3 月 17 日在联合国大会的一次演讲中所说："没有哪个国家敢宣称虐待其国民纯属国内事务。"②

2. 国家主权对自决权的制约

主要表现在以下几个方面：（1）从国际法上看，一国之全体人民的自决权是用来对付外来殖民主义的，不是用来对付本国中央政府的。所以，为了维护国家主权和领土完整，必须限制人民自决权的滥用。否则，国家领土主权就会遭到分割，国际秩序就会动荡不安。（2）尽管国际法没有规定民

---

① 董云虎、刘武萍编著：《世界人权约法总览》，四川人民出版社 1990 年版，第 929 页。

② John Howard Clinebell and Jim Thomson, *Sovereighty and Self-Determination: the Rights of Native Americans under International Law*, Buffalo Law Review, Vol. 27, 1978, p. 710.

族自决权的实现必须得到其宗主国的同意，但在国际实践中，宗主国的态度对自决权的最终实现具有重要影响，况且只有得到国际社会其他绝大多数国家的承认和支持的情况下，其自决权才具有真正的意义。（3）对于一个民族共同体来说，在实现独立建国后，就意味着它的自决权已经得到了实现。但自决权属于永久性权利，这个民族共同体仍拥有自决权。但国家主权原则在逻辑上要求自决权不能随意行使，只有在国家主权遭到外来殖民主义侵略时才能行使自决权。（4）国际法律文件规定民族自决权不能损害国家主权。例如，1960 年《给予殖民地国家和人民独立宣言》虽然在第 2 条明确规定："所有人民都有自决权"，但同时，该宣为防止自决权的滥用而对自决权的行使做了特别的限制："任何旨在部分地或全面地分裂一个国家的团结和破坏其领土完整的企图都是与联合国宪章的目的和原则相违背的"。[①]另一个规定自决权原则的国际法律文件——1970 年的《国际法原则宣言》同样也规定了自决权不能损害国家主权："以上各项（指民族自决权原则的规定——笔者注）不得解释为授权或鼓励采取任何行动，局部或全部破坏或损害在行为上符合上述各民族享有平等权及自决权原则并因之具有代表领土内部分种族、信仰或肤色之全体人民之政府之自主独立之领土完整或政治统一。"[②]1993 年的《维也纳宣言和行动纲领》也明确规定了对自决权的限制，旨在维护国家领土主权的完整和统一。

四、观点辨析

（一）自决权高于国家主权的观点

自决权与国家主权的关系问题，在自决权成为国际法原则和权利以前，比较简单。但在自决权发展成为一项集体人权以后，两者的关系变得复杂起来，因为两者的关系问题归根到底是人权与主权的关系问题。因为西方国家

① 王铁崖、田如萱编：《国际法资料选编》，法律出版社 1982 年版，第 11 页。
② 王铁崖、田如萱编：《国际法资料选编》，法律出版社 1982 年版，第 8 页。

强调“人权高于主权”。①其中的一个主张就是“主权不在国家而在民众”的“个人主权”论，认为主权不再属于国家，而是属于人民，独立自主权不再指对外独立权，而是指个人的自决权。②也有人做了这样的一个三段论式的逻辑推理：自决权是人权，而人权高于主权，因而自决权高于主权。另外，到非殖民化后期，人民自决权的内涵已从政治上建立独立国家的权利扩展到了维护国家主权和领土完整的权利，以及自由地谋求经济、社会和文化发展的权利，为此，有学者认为人民自决权相当于人民主权，它在法理上高于国家主权。认为，此时国际法赋予一个主权国家内的全体人民享有自决权，对抗国家主权的异变，以防范其违背人民的意志。

这些观点是不能成立的。因为国际法只规范主权国家的事项，不干涉国家内政。这种观点是混淆了宪政意义上的自决和国际法上的自决而导致的结果。如果从政治学的视角来看，在一个独立的主权国家内，宪政意义上的自决权属于该国家的全体人民，它在权能上等于人民主权。此时说人民自决权高于国家主权无可厚非，能够成立。但要说明的是，这里的人民是一个集合概念，是指全体国民，而不是指个体公民。但如果从人民主权的实现机制来看，人民主权是抽象的，以至于有的学者不认同它。③按照现代民主国家的生成理论，在正常的状态下，人民主权与国家主权是统一的，因为国家是代表人民的，国家就是基于人民的同意或认可而进行权利让渡所形成的政治共同体，一旦形成，人民中的个体就要服从这个共同体，这个共同体就在价值上和事实上高于组成它的个体，因为这个共同体在主权上是“公意的运用”。④如果从这个意义上看，个人人权高于国家主权的说法是站不住脚的。

倘若从国际法的视角来看，以上结论均不能成立。以上观点的错误在于，将有关宪政意义上自决权的内容直接套用于国际法意义上自决权的分析，将内涵不同的自决概念进行了相互嫁接，并进行了逻辑推理，从而造成了理论上的混乱。

---

① 西方学者“人权高于主权”的理论可分为两种情形：一种是直接主张，即明确提出“人权高于主权”，认为人权基本上属于各国国内管辖事项的观点已经过时；跨国军事行动、以外部力量赶走独裁者，建立民选政府并不构成侵犯国家主权。另一种是间接主张，即提出：主权不在国家而在民众，从而干涉他国主权。

② 参见王逸舟著：《当代国际政治析论》，上海人民出版社 1995 年版，第 427 页。

③ 参见李景鹏著：《权力政治学》，黑龙江教育出版社 1995 年版，第 188 页。

④ 参见［法］卢梭著：《社会契约论》，何兆武译，商务印书馆 2001 年版，第 29 – 35 页。

（二）自决权与国家主权融合为一体的观点

有的学者认为，后非殖民化时期的自决权基本上已融入新独立国家的主权范畴，因而可以受有关国家主权的国际法规则的调整，而不适合继续受有关民族自决的国际法规则的支配。①也有的学者认为，“在后民族自决权阶段，国家主权就是过去的民族自决权，是民族自决权的升华。对于单一民族国家而言，就是该民族的自决权，两者等同；对于多民族国家来说，国家主权就是该国所有民族自决权的总和”。②还有学者认为，“就一个民族国家来说，作为民族的自决权已随同国家建立而上升为国家主权，因而，维护国家独立、自主和领土完整，也就是维护民族自决权。”③持类似观点的学者为数不少。这些观点的表述虽然有所不同，但它们的一个共同之处是，认为后非殖民化时期的自决权与国家主权融为一体了。笔者对此不予苟同。笔者认为，此时的自决权原则，尽管与国家主权原则有着密切的联系，但不能将它们混同起来。此时自决权存在的功能不再是消除政治殖民主义，而主要是消除新殖民主义（主要是指经济殖民主义和文化殖民主义）和防止重新出现政治殖民主义。此时的自决权与国家主权的不同在于，国家主权是国家所享有的权利，通常由中央政府代表其来行使；而自决权是国家内部的全体人民所享有的权利，只有出现了被殖民压迫或统治的情形时他们才能集体行使。所以，笔者认为，后非殖民化时期的自决权原则与国家主权原则尽管有着密切的关联，但它们在性质、主体和功能等方面均不完全相同，即两者在某些方面有重合的地方，也有不同的地方。在殖民体系瓦解后，人民自决权并没有消失，只是所发挥的功能较以前有所变化。那种认为此时的自决权与国家主权融合为一体的观点，是偏颇的。更令人担心的是，该说法也有导致取消自决权存在的意义的危险，因为既然自决权同国家主权融合为一体了，那么自决权就没有单独存在下去的意义了。这些为证明自决权的存在意义所作的论证，反而成了证明自决权无需存在下去的理由。

（三）自决权由国家主权所派生的观点

由于国家主权原则是国际法的基础，所以有学者认为，民族自决权原

① 参见徐显明主编：《国际人权法》，法律出版社2004年版，第424页。
② 孙建中著：《国家主权——理想与现实》，世界知识出版社2001年版，第44页。
③ 端木正主编：《国际法》，北京大学出版社2005年版，第58－59页。

则是从国家主权原则派生出来的，或者说自决权是国家主权的一项重要内容。①笔者认为，这一观点也值得进一步商榷。民族自决权与国家主权分别具有不同的存在价值和功能，不能相互代替，是平行关系，而不是派生关系和从属关系，更不是包含关系。虽然如英国学者伊恩·布朗利所说：“自决原则贯穿于其他国际法一般原则之中，并与它们紧密结合，相辅相成。这些原则就是国家主权原则、国家平等原则、一国之内民族平等原则等。因此，自决原则与不干涉原则一起适用于有关武力等问题。”②但笔者认为，自决权原则具有其他原则不能替代的作用。尽管跟自决权原则相比较，国家主权原则具有更基础的地位和意义；但单就它与自决权原则的关系而言，则不能视其为国家主权原则的派生。自决权与国家主权之间应该是一种相互并存的关系。国家主权的核心地位并不因民族自决权的形成与发展而动摇。民族自决权也并不因坚持国家主权原则和殖民体系瓦解的事实而失去其存在意义。另外，在国际法理论的视野中，两者的主体也很不相同。主权的主体是国家，而自决权的主体是国家内部的全体人民，而非国家本身。因此，笔者认为，“自决权由国家主权所派生”的观点是不能成立的。

---

① 参见慕亚平著：《和平、发展和变革中的国际法问题》，法律出版社 2003 年版，第 127 - 128 页。

② ［英］伊恩·布朗利著：《国际公法原理》，曾令良等译，法律出版社 2003 年版，第 646 页。

第七章　自决权与人权

在早期，自决权与人权分属于不同的权利体系，自决权是人权的前提和基础，因为只有通过行使自决权独立建国，才能保障人权得以实现。而到了20世纪60年代，自决权本身发展成了一项集体人权，成为人权体系的一个重要组成部分。那么，自决权作为集体人权与一般人权到底是什么关系？是什么原因导致了自决权与人权关系的混乱？怎样防止强权国家以“人权高于主权”的理论来干涉他国内政？本章将就此类问题进行深入探讨。

一、人权的概念及其历史发展

人权（human rights）是人在社会生活中的权利及其观念的反映。国内外学术界对人权概念也存在着各种不同的见解，可谓众说纷纭，莫衷一是。《布莱克维尔政治学百科全书》认为：“所谓人权，是指人按其本质应该平等享有的权利，即人仅因其为人而享有的权利。”[①]《牛津法律大词典》认为，人权是指“人们主张应当有或者有时明文规定的权利。这些权利在法律上得到确认并受到保护，以此确保个人在人格和精神、道德以及其他方面的独立得到最全面、最自由的发展。它们被认为是人作为有理性、意志自由的动物固有的权利，而非某个实在法授予的，也不是实在法所能剥夺或消减的。”[②]人权是不分种族、肤色、性别、语言、宗教、政见或其他见解、民族渊源或社会阶级、财产、出身或其他身份而适用于每一个人的，它是由人的本质和尊严派生出来的一种权利。正如萨拜因所说的：“每个人都应享有某种程度的人类尊严和尊敬；他是在伟大的人类集体之内，而不是在它之外，即使是奴隶，也不能像亚里士多德所说的那样是个活的工具，而是要像

① ［英］戴维·米勒、韦农·波格丹诺主编：《布莱克维尔政治学百科全书》，邓正来等译，中国政法大学出版社1992年版，第336页。

② ［英］戴维·M·沃克著：《牛津法律大词典》，李双元等译，法律出版社2003年版，第538页。

克里西波斯所说的那样，是一个终生受雇于人的雇佣劳动者，或者像1800年之后康德在重述一个古老的理想时所说的，一个人必须作为目的而不能作为手段加以对待。”①人权不是外在的恩赐或施舍，而是人的本质和尊严的内在要求，只要是人，就应当享有这些权利。如果享受不到这些权利，就不能算是过着完整意义上的人的生活。

在20世纪以前，人们更多的是把人权说成是“自然权利”或“人的权利”。考察人类政治发展的历史可以发现，早在古希腊、古罗马及欧洲中世纪的自然法学者的著作中，就曾有过“自然权利”的表述。②但在奴隶社会，奴隶们没有起码的做人资格；在封建社会，封建等级特权、君权、神权使人的基本权利和人格尊严被禁锢、扼杀，不可能提出人权的问题。直到17世纪，人权问题才被一些资产阶级思想家加以关注。作为一种理论，人权是以自然权利学说和社会权利学说为理论内核的。自然权利学说主要由格老秀斯、霍布斯与洛克等人创立的，认为人权是人在自然状态下所应有的权利，是人之所以为人而应当享有的权利，社会法规只是为了维护人的自然权利而制定的，由此提出了天赋人权说。社会权利学说以卢梭为代表，认为人权并非根据自然法，而是基于社会的公意，公意代表了社会成员基于共同利益、针对共同目标、追求共同幸福所具有的意志，这决定了个人的权利只有服从于人民主权，个人的自由只有服从于公意的法律，才能实现真正的人权。西方的人权理论实质上就是以天赋人权说为理论前提，以卢梭的社会权利说为理论内核整合而成的；后来随着边沁功利主义学说的渗透，财产权才在人权体系中占据了基础权利的地位。18至19世纪中的一些理性主义哲学家，如斯宾诺莎、康德、黑格尔等人，根据“自由意志”来界说权利，在他们看来，人权实质上被看作是人免受干扰而自由行使其意志的前提条件。至此，西方人权理论得到了较为系统的理论论证。1776年美国的《独立宣言》和1789年法国的《人权与公民权宣言》以天赋人权为主要理论依据，明确提出“人权”的口号，以政治纲领的形式确立了人权原则。西方各国资产阶级夺取政权后，人权原则被明确载入各国宪法，成为资产阶级民主制度的重要内容。

---

① ［美］萨拜因著：《政治学说史》（上册），盛葵阳等译，商务印书馆1986年版，第206页。

② 在关于古希腊和古罗马的法律制度中是否存在着权利概念的问题上，人们是有争论的。塔克在最近的研究中争辩说，12世纪以前欧洲不存在权利概念，但到14世纪末，完整的自然权利理论已经出现，这可以在吉森及其合作者的著作中发现。

在一次大战以前，人权问题基本上是国内管辖的事项。一次大战以后，人权问题开始进入国际法领域，并受到国际法的保护。二次大战以后，专门保护人权的国际人权法逐步形成并发展起来。为了更好地实施国际人权保护，根据《联合国宪章》和有关国际人权公约，国际社会设置了一些国际人权机构。人权问题虽然有其国际性的一面，但本质上是属于一国内部管辖的问题，国际公约有关人权的规定主要通过国内法才能得以实现，保护人权的主要责任在于主权国家本身。

人权是历史发展的产物，基本人权是人所固有的、不可剥夺的和不可让渡的那部分权利。人权具有普适性，是人人都有的权利，它与一部分人所享有的“特权”相对应。人权是相对的、具体的、发展的，没有绝对的、抽象的、不变的人权。任何权利在受到法律保护的同时，也必须受到法律的制约。基本人权不仅包括公民的政治权利，以及经济、社会和文化等个人权利，还包括自决权、发展权等集体权利。

二、自决权与集体人权

在20世纪60年代以前，自决权和人权分属于不同的权利体系，具有不同的性质和功能。大致以1966年两个国际人权公约的通过为标志，自决权发展成了一项集体人权。从此，自决权与人权的关系步入了一个新阶段。

(一) 自决权的集体人权性质

如第一章所述，自决权被载入1966年的两个国际人权公约第1条，这标志着自决权成为了国际法上的一项集体人权。这集中反映在两个国际人权公约第1条所规定的自决权内容与公约中的其他权利内容具有不同的特性。在两个国际人权公约中，自决权被放在第1条的位置，以一个单独的部分规定下来，以便与两个人权公约规定个人权利的部分隔开，起草者们做出这种安排的目的之一就是为避免将两者混淆。这也清楚地表明，自决权在人权体系中的地位。自决权与人权公约中其他人权的不同之处，不仅在于人权公约体系安排中的特殊位置，而且在于其集体性质。[①]在《公民权利和政治权利国际公约》中，自决权没有被描述为“每个人”或“人人”的权利，而是被表述为“所有人民的权利”。正由于如此，Partsch 教授认为，这一权利所涉及的不是“人权”，而是一项人民的集体权利。但是，奥地利学者曼弗雷德？诺瓦克认为，从语义学的角度来看，Partsch 的观点或许是正确的，但是其法律意义并不像人们所认为的那么重要。所谓人权并不具有如此大的同质性，也并不是完全针对个人的，以至于能够证明这种两分法的正当合理性。与此相反，从个人权利到集体权利的过渡是具有流动性的，因此人们才会谈到“三代人权”。在任何情况下都不能将自决权看作是一项个人权利。相反，人权公约第 1 条所保障的是一项可以像公约中的其他权利一样适用和实施的、只有人民才能享有的集体权利。在这方面唯一有争议的问题是根据《第一任择议定书》提交的个人来文的可受理性。[②]“所有人民都有自决权”——这是两个国际人权公约第 1 条一致确认的，这句话至少有两层含义：其一，自决权的适用范围是普遍的，只要构成人民，就有自决权。其二，自决权是一项集体权利，这是一致认同的观点。

从两个国际人权公约所保障的普遍人权的权利特性来看，基本上都以保障个体的自由为前提。而本条所规定的自决权很显然不能理解为个人自由意义上的人权，而是一种集体性质的人权。[③]英国学者斯塔克认为：“一些重要的人权并不是个人的权利，而是集体的权利，即群体或人民的权利。就自决权而言，就是很清楚的。”[④]在现行国际法上仅有的几项集体人权中，自决权是最早且也是最广泛地被接受的一项集体人权。

（二）自决权发展成为集体人权的意义

从促进自决权得以实施的角度来看，自决权发展为集体人权至少具有以下几个方面的积极意义。第一，有助于从人权的高度来认识自决权的意义。

---

① 规定其集体性质的意义在于突出自决权是一项集体权利，而不是个人权利。就权利的主体而言，集体权利与个人权利之间的区别在于：集体权利的主体应当是有关的集体，只有该集体才有资格主张并行使这项权利，构成该集体的个人没有这种资格。

② ［奥］曼弗雷德·德诺瓦克著：《民权公约评注》（上册），毕小青等主译，生活·读书·新知三联书店出版社 2003 年版，第 15－16 页。

③ 王铁崖、田如萱编：《国际法资料选编》，法律出版社 1982 年版，第 155－156 页、第 166－167 页。

④ 转引自李泽锐主编：《国际人权法》，首都师范大学出版社 1992 年版，第 318 页。

在自决权发展为人权以前，人权在观念、影响、价值和意义方面都甚于自决权，将自决权发展为集体人权可使自决权获得更高的价值和意义。第二，有助于获得保障和救济。从国内法来看，人权是一种不能随意被剥夺和侵犯的权利。人权的客体是“权利”即“rights”。人权之所以称为人“权”，其意思是说，有一些要求和活动是每一个人享有人的尊严和实现人的本质力量所必需的，理应受到国家和社会的尊重和保护，因而是正当的。人权作为一种“权利”，是受到法律保护的。一旦受到侵犯，人们就可以诉诸法律，通过有关的司法途径得到救济。从国际法来看，国际法是“软法”（soft law），其规定的自决权倘若不发展为集体人权，便无法得到有效的保障，甚至在遭到侵犯后难以得到有效的救济；自决权在发展成为集体人权后，可以获得国际人权法的保障和救济，因为此时国际人权保障和救济机制早已基本形成。因此，自决权发展为集体人权以后，在权利保障和救济方面较以前有了进步。第三，人权不是一般意义上的“权利”，而是人人自由、平等的权利。人权的本质特征和要求是自由和平等。人权固然是人的权利，但是，人的权利不一定就是人权。因为特权也是人的权利，而特权正好是与人权相对立的。①自决权发展为集体人权，有助于强调各国人民是平等的、自由的，从而强调自己的事务只能由自己来决定，而不能由他人来决定，即只能是自决，而不能是“他决”。这也是对自决权内容的丰富和发展。第四，自决权发展为集体人权，意味着自决权是人民所固有的权利，是不可剥夺的权利，从而意味着主权国家负有保障人民实现自决权这一集体人权的义务。

（三）一种视角：从人权组合体系看自决权

“人”在逻辑上可以是单称的、特称的和全称的，即人权概念中的人可以只指具体的一个人，一部分人或所有的人；“权”在逻辑上也可以是单称的、特称的和全称的，也就是说，作为“人权”的“权利”可以只是权利形态中的一种，也可以是权利形态中的部分权利，还可以是权利形态中的所有权利。从数学排列组合原理可以判断，人权概念中“人”与“权”的逻辑结合方式可以分为九种形式，即具体一个人的一种具体权利，具体一个人的一部分权利，具体一个人的所有的权利；一部分人的一个具体权利，一部

① 参见中国人权研究会编：《正确认识民主、自由和人权》，党建读物出版社2003年版，第126－127页。

分人的一部分权利，一部分人的所有的权利；所有的人的一个具体的权利，所有的人的一部分权利，所有人的所有的权利，用具体的逻辑对应关系图可以表示如下：

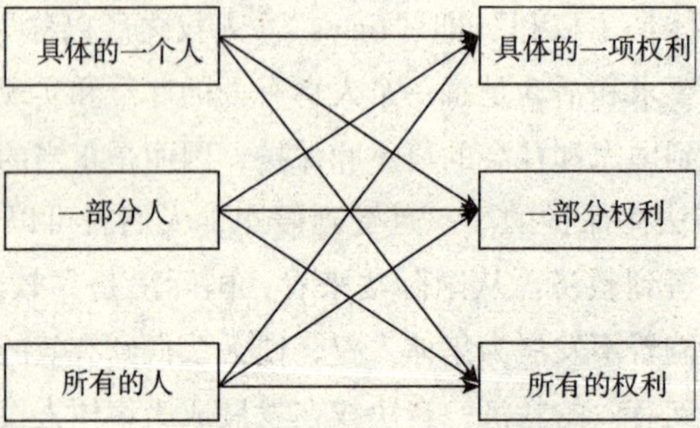

图7－1　人权概念中“人”和“权”的逻辑组合关系图

（图表来源：莫纪宏著：《国际人权公约与中国》，世界知识出版社2005年版，第8－9页）

从人权产生和发展的历史来看，人权概念的上述九种内涵，至少有以下六种是客观存在过的：即一个具体的人的一部分权利，一个具体的人的所有的权利；一部分人的一部分权利，一部分人的所有的权利；所有的人的一部分权利，所有的人的所有的权利等。

从价值层面上来看，目前在人权国际保护领域所主张的“普遍人权”比较一致的观点是：“人权是所有的人都享有的一部分权利”，也就是说，人权是指每一个自然人都可以享有的一部分权利，但并不是所有的权利都可以成为人权的权利内涵。①

自决权属于一项集体人权，是一个民族作为一个整体在国际社会中所享有的一项权利，而不是一个民族在国内法上享有的权利，也不是个人在国内法上享有的权利。因此，自决权在广义上属于“所有的人的一部分权利”。具体表现在：

首先，它的权利主体之所以是“所有的人”，是因为自决权的主体必须是整体性的“一国之全体人民”，而不是“一部分人”。（该问题在前面第五章已有专论，此不赘述。）人权是一种普遍性权利。人权的普遍性是基于人的尊严和价值，是基于人类有着共同的利益和共同的道德。②由于人权的普

① 参见莫纪宏著：《国际人权公约与中国》，世界知识出版社2005年版，第8－9页。

② 参见李步云：《人权的普遍性与特殊性》，载王家福等主编：《人权与21世纪》，中国法制出版社2000年版，第6页。

遍性，使其成为人类共同的权利和追求，因此“人权本身就是一个共同的准则。”①将自决权发展为集体人权，必然使得自决权成为所有人的权利，否则它就不能被称为集体人权。在这个意义上，自决权是一种获得了普遍的、超出个别国家范围的性质的权利。自决权只有在获得了普遍的、超出个别国家的范围的性质时，才能称其为人权，而且从理论上讲人权是一切人都享有的权利。正是基于这样的理念和认识，两个国际人权公约才均在其第1条规定了“所有人民都有自决权”。所以，它是“所有人”的权利。

其次，它的权利内容之所以是“一部分权利”，是因为自决权是复合权利，而不是某一项具体的权利。虽然自决权是复合权利（不仅包括政治自决权，也包括经济自决权、社会自决权和文化自决权），但自决权是集体人权，既然是人权，那它就不应该是所有的权利内容。因为特权就不属于人权的权利内容（关于该问题的详细论述，请参见前面第四章），所以，应将其内容界定为“一部分权利”。

以上两个方面的分析表明，自决权在演变为一项集体人权的同时，也使人权增添了集体权利的性质。在现行国际人权法领域，自决权作为第一项被接受而且是最重要的集体人权，彻底改变了“人权只能是个人的权利”的传统观念。

三、自决权与个人人权

从自决权与个人人权的关系来看，自决权是为了保障个人人权而发展起来的一项集体权利。所以，它与个人人权存在着密切的联系。

（一）自决权：个人人权的政治基础

自决权是殖民地人民和其他被压迫民族的人民的一项集体权利，而不是个人的权利，但它又与个人人权是密切相关的，它是个人基本人权实现的前提或基本条件。没有自决权，人权便无从谈起。如果个人所属的社会是在外国奴役之下，这些个人就不可能自由，②也不可能真正地享有人权，正如波

① 参见夏勇著：《人权概念的起源》，中国政法大学出版社1992年版，第169、173页。

② Hurst Hannum, *Self-Determination as a Human Right*, *in Human Rights in the World Community*, edited by Richard Pierre Claude and Burns H. Weston, 1992 (2nd edition), p. 175.

兰学者拉赫斯指出："很明显，如果一个民族处于外国的统治之下，个人作为这个受异族统治的实体的成员，他的权利是得不到充分尊重的。""自决为保障全世界亿万人的人权提供了可能。"①因为民族不独立，个人的权利就无从谈起。坚持民族自决权，就是要以民族自决原则来指导国际人权活动，通过行使自决权来实现国家的政治独立，从而为实现个人人权奠定基础。1952 年，联合国大会通过了《关于人民和民族的自决权的决议》指出："人民与民族应先享有自决权，然后才能保证充分享有一切基本人权。"②决议还强调这一原则应在非自治领土和托管领土上得到实现，即负责管理非自治领土和托管领土之国家，应采取切实步骤，以保证各领土上的人民直接担任立法机关性质的工作，为实现自决权做好准备。③1960 年《给予殖民地国家和人民独立宣言》在其序言部分庄严地宣布，为了"创造建立在尊重各国人民的平等权利和自决的基础上的稳定、福利以及和平和友好关系的条件，和创造普遍尊重和遵守人类的权利以及不分种族、性别、语言或宗教的所有人的基本自由的条件，…… 需要迅速和无条件地结束一切形式和表现的殖民主义。"④从该宣言的措辞看出，自决与人权的这种最初的联系，主要强调的是实现自决，可以为尊重和实现人权创造条件。换言之，一个国家的人民享有和实现自决权都是为了属于该人民的个人的人权和基本自由能够得到尊重和实现。对此，多米尼克指出："公民权利和政治权利公约第 1 条确认所有人民都有自决权。自决权的特别重要意义就在于它的实现是有效保证和尊重个人人权、完善和加强这些权利的核心条件。也正是因为如此，缔约国才将自决权作为实在法规定在两个人权公约中，并作为第一条与规定其他权利的条款相区别，置于其前……最后，我们还必须强调人权事务委员会所申明，它认为：历史证明人民自决权的实现和尊重有助国家向友好关系的建立和国际和平与安全的加强。"⑤在自决权原则被载入人权公约的起草和通过阶段，大多数西方国家的人权学者担心承认集体人权会有助于加强非民

---

① ［波］曼菲尔德·拉赫斯：《当代国际法的发展和一般趋势》，见《海牙国际法院演讲集》，1980 年，第 61、64 页。

② 董云虎、刘武萍编著：《世界人权约法总览》，四川人民出版社 1990 年版，第 1345 页。

③ 董云虎、刘武萍编著：《世界人权约法总览》，四川人民出版社 1990 年版，第 1346 页。

④ 王铁崖、田如萱编：《国际法资料选编》，法律出版社 1982 年版，第 10 - 11 页。

⑤ *The Huaman Rights Committee: Its Role in the Development of the International Convenat on Civil and Political Rights*, Dominic Mc Gold, Clarendon Press, OX, 1991, p. 247 - 249.

主国家的特权，从而牺牲或贬低个人人权。①然而，自决权发展为集体人权的实践表明，承认集体人权并不必然会贬损个人人权，相反，要实现个人人权却不能不承认集体人权。

从某种意义上说，自决权也是实现个人人权的手段和保障。在社会尚未发展到"每个人的自由发展是一切人的自由发展的条件"的"自由人联合体"这一历史阶段时，大多数的个人都要以从属于某个政治实体的方式来存在和发展。由于现实的具体的人总是某个集体中的人，所以个人人权的充分实现有赖于集体的协助和保障。但是，在一个存在着以集体为单位的压迫、侵略、剥削或武装占领、殖民统治等暴行的社会里，那些受欺凌和被操纵的民族根本没有条件、没有能力去保障组成它的个体的人权得以实现。可见，个人人权中包含了对集体权利的要求——"充分实现个人的人权需要全面地或部分地发展团体的某种权利"。②这是一种因果关系，如果集体不能得到这样一些权利，那么个人也不能得到这样一些权利。一个人要自由，他所属的民族必须是独立的（虽然民族独立，个人也未必就能享有自由）民族；一个人要生存，他所属的民族必须得有财富和资源主权，能根据自己的实际需要决定自己的政治、经济和文化制度，而不是受制于人。

因此，在联合国系统内处理人权问题时，民族自决问题被看作优先事项。强调集体人权旨在保障个体人权，而且也只有在保障个人人权的意义上，集体人权才具有合理性。③20世纪70年代末以后，自决原则与保障人权的诉求相结合，人权保障的评价也被组合到自决权概念中去了。许多学者认为："如果新兴国家不能在脱离殖民统治后充分保障国内人权，那么即使宣告独立也不等于就有效行使了自决权。"④自决的目的是为了实现和保障人权。到20世纪末，有近90个前依附领地（包括原殖民地和受托管的领土）相继获得了独立。这一成就从一个侧面有力地说明，自决原则已经成

① 参见［澳］G. 特里格斯：《人民的权利和个人的权利：冲突还是和谐》，载黄森、沈宗灵主编：《西方人权学说》（下），四川人民出版社1994年版，第299页。

② ［澳］R. 里奇：《发展权：一项人民的权利》，《西方人权学说》（下），四川人民出版社，第285页。

③ 参见徐显明、曲相霏：《人权主体界说》，载夏勇等主编：《法治与21世纪》，社会科学文献出版社2004年版，第156－157页。

④ Antonio Cassese, *Political Self-Determination*; *Old Concepts and New Developments*, *in his* (*ed.*) *UN Law/Fundamental Rights*; Two Topics in International Law, Alphen aan den Rijn: Sijthoff and Noordhoff, 1979, p. 137.

为国际人权保护的基本内容之一，并且对促进国际人权保护起到了积极的促进作用。①

所以，自决权和个人人权的正确关系应当是：自决权是个人行使权利的前提、保证和中介，只有民族实现自决，建立独立国家，个人的权利才能受到法律和物质保障而得以实现；个人权利的实现是自决权的出发点和归宿。自决权不是个人人权的简单相加，其已独立于个人人权，与个人人权并行不悖，互为表里。②

（二）自决权与个人人权的界分

自决权虽然发展成了一项集体人权，与个人人权一样都体现着人的价值尊严和人的存在意义，但它与个人人权又有着很大的不同。人权事务委员会第12号一般性意见指出：自决权特别重要，因为它的实现是有效地保障和执行个人的人权和促进加强这些权利的重要条件。基于这个理由，成员国在两个国际人权公约中将自决权规定于其他权利之前，将其作为第1条。《公民权利和政治权利国际公约》所规定的实体权利共分三部分，自决权虽仅为一条，但被单独列为一部分，一方面是由于它的重要性，另一方面则是因为它与公约所载的其他权利有些不同。③具体说来，作为集体人权的自决权与一般个人人权的区别主要表现在以下几个方面：（1）相对于个人人权而言，自决权是一项集体人权，是一项用来追求其他权利的权利，其手段性更强。集体并不是集体人权所包含的利益最终指向的对象，真正的受益者、作为目标而存在的人权主体永远是而且只能是个人。（2）自决权通常是遭受外国压迫或奴役者的语言，其针对的是异族的殖民统治。而人权基本上是国内被压迫或被剥削人的语言，他们主张人权主要是用以对抗或追求改变国内政治与法律实践。④人权的最大威胁来自统治者。⑤（3）自决权作为集体人

① 熊玠认为这主要是因为，自决权与人权在观念上有两个方面的共性：第一，与人权状况一样，促进自决有利于阻止战争；第二，与人权一样，自决权也是人民在反对统治者当局时所坚持的一种权利。［美］熊玠著：《无政府状态与世界秩序》，余逊达、张铁军译，浙江人民出版社，2001年版，第164页。

② 参见慕亚平著：《和平、发展与变革中的国际法问题》，法律出版社2003年版，第87页。

③ 杨宇冠著：《人权法——“公民权利和政治权利国际公约”研究》，中国人民公安大学出版社2003年版，第90页。

④ 参见 Jack Donnelly, *International Human Rights*, Westview Press, 1993, p. 20 – 21.

⑤ ［瑞士］托马斯·弗莱纳著：《人权是什么》，谢鹏程译，中国社会科学出版社2000年版，第4页。

权，通常与民族主义联系在一起；而个人人权作为个体权利，通常与民主主义联系在一起。换言之，自决权理论是民族主义的重要渊源之一，而一般人权理论是民主主义的重要渊源之一。（4）自决权与个人人权的区别不仅在其权利主体的不同，更在于其义务主体的不同。个人人权无疑以国家（即个人所属的国家）为其义务主体；但集体人权的义务主体，既不是集体自身，也不是组成集体的个体（集体的权力要求个体尽服从的义务），而是此集体之外的第三者。“在某些具体情况下自决权是国家针对外国所享有的权利”。①对于拥有自决权的人民来说，帮助其实现自决权的义务主体是对其进行殖民统治的外来国家。

四、观点辨析：关于自决权向个人人权渗透的学术主张

众所周知，自决权仅仅是集体人权，而不是个人人权。但是20世纪九十年代初以来在国际法上出现了一种新学术观点，主张自决权不仅是所有人民的权利，而且是每个人的权利。这种学术观点的提出，一方面是在非殖民化运动基本结束之后一些西方学者为解决自决权的“过时危机”而提出这一主张。另一方面也与“内部自决权”概念的提出直接相关。如果自决权不仅是人民的集体权利也是个人的权利，将自决权适用于主权国家内部的种族或部分人民也就不成问题了。即使不直接将自决权视为个人的权利，坚持“内部自决权”的思想也会自然地把自决权与个人的人权联系起来。例如，卡塞斯教授在解释两个国际人权公约共同第1条中关于“自由决定他们的政治地位”的规定时指出：“第1条第1款要求人民不受国内权力机构本身的任何操纵或不当影响地选择他们的立法者和政治领导人。从这个角度看来，要理解内部自决的确切途径必须参考公民权利和政治权利盟约的其他规定。内部自决的前提条件是允许一个整个人口的所有成员行使能够表达人民意志的那些权利和自由。因此，对内部自决的最好解释是将其理解为该盟约规定的所有权利的体现，特别是：言论自由（第19条）、和平集会的权利（第21条）、自由结社权（第22条）、选举权（第25条丑款）和较概括的

① ［意］F. 卡波道蒂：《人权走向世界的艰难历程》，《西方人权学说》（下），四川人民出版社1994年，第468页。

权利，即直接或通过自由选举的代表参与公共事务的权利。”他指出：“只有当个人的这些权利有了保障，才可以说整个人民享有内部自决权。”①在这里，卡塞斯不仅仅把“内部自决权”与个人的上述人权和自由联系起来，并且认为后者是前者的先决条件。弗兰克教授也认为到《公民权利和政治权利国际公约》生效时，“自决权已经进入它的第三个发展阶段：它不再是仅仅适用于特定领土（先是欧洲战败国，后是海外托管领土和殖民地）的规则，而成为每个人的权利。”②

从现实层面看，自20世纪70年代以来关于自决权与个人人权之间关系的争论一直就没有停止过。有些西方国家在强调“内部自决权”的同时，总是把自决权与国际人权文件规定的个人政治权利联系起来。例如西德1978年在联合国大会上指出：“自决权的内容要比仅仅是从殖民统治和外国占领下解放出来广泛得多。……1966年的国际人权公约第1条将自决权界定为自由决定他们的政治地位和自由谋求他们的经济、社会和文化的发展。《公民权利和政治权利国际公约》的第25条回答了人民如何自由决定他们的地位的问题。正像《世界人权宣言》第21条非常明确规定的那样，自决权与个人参与公共事务的权利是不可分割的。自决权的行使需要有一个民主过程，而民主过程与充分行使思想自由权利之类的人权又是分不开的……。”③但是，如果说“内部自决”的概念在西方尚未广泛流行的20世纪70年代，强调个人政治权利与自决权的联系主要是与冷战中的东方国家抗衡和削弱自决权的重要性的话，那么在冷战结束而且是在非殖民化走向终结的20世纪90年代，西方学者再次强调这种联系，甚至把个人政治权利的行使作为实现“内部自决权”的先决条件，就不再是由于东西方的对抗，而是西方国际法理论的一种新动向。④今后，国际法有可能把人权和自决更紧密地联系起来。

对于国际法上的自决权向个人权利渗透的这种学术观点及其理论动向，学术界给予了不同的评价，有的学者予以肯定，有的学者予以否定。就笔者

① See Antonio Cassese, *Self-Determination of Peoples, A Legal Reappraisal*, Cambridge University Press, 1995, p. 53.

② Thomas M. Frank, *the Emerging Right to Democratic Governance*, 86 American Journal of International Law 46 -91, 1992, p. 58 -59.

③ Allan Rosas, *Internal Self-Determination*, in *Modern Law of Self-Determination*, Edited by Christian Tomuschat, 1993, p. 239.

④ 参见白桂梅著：《国际法上的自决》，中国华侨出版社1999年版，第217 -220页。

看来，这种理论动向是危险的，因为它可能会产生以下负面影响：首先，导致干涉他国内政的合法化。西方发达国家将自决权解释为个人人权，表明了西方国家拥有将自决权的适用范围向主权国家内部延伸的意图，这是他们在为自己干涉他国内政奠定理论基础。众所周知，尽管有些西方国家有时也打着“人权高于主权”的旗号来干涉他国内政，但自决权毕竟是集体人权而不是个人人权，个人人权本质上还是国内管辖的事项。这样一来，他们即使借用作为集体人权的自决权来干涉他国内政，也是很有局限性的。但当将自决权发展为个人人权时，西方国家就可以堂而皇之地借着“人权高于主权”的理论来干涉他国内政了。其次，使自决权失去存在的意义。如果把自决权发展为个人人权，那么就很有可能会导致自决权的名存实亡。正如学者季卫东先生所分析：国际法上承认的自决权是一种集体性人权，其主体是殖民地和被压迫民族的人民或者主权国家内部的全体公民。当自决权发展为个人人权时，实际上自决权的主体就由复数的人民变成了单数的个人，集体性人权与个体性人权的界限也被抹消殆尽。在这样的状况下，人民自决的原则已经失去了本来的内涵，甚至不再具有存续的意义。①

① 季卫东著：《宪政新论——全球化时代的法与社会变迁》（第二版），北京大学出版社2005年版，第399页。

第八章 自决与自治

本来，自决与自治的关系既清楚又简单。但20世纪80年代以来，随着国际法学上“内部自决”概念的提出，使得自决与自治之间的关系变得复杂、甚至混乱起来。为了澄清一些概念和理论上模糊之处，也为了更好地通过比较的方法来深化对自决权理论的认识，本章将就自决与自治的关系来做进一步探讨。

一、自治的要义及其一般理论

“自治”在英文中是“self-government”，作为一种伦理哲学意义的用语，其意思是“自主”，即“autonomy”。auto意思是自我，nomos意思是法律，auto-nomy就是有理性的人给自己规定法律的理想境界。① 自治是指在未受外来影响或干预的情况下自主地作出符合自己意志的决定。②该词最早见于古希腊习惯法，它比主权概念更为古老，它体现了古希腊人对政治自由或自主的崇尚。将“自治”提升为一种政治学说，并形成为政治制度，则是近代资产阶级自由主义思想的产物。他们认为，既然天赋人权，人人生而平等，人们就有权决定和管理自己的事情，因此，民享只有通过民治来实现，真正的民主制必须是建立在自治的基础之上。美国学者大卫·海尔德认为，在当代社会中“实现自治民主制将比古典民主模式和以往的现代民主模式都要优越”。③而科恩则进一步认为：“只有人民自治的政府才必然是真正为人民利益的政府。”④基于这样的政治理念，西方资本主义国家在构建他们的政治制度时，将代议制民主与自治制民主结合起来，并将扩大自治的

① ［美］科恩著：《论民主》，聂崇信等译，商务印书馆1988年版，第273页。

② Anthony Neoh, *Hong Kong's Futrue: The View of a Hong Kong Lawyer*, 22 Cal. W: Int' lL. J., 1992, p. 332 – 333.

③ 参见黄文扬主编：《国内外民主要览》，中国人民大学出版社1990年版，第42页。

④ ［美］科恩著：《论民主》，聂崇信等译，商务印书馆1988年版，第227页。

范围、提升自治的层次作为政治改革的方向之一。

在不同历史时期、不同场合使用，自决的涵义不尽相同。现代政治学在民主或民治意义上使用的“自治”，主要描述两种情形：一是表明政治国家层面的自治，它还包含着公共权力在中央和地方之间按一定原则进行划分和配置的机制，地方则为拥有自治权的实体。二是指不具有国家政权性质的社会自治。当“自治”的观念被运用于宪政实践时，就产生了法治国家中的自治权以及相关的自治制度。自治权是指公民依据宪法和法律享有的管理其所属社区和行政区域内部事务的权利。自治权从内容上可以分为政治自治权和社会自治权，前者是指公民作为地方政治主体对地方国家事务的管理权，后者是指公民作为社团或社区成员，对本社团和社区共同体公共事务的管理权。在政治国家层面上，自治的关键属性是主权国家内的第二级实体在其权力范围内不受中央政府或联邦政府的干预，特别是该自治安排的主要目标是保持该实体独特的文化、宗教、种族、经济和其他认同。同样，自治权的大小也可通过第二级实体受中央政府或联邦政府控制的程度来衡量。在政制良好的国家，如加拿大、法国和英国等，代表语言、文化或区域的团体也提出了自治的要求，但此类自治实体不具有任何国际因素，由本国的法律加以确立和规范。①

根据自治的边界和自治的强度，西方学者将自治依次分为四个等级：第一个等级，文化自治型自治。这是最低层次的自治，在这种自治中，人们关注的是文化自由，要求在文学、艺术信仰和教育方面无拘束的自我表达的权利。文化自治或自主，实质上是个人内心的自治或自由在文化上的表现，表现为个人自由和文化多元化，它并非真正意义上的政治自治。第二个等级，法律自主型自治。这主要体现在土生土长的法官和不受限制的司法程序以及在法律面前人人平等上；种族歧视和社会偏见被视为对个人和集体尊严以及自我表现的专横限制。作为法治内在要求的法律自治，虽然是政治自治的有机组成部分，但它在实质上只是法律权威和公民平等权的体现，不能反映建立在公民自治权基础上的政治自治的全貌。第三个等级，内部政治自主或本土管辖型自治。在该等级的自治中，通常由共同体代表们来控制本共同体的

① Ruth Lapidoth, *Autonomy and Sovereignty: Are They Mutually Exclusive?* In New Political Entities in Public and Private International law with Special Reference to the Palestinian Entity, Kluwer Law International, 1999, p. 5.

经济、社会和政治事务。虽然这种自治不包括防务、法律和秩序以及外交事务，但是，本土管辖使成员能在很大程度上控制共同体的资源和社会政策。第四个等级，民族国家型自治。当自治是在单独一个共同体组成的国家形态上实行，即为民族国家的自治。由于当今主权国家极少是由一个单一民族组成的，因此，这种形态的自治在实践中极为少见。①

除了上述划分以外，1980 年美国国际法程序问题研究所为美国国务院进行了一项有关自治实体的综合性研究。该项研究报告将自治实体分为四类：（1）联邦制国家的成员国，它们平等地联合成为一个国家；（2）国际领土，基于政治考虑，它们在国际监督下产生；（3）联系国，它们较新近产生的领土单位，结成主要国与次要国关系；（4）混合类，即上述各种类型的混合。②需要强调的是，在国际场合，自治权难以定义，因为根据国际法而存在的这种地位有不同形式，如领土（区域性）实体、具有公民资格或不具有公民资格的自由联盟、保护国等，各具不同程度的自治权。此类自治实体可能具有多种国际因素。由国际条约产生的自治实体可拥有某种国际保证，中央政府与自治实体之间的关系受到国际监督，这意味着中央政府不具有单方面改变这种关系性质的权力。另外，国际法中的“自治”不同于国内法，“国家地位的实质平等是指在国家体系中，每个国家的自治。国家自治意味着某一个国家不隶属于任何外部的权威，除非它自愿地同意隶属这一权威。国家具有‘意志’、道德权威、同意的权力。拥有建立与其他国家的各种关系、达成协议和结盟的权力。依靠其同意的能力，建立关系和达成协议的能力，各国实际上就通过某种‘社会契约’创立了国际政治体系。”③可见，国际法上的自治主体通常是准国家实体，国内法上的自治主体通常是地方行政单位或少数民族。“即便有人认为道德义务仅限于个人之间，民族国家可被视为个人权利汇聚的共同体。同时，国家自

① 参见［英］戴维·米勒、韦皮·波格丹诺编：《布莱克维尔政治学百科全书》，邓正来等译，中国政法大学出版社 1992 年版，第 693－694 页。

② Brian Z. Tamanaha, *Post-1997 Hong Kong: A Comparative Study of the Meaning of High Degree of Autonomy with a Specific Look at the Commonwealth of the Nothern Mariana Islands*, 5China Law Reporter, 1989, p. 166.

③ ［美］路易斯·亨金著：《国际法：政治与价值》，张乃根等译，中国政法大学出版社 2005 年版，第 13 页。

治往往与国内个人和团体自治之间存在冲突。”①

通过对自治的以上分析不难看出，“自治”一词的意义很广，甚至从不同的角度来认识自治的含义会得出不同的结论。因此要给自治下一个确切的定义是不容易的。但是，可以肯定的是，自治的核心在于自己治理自己。②这是我们理解自治含义的根本之所在。

二、自决与自治的理论分野

“虽然绝大多数关于民族自决权的讨论都反映了这两者之间的混淆，但是自治与民族自决却是两个不同的概念。”③如上文所述，自治有国际法上的自治和国内法上的自治之分，但下面所讨论的自治与自决的关系，主要是就国内法上的自治与自决的关系而展开的。在笔者看来，自决与自治之间的区别是：

（1）内在含义不同。自决在英文中是“self-determination”，从本质上说，自决的基本含义是自己自由地决定，这可以通过各主要国际文件的规定，特别是其使用的“自由（地）”这一措辞来加以证明。④它在国际法上主要是指被压迫民族或人民的政治独立权。而自治在英文中是“self-government”，通常是指一个国家内部的民族或地区自我管理的权利。德国学者马克斯·韦伯（Weber，Max）认为，自治是相对于他治的一个概念，“自治意味着不像‘他治’那样，由外人制定团体的章程，而是由团体成员按其本质制定章程。”⑤“因为自治的概念，为了不致失去任何明确性，是与一个根据其特征以某方式可以划定界线的人员圈子的存在相关联的，哪怕是特征会有所变化，这个人员圈子依据默契或者章程，服从一项原则上可由它独立自主制订的特别法”。“依据默契或者制订成章程的制度，赋予一个人员圈子的自治，在本质上也不同于纯粹的缔约自由。”⑥这里所说的“人员

① 参见［美］约瑟夫·S. 奈、门洪华编著：《硬权力与软权力》，门洪华译，北京大学出版社2005年版，第68页。

② 参见文正邦主编：《宪法与行政法论坛》第二辑，中国检察出版社2006年版，第116页。

③ ［以色列］耶尔·塔米尔著：《自由主义的民族主义》，陶东风译，上海世纪出版集团2005年版，第63页。

④ 参见白桂梅著：《国际法上的自决》，中国华侨出版社1999年版，第152－154页。

⑤ ［德］马克斯·韦伯：《经济与社会》（上卷），商务印书馆1997年版，第79页。

⑥ ［德］马克斯·韦伯：《经济与社会》（上卷），商务印书馆1997年版，第56页。

圈子”就是团体，即社会组织。由此可见，自治是一种在一定的社会团体中，由其成员独立自主地制定章程，并由章程支配其成员行为的能力。它的核心是独立自主，即不受外力的干预和影响。就某一个少数民族而言，它与其他民族一起针对异族统治而共同决定本民族（即国族）的政治事务、经济事务、文化事务和社会事务，这种情形属于自决（即政治自决、经济自决、文化自决和社会自决）；而少数民族自我决定本民族（即种族）的经济事务、政治事务、文化事务和社会事务，这种情形属于自治。前者必须共同行使，而后者可以自我行使。

（2）所属范畴不同。表面上看，两者都含有自我决定的意思，但事实上，两者不属于同一个范畴。首先，从法律层面上来看，自决主要是国际法上的概念，而自治在更大程度上则属于国内法上的概念。但就国际法上的自决与国内法上的自治来说，两者之间没有必然的联系。当然，国际法上也有“自治”的提法，但它是指“国家的自治”，它意味着某一个国家不隶属于任何外部的权威，除非它自愿地同意隶属这一权威。就国家内部的构成单位（如少数民族）的自治问题而言，尽管也有人在学术上主张将国内少数民族的自治与国际法联系起来，但争议很大，至少在目前的国际法上尚不存在有关少数民族“自治”的规定。①其次，从政治层面上来看，民族自决具有缔造国家的功能，因而带有先于国家主权的性质；而民族自治是少数民族管理本民族内部事务的地方性制度，属于国家主权管辖的范围。作为一个法律概念，自治并没有明晰地被加以界定。因为在国内法上，自治的实践总是依照一国国内政治和族群关系的具体情况而设定的；在国际法上，少数民族群体是否享有自治的权利，则是一个长期以来存有争议的问题。这种争议的渊源，在于各主权国家认为自治制度的设置一方面可以成为国家化解民族间的紧张关系、保护少数民族权利、促进社会稳定的有效方式；而另一方面又可

① 在国际法上，少数民族群体是否享有自治的权利，则是一直存在着争议的论题。这种争议的渊源，在于各主权国家认为自治制度的设置一方面可以成为国家化解民族间的紧张关系、保护少数民族权利、促进社会稳定和整合的有效方式；而另一方面，又可能成为走向分离的第一步。这一矛盾的倾向，明显地反映在国际法上对“民族（或人民）自决权”原则的争辩中。要阐明一个国家的少数民族群体是否依据国际法享有自治权利，必须首先检讨国际法上的“民族（或人民）自决权”这一极富争议的原则是否可能衍生出自治的内涵。因为，规定“民族（或人民）自决权”这一重要的国际法原则的所有国际公约中都没有就“民族（或人民）”和“自决”这两个关键性术语做出过任何定义。20世纪80年代以来，国际法学者对这一问题的广泛讨论，特别是其中一些学者将自决权分成“内部自决”和“外部自决”理论的提出，使国内的少数民族的自治与这一国际法原则联系起来。参见周勇著：《少数人权利的法理》，社会科学文献出版社2002年版，第6－7页。

能成为走向分离的第一步。这种矛盾的倾向明显地反映在国际法上对人民自决权原则的争辩中。

（3）行为主体不同。从国际法上看，享有自决权的主体是摆脱殖民压迫、争取政治独立的国族（nation）或一国之全体人民；而享有自治权的主体是国族的某一成员——少数民族（nationality）或地方行政区域单位。换言之，主权国家内的少数民族不享有国际法意义上的自决权，只享有国内宪政意义上的民族自治权。自决权原则不适用于国内少数民族，在以主权国家为单位的内部关系中，共同组成一个国家的多个民族都是 nationality，大家共同构成一个 nation。例如 1978 年西班牙宪法就认为，西班牙这个 nation 是由不同的 nationalities 组成的，各个 nationality 都有权利实行自治，都有义务维护国家的统一。我国的民族区域自治制度也是建立在对不同的 nationalities 的承认基础之上的，也认为“中华民族”（Chinese nation）是由 56 个民族（nationalities）包括汉民族组成的。应当说，这是人类社会在民族关系与民族政治理论上取得的一大突破性成果，它否定了传统的西欧式的“民族——国家”模式。①以色列学者耶尔·塔米尔指出，每个民族的自决权利都应受到其他群体的尊重。一个群体行使了自决的权利，不等于为群体成员行使自治权利创造了条件。行使了自决权后，建立起来的政权也可能是专制政权。在专制政权下，很难谈得上真正意义上的“自治”。在一个专制国家里，其全体人民拥有自决权，但可能没有自治权。塔米尔写道：“不民主的民族国家将剥夺其成员的自治权，但不剥夺他们的民族自决权。民族自决的愿望不同于为公民权利和政治参与而进行的自由民主斗争，甚至可能与之相矛盾。”②

（4）政治功能不同。自决的核心价值目标是独立建国，它通常与殖民压迫相联系；“民族自决权是一种对身份的追求，而不是对穆勒式的自由与公民自由的追求。这不是为了‘法律权利的平等’而进行的斗争，也不是为了‘做自己愿意的事情的自由’（虽然人们可能也要这些）进行的斗争，而是为了承认而进行的斗争。”③而自治是解决国内地区差异或民族差异的

---

① 参见王建娥等著：《族际政治与现代民族国家》，社会科学文献出版社 2004 年版，第 256－257 页。

② ［以色列］耶尔·塔米尔著：《自由主义的民族主义》，陶东风译，上海世纪出版集团 2005 年版，第 64－65 页。

③ Berlin, *Four Essays on Liberty*, Oxford Oxford: University Press, 1969, p. 157－158.

一种有效手段。从理论上讲，承认区域差别只是自治的外在表现，而消除差别才是自治的内在要求。自治是特殊区域自主管理本地内部事务的形式，在特殊的区域针对特殊的情况实施特殊的管理，不是为了扩大区域本身的特殊性，而在于充分调动特殊区域的积极性，促进该区域的社会全面进步，缩小以至消除区域间的差距。自治作为基于特定的历史和地理条件而为少数民族设立的恰当的地方自治安排应更有效地反映少数民族的利益所在。这种自治在一定程度上具有防御多数人侵害的功能。但与此同时，又必须注意到这种自治的危险性，即它必须尊重和确保该管辖范围内的所有人的人权、平等和不受歧视的权利。非地方性自治的形式对于维护和发展少数民族的文化和认同是有帮助的。这种自治形式最适合于处理包括教育、文化、使用少数人语言、宗教和其他对于少数民族的认同和生活方式至关重要的事务。①自治产生的依据在于区域的特殊性，而这种特殊性又集中表现为区域间的差别，自治正视、承认这种差别而存在。单一制国家，客观上要求国家结构组成要素的“同质性”更多，而相对排斥国家结构要素中的“异质性”，强调整体的统一和权力的集中。如果统一的单一制国家结构中存在“异质性”要素，其如何与单一制国家整体以及与其他要素相互协调、“和平共处”？显然，既不能不顾现实差别而实行结构一体化，也不能将国家“异质性”的要素从其内部分离出来，形成完全独立的实体，这两种极端的做法都有害于单一制国家结构的稳定和发展。而最有效的解决办法，就是借助自治手段，通过这一手段的运用，不仅阻止单一制国家结构形式因“异质性”的存在而可能出现的分离，同时又正视和照顾到区域差别，使有着差别的区域与国家整体相互协调。我们认为，单一制结构内要素的“异质性”越高，自治运用的力度也越大，自治在稳定国家结构上的作用就越明显。②

三、自决与自治的内在关联

虽然自决不同于自治，但它们之间并不是没有联系的。自决和自治都强调自主性，与自由有密切关联。因此，两者之间也存在着某种内在的通

① 参见周勇著：《少数人权利的法理》，社会科学文献出版社2002年版，第31页。

② 参见牟军：《自治论——对改革开放以来自治的综合评价》，载《西南民族学院学报》（哲社版）1996年第1期。

融性。

(一)自决:自治的前提

当一个国家或民族处于外来殖民主义统治或压迫时，它在政治、经济、文化、军事等方面均受到了其宗主国的控制，其国家主权受到了严重的损伤。在国家不能独立自主的情况下，作为其构成单位的地方区域根本谈不上去实施所谓的“自治”。要实现国家内部的真正自治，首先要通过行使自决权从外部来摆脱殖民主义的统治，实现独立建国。所以，对于一个尚处于殖民压迫下的民族来说，民族自决权的目标是摆脱殖民主义统治，实现独立建国，获取国家主权。主权国家建立后，少数民族（或特殊行政区域）才可以享有在国家主权的范围内管理本民族（或本地区）内部事务的自主权，即自治权。从这一意义上说，“自治以自决为先决条件”。①很难想象，一个处于殖民主义统治下的国家或民族，在其内部的构成单位会享有真正意义上的自治权。

从某个殖民地的全体人民通过行使自决权来独立建国的时序来看，它首先面临的是国家地位的选择（即独自成立主权国家抑或与其他国家合并），其次是政府形式的选择，再次是具体制度的选择。自决和自治作为两种不同的行为分别处于上述时序的不同阶段。自决是这个时序上的第一个步骤；而自治制度的选择和安排则属于国家具体制度的选择，是该时序上的第三个步骤。一般说来，自决在先，自治在后，且自决是实行自治的前提或基础。也可以说，民族自治是民族共同体通过行使自决权实现了独立建国后，在国家政权建设方面所作出的具体制度选择。

(二)自治:自决的一种结果形式

就国际法上的自决而言，其只是在一些特定的场合会与自治发生联系，譬如某一殖民地人民或其他被压迫民族在实现其自决权时，自治是自决权的实现形式之一。一个充分的民族自决权的行使结果，往往会倾向于建立独立国家，但这并不是自决权的唯一实现形式，自决的形式也可以选择其他方案，如与其他国家合并等。对此，1970 年《国际法原则宣言》宣称：“一个

① [英] 戴维·米勒、韦皮·波格丹诺编:《布莱克维尔政治学百科全书》，邓正来等译，中国政法大学出版社 1992 年版，第 693 页。

民族自由决定建立自主独立国家，与某一独立国家自由结合或合并，或采取任何其他政治地位，均应属该民族实施自决权之方式。”①根据这一规定，自治应属于“采取其他政治地位”的范畴。也就是说，自治可以成为实现自决的一个可供选择的形式。事实表明，在曾被列入联合国大会名单的非自治领土和托管领土中，除了大部分领土以独立建国的方式实现了自决外，也有少数领土实现了内部自治或与其他国家合并。②

自决的本质内涵是自我决定。少数民族与一国内的其他民族共同行使自决权独立建国后，为了更好地实现其自我决定民族事务的权利，自治便是很好的选项。从这一角度讲，自治是通过行使自决权获得独立建国后，为更好地自我决定民族事务的一种实现形式，但它本身不是自决权（更准确地说不是内部自决权）的组成部分。自决权的实现形式和自决权的组成部分是两码事。在研究这个问题的过程中，有学者提出某些国家实行的民族自治是不是人民自决的一种形式呢？笔者认为不是，这是一个国家内部的宪政问题，而不是国际法的问题，迄今国际法还没有发展到能够像欧盟法那样可以合法地干涉国家内部事务的程度。

四、自决与自治的混同：原因及危害

众所周知，20 世纪 80 年代末 90 年代初，在世界范围内出现了新一轮的“民族主义浪潮”，许多国家内部的种族纷纷打着“自决权”的旗号来从事分离主义运动，从而造成了西方学者所谓的自决权与国家领土主权完整之间的冲突。那么，如何协调或解决自决权与国家领土主权完整之间的这场冲突呢？

当时国际法学者曾围绕着这一问题进行过广泛讨论。在西方学者看来，当时要消除这种危机无非有两种方向性的路径选择：其一，只要宣布自决权原则已经过时，那么该权利也就不能被某些人所滥用。其二，承认自决权原则没有过时，此时又有两种情形。一是采用“排除法”，就像印度在签署两个国际人权公约时所做的那样，将其适用范围限定在殖民地和其他被压迫民族的范围；二是采用“包容法”，即通过扩大自决权内涵的办法，使其增加

① 王铁崖、田如萱编：《国际法资料选编》，法律出版社 1982 年版，第 7 页。

② 参见王铁崖等编：《联合国基本文件集》，中国政法大学出版社 1991 年版，第 863 – 869 页。

“内部自决”的含义来防止自决权与国家主权与领土完整的冲突。第一种选择似乎是行不通的，虽然世界上的殖民地当时已所剩无几，但自决权这时仍具有重要功能，特别是具有“防止”重新出现政治殖民主义和消除经济、文化殖民主义的功能；另一方面，自决权也不单单是殖民地和其他被压迫民族人民的权利，而是“所有人民”的权利，因为两个国际人权公约明白地规定：“所有人民都有自决权”。即使殖民地不存在了，其他非殖民地人民仍拥有这项权利，国际法没有限定它的适用范围仅仅是殖民地的人民。对于第二种选择中的第一种情形，也是不能够成立的，因为如前所述，在自决权发展为集体人权以后，自决权是所有人民的权利，这里的“所有人民”既包括殖民地和其他被压迫民族的人民，也包括独立主权国家的人民。这样一来，似乎只剩下第二种选择中的第二种情形了。

许多西方学者都认为，“内部自决”可以消除因分离与国家领土完整的冲突使自决原则面临的“危机”。因为作为内部权利，“可能要求一国从根本上重新调整国内法，以便达到对该权利的遵守，但无需重新划分国家的边界。”①他们认为自决的内涵正由“外部自决”变为“内部自决”。依据卡塞斯教授的观点，“内部自决权”就是“真正自治”的权利，是可以反复行使的权利；外部自决权就是独立建国的权利，是一次性权利。②他提出“内部自决权”概念，是想通过扩大自决原则的内涵，以“内部自决”取代“外部自决”，最终达到消除含糊的自决原则所衍生的分离权与尊重国家主权和领土完整的原则相冲突的目的。这种内外划分，便使得国内自治问题与国际法的自决问题联系了起来。

总之，将自决与自治的关系搞混的一个重要原因，是西方学者将自决划分为内部自决和外部自决，并将“内部自决”等同于自治，甚至用“内部自决”的概念来取代自治。这种做法的危害是严重的。如前所分析，将自决与自治混同起来，就混同了国内事务与国际事务的界限，等于将自治这一本来由主权国家管辖的国内事项，纳入到了国际法的调整范围，这势必会导致强权国家干涉他国内政的合法化。解决这一混乱的办法很简单，那就是不要在国际法层面上进行自决权的内外划分。

---

① Gregory H. Fox, Book Review: *Self-Determination in the Post-Cold War Era: A New Internal Focus?* 16 Michigan Journal ofInternational Law, Spring, 1995, p. 734.

② Antonio Cassese, *Self-Determination of Peoples, A legal Reappraisal*, Cambridge University Press, 1995, p. 102 – 102.

五、案例解析：自决与自治关系的另一种误读与调适

“存异并立”的自治模式是解决国内地区差别或民族差别的有效手段，也是处理种族纠纷和文化冲突的通行做法。其特点是通过彼此的隔离，以便实现“井水不犯河水”，但隔离有时也未必能完全解决问题。除“存异并立”的自治模式之外，还有没有其他行使自治权的补充性方式或者更好的方式？也许英国处理北爱尔兰问题的模式会给我们带来点滴启示。

（一）北爱尔兰问题之考察

北爱是大不列颠及北爱尔兰联合王国的一部分，面积1.4万平方公里，目前人口约150多万。北爱尔兰民族问题历史由来已久。12世纪盎格鲁—诺曼人开始入侵爱尔兰，军事占领并没有使爱尔兰人屈服，而政治、文化上的同化更是难以实现。爱尔兰人完好地保留了自己的语言 文化传统，特别是16世纪天主教分裂出新教后，爱尔兰人是虔诚的天主教徒，而英国移民后裔则改信新教。宗教信仰的不同，使两个民族极为不和，互相把对方视为异教徒。宗教冲突并不妨碍英国进一步控制爱尔兰。1541年英王亨利八世同时兼任爱尔兰国王，并把英国国教传入爱尔兰，这段时间大不列颠和爱尔兰一直是在分分合合的纠纷之中。1801年爱尔兰加入英国国会，1922年组建自由邦享有自治权。1937年12月正式脱离英国，独立自主，它在二次大战期间保持中立，1949年宣称自己为共和国并脱离英联邦，只留下北部六郡，即北爱尔兰，主要原因是此六郡的爱尔兰人只占33%，大多数仍是自大不列颠岛移来的苏格兰人和英格兰人的后裔，为新教徒。新教徒和天主教之间因宗教和种族背景上的区别，生活方式互异，各自居住在不同的地区，界限分明。虽然议会与政府都是通过民选产生的，但因新教徒人数较多，所以他们控制了大部分政治资源。天主教徒在教育、就业机会、房屋分配和其他社会福利方面，待遇不公，备受歧视，以至于双方隔阂甚深。①

英国政府面对北爱的问题颇感头痛，政府有鉴于北爱新教徒宁愿战死而

① 参见葛公尚主编：《当代国际政治与跨界民族研究》，民族出版社2006年版，第105－110页。

不愿接受爱尔兰的统治，因此决定实行分割主张（一个国家为了更精确地根据民族或种族来划分政治疆界的政治再组合）。然而，人口占少数的天主教徒却执意并入爱尔兰自由邦，在选票上无法胜过联合份子，却又有使联合份子不容忽视的利益与数量实力，为此，北爱尔兰的新教徒便实行多数独裁统治；相反，在北爱尔兰自由邦中，新教徒人口虽只占十分之一，却受到良好的待遇，两相对照，差异极为悬殊，这更增加了天主教徒的不满。

英国于1949年通过《爱尔兰法案》，此特别条款主要侧重于明定北爱必须在北爱尔兰史托芒特地方议会一致决定下才能决议是否脱离英国。然而1972年，北爱尔兰地方议会属于休会状态，因而英国时任首相席思（Edward Heath）决定另寻他途以确认北爱的地位问题。1973年北爱地区针对国境投票议题而举办公民投票因应而生。公民投票的结果显示，赞成北爱地区并入爱尔兰的有6463票，仍留大英国协的有591820票，投票率达58.6%，这是一个显而易见的结果。新教徒认为此次公民投票有助于保持其利益和优势，因此有87%的新教徒去投票，而天主教徒根本不认为此次公民投票有任何意义，也了解到自己渺无胜算，因此只有不到2%的天主教徒参与了投票。但此次公民投票仍达到了相关决策者的目的，确立了北爱在英国的地位，并对外界做了一次有效的宣传活动，使国外深信北爱继续成为英国的一部分完全是出于自愿。然而，其根本族群对立的问题却丝毫没有得到改善，甚至更趋严重。在宗教、种族背景、生活方式等均不相同的两个对立族群里，人口较多的一方以民主的名义去压榨少数的族群并不符合民主，必须要用其他更根本的方法解决。

（二）从“存异并立”模式到“求同分享”模式

面对上述问题，英国政府开始思考，用一种什么样的方式来弥补这种“隔离”自治的不足呢？英国政府在经过认真的探索之后，开始推行由“存异并立”模式向“求同分享”模式的转变。从英国处理北爱尔兰独立运动的实践经验中，我们可以看到：自主权诉求的焦点可以从“存异并立”式的自治转移到“求同分享”式的共治，争执不下的双方最终统一到某种互相理解和各自接受的制度之下。其宗旨是“从社会的争夺到社会的共有”、从分离到合作，主要内容是通过“同意的原则”、“社群交叉共识（cross-community consensus）”、对少数派权利的保护措施等制度安排来促成不同族群在对等的条件下共同参与决策，从而实现“分享权力”的目标[①]。这种从分离到共有的解决方案虽然也存有缺陷，但的确取得了显著成效，有不少值得借鉴之处。实际上，英国处理北爱尔兰的独立与自治问题的方案也再次证明了关于组织化社会中存在着退出和抗议之间正负相关的逻辑结构的赫施曼（Albert Hirschman）命题的普遍性[②]。因为提出分离和独立诉求的几乎都是少数者，所以自治的实质在于如何适当调整多数派与少数派的关系，维持两者在政治交涉中地位、机会以及资源动员能力方面的对等性，以防止对少数族群的投票力进行稀释（vote dilution）。[③]

（三）经验与启示

尽管国际法没有赋予少数者群体行使民族自决权的权利，但不可回避的问题是，在一个国家内，一旦居于主导地位的多数民族自己确定了为其民族和文化利益而滥用国家权力并由此而压制少数民族的目标时，少数民族就会毫无保护可言。而少数民族一旦对这个国家失去所有信任，他们就会全力以赴地创建自己的国家或者移民离开原来的国家。但是，在实践中，他们通常会打着行使“民族自决权”的旗号。“当然，在分裂过程中，一个受到歧视的少数民族只有在他们居住相对集中的情况下才能要求得到平等对待。否则，新的问题还会改头换面之后再次出现。在一般情况下，要想消除歧视，不能依靠民族独立，而只能依靠包容。”[④]

长期的隔离自治并非良策，可能会导致“内部自治到外部自决”的诉求。有没有一种办法防止内部自治向外部自决方向发展？有，共治。英国处理北爱尔兰的“求同分享”模式及其经验值得我们进一步研究和借鉴。

就我国的民族区域自治制度来说，它基本上是一种以族别身份为标准所作的制度安排，这就可能导致对国家离心和向心两种因素的同时出现。向心的格局是通过强调对民族国家的忠诚而实现的，在此过程中，国旗、国徽、国歌等政治符号都是强调的因素。此外，以国家为行为主体的外交、体育、

---

① Cf. S. Farren and B. Mulvihill, *Beyond Self-Determination Towards Co-Determination in Ireland*, Etudes Irelandaises Vol. 21 No. 1, 1996.

② Albert O. Hirschman, *Exit, Voice, and Loyalty: Responses to Decline in Firms, Organizations and Sates*, Cambridge, Mass.: Harvard University Press, 1970.

③ 参见季卫东著：《宪政新论——全球化时代的法与社会变迁》（第二版），北京大学出版社2005年版，第397－398页。

④ ［德］哈贝马斯著：《论包容他者》，曹卫东译，上海人民出版社2002年版，第167页。

会展等也在塑模国家的心理边界方面起着非常重要的作用。与此同时，民族区域自治又在少数民族与主体民族之间划定了一条明显的界限。少数民族群体通过自治的途径管理自己的内部事务，发展本民族的语言、文化、宗教事业。这样一来，民族分立的事实就可能始终存在。而自治天然具有的对管辖权无限扩大的追求和主权国家的权力控制之间也存在着矛盾。因而也就导致了离心因素的出现。①同时，民族区域自治的实施也可能会强化实施自治的民族的自我意识和主体意识，从而认为某区域由哪个民族实施自治，该地区就属于哪个民族，进而由“民族自治”去追求“民族自决”。

对于该问题的解决办法，笔者认为，制度性措施之一，②就是可以借鉴英国在北爱尔兰问题上实行“求同分享”的做法及其经验。长期的“并立存异”并不是解决问题的永久之计。“存异”是必要的，但不能永久性地停留在“存异”的层面上。应该在“存异”的基础上去积极的“求同”，找到“共同”之所在，然后积极培育、慢慢扩大“共同”，以最终消除“差异”，实现“共治”，这才是正确的选择。就制度安排来说，自治的制度选择是基于“存异”，是为了保护少数，但自治本身并不能消除“差异”，有时还会扩大“差异”，所以，在实施“自治”制度时，一定要富有高瞻远瞩的战略眼光，适时地铺设一些向“共治”发展和转化的政策轨道。这对于我国今后在民族区域自治制度的基础上，如何建构进一步加强和发展同少数民族自治地区的关系的新模式，实现五个民族自治地区和汉族地区的共同繁荣，以促使个别民族由“分离”向“合作”的转变，具有重要的启示和借鉴意义。同时，对于我国在“一国两制”框架下加强大陆与港、澳、台地区的政治整合与和谐发展，也具有重要的启示和指导意义。

① 李成武：《多元社会里的自治与统一——论中国的民族区域自治制度》，载程中原主编：《中国特色社会主义：奠基·开创·发展》，当代中国出版社2004年版，第112页。

② 笔者认为解决这个问题有两个重要的制度性措施，另一个是将该问题同未来我国行政区划体制的扁平化改革联系起来解决。所谓我国行政区划体制的扁平化改革，就是有些学者主张缩省（即把目前省级行政建制的数目增至60至70个，每个省的管辖范围从而缩小）的基础上减少我国行政区划层次（一般为三级）的改革。笔者赞同这种观点，并认为这应是我国行政区划体制改革的未来方向和目标。借鉴国外经验，考虑到我国实际，省级行政区划应大体在60个左右比较合适。尤其是考虑到西藏、新疆等边疆地区，民族问题较多，与目前面积过大和过分的一体化不无关系，因此，可根据民族风俗、地理位置、经济水平、安定状况等标准，将它们适度分成若干个省级行政区，可以更加有效地维护国家统一和社会稳定。参见王英津著：《转型中的中国政治和法治》，台湾博扬文化事业有限公司2005年版，第225页。

第九章 自决与民主

从表面上看，自决和民主都含有人民自己决定自我事务的含义，两者在理念方面有很多相似甚至重叠之处。正由于如此，有人时常将两者混同起来，特别是“内部自决”概念的提出，使得自决与民主的关系更加复杂化，学界甚至有人将“内部自决”和民主等同了起来；而现实中，有些分离主义势力借着自决与民主的某些关联性，人为地进行概念的偷换和嫁接，来为其分裂国家领土的行径作理论辩护。另外，两个国际人权公约第1条第1款规定：“所有人民都有自决权，凭着这项权利他们自由地决定本国的政治、经济、文化和社会发展的权利。”这一规定与民主是什么关系？很多学者将这一规定看作是“自决权等同于民主”的国际法依据。那么，我们怎么来看待这一规定与民主的关系呢？基于澄清并回答以上问题，我们必须对自决与民主的关系进行一番梳理，以深化对诸如此类的现实问题的认识。

一、民主的由来及内涵

在当代，民主已具有一种普遍承认的政治价值。那么，民主的确切含义是什么？民主的评判标准是什么？至今学界还没有达成共识。

从词源学来看，“民主”（democracy）一词是由希腊语的demos（人民或地区）和Kratia（统治或权力）演变而来，其最初的含义就是“人民的权力”或“人民的统治”。希腊历史学家希罗多德首次使用这一概念，用来概括和表述希腊城邦的一种政治实践，即城邦事务由公民所参加的公民大会通过直接讨论和投票表决的方式来作出最终决定。当时，这种“民主”被当作许多可能的政府形式之一，在这种政府形式中，权力不是属于某一个人或某一部分人，而是属于每一个人，或者更确切地说，属于大多数人。尽管民主观念起源于古希腊，可是，在古希腊民主观念产生以后的很长时间里，民主却被视为“暴民政治”或“愚民政治”，而君主制和贵族制却一直是政治发展的主要方式。直到近代资本主义社会，民主观念才又得以复活。在资产阶级革命以及建立并巩固资本主义社会制度的过程中，资产阶级进一步阐发了民主概念的含义：民主来源于“自然状态”下对国家及其权力的“社会契约”；“人民的权力”集中地表达为“人民主权”或“主权在民”，认为人民是主权者，是国家的主人，国家的一切权力都来源于人民，每个公民都享有参加管理国家的平等权利，每个公民都是权利的自由主体；民主的普遍原则是天赋人权、权力分立与制衡、法治、“少数服从多数”（实际上主要被理解为选票上的多数）等，把这些原则当作判断是否民主的一般的、普遍的或曰绝对的标准。①

目前学术界对民主还没有统一的定义，不同的学者从不同的角度给民主下过不同的定义。列宁曾将“民主”解释为：“民主是多数人的统治”。②20世纪40年代，约瑟夫·熊彼特曾在美国将民主定义为：“民主的方法即达成政治决策的一种体制安排，在这种决策过程中，个人通过竞争赢得人民的选票以获得作决定的权力。”③美国学者乔·萨托利还从这个角度对民主作了如下定义：“民主是这样一种制度，其中谁也不能选择自己进行统治，谁也不能授权自己进行统治，因此，谁也不能自我僭取无条件的和不受限制的权力。”④美国学者罗伯特·达尔认为，民主包含着：有效地参与、平等地投票、获得文明的理解、对议程有最终的控制等内容。⑤尽管学者们对民主所下的定义有所不同，但这些定义还是能反映出民主的一般特性，那就是，在现代社会，民主并不仅仅意味人民可以直接去执掌和行使国家权利，而更多的是指国家管理必须基于人民的意志。在民主国家里，国家管理和国家决策只有建立在人民意志的基础上，才具有正当性或合法性。

二、自决与民主的差异

“民族自决权不能被简化为其他的人类权利，特别是，不能被等同于政

① 《简明不列颠百科全书》（6）（中译本），中国大百科全书出版社1988年版，第5页。

② 《列宁全集》第22卷，人民出版社1990年版，第53页。

③ Schumpeter, J., *Capitalism, Socialism and Democracy*, 6th ed. London: Unwin Paperbacks, 1987, p. 269.

④ ［美］乔·萨托利著：《民主新论》，冯克利、阎克文译，东方出版社1998年版，第233页。

⑤ See Robert A. Dahl, *On Democracy*, Yale University Press, 1998, p. 38.

治参与权利或言论、新闻、集会、结社自由。”①自决和民主也是两个不同的概念。自决是一个综合性概念，而民主则属于政治概念。概括起来，两者的不同主要有：

（1）在创设疆界方面的不同。不论在理论上还是在实际上，民主都需要确立范围，确立边界。纽约州选州长，别州的人无权参与；纽约州通过的决议只适用于纽约州，对别州无效，且不能违背联邦宪法，如此等等。没有预设疆界的“民主”并不是民主，因为无法判定“多数”。民主政治必须在大家已经预先接受了的领土疆界范围内运作。②正如美国耶鲁大学政治学家达尔所指出，民主选举只能决定既定政治体内部的事务，却不能用于决定政治体的边界，因为民主选举的多数原则的计算，已经预设了大家共同接受的政治体的边界。③可是，自决却正好意味着要创设边界，或要对这个范围、这个边界作修改，要质疑或否定这个范围、这个边界，所以它和民主有区别。

（2）在实质内容方面的不同。从本质上看，民主的本质是人民当家做主；而国际法上自决旨在“去殖民化”。前者是相对于“国内专制”而言的，而后者是相对于“殖民统治”而言的。从根本上说，自决是指人民作为一个整体的自主性和独立性；而民主则强调制约性和程序性，从而形成对政府的制约。从根本上说，民主就是人民群众依照宪法和各种法律所规定的程序和形式来约束政府，管理国家，使之不能为所欲为，使之按人民的意志和利益行事。国家政治也因之而体现出它的民意性、公开性和科学性。

（3）与独立建国的先后关系不同。一般说来，自决行为往往发生于国家独立或成立行为之前，从非殖民化的历史可以看出，大量的殖民地和被压迫民族通过自决来实现国家独立，或许可以说，自决是民族或国家独立的重要手段。而民主通常后于国家的独立或成立，在殖民地里无所谓民主可言；换言之，民主是一个国家内部如何落实和操作人民主权思想的具体制度；只有先有基于人民主权思想的国家，尔后才能谈得上民主。所以，有的学者认

---

① ［以色列］耶尔·塔米尔著：《自由主义的民族主义》，陶东风译，上海世纪出版集团2005年版，第66页。

② See David Held, Anthony McGrew, David Goldblatt and Jonathan Perraton, *Global Transformation: Politics, Economics and Culture*, Stanford University Press, 1999, p. 46 – 49.

③ 转引自潘维著：《法治与“民主迷信”——一个法治主义者眼中的中国现代化和世界秩序》，香港社会科学出版社有限公司2003年版，第318页。

为，自决权是人民自由选择国家地位的原则，而不是自由选择政府形式的原则。后者是民主原则。所以，自决是先于国家诞生的行动，它首先涉及的是独立建国问题；而民主首先涉及的则是一个国家建立之后的制度选择问题。自决所涉及的是主权地位的变化而与变化之后主权任何行使无关。简言之，自决在先，民主在后，以独立建国为界，自决是独立建国之前的行动，其目的指向是独立建国，而民主是独立建国之后的活动，其目的指向是如何保障人民当家做主。

（4）在制度化保障方面的不同。自决权是非制度化的权利，而民主是制度化的权利。自决权是国际法上规定的人权，是一种集体性权利，是抽象的而不是具体的，难以将其制度化，因而难以得到法律上的保护，甚至无法在权利受到侵害时得到法律救济。从国际法上说，国家是保障自决权实施的义务主体，但国际法不像国内法一样有一套确保其实施的具有强制力的执行机制，国际社会对主权国家只有激励、促进、作出建议等非强制性的作用。路易·亨金在其《国际人权与权利在美国》一文中指出："当一个国家尊重和保障人权方面有欠缺的时候，国际人权法不是去取代国内法和国家机制，而是努力促使该国家改进其国家法律机制，使他们更为有效。"①国际政治理论大师汉斯·摩根索也指出：与国内法相比，国际社会呈现无政府状态，不存在一个在主权国家之上的权威机构，不存在集中、统一的立法、执法、司法机构，国际法功能呈现分散特性。国际法要有效地发挥作用，必须取决于各国的国家利益互补以及国家之间权力分配的均衡，但国家利益的分散化、权力分配的不均衡却在不断地起作用，导致国际法难于有效地发挥作用，各国主权独立存在是国际法功能分散的根源，是导致国际法"软法"、"弱法"的根源。②以上学者们对于国际法局限性的分析，有利于我们正确地认识国际法上有关自决权的规范性文件的法律实施效力和保障机制问题。而民主权利是国内法（主要是宪法）上规定的权利，可以通过法律将其制度化，是具体的，在受到非法侵害时可以及时地得到法律救济。

（5）在主体及功能方面的不同。自决权和民主权利都是人民所享有的权利，但民主权利只有在民主国家里人民才能享有，而在专制国家里人民则

① 转引自富学哲著：《从国际法看人权》，新华出版社 1998 年版，第 57 页。

② 参见［美］汉斯·摩根索著：《国际纵横策论——争强权，求和平》，卢明华等译，上海译文出版社 1995 年版，第 350 页。

不能享有；换言之，在君主制国家里，人民虽有自决权利，但无民主权利。但自决权就不同了，它是一个国家内的全体人民所享有的权利，正如两个国际人权公约第1条所规定的："所有人民都有自决权"。不论是民主共和国，还是君主专制国，其人民都享有这一权利。从功能上来看，自决权带有去殖民化和排除外来干涉的含义。而民主则强调的是人民如何当家做主，它只带有排除国内专制和独裁的意思，而不带有排除外来干涉的意思。

（6）在权利性质方面的不同。从两者在国际人权公约中的条文规定和位置安排来看，它们的性质是不相同的。人权事务委员会的一般意见指出，从《公民权利与政治权利国际公约》的规定来看，自决权体现于第1条的规定，而民主权利更多地体现于其第25条的规定。①该公约第25条承认并保护每个公民参与公共事务的权利、选举和被选举权利和参加公务的权利。无论现行宪法或政府采取何种形式，只要加入了该公约，该公约就要求各缔约国通过必要的立法和其他措施，确保该国公民具有有效的机会，享受该公约所保护的权利。第25条是基于人民的同意和符合该公约的原则的民主政府的核心。但第25条规定的权利有别于人民自决权。根据该公约第1条第1款所载的权利内容，人民有权自由地决定其政治地位，体现这一方面的具体实例是人民摆脱殖民主义而获得解放和禁止将人民置于外国征服、统治和剥削之下。第25条涉及个人参与构成公共事务的这些程序的权利。这些权利作为个人权利，可以根据第一项《任择议定书》提出申请。②

两者的不同除了表现在以上这些内容之外，还表现在两者联系的非必然性。所谓联系的非必然性，就是指两者之间不存在引起与被引起、前因与后果的逻辑关系。具体来说：自决与民主之间虽然存在着先行与后继的关系，但不存在引起与被引起、前因与后果的关系。在一定程度上，自决权对于建立一个以民众意愿为基础的国家政体是必要的，但却不是一个充分自足的原则。自决可以独立建国，但不能保证所建立的国家一定是民主国家，即它不能解决民主问题。也就是说，通过自决可以实现国家的独立，但独立后的国

① 该《公约》第25条的原文是："每个公民都应有下列权利和机会，不受第二条所述的区分和不受不合理的限制：（甲）直接或通过自由选择的代表参与公共事务；（乙）在真正的定期的选举中选举和被选举，这种选举应是普遍的和平等的并以无记名投票方式进行，以保证选举人的意志的自由表达；（丙）在一般的平等的条件下，参加本国公务。"参见董云虎、刘武萍编著：《世界人权约法总览》，四川人民出版社1990年版，第978页。

② 参见杨宇冠主编：《联合国人权公约机构与经典要义》，中国人民公安大学出版社2005年版，第228－229页。

家并不一定是民主国家，也可能是专制国家；换言之，自决并不必然地导致民主，它与民主之间没有必然的逻辑关系。正如有的学者所说："按照以人民意愿进行统治、民主政府的合法性来自其居民同意这样一种理论观念，自决权当然是最基本的、最符合逻辑的，是民主政治的逻辑结果。它同样也是爱国主义情感的必然结果，深深根植于公民情感之中，所有这些都是理性的、逻辑的。然而，对民主自由政府来说，自决权却不是一个令人满意的答复。它所能提供的仅仅是我们所说的外部主权，由最初一致同意而建立起来的摆脱外国统治的自由。就广为接受的主权定义而言，它意味着政府'不效忠于任何更高权力，其本身在国内秩序中就是最高的'。但是，这并不意味着其公民可以享受政治权利和人权，或民主的理性国家中的基本自由。阿明（Idi. Amin）统治下的乌干达肯定具备了外部主权定义的条件，而且从外国控制下获得了自由。但是，处在本地独裁者专制统治下的乌干达居民所享受到的自由和人身安全的保证，是有限度的。乌干达并不是一个例外。我们还可以列举其他同样的例子。自决权本身并不提供可以避免多数人暴政的保证，也不能避免少数人——政治少数——通过欺骗和暴力的手段获得政权。"①

三、自决与民主的关联

自决与民主虽然具有重要的区别，但并不意味着两者之间没有任何关联。事实上，两者之间也存在着一定的联系。主要表现在：

（一）早期的自决与民主的交织性

近代历史上早期资产阶级的民族自决诉求在价值体系上与平等、自由、博爱的资本主义民主精神是紧密联系在一起的。从历史上看，中世纪西欧的君主制，往往和异族国王的统治联系在一起。当时的"民族自决权"口号通常包含着对帝国统治和异族君主主权的双重反抗，因而其不仅具有反对君主专制的民主主义性质，也具有反对异族统治的民族主义性质。到了19世纪，西欧民族自决的观念伴随着民主的思想有了进一步的发展，引起了欧洲

① ［美］菲利克斯·格罗斯著：《公民与国家——民族、部落和族属身份》，王建娥、魏强译，新华出版社2003年版，第114页。

未独立民族的密切关注。E. H. Carr 曾经描述道："在这令人欣喜的进步中，民族自决和民主相伴而来。民族自决实际上可能暗含在民主思想中，因为如果在关涉个人归属某一政治体的事务上，每个人应受尊重的权利都能得到认可，那么在关涉该政治体的形式和范围上，他也被假定拥有同等受尊重的权利。"①民族自决不仅有效地瓦解了封建专制制度，冲破了宗教神权对人们久已成习的思想禁锢，也契合了资产阶级实现人民主权的民主革命的时代诉求。所以，从历史上看，早期西欧的自决诉求与民主诉求是交织在一起的。也正因为如此，早期的思想家们在关注自决时，都将它与民主联系在一起。譬如，威尔逊就是从典型的西方民主观点关注自决问题的。他的自决概念是以被治者的同意为基础的，他也因此而被认为是将自决与民主联系在一起的典型学者。

（二）自决与民主的同根性

从根本上讲，自决和民主两种思想都根植于"主权在民"或人民主权学说。现代民主理论认为，民主的本质是人民当家做主，主权在民是现代民主政治的核心。国家权力来源于人民，人民是国家权力的本源主体，民主政治是人民主权的逻辑必然。对于这个结论，人们不会产生质疑。那么，为什么说国际法上自决权的理论基础也是人民主权学说呢？从表面上看，人民主权学说是国内政治的概念，是现代民主国家建构的理论基础，它不是一个国际政治或现行国际法的概念，但众所周知，自决权只适用于非殖民化的场合，它的行使主体只能是殖民地和其他被压迫民族的人民。在处于被殖民统治或被异族压迫的状态下，殖民地和其他被压迫民族的人民原来所属的国家已不存在或已不完整存在，这时国际法不可能将自决权授予已不存在或已不完整存在的国家，而只好将自决权授予这片领土上的人民，因为人民是权力的最终所有者。自然，这片领土的政治地位就由居住于其上的人民来决定，人民自然也就成为这片领土上享有最高事务决定权的主体，即自决权主体。

（三）自决：推动民主的重要杠杆

主要表现在以下几个方面：（1）从国际实践来看，大多数通过行使自决权而独立建国的人民，在受到民族主义鼓舞的同时，也强烈地受到民主主

---

① Edward Hallett Carr, *Conditions of Peace*, New York: Macmillan, 1942, p. 39.

义的影响。因此，在推翻外来殖民统治的同时，也扫荡了国内专制主义的历史文化。他们在独立建国时，大多选择能够体现大众利益的民主政体。即使有些国家继续采行专制主义政体，也由于人民在实现自决过程中所带来的民主意识的觉醒而使专制政权很不稳固。（2）在有些专制国家将他国的领土强行纳入自己的版图以后，本来并不想改行民主制度。但对于被兼并领土上的人民而言，他们在对内民主的前景不看好的情况下，通过与中央政府的协商以及其他压力活动就分离独立达成合意，或者反过来以对外自决为杠杆来推动原来专制国家的民主化转型。换言之，虽然对内民主权利的享有不一定就能充分阻止对外自决的主张，但为了避免分离则必须加强对内民主权利的制度性保障。在这种意义上，自决可以成为推动民主化的一根杠杆。（3）卡塞斯教授依据1970年《国际法原则宣言》中的“保留条款”，认为：“如果一个主权国家的政府是代表其整个人口的，就是说它允许任何团体平等地参与政治抉择过程，特别是它不以种族、宗教或肤色为由拒绝这些团体的参政，那么这个政府就是尊重自决原则的。其结果是，只有当政府以种族、宗教或肤色为由拒绝这些团体的参政时，他们才有权主张自决权。”①在这里，卡塞斯教授所主张的种族团体的自决权是有条件的，即他们必须是被剥夺了参政权利的团体。实际上卡塞斯是要强调：一个国家的全体人民享有代表性民主政府的权利。卡塞斯在这里所谈的问题是国家内政问题，它是否可以作为国际法调整的范围，这在国际法理论界尚是一个富有争议的问题。就笔者的观点来视之，也不赞同卡塞斯的这一观点（详见本书第三章中“学科划分法”的意义部分）。但不管将来争议的结果怎样，也不管笔者是否赞同这一观点，但有一点是应该承认的，那就是：这种观点对于主权国家内部政治体制的选择以及政治发展产生了不可忽视的影响，有些国家为了避免国内出现打着“自决权”旗号的分离，从而采取措施去积极加强本国的民主制度建设，充分保障人民参政议政的权利。从这一意义上说，自决可以推动民主化进程。

四、关系混乱的自决与民主：表现及根源

根据美国总统威尔逊的观点，自决是建立在“政府的正当权力来自于

① Antonio Cassese, *Self-Determination of Peoples, A Legal Reappraisal*, Cambridge University Press, 1995, p. 112.

被治者的同意”这一理念之上的一个概念。约翰逊教授从国际政治的分析角度，把外部和内部自决与民主和民族主义紧密地联系在一起。他指出：“民主的理论既然主张民族建立在人民同意的基础上，那么它就是主权的，可以决定自己作为国家的地位。结果产生的民族国家是人民民主意志的政治表达，同时也是民族主义愿望的实现。”约翰逊教授通过强调人民的同意或人民民主的意志与民族和民族国家之间的关系，把内部和外部自决有机地结合起来了。①托马斯·弗兰克将“内部自决”理解为人民的民主权利，即人民享有代表性民主政府的权利。②加拿大学者 Jayawickrama 将这项权利描述为“人民自由地选择他们愿意在其下生活的政府形式，自由地谋求经济、社会和文化发展的权利。”这种将两个国际人权公约第一条第 1 款作为人民的民主权利的解释在西方学者中是比较普遍的。③

如前所述，自决与民主本来就存在着重要的区别，但为什么在很多场合下人们将自决与民主紧密地联系在了一起，甚至将两者混同起来了呢？通过区分宪政意义上的自决权和国际法意义上的自决权，我们可以发现，自决与民主的联系更多地体现于宪政意义上的自决权与民主之间的密切联系。之所以会造成自决与民主关系的混乱，在很大程度上是因为人们混淆了宪政意义上的自决权和国际法意义上的自决权的不同，并将宪政意义上的自决权与民主之间的联系，误认为是国际法意义上的自决权与民主之间的联系。从政治学的角度来看，自决权与民族紧密相联，在一个主权独立的民主国家里，两者具有相当的重合，具有较为基础和根本的性质；而民主则是如何实现人民主权或人民自决的制度，是操作技术性问题，和自决权相比较，它具有手段性、工具性的特点，民主的基本价值之一就在于为实现人民主权或人民自决权提供一种开明的政治制度保障。简言之，人民主权或人民自决权解决的是谁拥有主权或最高决定权的问题，而民主解决的是在确认人民拥有主权的前提下，怎样去实现人民主权或人民自决权的问题。所以两者在逻辑上紧密相连，但从国际法的角度来看，两者并不具有上述联系。国际法意义上的自决属于国际法调整的范畴，而民主属于国内法调整的范畴，两者尽管有联系，

---

① Harold S. Johnson, *Self-Determination within the Community of Nations*, 1967, p. 27.

② Thomas M. Franck, *The Emerging Right to Democratic Govermance*, A. JIL, No. 96, Vol. 1, 1992, p. 58.

③ See Nihal Jayawickrama, *The Right of Self-Determination: A Time for Reinvention and Renewal*, 57 Suskachewan Law Review, 1993, p. 3 -4.

但联系不大。如果我们不分辨所讨论话题的学科视角，将运用政治学视角来分析两者关系所得出的基本结论，套用于在国际法层面上对两者关系所作的分析，所得出的基本结论肯定是错误的。

对国际法有关条文的错误解读也是导致自决与民主关系混乱的重要原因。例如，有人认为，现行国际法赋予了人民对抗专制政府的自决权。其理由是：两个国际人权公约第 1 条的规定（即“所有的人民都有自决权；依据这个权利，他们自由地决定他们的政治地位，自由地发展他们的经济、社会和文化。”）赋予了一个国家的全体人民拥有对本国事务的最高决定权，人民用这个最高决定权来对抗本国的专制政府。笔者认为，这种理解不符合国际法的原理和宗旨。因为这一规定表明，自决权不仅仅是独立建国，也指一个国家的全体人民自主地决定本国事务。但这一规定，是赋予一个国家之全体人民的，而不是一部分人民的。其目的是排除或反对外国干涉或新殖民主义，而不是干涉一个主权国家的内政。假如借着这一规定去插手他国内政，这与国家主权原则是相冲突的。可见，国际法的这一规定旨在保障一个国家全体人民免遭殖民化的命运，一旦遭受殖民统治，他们就可以凭借着这项权利去推翻或消除殖民主义。不能把这一规定理解为：国际法赋予了一个国家的全体人民享有最高事务的决定权，如果那样的话，等于赋予了一个国家的人民对抗专制政府和君主政体的权利。事实上，一个国家的全体人民是否享有最高事务的决定权，那是一个国家的内政问题。当然，目前有人主张在国际法上作出这一规定，譬如当前国际法上民主权利的主张、世界民主的主张等就是这一思想的表现。但是，这仅仅是一种学术观点，或者是一种倡议，而不是现行国际法规范。另外，倘若这样理解这一规定，它就是有的国际法学者所说的“内部自决权”的部分内容，难怪有的学者直接将这一规定看作是“内部自决权”的国际法依据。可见，把这一规定理解为国际法赋予了一个国家的全体人民享有最高事务的决定权，理解为国际法赋予了“内部自决权”，并且把内部自决权等同于民主权利，是不科学的。可见，对国际法条文的误读使得自决与民主关系更加混乱。当然，至于怎样决定本国的政治、经济、文化和社会的发展，那是一个主权国家内部的事务，属于民主政治的范畴，国际法无由加以规范。

同时，“内部自决”和“世界民主”等概念的出现，又加剧了这种混乱。从表面上看，民主与西方学者所说的“内部自决”在很大程度上是同一个东西，甚至有些学者如 Thornberry 教授直接将“民主自决”与“内部自决”等同起来。①这是非常有害的。这在理论上加剧了概念之间的混乱，使得自决与民主、自治的关系变得扑朔迷离；在实践上它经常被分离主义者所利用。也有学者认为，不加区别地把政治参与、民主等权利主张和要求都冠以“自决”的头衔，不仅会淡化自决的现有含义和作用，而且将转移有关方面对个人和群体的政治、经济、文化权利的关注，从而对这些权利产生消极的影响，最终也不利于对有关权利提出主张和要求的个人或群体的权利和利益的保护。

五、一种相关的理论动向及其评析

本来人民享有代表性的民主政府的权利，以及一国的少数者团体的自治权或自主权，都属于由国家的宪法或基本法规定并通过相应的国内立法加以保障的权利。但当前国际法学界有一种值得注意的倾向，即在西方学者竭力强调“内部自决权”与个人政治权利存有密切关系的同时，他们中的一些人又提出了国际法上正在或已经形成一项新权利（即民主权利）的主张。②有学者认为，国际法上正在形成一套“民主治理的规范”。也就是说，民主正获得“国际人权”的地位；③有关“民主合法性”的法律标准正在形成；④“民主政府”正被确立为国家获得承认的标准之一。⑤只有民主政府才可以被承认为国家合法性的代表。为了国际法上的目的，他们还认为，民主治理应当，可以说也正在成为一项国际法上的权利。早在1992年，弗兰克教授就曾发表了一篇题为《正在出现的民主统治权利》的论文，该文指出：“民主正在朝着这样的方向发展，即变成全球的权利，一项逐渐地将由国际集体程序促进和保护的权利。”弗兰克教授断定：“不能否认，一项部分地以习惯，部分地以对条约的具体解释为基础的新的法律权利正在创立的

---

① Patrick Thornberry, *The Democratic or Internal Aspect of Self-Determination*, Christian Tomuscht: Modern Law of Self-Determination, 1993, p. 101.

② See Thomas M. Frank, *The Emerging Right to Democratic Governance*, 86A. J. I. L., 1992, p. 52.

③ Cerna, C., *University Democracy: An International Legal Right or the Pipe Dream of the West*? 27 New York University Journal of International Law and Politics, 1995, p. 329.

④ Fox, G., *The Right to Political Participation in International Law*, in *National Sovereignty Revisited: Perspectives on the Emerging Norm of Democracy in International Law*, Proceedings of the American Society of International Law, 1992b, p. 253.

⑤ Slaughter, *International Law and International Relations Theory: A Dual Agenda*, 87 American Journal of International Law, 1993, p. 236.

过程中。”弗兰克把这项正在产生过程中的法律权利称为“法律”，并认为“这一正出现的‘法律’要求将民主作为衡量统治的有效性的标准，它不仅是某个具体国家的法律，例如美国根据其宪法将民主作为国家统治的前提，而且正在成为国际法的一项要求，在区域和国际组织的帮助下对大家都适用并通过全球的标准加以实施”。①英国国际法学者克劳福德（James Crawford）教授认为，国际法正在谋求在民主的内容或标准上达到最低程度的协议。克劳福德认为《世界人权宣言》第21条、《公民权利和政治权利国际盟约》第25条、《欧洲人权公约》第一号议定书第3条、《美洲人权公约》第23条以及《非洲人权和民族权宪章》的有关规定都是对民主概念的详细说明。②

在弗兰克的学说中，民主的主张得到了自决原则和国际人权保护的支持。他评论道，选举权和参选权在20世纪80年代之前就包含在人权条约之中了。《世界人权宣言》、《公民权利和政治权利国际公约》和某些区域性条约都包含了这样的规定，“人人都有平等机会参与本国公务的权利”，并“在真正的定期的选举中选举和被选举”。③其他学者也同样主张，在《世界人权宣言》和人权公约中得到确认的民主治理权利，现在终于步入了国际法的殿堂，结束了它长久以来“被违反而非遵循的命运”。④这些论点清晰地表明，这里所谓的“民主治理”以真实的定期选举为其“要旨”。民主治理的权利就是有权参与选择本国政府的过程。弗兰克对此解释道：“当被用作国际权利的用语时，‘民主’意指那种因被治理者同意而合法化的治理模式。其合法性的关键在于，要有证据证明，民众同意政府为其咨询的程序。”⑤福克斯认为，定期真实选举的权利必须被视为最重要的民主权利，因为它是保障其他民主权利的基础。不论在何种情况下，这都是需要最先受

① See Thomas M. Frank, *The Emerging Right to Democratic Governance*, 86 American Journal of International Law, 1992, p. 46 –91.

② See James Grawford, *Democracy and International Law*, British Yearbook of International Law, 1993, p. 113 –114.

③ Universal Declaration of Human Rights, art. 21; International Covenant on Civil and Political Rights, art. 25.

④ Crawford, J., *Democracy in International Law: Inaugural Lecture*, Cambridge: Cambridge University Press, 1994, p. 7.

⑤ Thomas M. Frank, *The Emerging Right to Democratic Governance*, 86 American Journal of International Law, 1992, p. 46 –91.

到国际法律保护的方面。①

针对民主治理的国际法规范正在出现的说法，托马斯·卡罗瑟斯提醒人们说："人们必须小心，不要被走向民主的趋势冲昏头脑。"②他认为，尽管这种趋势在欧洲和拉丁美洲十分明显，但阿拉伯世界、非洲和亚洲却鲜有证据显示它们正朝着自由主义民主政治的方向转变。不管怎么说，这些地区的历史要复杂得多。掩盖这一事实其实是在营造"肤浅的普世主义"，它极大地夸大了对自由主义民主形成的共识。③一旦将更为复杂的现实因素纳入考虑范围，问题就开始变得含混起来，很难说清国家实践是否能够支持民主治理规范正在出现的结论。用卡罗瑟斯的话来说，"对于为民主建立一条习惯法的做法，我们不得不有所迟疑。事实是，许多民族国家并不实行民主，也不把它当作理想。"④布拉德·罗思也同样发现，"自由主义民主的正统性"扎根于一般国际法的说法缺乏依据。在他看来，民主治理规范潜藏着使国际法沦为"干预主义强国之玩物"的危险。⑤马尔蒂·科斯肯涅米也警告人们要小心"帝国主义的抬头"。民主治理规范很可能不过是成为"一种以西方自由主义的政策为蓝本，倡议偏远社会实行合乎国情的管理的呼吁。"⑥如果承认这项权利及民主治理规范在国际法上的存在，就意味着将过去认为属于国家管辖范围内的许多事项都交给国际法调整，这种混淆甚至试图彻底打破国际法与国家管辖事项之间的界限的做法，似乎是世界多数国家所难以接受的。

① Fox, G., *The Right to Political Participation in International Law*, *in National Sovereignty Revisited: Perspectives on the Emerging Norm of Democracy in International Law*, Priceedings of the American Society of International Law, 1992, p. 270 – 271.

② Carothers, T., Empirical Perspectives on the Emerging Norm of Democracy in International Law, *Proceedings of the American Society of International law*, 1992, p. 262.

③ Carothers, T., *Empirical Perspectives on the Emerging Norm of Democracy in International Law*, Proceedings of the American Society of International law, 1992, p. 262.

④ Carothers, T., *Empirical Perspectives on the Emerging Norm of Democracy in International Law*, Proceedings of the American Society of International law, 1992, p. 264.

⑤ Roth, B., *Democratic Intolerance: Observations on Fox and Nolte*, 37 Harvard International Law Journal, 1996, p. 236.

⑥ Koskenniemi, M., *The Future of Statehood*, 32 Harvard International Law Journal, 1991, p. 233.

六、本章结论

当某一种权利有其独特的价值时，其存在才是有意义的；如果它的价值可以被其他的权利所替代，那么它就失去了其存在的意义。在国际法上，自决权是指去殖民化，如果把国际法上的自决权划分为内、外自决权，再将对内自决权与国内民主权利等同起来，这等于将自决权这一集体人权最终转化为了个人人权。这一方面很有可能导致外国假借民主的名义干涉内政，另一方面在把自决权融化为个人权利之后，不仅不会使自决权继续存在下去，反而会断送自决权存在的命运。笔者认为，避免这一后果的最好办法，就是不要将国际法意义上的自决权划分为内、外自决权，也不要将内部自决权与民主权利相嫁接，即不要在政治学和宪法学等学科中使用“自决权”的概念。因为政治学和宪法学等学科中的已有概念，如“民主”、“人民主权”、“直接民主”、“公民投票”等足以表达“内部自决”所要表达的思想。在这种情况下，没有必要再去创制一个新的概念来对其进行表达；否则，概念多了，就会产生使用概念上的繁琐，甚至造成概念之间的混乱，从而为偷换概念开了方便之门。诚然，如果在宪政意义上有些思想用原有的概念的确表达不出来，而需要借助于新的概念来表达，发明一个新概念这无可厚非。但因为时髦，人为地创制新概念，除了造成概念之间的混乱之外，没有其他意义。

第十章　自决与分离

自决权与分离权的关系是一个十分复杂的问题。人民自决权是否包括分离权的问题在非殖民化过程基本结束时显得格外突出。各国学者对这个问题的回答存在很大分歧。造成这些分歧的因素是多种多样的，但主要是人们对人民自决权原则概念的误解以及对现行国际法上的自决问题与国内公法上的这个问题之间的区别存在的模糊认识。首先，自决权没有任何确切的定义，结果使一些人错误地将自决权与分离权必然地联系在一起，甚至将自决权等同于分离权。笔者认为，这是一种严重的概念上的混乱。从许多学者的著述中都可以发现这种混乱的影子，它使研究自决权问题的专家们感到困惑，令主权国家不安。即使像卡塞斯这样的著名学者也时常难以摆脱这种混乱的影响。①这种把自决权等同于分离权的思想也是造成国际法上关于自决权的理论混乱的重要原因之一。其次，由于“分离主义”这个词带有某种程度的贬义，故分离主义团体通常比较喜欢借用“自决”这个中性的词语。这也在一定程度上加剧了自决与分离的混乱。

由于自决权与分离权关系的混乱，分离主义者通常借着行使自决权的旗号来为其分裂行径作理论辩护。因此，进一步厘清自决权与分离权的关系，防止自决权在地方分离主义的催化作用下变成不断对国家领土主权进行切割的工具，成为一项迫切的研究课题。

一、自决权不包含分离权

（一）分离与独立的不同涵义

1. “分离”（secession）的内涵

分离是指某一个主权国家一部分或几部分脱离母国。如中国近代史上的

① 参见白桂梅著：《国际法上的自决》，中国华侨出版社 1999 年版，第 178 页。

外蒙古从中国脱离出去；1903 年巴拿马从哥伦比亚脱离出去成为独立国家；1971 年属于巴基斯坦的东巴基斯坦宣布独立，成立孟加拉国。分离的部分可能成立独立国家，也可能成为另一个国家的一部分，也可能与另一个国家合并，这些都可能是分离的结果。分离的重要前提是分离的部分在分离前是母国的组成部分。分离是发生在一个现存主权国家内部的事情，分离发生后母国仍然存在。国际法上虽然常常可以碰到“分离”这个概念，但那只是国际法的具体领域所涉及的国际社会中的政治现象，而且仅涉及这种现象的结果，国际法对“分离”行为本身并不触及。例如，国际法上的承认和继承制度都涉及分离这个现象，因为当一个主权国家的一部分从该国分离出去，或建立独立国家、或与他国合并或成为他国之一部分，对于现存国家来说就可能会发生承认的问题，对分离出去的实体以及与其相关的现存国家，将发生国际法上的继承问题。但是，这些国际法制度对分离行为本身，如分离的合法性或正当性等问题并不问津。到目前为止，国际法上尚不存在任何规范分离行为的规则。

2. 与“独立”、“分立”的涵义比较

要理清分离的涵义，还必须澄清它与分立、独立等几个容易混淆的概念的涵义。

第一，独立（independence）。就是在国际关系中不依附其他任何政治实体，通常特指包括殖民地在内的非自治领土、托管地领土及其附属领土实现自主。如：二战后亚非拉的殖民地半殖民地获得独立而成为新兴民族国家。独立与分离有联系也有区别。联系主要是：分离的结果可能是独立。因此，人们在使用这几个术语时容易将它们混淆。另外，在汉语中“独立”的含义有时与分离相同。例如，平时说某国的一部分“闹独立”，实际上就是“闹分离”的意思。①“分离”和“独立”在一定程度上能够构成因与果的关系，但是，两者不能互相替代。分离可以用来说明独立的原因，但不足以表达独立的含义；独立可以用来描述分离后的状态，但不能用来描述分离本身。另外，要求独立的实体原本就不是宗主国的一部分，从国际社会的实践来看，多数在非殖民化运动中宣布独立的实体都是殖民地和其他附属领土，而要求分离的实体却是原主权国家内部的一部分。

第二，分立（dismemberment）。为了更清楚、更深入的理解独立与分离

① 参见白桂梅著：《国际法上的自决》，中国华侨出版社 1999 年版，第 181－183 页。

的区别，我们还必须将这两个概念与“分立”这一概念区分开来。所谓分立亦即解体，是指一个国家分裂为两个或两个以上部分，各部分分别成为独立国家或并入他国。原有国家因分裂而不复存在。①如第一次世界大战后，奥匈帝国分裂为奥地利、匈牙利和捷克斯洛伐克；1960 年西非的马里联邦分裂为马里共和国和塞内加尔共和国；1961 年阿拉伯联合共和国分裂为埃及和叙利亚；1991 年苏联分裂为十五个独立的主权国家。它在国际法上的地位与分离是相同的，即国际法仅涉及其结果而不关心其行为本身。但是有一点必须特别指出，分立或解体对母国产生的影响与分离完全不同。前者使母国的国际人格完全消失，因此不发生分立与母国国家领土完整冲突的问题；后者仅使母国失去部分领土，母国作为主权国家依然存在，只是其领土完整因此而遭到了破坏，因而分离能够引发与母国领土完整的冲突。正是由于分离对母国的这种影响，才使自决权是否包括分离权成为学术界的敏感话题。由于同样的原因，区别分离、独立和分立这几个不同的概念对于我们研究自决权问题具有重要意义。

第三，自决权与“分离权”的区别。自决权是指殖民地人民或托管地、非自治领土的人民在非殖民化过程中所行使的实现国家独立的权利，他们在行使自决权而完成独立时，并没有损害到宗主国的领土主权完整，但是，“分离”的情况就截然不同了，它是指主权国家之内的某一部分地区或部分人要从母国分离出去，这种行为直接破坏了国家的领土与主权完整，如果国际社会允许这种所谓“分离权”的存在，其后果将十分严重。说到底，国际法不支持“分离权”的根本原因，是因为它与维护一个国家的主权和领土完整相对立，这严重违背了联合国的宗旨和目的。

自决与分离从表面上看都是一个国家的一部分从整体中脱离出去而实现独立建国。这是两者在表面上或形态上的相似点。但从深层次上看，所脱离出来的这部分领土在自决和分离的语境下所揭示的意义是不一样的。从他们与被脱离国家整体的关系来看，因分离而脱离出来的这一部分原来就是被脱离国家的一部分，但因自决而脱离出来的这一部分原本就不属于被脱离国家的一部分，只是后来因殖民统治而将其纳入了被脱离国家。许多学者将自决与分离混同起来，主要是只看到了两者的相似点，而没有看到两者的内在

① 参见［英］詹宁斯、瓦茨修订：《奥本海国际法》第一卷（第一分册），王铁崖等译，中国大百科全书出版社 1995 年版，第 143 页。

差异。

(二)国际法上的自决权不包括分离权

自决权的原始含义是在区分压迫民族和被压迫民族的基础上，将民族自决权确定为殖民地、半殖民地人民以及被压迫民族在政治上与压迫民族自由分离的权利，即政治独立权。但在现实政治中，人们却常常将外部自决权与“分离权”联系在一起。正如消除种族歧视委员会在关于自决权的一般性建议时所指出：“委员会注意到，种族或宗教团体或少数群体经常提到自决权，视之为指称的分离权利的基础。”①只要考察自决思想的流变，我们就可以发现，自决权与分离权没有必然的联系，自决权不包括分离权。②

1. 非殖民化运动中的自决权包含的是独立权，而非分离权。众所周知，殖民地和其他被外国占领或统治的领土，从来就没有被它们的宗主国视为其领土的组成部分，而是作为它们的海外属地对待的。殖民地人民及其他被外国占领或统治的领土上的居民也没有与宗主国本土的居民同等的地位。从殖民地及其他被压迫民族的角度来看，它们过去曾经是独立的民族国家或某个主权国家的一部分，是帝国主义的侵略和殖民主义统治才使它们处于被压迫、被奴役的地位。因此，殖民地及其他被压迫民族的独立和解放既是结束被压迫、被奴役地位的一种方式（而且是最主要的方式），也是它们的一项权利。但是这种权利不是分离权，因为这与从一个主权国家分离出去没有任何关系。因此，殖民地及其他被压迫民族的自决权所包含的应该是独立权，而不是分离权。可见，用非殖民化运动来支持自决权包括分离权的观点，显然是站不住脚的。③

2. 国际法不承认分离权。国际法对待分离主义则一直是采取不予鼓励的否定态度。这种否定态度反映在以下几个方面：

（1）相关的国际法律文件明确表示不支持分离行为。从国际法的角度

① 杨宇冠主编：《联合国人权公约机构与经典要义》，中国人民公安大学出版社 2005 年版，第 294 页。

② 我国学者慕亚平则不同意这种观点，他认为自决权的主要内容就是分离权，“只要承认了民族自决权就是承认了独立权，而承认了独立权也就承认了分离权。因为分离权是民族独立行为的外在形式或者过程之一。换句话说，就实质而言，只要承认了民族的独立权，无论民族是通过分离的方式，还是通过分立的形式都无关紧要，都不会影响其独立行为的合法性。”参见慕亚平著：《和平、发展与变革中的国际法问题》，法律出版社 2003 年版，第 124－126 页。

③ 参见白桂梅著：《国际法上的自决》，中国华侨出版社 1999 年版，第 190 页。

看，在民族自决与分离主义相关问题上，联合国有两个非常重要的决议：1960年的《给予殖民地国家和人民独立宣言》和1970年《国际法原则宣言》。除了重申自决权原则只适用于仍在托管的前殖民地和没有形成住民自治政府的领土外，这两个文件都为防止“民族分离主义者”破坏国际秩序而作了专条规定，着重强调了只有在三种情况下可以支持民族自决：殖民主义统治、外国占领和强加的政治统治，以及种族主义政权，同时申明支持民族自决并不表示鼓励现存主权国家内部少数民族的分离独立的要求。像绝大部分国际法的文件一样，这两个重要决议在强调民族自决、反对殖民主义、支持民族独立的原则前提下均特别包括了对国家主权原则的保护条款。前一个宣言第六条明文规定：“任何旨在部分地或全面地分裂一个国家的团结和破坏其领土完整的企图都是与联合国宪章的目的和原则相违背的。”①后一个宣言更明确地指出：“民族自决权”原则，“不得解释为授权或鼓励采取任何行动，局部或全部破坏或损害在行为上符合上述各民族享有平等权及自决权原则并因之具有代表领土内不分种族、信仰或肤色之全体人民之政府之自主独立国家之领土完整或政治统一。”②所以，按照国际法，自决权主要适用于非殖民化过程中民族国家独立运动的情形，而并非针对已经建立的多民族国家内的民族分离运动。由于分离主义严重冲击着现存的国际政治秩序，所以联合国在其文件和决议中特别区分了民族自决与分离主义的不同。对于在少数族群地区全民公决或选举分离主义地方政府的情况下的分离要求，主权国家的中央政府并没有接受其要求的法律责任和一般义务。③因为国际法的条文中都不承认分离是单方面可以完成的行为，同时在国际法中承认主权国家政府具有对分离要求的处置权力。

（2）长期以来国际社会对各国维护主权统一的行为持以支持的态度。国际法允许主权国家以武力维护国家领土主权，允许主权国家对武装分裂势力采取军事行动。国际法不鼓励分离主义，不仅因为国际法是建立在主权国家的基础之上的法律体系，而且因为国际社会如果对分离主义势力让步，只能导致越来越多的战乱和灾难，危害世界和平与稳定。从联合国其他机构对自决权的一些意见也可以看出联合国对这个概念态度还是明确的。联合国消

① 王铁崖、田如萱编：《国际法资料选编》，法律出版社1982年版，第11页。

② 王铁崖、田如萱编：《国际法资料选编》，法律出版社1982年版，第8页。

③ 参见［德］沃尔夫刚、格拉夫、魏智通主编：《国际法》，吴越、毛晓飞译，法律出版社2002年版，第270页。

除种族歧视委员会第21号建议。该一般性建议指出："委员会（指联合国消除种族歧视委员会——笔者注）注意到一些种族或宗教团体或少数民族经常引用自决权作为他们要求分裂的根据……委员会强调，根据《国际法原则宣言》，委员会的任何行为都不可理解为授权或鼓励任何旨在全部或部分地分裂或损害国家的领土完整和政治统一，如果该国是遵循人民平等权利和自决权利的、独立和有主权的，并具有代表该领土上的全部人民，而没有种族、信仰或肤色的区分的政府。委员会考虑到国际法并没有承认人民通常有权利单方面地宣布脱离一个国家，在此方面，委员会遵循《和平日程》中所表达的观点，即国家分裂可能不利于保护人权和维护和平和安全。"① 联合国前秘书长吴丹明确指出："至于一个成员国的特定部分的分离问题，联合国的态度是明确的。作为一个国际组织，联合国过去从未接受过、现在不接受，而且我相信永远也不会接受某一成员国的一部分分离出去的原则。"②

（3）国际社会对因分离而诞生的新国家的承认持以谨慎的态度。在国际政治行为和国际惯例中，一般不支持也不接受单方面用极端的方式来实现的分离行为。但如果要求分离的一方通过赢得战争来实现分离并且在分离地区建立了有效的统治，或当事国在事实上处于解体的状态，国际社会在当事国承认既成事实的情况下最终也可能会接受分离的事实。但无论如何，当事国政府的现实状况和明确态度至关重要。在当事国拒绝接受分离的情况下，国际社会一般不会承认分离的事实，联合国也不会接受新独立的政治实体为

① 引号中的汉语是根据英文译出的，不是联合国文件的原文。鉴于这段文字对于加深理解"自决权"的有关问题有着及其重要的意义，兹将原文注释出来，以便读者对照："The Committee notes that ethnic or religious groups or minorities frequently refer to the right of self-determination as a basis for an alleged right to secession……The Committee emphasize that, in accordance with the Declaration of the General Assembly on Friendly Relations, none of the committee's actions shall be construed as authorizing or encouraging any action which would dismember or impair, totally or in part, the territorial integrity or political unity of sovereign and independent states conducting themselves in compliance with the principle of equal rights and self-determination of peoples and possessing a government representing the whole people belonging to the territory without distinction as to race, creed or colour. In view of the Committee international law has not recongnized a genernal right of peoples to umilaterally declare secession from a state. In this respect, the Committee follows the views expressed in the Agenda fou Peace, namely that a fragmentation of States may be detrimental to the protection of human right as well as to the preservation of peace and security. This does not, however, exclude the possibility of arrangements reached by free agreements of all parties concerned"。参见杨宇冠著：《人权法——"公民权利和政治权利国际公约"研究》，中国人民公安大学出版社2003年版，第95页。

② *United Nations Monthly Chronicle*, No. 2, 1970, p. 36.

正式成员国。回顾20世纪70年代的东巴基斯坦事件，当时东巴基斯坦从巴基斯坦分离出来建立了独立的孟加拉国以后，只有印度与不丹给予孟加拉国正式的国家承认。联合国对此采取了不干涉的态度，其相关决议也没有承认孟加拉国的独立属于民族自决的范围，并且在相当一段时间内拒绝承认新独立的孟加拉国。直到1974年2月巴基斯坦政府最终承认独立的孟加拉国之后联合国才接受其为正式成员国。当时的各主权国家在是否承认孟加拉国的问题上也是相当谨慎的，大多数是在它的母国巴基斯坦作出承认的决定后才陆续承认孟加拉国的。国际社会采取这种慎重态度与殖民地人民因行使自决权而宣布独立后的积极反应形成鲜明对比。这些都证明整个国际社会都没有把孟加拉国的建立与国际法上自决权的行使联系在一起。①

通过以上分析我们可以发现，国际法和国际实践均对分离权持否定态度。究其原因，主要是：分离与国家主权和领土完整是对立的。正是由于分离与国家领土完整之间存在着冲突关系，作为国际法主要“制定者”的世界各国根本不会制定出任何允许主权国家的一部分有分离权的国际法。因为主权国家不可能允许属于其一部分的人口和领土分离出去，不可能同意因国内的“民族分离”而导致其国力削弱，直至“国家解体”。如作为世界范围内非殖民化运动的先驱，美国是在推翻英国殖民统治的斗争中成为“美利坚合众国”，完成“民族自决”的；但独立建国后，作为西方国家的“民主典范”，美国在巩固和发展本国的历程中，却一直毫不含糊地排斥和反对本国内部的“民主自决”，特别是在国家领土问题上。有论者指出，按美国宪法第四条第三款的规定，国会有权调整州际关系中关于管辖区域的争执，但不可以变更领土的国家归属；美国可以增加新领土，但不容许以任何方式丧失美国现有领土。②19世纪美国南北战争，正是由南部各州通过“民主自决”独立建国而点燃导火索的。林肯的威望之所以在美国历届总统中超过“独立之父”华盛顿而名列第一，即因其在南北战争中领导美国人民浴血奋战，不惜流血牺牲维护了统一。林肯著名的“裂屋”演说，反对使“房子倒塌”、使“联邦解体”的分裂，在美国历史上留下了永不消逝的民族统一之音。美国和所有主权国家一样，对自己内部的任何“分离”行为都不会

① See Hurst Hunnum, *Rethinking Self-Determination*, Virginia Journal of Internationaal Law, Vol. 34, 1993, p. 49.

② 董云虎、刘武萍编著：《世界人权约法总览》，四川人民出版社1990年版，第283页。

容忍。世界上无论什么国家，都是国家的整体利益高于国家局部地区的利益，国家主权和领土完整不容许国家局部地区的“民族分离”。“民族分离”问题属于一国的内政，国家有权采取一切方式对“分离”行为进行阻止或镇压。马勒森（Rein Muller Son）教授还从法律和政治两个方面对国家否认分离权的态度作了分析。首先，在国际法上，如果承认一个实际上尚未取得国家资格的团体的分离要求，就将构成对国家管辖事项的干涉，从而违反联合国宪章。其次，在政治上，如果因承认分裂主义者从统一的国家中分离出去的要求而严重削弱国家原有的相对权力或从根本上诋毁它，主权国家都拒绝接受这种要求。主权国家都不情愿容许属于其一部分的人口和领土分离出去，是因为那将导致一个统一主权国家的财富、资源、权力的衰减，从而削弱其经济实力、国防能力和潜在的国际实力。①

以上分析表明，自决权不包括分离权。只要主权国家作为国际法的主要“制定者”这个事实不改变，国际法将来也不会承认导致破坏国家领土完整和政治统一的分离权。正如英国剑桥大学迈尔可姆·肖教授所说：“自决只限于公认的殖民地领土范围之内，任何想扩大这个范围的尝试都从未成功过，而且联合国总是极力反对任何旨在部分地或全面地分裂一个国家的团结和破坏其领土完整的企图。”②美国学者熊玠也同样指出：“在自决和尊重领土完整、国际法和国内法之间，并不存在必然永远的冲突。在各国和联合国的实践中，自决主要被限于殖民地情况，且不意味着分离的权利。……在自决的例子中，自决是由国际法确认的，许多细节则留给国内管辖权去处理，就像在处理有关国家继承权的所有事务那样。”③

分析至此，在自决权与分离权的关系上，我们可以澄清一个误区，即不能将殖民地、半殖民地人民和其他被压迫民族的自决权等同于分离权。由于绝大多数殖民地人民行使自决权的结果都是脱离宗主国并建立独立国家，致使人们误认为自决权包括分离权，甚至认为自决权就是分离权。实际上，殖民地并非其宗主国的领土组成部分，联合国体系之下的非自治领土和托管领

① 马勒森：《人民自决与苏联的解体》，载罗纳德·麦克唐纳主编：《王铁崖纪念文集》，1993年英文版，第580页。转引自白桂梅著：《国际法上的自决》，中国华侨出版社1999年版，第204－205页。

② Malcolm IV Show, International Law, Second Edition, 1998.

③ ［美］熊玠著：《无政府状态与世界秩序》，余逊达、张铁军译，浙江人民出版社2001年版，第183－184页。

土与其管理国的关系也是如此。所以他们的独立与分离没有必然的联系。①

二、分离权：一个近乎虚拟的概念

从历史上看，国家领土的范围不是一成不变的，领土的分离与其他领土变动形式一样，是一个经常发生的事实，然而，在国际法上分离权却不是一种事实存在；也就是说，分离是事实存在，而“分离权”却不是一个事实存在。如果我们采用“分离权”这个概念的话，我们也只能说，它是一个近似虚拟的概念。在现实中，分离一般不被看作是权利，只有国内出现了种族灭绝或人道主义残害而引发分离的境况下，它才可以被“视为”一种权利，②并且通常是一种道德上的权利，即在根本上是由道德而不是由法律来支持的权利。

（一）国内法与分离权

在国内法领域，分离的诉求一般都被认为是非法的。这很容易理解，国内法的主要目的是在法律上定义国家的性质和政府的权限并且规定如何保证政府功能的实现，而不可能是如何分解国家。因为分离主义挑战的是现存的主权国家，当事国政府一般都强烈反对分离主义分解国家的要求并且视分离的要求为非法行为，几乎所有国家的国内法都严格保护国家主权统一和领土完整，分离主义的行为在国内法上通常是被作为犯罪行为来对待的，特别是当分离主义者诉诸武力或恐怖手段的时候。即使在国内法上偶尔承认过（如苏联），也是出于特定目的的考量。根据加拿大法学家蒙纳罕（Patrick J. Monahan）和布兰特（Michael J. Bryant）的研究，世界上绝大多数国家的宪法根本不承认任何族群、团体、地区有要求分离的权利。③在他们研究的89个国家的宪法中，只有七国宪法有与分离相关的条款，而有22个国家的

① 参见白桂梅著：《国际法上的自决》，中国华侨出版社1999年版，第177－179页。

② 在法律上，“视为”类似“类推”的规定，通常指在法律上没有明文规定，但根据其情形，应将其看作是能够适用于法律规定中最相类似规范。在这里，“视为”的意思是，法律上尽管没有规定“分离”是一种权利，但一个主权国家内的某个种族或部分人民在面临来自于国内（特别是来自中央政府）的种族灭绝或人道主义残害时，依照人权保护的理论和规则，可以看作他们拥有从这个国家分离出去的这种权利。

③ Patrick J. Monahael, Michael J. Bryant and Nancy C. Cote, *Coming to Terms with Plan B: Ten Principles Governing Secession*, CD Howe Institute Commentary 83, 1996, June.

宪法（包括澳大利亚、圭亚那、罗马尼亚、保加利亚、蒙古、巴拿马等国）特别明文强调国家主权与领土完整不可分割，其中科特迪瓦和喀麦隆的宪法甚至禁止任何将来的修宪涉及领土变动。在宪法中或者规定了分离权利或者涉及可能的分离程序的七国宪法中，前苏联和前捷克斯洛伐克的宪法有分离的条款而且分离已经实现。而奥地利、法国、新加坡、埃塞俄比亚和加勒比岛国圣西斯中，只有埃塞俄比亚和圣西斯宪法中规定了可以通过一定的程序分离，其他宪法只是有相应的有关承认领土和国界变动的条款或地方分权的条款。①而英国有关北爱尔兰前途的 1998 年《复活节停战协议》原则上同意了北爱尔兰在全民公决基础上的分离的可能（但事实上不可能）。②另外，加拿大 1995 年后联邦政府的一系列对魁北克分离问题的政策和法律程序上的调整也实际上承认了魁北克在法律上分离的可能。③但 2000 年 5 月通过的《公决明确法》却规定了各邦脱离联邦获得独立的严格而复杂的程序，显然这种严格的程序事实上否定了魁北克省企图通过单方面公民投票实现独立的可能。俄罗斯先在 1993 年的宪法修改中明确剥夺了联邦各成员的“分离权”，继而对作为其领土一部分的车臣分离势力进行了武力镇压，最终以军事行动捍卫了自己的领土主权。

主权国家的宪法大都限制或反对分离的根本原因在于它直接损害国家的利益。从经济学的角度来看，当一个国家的一部分分离出去时，会对母国造成直接的损害。首先，当一个国家分裂时，领土自然会分割开来。无论人民在分裂的哪一部分，都会减少自由旅行和迁徙的空间，而空间则是人们进行经济活动及生活的最重要的资源。因此，一个国家的分裂，意味着这个国家的福利在实际上受损或减少。其次，当分离导致国家的领土规模变小以后，显然减少了其相对于世界上其他国家的抗衡力量，其国际影响力和国际地位会因此而大大降低。再次，分离有时还会使双方产生敌意，使得双方更倚重于武力相互抗衡。这样一来，它们双方就会消耗更多地资源于军事对峙当中，但却给某些强权国家的武器制造商提供了商机。也正因为如此，某些强权国家出于本国利益的考量，也愿意看到别国的分裂，甚至会将支持分裂作

---

① 需要指出的是，法国宪法中有关分离问题的条款其实主要是针对其海外殖民地的。

② See Jonathan Tonge, *Politics in Northern Ireland*, in Patrick Dunleavy, et al, Developments in British Politics, New York: Palgrave, 2003, p. 181 - 202。

③ 参见朱毓朝：《国际法和国际政治中的分离主义》，载《国际政治科学》二00五年第二期，北京大学出版社 2005 年 6 月出版，第 75 - 76 页。

为其国际政治战略的一部分。

那么，国内法不支持分离的法理依据何在呢？首先，就领土主权的性质来说，它既是国家对领土的所有权，也是国家对领土的最高管辖权。正因为国家拥有领土的所有权，所以决定领土命运的，只能是国家（但在现实中通常由其中央政府来代表决定），而不是国家的区域单位；国家对其领土的最高管辖权，具体表现为在其领土内行使属地管辖的权力。根据属地管辖的原则，在其领土内的人可以做什么或不可以做什么，完全由国家来决定。这种决定权具体体现在国家的法律之中。国家能以国内立法的形式禁止对其领土的分离活动。因为，分离活动在本质上是背叛国家的行为，是对国家领土主权的挑战。其次，就作为国族构成单位的种族来说，它既不可以单独拥有自决权，也不可以单独行使自决权。如果它要与原属的主权国家分离，这必须要经过其他种族或人民的同意，至少要经过国家最高立法机构的批准。因为民族共同体（即国族）是历史和自然形成的，在形成和发展的过程中，各种族相互支援，共同抗御外敌，共同组建国家。国家组建以后，这个种族的命运就与其他种族的命运连为一体，其中任何种族都无权仅按自己单方面的愿望随便脱离这个国家。因为任何种族脱离国家都会给其他种族带来一定的利益损害。

（二）国际法传统中的“分离权”：一种补救性权利

国际法上无分离权的规定，所以我们要了解分离权的性质，只好借助于国际社会的实践。目前国际法上没有一般禁止，也没有一般反对分离权，但在特殊情况下，如果政府压迫人民的时候，受压迫人民在道义上享有分离权，但这只是在道义上可以获得支持的权利，而不是法律上的权利。

对一个少数族群来说，“分离权”不是简单的单方面的基本权利，而应该是一种共识权利，就是应该在有关各方的共识下才能实现的权利。①而分离在共识的条件下基本上是没有争议的。但如果一定认为分离是单方面的权利和单方面可以完成的行为，不需考虑其他当事人特别是当事主权国政府的意见，那就肯定会产生争议、导致冲突。事实上，国际法上没有一个少数族

① See Allen Buchanan, *Secession, State Breakdown and Humanitarian Intervention*, in Deen K. Chatterjee and Don E. Scheid, eds., Ethics and Foreign Intervention, Cambridge University Press, 2003, p. 189 -211.

群可以随便拥有从主权国家中分离出去的权利。根据布坎南（Buchanan）的解释，在国际法的传统中分离权更多的是一种“补救权利”，类似于近代西方自由主义思想家洛克学说中的“革命权利”。①这种权利是一种在当事国政府违背或破坏民意、人民基本权利被强行剥夺的情况下，对民众来说作为最后补救行为的权利。使用这种权利的前提条件为当事政权是问题的罪魁祸首，并且没有任何改正的迹象，而且其他的用和平协商解决问题的方式都已经穷尽了，在此情况下，作为受害群体的最后选择，用非暴力甚至暴力形式完成的分离、独立才可以在道义上被接受。卡塞斯教授也认为，只有当政府以种族、宗教或肤色为由拒绝某团体参政时，它才有权主张自决权（笔者注：卡塞斯在这里所说的自决权，其含义就是分离权）。②由上可见，分离权充其量就是这样一种带有严格限制条件的特别权利。而对于当事国政府来说，如果其在法律和政治制度安排上有民族平等、保护少数民族基本权利的政策，分离权利就没有理由被援引，而当事国政府就有在处理分离要求上的完全自主的权力。即便是在少数族群通过在聚集居住的地区用公民投票的方式表达出分离的集体愿望，当事国政府也没有法律上的责任义务承认或接受分离主义的诉求，因为当事国政府代表和考虑的是国家的整体利益，而且是唯一被国际社会承认的在该领土上的合法政权。③

可见，国际法在自决权和分离的问题上所逐渐形成的一些共识是，民族自决权主要适用于去殖民化，并非鼓动所有民族都建立自己的独立国家。民族自决权并不是绝对、单方面、排它的概念，比如在已经建立的多民族国家内的民族自决权主要指的是对少数民族权利的保护，特别是保证少数民族自治权，而并非是一概支持少数民族的分离独立要求。④当然，如果一个多民

① 同时我们要指出的是在分离权的国际法讨论中，有关分离权是单方面基本权利的观点包括 ascriptive-group theories 和 associative-group theories，前者强调主张分离的族群具有共同体特征，而后者实际上强调住民自决的原则。但这两种观点都不是国际法中的主流意见，而且一般认为很绝对化并且容易被滥用。参见 Allen Buchanan, *Secession, State Breakdown, and Humanitarian Intervention*, in Deen K. Chatterjee and Don E. Scheid, eds., Ethics and Foreign Intervention, Cambridge University Press, 2003, p. 198.

② See Antonio Cassese, *Self-Determination of Peoples, A Legal Reappraisal*, Cambridge University Press, 1995, p. 12.

③ 参见朱毓朝：《国际法和国际政治中的分离主义》，载《国际政治科学》2005 年第二期，北京大学出版社 2005 年 6 月出版，第 78 页。

④ See Richard Falk, *Self-Determination Under International Law: the Coherence of Doctrine Versus the Incoherence of Experience*, in Wolfgang Danspeckrruber, ed., *The Self-Determination of Peoples*, Boulder: Lynne Rienner Publishers, 2002, p. 31.

族国家没有在宪法以及相关法律和政策中对少数民族的权利给予实际的保护，而是实行强制的种族同化、文化灭绝政策，那么少数民族就有要求自治甚至分离和独立的理由。但在一般情况下，在多民族国家内，某个团体的分离的实现只有在相关各方之间的和平协商达成协议的情况下国际社会才会视其为合法并给予承认。最后，从相关国际法的原则看，任何外界用民族自决原则制造、煽动或支持其他国家内部的分离主义行为可以视为对当事国内政的干涉，是不符合国际法的非法行为。当然，所有这些原则的前提条件必须是当事国政府不是殖民主义政权，不是外国占领政权，不是种族主义政权。

值得指出的是，尽管国际法从整体上来说不支持分离主义，国际法却又不能有效地制止分离主义发生与发展。这是由国际法本身的弱点决定的。众所周知，国际法实质上更多的是一种“软法”（soft law），缺乏对法律对象的执法能力。从外部条件上看，分离主义的能否实现更多的是取决于与国际关系惯例相关的基本原则，特别是国际政治的现实情况，而不在于国际法辩论的内容（如理论和逻辑力量），或是在国际法法庭上的胜诉或败诉。①

Kooijmans 认为，分离权并非民族自决权的正常衍生物，而是一种最后的救济方法。分离权本身不属于自决权，是保障自决权实现的一种救济手段，并且这种救济手段的行使是有条件的，即当某个群体的权利受到侵害时，只有在国家结构内寻找解决问题的所有努力均不奏效，且区域和国际的救济证明无效时，才可援用分离权。只有在主权被滥用，即政府实施了民族歧视，不能作为国家真正的代表时，某个群体才能以分离的形式对一国的主权和领土完整构成威胁。②Kooijmans 的观点尽管属于“一家之言”，而不是国际法的规范。但对于主权国家来说，这也是一种约束。因为面对其各个民族，特别是少数民族拥有这样在道义上可以获得支持的权利，可以促使它很好地重视国内少数民族的发展；如果其漠视少数民族地区的人权保障，甚至采取极端的种族歧视和灭绝政策，他们就可以凭着这项道德权利（通常打着“自决权”的旗号，但事实上这不是行使自决权）从这个国家分离出去。当然，它能否分离成功，并非完全取决于它是否拥有这项权利，而是取决于它与中央政府的实力对比等多重因素。但这还是会对中央政府产生一种

① 参见朱毓朝：《国际法和国际政治中的分离主义》，载《国际政治科学》2005 年第二期，北京大学出版社 2005 年 6 月出版，第 79 页。

② P. H. Kooijmans, *Tolerance*, *Sovereignty and Self-Determination*, Netherlands International Law Review, 1996, 2.

压力。

拥有权利是合法地行使权利的基础和前提；如果在法律上没有赋予这一权利，却在现实中硬要行使这一权利，那是非法的。分离权的情况就是这样，首先它不是法律权利，所以它的行使不可能有什么法律根据，只有到最后“无路可走”时，它才是最后的救济方式。

三、分离主义的现实考察

在一个统一的民族国家中，不管是在联邦制国家还是在单一制国家，对国家统一和领土完整威胁最大的莫过于分离主义。①尽管分离主义的具体表现形式多种多样，但它们的基本倾向是一致的——企图摆脱中央政府的控制，脱离原属国家，寻求完全独立。其正式表现方式一般是单方面宣布独立，其分离成功的标志一般是新政权获得国际社会的国家承认。但分离主义是单方面的行为，其分离的要求一般不为当事国政府所接受。所以分离主义既不是经过和平协商与谈判的程序达成协议转移主权或成立独立国家的行为（如捷克和斯洛伐克的分裂），也不是非殖民化情况下的民族独立行为（如绝大多数亚非拉国家的民族独立运动）。②

主权国家内部的某地区、某族群可能出现的分离主义（secessionism）诉求直接挑战国家主权与领土完整原则。分离主义的存在一般并不以国家的历史传统、政治制度和经济文化发展水平为转移，自由民主政权、独裁或威权主义政权、西方发达国家、东方发展中国家都有可能面对分离主义的挑战，从英国、加拿大、西班牙到土耳其、印度尼西亚、俄罗斯、中国，都存在分离主义挑战国家主权和领土完整的实例。参见下表：

表 10－1　存在分离主义运动国家统计表

国别	分离运动情况
阿尔及利亚	卡必利亚巴巴里人主张自阿尔及利亚政府获得自治
安哥拉	卡宾达
比利时	存在有 Flemish 与瓦隆分离人士

① 参见王丽萍著：《联邦制与世界秩序》，北京大学出版社 2000 年版，第 148 页。

② 参见朱毓朝：《国际法和国际政治中的分离主义》，载《国际政治科学》2005 年第二期，北京大学出版社 2005 年 6 月出版，第 72 页。

续表

国别	分离运动情况
波斯尼亚与黑山	Bosnian Serbs of Republika Srpska and Bosnian Croatian nationalists
巴西	分离主义者想要将南部分离出来
缅甸	Karens（Karen National Union，east Burma）及克钦
加拿大	魁北克省
中国	台湾、西藏、新疆
刚果民主共和国	加丹加省地区
法国	科西嘉、布列塔尼、皱叶甘蓝
德国	巴伐利亚、阿勒曼尼分离主义
印度	克什米尔、Sikhs、Bodoland、阿萨姆邦、那加兰邦
印度尼西亚	亚齐、廖内、西巴布亚、摩路加
伊拉克	库德和什叶派教徒
伊朗	库德人、阿拉伯人与亚塞人
以色列	巴勒斯坦
意大利	Padania、南蒂罗尔、西西里
摩洛哥	Polisario 挑战摩洛哥于西撒哈拉的主权
尼日利亚	比夫拉
巴基斯坦	克什米尔
菲律宾	南部穆斯林分离主义者
俄国	车臣
塞内加尔	卡萨芒斯
索马里	索马里兰
南非	祖鲁区
西班牙	巴斯克区、卡塔隆尼亚与加利西亚
斯里兰卡	塔米尔
苏丹	原始宗教部落与南部基督徒
圣基茨岛和尼维斯	尼维斯
瑞典	Terra Scania
叙利亚	库德
泰国	南部省的分离主义者
土耳其	库德
英国	北爱尔兰、苏格兰（苏格兰国家党、苏格兰社会党）
美国	阿拉斯加、卡斯卡底、加利福尼亚、夏威夷与波多黎各

当今世界，许多国家依然面临着比较严重的地方分离主义运动的挑战。地方分离主义所代表的极端的政治倾向和采取的极端的政治行动（如暴力、政治骚乱等），不仅对中央政府构成威胁，而且对整个国家构成威胁。只要存在地方分离主义，中央政府就时时刻刻面临着国家领土被分割的挑战。一旦这种挑战爆发，中央政府就将陷入一种两难的困境：要么为维护目前的领土完整而对分离主义采取强硬的措施，要么对分离主义做出让步，以保证在缩小了的国家内享有完全的合法性。①

究其原因，造成地方分离主义的因素是多方面的，既有民族、历史、宗教、语言等方面的因素，也有经济发展水平、政治制度等方面的因素。综观各国地方分离主义的形成过程，可将地方分离主义形成的主要原因归结为以下几个方面：

第一，因民族、种族、语言、宗教和历史文化差异而形成的地方分离主义。可以说，这几方面的差异，是地方分离主义产生的直接动因，也是各民族国家形成后早期地方分离主义形成的依据。在这些差异基础上形成的地方分离主义多以民族分裂主义和教派冲突的形式出现。所以我们说民族分裂主义虽然以民族整体行动的形式表现出来，但实际上仍属于地方分离运动，是地方分离运动的一个主要表现形式。这种地方主义除带有明确的政治、经济和文化目的外，还带有很强的感情色彩，持续时间长，影响深远，极易导致中央与地方关系的危机和国家分裂的危险。这种地方主义对本种族、本民族、本语言团体、本教派的认同与对现有国家的认同具有较大的不相容性，因此，它们所对抗的与其说是中央政府这个政治中心，倒不如说是国家这一政治共同体本身，对抗中央只是一种形式和手段。

第二，因地区间发展不平衡而形成的地方分离主义。随着经济与社会的发展，地区间发展不平衡越来越成为地方分离主义形成的一个重要根源。因地区发展不平衡形成的地方分离主义，主要体现在落后地区抗议发达地区的“剥削”而形成的地方分离主义。这种抗议的理论基础是由不平衡发展理论转变而来的国内殖民主义理论。根据这种理论，落后地区认为发达地区实际上把落后地区作为他们的“殖民地”，对它们进行剥削。为此，它们要求中央政府给予公正的待遇。有时，中央政府为了平衡这种差距而在某些地区实

① 参见［英］伊夫·梅尼、文森特主编：《西欧国家中央与地方的关系》，朱建军等译，春秋出版社 1989 年版，第 165 页。

行的优惠倾斜政策，可能会使其他地区的利益在事实上受损。中央在少数民族地区采取的照顾其特殊利益的政策，有时不但不能使这些地区产生有利于国家统一的归属感，反而有可能使其“异族感”增强，从而提出更多的不合理要求，①甚至是分离主义的要求。

第三，地方单位（或成员单位）在统一民族国家中所处地位的自我评价也可能导致地方采取分离主义的立场，有时甚至会成为地方分离主义的直接动因。这种自我评价是各地方单位（或成员单位）的地方利益意识的一个组成部分。它以成员单位之间事实上的一定差异为基础，既反映事实上的差异，同时又是以自我利益为中心的一种心理活动和意识。当这种意识差异或其他因素强化到一定程度时，处于不利地位的成员单位的不平衡心理就可能转化为要求分离的变态心理。

除了以上几个主要原因外，有时下列情形通常也可能会导致分离主义：少数民族在所在国家内感觉受到不同形式不同程度的种族歧视，最极端的情况下甚至有种族灭绝的遭遇；某少数民族对统治民族以国家主体建设为由推行的同化政策有强烈的抵触，或者对保持本民族的文化传统和共同体认同的前景忧虑重重；得到其他国家出于特别的政治目的的鼓动与支持；少数民族群众受到具有民族使命感或政治野心的民族主义领导人的引导和煽动；等等。可见，分离主义产生的原因是比较复杂的。②

从国际政治现实和历史经验角度看，尽管分离主义的诉求广泛存在，但最后真正取得成功的实例却很少。当然，分离和独立的实现并不是完全没有可能。有关分离或独立的结果，通常是在相关各方之间达成协议的情况下才被国际社会所承认。另外在国际政治行为中还有一个与此相关的惯例，那就是国际社会对于发生在国家解体或严重的政权合法性危机的情况下的分离或独立相对来说容易接受，而一般不接受发生在仍然继续行使正常国家职能的政权下的分离或单方面的独立行为。③

基于对历史经验的实证分析，著名国际法学家科劳福德（Crawford）认为，因为国际法不支持单方面的分离行为，所以分离的道德正义因素即使存

---

① 参见王丽萍著：《联邦制与世界秩序》，北京大学出版社 2000 年版，第 148 – 149 页。

② 参见朱毓朝：《国际法和国际政治中的分离主义》，载《国际政治科学》2005 年第二期，北京大学出版社 2005 年 6 月出版，第 73 页。

③ Allen Buchanan, *Secession, State Breakdown, and Humanitarian Intervention*, in Deen K. Chatterjee and Don E. Scheid, eds., *Ethics and Foreign Intervention*, Cambridge University Press, 2003, p. 200.

在，对分离运动的成功也只有非常有限的影响和帮助。实际上，真正取得独立的途径只有传统方式的赢得独立战争，而且大都是在外界强权的干涉和帮助下才能取得成功。同时，国际社会自1945年后从未在当事国政府拒绝接受分离行为和事实的情况下，以接受联合国新成员的方式承认新独立的国家。由此可见，从国际惯例的角度看，在分离问题上当事国政府的态度至关重要，甚至是决定性的。①因此，以独立为诉求的分离主义都面临着一个难以逾越的阻碍：当事国政府的坚决反对。在坚决反对分离行为的当事国政府不能被定义为殖民主义、外国占领或种族主义政权，分离主义运动又缺乏外部支持的情况下，这些分离行为获得成功的可能性极低。

由于历史上分离主义取得成功的案例，大多是靠外部势力的干预或支持。所以有些分离主义者过分地看重了国际人道主义干涉。但从国际社会的角度看，很少有国家用道德正义的理由牺牲其他重要的国家利益（比如经济、国家安全利益）而纯粹基于人道主义进行干涉的情况，特别是如果干涉的对象是像俄罗斯、中国这样的大国。所以分离主义运动寄希望于国际社会“人道主义干涉”是一种不切实际的幻想。这也因为人道主义干涉即使从道义角度讲也只能是在一国内出现种族仇杀特别是种族灭绝的情况下才可以考虑，而拒绝少数族群分离、独立的要求的主权国家的政府行为并不能构成外界干涉的法理和道义基础。

从国际惯例上来说，如果必须在分离主义和主权国家的领土完整之间选择其一，国际惯例通常选择支持国家主权与领土完整，而且承认当事国政府在代表全体民众利益的条件下拥有反对分离主义的全部法律权力。因为这是在尊重国家主权原则基础上保障现存国际秩序的自然要求。也正是由于如此，特别是基于对联合国宪章的尊重，国际社会的绝大多数国家不支持其他国家内部的分离主义运动，除非与当事国有特别的关联。不过，国际社会也可以接受分离势力在所控制的领土上建立了有效的统治的政治事实，并且在当事国接受这个事实的前提下国际社会也会承认分离的事实。

四、自决权：并非分离主义的挡箭牌

自决是受国际法保护的权利或行为，而分离却不同，它在国际法上不被

① 参见朱毓朝：《国际法和国际政治中的分离主义》，载《国际政治科学》2005年第二期，北京大学出版社2005年6月出版，第82页。

提倡，在国内法上通常被禁止。国际社会的实践表明，任何主权国家都不允许其领土被分裂。

民族自决权有特定的适用范围，其行使主体是尚未获得独立的被殖民、受压迫和被外国占领的国家和民族，而不是已经获得独立的主权国家中的部分人民或现有多民族国家中的部分少数民族。《给予殖民地国家和人民独立宣言》把民族自决权宣告为直接反对“异国奴役”的权利，表明运用民族自决权来“自由决定一个民族的政治地位”，只能是直接用来反对殖民统治而不是原有的国内统治。①在酝酿《给予殖民地国家和人民独立宣言》的过程中，联合国的一些成员国就担心毫无限制的自决权可能会导致现存国家的分裂，从而危及国际社会的稳定。因此，联大在支持自决权的同时，特别表示要保证其成员国现存领土的完整，限制以自决为名的分离。该《宣言》强调，“任何旨在部分地或全面地分裂一个国家的团结和破坏其领土完整的企图都是与联合国宪章的目的与原则相违背的”。一项联合国主持的权威研究进一步表明，这一条款实际上暗示“不承认分离权”。因此，现存国家（哪怕它以前曾是殖民地）中少数民族进行的分离运动并不在民族自决权的保护之下。②如果歪曲和滥用民族自决原则、支持分离主义的行为得不到制止，那就相当于干涉他国的内部冲突，其结果必然是对国际法关于尊重其他国家领土完整的准则的背叛。③

民族自决原则虽然允许国家对行使自决权的民族给予支持和援助，但严禁任何国家假借民族自决的名义制造、煽动或支持民族分裂，破坏国家统一和领土完整的任何行动。煽动或制造民族分裂，就是对民族自决权的曲解、滥用，也是对国家主权原则的破坏。这样就会破坏国际法律秩序，也会降低这一原则的价值。

通过以上分析，我们可以看出：分离主义不同于非殖民化情况下的民族独立解放运动。分离行为在国际法中不但得不到支持反而还受到特别的限制。所谓分离权并非是一种绝对的、单方的基本权利。从根本上说，分离主义是一种非建设性的排他行为，绝对不是对民族分歧、族群争议、不同形式

① 参见李龙、万鄂湘著：《人权理论与国际人权》，武汉大学出版社 1992 年版，第 138 页。

② 参见任东来著：《政治世界探微》，北京大学出版社 2005 年版，第 274 页。

③ Vernon van Dyke, *Human Rights, the United States, and the World Community*, New York: Oxford University Press, 1970, p. 107.

的种族歧视等问题的正面的有效的解决办法。[1]而且分离主义本质上的排他性与其道德正义性相矛盾，其分离目标的实现不是普遍经验而是特例，成功的概率非常低。同时对于当事国的中央政府来说，简单地拒绝分离主义的诉求，甚至引用国际法原则所给予的当事国家处置权力镇压分离主义也并不能解决分离主义的挑战。[2]

当然，国际法并没有排除一个国家分裂成若干国家的情况。但主权国家的分裂，国际法不是主动的促成，而是被动的事后承认，即当新国家的产生已经既成事实并获得国际承认后，才予以接受。怎样才算新国家的产生呢？显然，我们不能认为只要某个地区组建了自己完整的政府架构就可以称之为新的国家。国家的构成要素除有确定的领土、居民、政府外，一个重要条件就是具备对内对外主权，即在国际上具备开展独立外交的权利和能力，或在内政外交上完全独立于任何现有主权国家。

后冷战时代，国际承认被确立为承认新国家的标准之一，说明后殖民时代西方政治对独立浪潮的谨慎态度，显示国际承认在新国家实际形成过程中的重要性。从国际承认的否定方面看，国际承认的意义同样明显。对于国家违反国际法的行为，在缺乏强制措施的现行国际社会，各个国家不予承认将构成最基本、最和平的制裁、遏止和预防手段。由联合国国际法委员会起草的《国家责任》草案中，各国不承认非法国际行为被列为各国对待国际不法行为的首要义务。对分离势力不予承认既是各国为尊重各国主权独立和领土完整原则的最基本和最和平的手段，也是一项基本的国际义务。

那么，在什么情况下主权国家必须放任其管辖的部分领土，而让其单方面实现独立建国呢？有两种情况，一是殖民统治，二是非法占领。具体说来：(1) 国际法要求殖民地宗主国对原来通过殖民统治和殖民战争所攫取的领土和所管辖的民族应准其独立。也就是说，受到殖民统治的民族和国家有权脱离原宗主国获得独立，这种独立应不以宗主国的同意为前提。不过，殖民地人民脱离原宗主国而独立的国际法权利是在殖民地人民争取民族独立的斗争中逐步建立起来的国际法原则。由于国际政治的现实障碍，大部分殖

---

① See Radha Kumar, *Settling Partition Hostilities: Lessons Learned, Options Ahead*, in Michel Seymour, ed., *The Fate of the Nation State*, Montreal-Kingston: McGill-Queen's University Press, 2004, p. 247 – 269.

② 参见朱毓朝：《国际法和国际政治中的分离主义》，载《国际政治科学》2005 年第二期，北京大学出版社 2005 年 6 月出版，第 83 – 84 页。

民地人民的独立也是在宗主国同意后才获得普遍的国际承认。只是殖民统治侵犯人权、违背国际法的现实使得宗主国面临巨大的国际法压力和道义压力，也使得殖民地人民的独立要求理直气壮，得到国际社会的普遍支持。(2）通过武力侵占获得的领土不被国际法所承认，应予归还。两次世界大战后，战败国均归还了大片原来侵占的领土。但如果这种武力占领的领土后来迁入大量宗主国移民，并经历了数个世纪，情况就会变得复杂起来，像英国管辖的北爱尔兰和直布罗陀。由于英国大量移民的原因，两地几次全民公决的结果都是赞成继续归属联合王国。但在北爱尔兰，独立运动一直没有停止过；而对直布罗陀，英国和西班牙正在商讨主权共享的安排，联合国安理会也曾否决过直布罗陀单方面公决的结果。这既说明公决结果的有限意义，也说明相关主权国家的态度始终是一项重要的决定因素。从以上分析来看，这两种情况都与分离的情形有着重大的不同，都不是分离主义势力可以假借的理由。

国际法虽不支持分离主义，但也不完全禁止分离主义，因为是否禁止，那是国家主权范围内的管辖事项。《国际法原则宣言》认为只有当民族歧视发展到不可忍受的程度，即在现有的法律手段不足以抵抗这种歧视时，才可以考虑分离。但对歧视程度的鉴定，对第三方来说是非常困难的事情，国际上没有解决此类问题的法律仲裁制度。总的来说，国际法倾向于维护国家主权不得侵犯的原则，没有明确的准许分离主义的条款。国际社会对此的态度也是非常谨慎，更多的时候是从自己国家利益的考虑出发做出相应的政治判断和反应。因此，分离主义是否合法，取决于它是否获得了成功，这里适用的是政治实用主义的游戏规则。

对于独立主权国家的人民，只有在像南非共和国那样的例外事例中国际社会才承认其分离诉求的合法性。在一般场合，无论政府如何专制和独裁，只要没有实施制度化的种族歧视或者宗教歧视，就不能承认其人民的“分离权”是合法的。只有当事国政府推行种族灭绝的政策，遭受迫害的少数族群才可以根据“补救权利”要求分离。

即使在“民主典范”的美国，情况也是如此。19 世纪，美国南部各州企图分离出去独立建国，结果导致内战。美国人民在林肯总统的领导下，不惜流血牺牲，维护了统一。美国内战表明，分离从来不被中央政府所准许。南北战争后，美国正式宣布联邦为永久的联合，任何地方或州都无权独自自行宣布脱离。世界上无论什么国家，都是国家的整体利益高于国家局部地区的利益，国家主权和领土完整不容许国家局部地区的“民族分离”或“地区分离”。“民族分离”或“地区分离”问题属于一国的内政，国家有权针对“民族分离”或“地区分离”采取一切必要的方式。这无论在国际法和国内法上都是天经地义的。1997 年通过的《中华人民共和国刑法》，在总则第 13 条和分则第 102、103、104 条中明文规定，危害国家主权、领土完整和安全，分裂国家、破坏国家统一的，构成“危害国家安全罪”。毫不例外，如果在中国的领土台湾地区出现“分离”问题，中国政府有权依法采取一切必要方式予以解决。

在一些国家里，不同程度地存在某些分离主义运动的问题。各地存在的分离主义倾向，有其特殊而复杂的历史背景，不应当盲目地以民族自决为由加以支持。①在实践中，世界各国对某一国家内部的分离主义运动，往往采取低调立场。回顾二战以后至 20 世纪 90 年代的一段时间里，除了殖民地独立以外，其他各种分离主义运动都没有获得国际社会的支持，唯一的例外是前述的孟加拉从巴基斯坦分离出来的案例，况且国际社会对其承认也是很谨慎的。因此，“比较妥当的办法，是将分离主义运动的问题留待有关国家自己去处理，也即视为有关主权国家的内政”。②反过来看，如果一个国家内部各民族和睦相处，把维护国家的统一视为神圣的使命，认为合则兴，分则亡，那么某些民族中的少数人搞分裂是不大可能成功的。外部势力对这种分离主义运动给予支持既不明智，也难免有侵犯他国主权，干涉他国内政之嫌。③所以，民族自决权原则作为国际法上的基本原则，应当受到推崇。但是，对于民族自决权的适用，应当采取比较慎重的态度，④以防止分离主义势力假借自决权的旗号来从事分裂活动。

---

① 参见杨泽伟著：《主权论——国际法上的主权问题及发展趋势研究》，北京大学出版社 2006 年版，第 176 页。

② 万鄂湘、郭克强著：《国际人权法》，武汉大学出版社 1994 年版，第 89 页。

③ 参见韩德培主编：《人权的理论与实践》，武汉大学出版社 1995 年版，第 974 – 975 页。

④ See Fernando R. Teson, *A Philosophy of International Law*, Westview Press, 1998, p. 150 – 151.

第三编

自决权实现方式之识别研究：以公民投票为分析对象

第十一章　自决方式与公民投票的关系原理

公民投票作为一种实现自决权的手段或方法，在国际实践中经常被加以运用。按照现行国际法，它有自己特定的适用范围和运作模式。但在现实政治中，总有些“政治精英”打着行使“自决权”和“全民公投”的旗号来从事分离主义活动。那么，自决权与公民投票到底是什么关系？公民投票能否用来充当分离主义的工具？本书从该章至第十四章，将着重探讨这些问题。以期通过对这些问题的探讨，来彻底澄清在自决权和公民投票问题上的有关误解，从而避免现实政治中对公民投票制度的滥用。

一、自决权的实现方式与国际法上的公民投票

自决权的实现方式，亦称自决权的实现方法或手段，是指人民通过什么方式或手段来行使自决权的问题。它与自决权的实现形式不同，自决权的实现形式是指行使自决权后国家地位的结果选择形式（即独立还是并入他国等）。关于自决权的实现方式，在有关的国际公约中没有具体的规定。《联合国宪章》中几处提到自决权的地方都是一带而过，没有任何具体规定。1966 年两个国际人权公约共同第 1 条中只有一个副词是直接与“决定”相联系的，该条第 1 款规定：所有人民都有自决权，根据这项权利，自由地决定其政治地位及自由从事其经济、社会与文化的发展。①除了“自由地”

① 王铁崖、田如萱编：《国际法资料选编》，法律出版社 1982 年版，第 155－156 页。

这个词外，整个国际人权公约中就再也没有与如何“决定”有关的规定了。① 但从非殖民化运动的历史实践来看，殖民地人民和其他被压迫民族的人民行使其自决权的方式主要有两大类，即武力方式与和平方式。

（一）武力方式

即通过武装斗争来实现自决。多数殖民地人民和其他被压迫民族的人民是通过武装斗争的方式行使他们的自决权的。这是因为，殖民主义者不愿自动退出历史舞台，他们总是千方百计地阻挠以便延缓非殖民化的进程，迫使殖民地人民不得不拿起武器与他们进行武装斗争。弗洛文（Jochen A. Frowein）教授指出：“在国际公法的历史上，自决自然地与使用武力联系在一起。在自决的名义下，人民把自己从过去的统治者中解放出来；殖民国家在民族解放战争中遭到攻击。已经有人提出这样的主张，即存在着使这种行为合法化的国际公法规则，而且第三国有权进行干预以支持要求自决权的人民。”②

禁止在国际关系中使用武力或武力威胁是国际法的基本原则。但是，殖民地人民为实现自决权而使用武力是否属于例外？这个问题关系到殖民地人民采用武力手段实现自决权的合法性。迄今为止，任何国际法文件，包括载有自决权规定的国际人权公约和联合国大会通过的决议或宣言，都没有明确规定允许或禁止殖民地人民及其他非自治领土的人民用武力的手段实现自决。但是，从下面这两个联合国大会决议中似乎可以引申出殖民地人民通过武力实现自决权的合法性依据。1960 年《给予殖民地国家和人民独立宣言》第 4 条宣布：“必须制止各种对付殖民地人民的一切武装行动和镇压措施，

① “自由地”这个词应该理解为非被强迫地、完全按照自己意愿地、不受外部力量的摆布或干预。当然，自决权的基本含义就是自己来决定，如果是按照他人的意愿甚至由他人来决定或由他人强加的决定，连自己决定都谈不上，更不用说自由地决定了。在非殖民化过程中，非自由的甚至非自己做出的决定是发生过的。例如 1953 年英国根据其“种族合并”政策强行把南罗得西亚（津巴布韦）、北罗得西亚和尼亚萨兰（马拉维）拼凑成“中非联邦”，显然不是这些人民自由做出的决定。由于这些人民的强烈反对，1963 年“中非联邦”解散。又如，在英国的操纵之下史密斯政府于 1965 年 11 月 11 日单方面宣布罗得西亚脱离英国而“独立”。这种所谓的“独立”的决定也不是罗得西亚人民自己自由做出的。因此，联合国安全理事会于第二天专门通过决议，号召各国不承认这个非法少数种族集团。十天之后安理会再次表示罗得西亚宣布的独立没有法律效力，并再次号召所有国家不承认这个非法集团。

② Jochen A. Frowein, *Self-Determination as a Limit to Obligations under International Law*, in Modern Law of Self-Determination, 1993, p. 213.

以使他们能够和平地、自由地行使他们实现完全独立的权利；尊重他们国家的领土完整。”①但是，这条规定只表明用武力镇压殖民地人民的非殖民化运动是必须禁止的非法行为，却没有明确承认殖民地人民可以用武力去实现自决权或用武力反抗对付他们的武装行动或镇压措施。在这方面，1970 年《国际法原则宣言》中的规定就显得更加明确：“每一国均有义务避免对上文阐释本原则时所指之民族采取剥夺其自决、自由及独立权利之任何强制行动。此等民族在采取行动反对并抵抗此种强制行动以求行使其自决权时，有权依照宪章宗旨及原则请求并接受援助。”②抛开第三国的干预或援助不论，该宣言的这一段实际上确认了殖民地人民可以通过武力实现其自决权。但是必须注意，殖民地人民使用武力有一个重要前提，即他们要求自决、自由及独立权的行为遭到有关国家以“强制行动”为措施的阻挠。换言之，殖民地人民使用武力的合法性以殖民国家或非自治领土之管理国家首先采取“强制行动”为前提条件，否则不能采取武装斗争的方式。

因此，我们可以认为，尽管有关国际文件没有直接规定采用武力去行使自决权，但在事实上间接地承认了（至少是不禁止）殖民地人民和其他被压迫民族的人民可以用武装斗争的方式去实现自决，且为此可以请求并接受援助。民族解放斗争（包括民族解放战争）是实现民族自决权的合法手段，承认了支援被压迫民族的民族解放斗争是应尽的国际义务，凡是阻挠或破坏（包括武力镇压）被压迫民族实现民族自决的行为，都是违反国际法的行为。这就进一步确认了争取实现民族自决权的民族解放斗争的合法性和支援这种斗争的合法性，正如有的学者所说：“干涉民族解放运动可能是非法的，而支援民族解放运动却可能是合法的。”③

（二）和平方式

即通过签订协议和公民投票的方式来行使自决权。殖民地人民和其他被压迫民族的人民以和平的方式行使自决权，这无疑是国际社会和各国人民所希望的。但究竟有多少殖民地人民是在和平的环境中不受殖民国家压制地自由行使其自决权的呢？几乎没有，即使以协商谈判或公民投票的方式取得独

① 王铁崖、田如萱编：《国际法资料选编》，法律出版社 1982 年版，第 11 页。

② 王铁崖、田如萱编：《国际法资料选编》，法律出版社 1982 年版，第 7－8 页。

③ ［英］伊恩·布朗利著：《国际公法原理》，曾令良等译，法律出版社 2003 年版，第 646 页。

立，也是殖民地人民长期与殖民统治者进行斗争（也包括武装斗争）的结果。协商谈判和公民投票应当说是人民行使自决权的重要的和平方式。事实上，在曾被列入联合国大会名单的非自治领土和托管领土中，大多数自决都是武装斗争的结果，只有极少数自决是通过与殖民国家或托管国签署协议和公民投票（或称全民公决）等和平手段实现的。①在协商谈判和公民投票这两种方式中，最常见的方式还是公民投票。人民通过公民投票的方式来行使自决权的做法，已经得到了国际社会的普遍赞同和推崇。当代国际社会的一些重大问题，正是在联合国的监督下通过全民公决的形式得到解决的。

公民投票（plebiscite）是基于人民主权的概念。它最初通常在征服外国或合并他国领土时为增强合法化而被采用，法国大革命后经常被作为解决领土纷争的手段，20世纪后又被作为行使民族自决的手段来使用。第一次世界大战后，在《凡尔赛和约》所宣示的民族自决原则下，许多地区通过公民投票来决定领土归属问题，如上西里西亚（Oberschlesien）、康顿（Karnten）、萨尔地区（Saar）等等，主要是因为这些少数民族在语言或种族上的“与众不同”。那么，这些少数民族究竟是要维持当时的政治归属，抑或与其他国家的种族合并，还是独立成为一个主权国家？面对这样的情况，只好赋予这些少数民族以投票方式来选择、决定的权利。在第二次世界大战后也被广泛运用于非殖民化的过程，如1955年萨尔放弃其半独立国的地位，而决定与西德合并；而1956年马耳他岛人决定仍归属英国统治，但到1965年马耳他岛人以公民投票方式选择了独立；相反，直布罗陀（Gibraltar）的居民，于1967年以压倒性的多数表达了他们的意愿，仍愿归属英国，受英国统治，不愿回归西班牙。与直布罗陀类似的情形，于1970年北爱尔兰也决定归属英国。

自决虽已成为国际法上确认的权利，但公民投票却未被认定为国际法上具有强制力的制度。例如，早期有部分国际法学者并不认为公民投票已成为国际法的规范。例如，英国学者芬维克（Ch. G. Fenwick）、高德（W. L. Gould）、古德瑞奇（L. Goodrich）均不认为公民投票是习惯国际法的规则，亦非一般法律的原则，而只是政治上的便宜措施。然而，自决权的实现是以尊重人权的理念为基轴，因此在达成自决的过程中，必须反映地域住民的意思或愿望。确认地域人民意愿的方法包括公民投票、选举、请愿或解

① 参见白桂梅著：《国际法上的自决》，中国华侨出版社1999年版，第155－156页。

放组织的活动等，其中以公民投票为最常用的手段之一。学界认为公民投票是领土主权变更的要素，其适用有利于国际社会的安定，故而有越来越多的学者和官员主张将公民投票作为国际法上实现人民自决的重要方式。

当人民采取公民投票方式行使自决权时，公民投票即与独立直接相关，是达成独立的重要程序。然而，国家有时是在自决独立之后才进行公民投票，此时的公民投票是确认其正统性及合法性的做法，是具有政治性质的行为，而并非其独立的直接法理基础，其独立的真正法理基础是早先行使过的自决权。以波罗的海三国为例，他们均是在宣布完全恢复独立之后，才进行公民投票，以确认其新国会的决定具有合法性。拉脱维亚是在 1990 年 5 月 4 日，由新选出的最高苏维埃宣布独立，表明要恢复拉脱维亚独立国家的意愿，但公民投票时间则在 1991 年 2 月 9 日。立陶宛是在 1990 年 3 月 11 日，由其最高议会通过重新建立独立立陶宛国法案，而其公民投票日期是 1991 年 3 月 3 日。爱沙尼亚于 1990 年 4 月选出最高议会与总理，他们在同年 5 月 8 日通过恢复独立国家时期国号、国旗、国歌及宪法的法案，但公民投票日期则是次年的 3 月 3 日。就波罗的海三国的公民投票而言，它本身并不是国家独立的根据，只是借其确认国家独立的合法性。可见，只有“人民自决”才是分离独立的一般性规范，而公民投票只是其适用上的可能形式之一。

二、公民投票的类型及概念辨析

所谓公民投票，通常是指全体公民通过行使投票的权利对国家或社会的重大或特定问题进行表决的制度。狭义上的公民投票主要是指国家全体公民或社会全体成员就某一项重大事务进行投票表决的制度。广义上的公民投票除了包括其狭义上的含义之外，还包括某一地方行政区域单位（州、省、市、区等）的全体居民对有关地方事务进行投票表决的制度。本书中所使用的公民投票是指广义上的公民投票。公民投票有时还被称为“全民公决”或“公民表决”。但严格地说，“公民投票”比“全民公决”具有更为宽泛的含义。公民投票表决的事项很多，既包括全国性的，也包括地方性的。在理论上，虽然“全民公决”意味着全体公民或全体居民都有权利参与投票；但在实际中，全体公民或全体居民未必都参与投票。因此，在强调“全体性”的场合下，使用“全民公决”一词更为妥当，在不强调“全体性”的场合下，使用“公民投票”一词更为合适。但在一般情况下，“全民公决”与“公民投票”可以互换使用。需要说明的是，基于分析语境的需要，也基于学术概念使用上的规范起见，本书将统一使用“公民投票”这一术语。

关于公民投票一词，有两个英文名词必须加以说明。referendum：意指公民直接对立法机关通过的议案或是人民本身主动所提出的创制性议案进行投票表决，所表决的议题通常包括制宪案、修宪案、重大或一般法案。plebiscite：专指对领土、主权有争议的国家或地区，人民以投票决定其前途。它除了被译为“公民投票”之外，还有学者将其译为“公民自决”。广义的公民投票通常是指：只要具有投票的形式即可被称作公民投票。因本书主要以自决权为研究对象，故而本书在一般意义上则采用“plebiscites”一词意义上的公民投票。本书在探讨民主意义上的公民投票时，则采用“referendums”意义上的公民投票。需要说明的是，我们这里使用的是“referendums”，而不是“referenda”，这是采纳了《牛津英文辞典》的（Oxford English Dictionary）建议：“referendum”在逻辑上倾向于意指针对某一项议题进行投票的复数形式（此时的“referendum”以单数名词出现）。至于拉丁字“referenda”这一复数名词，意指“与许多议题有关的事务”。

（一）以往学界对公民投票的类型划分及简要评析

按照不同的标准可以将公民投票划分为不同的类型。以下是比较典型的几种对公民投票的分类方法：

1. 李帕特（A. Lijphart）分类法

（1）控制的与非控制的公民投票。如果政府能决定公民复决是否举行、何时举行以及议题表决的内容，称之为控制的公民复决。如果公民复决是由人民的创制权所发起，可被视为非控制的，由于人民发起创制权的观点是想对现状造成改变，而这种改变正是政府所抗拒的。（2）支持支配的与反对支配的公民投票。一项公民投票是属于支持支配的还是属于反对支配的，要看其结果是对政权产生支持，还是造成不利。大部分的公民复决既是控制的，又是支持支配的，理由之一是创制权仅在极少数国家实施。只有在政府能够控制公民复决，它稳操胜券时才会举办公民投票。当然也会有例外，如1972年挪威加入欧洲共同体，公民复决的结果与当权派的建议背道而驰，选民反对加入欧洲共同体。①

2. 伦尼（A. Ranney）分类法

（1）政府控制的公民投票。在这种形式下，一个政府有权力控制什么时候举行公民投票，以及什么样的议题将发布给人民。大部分国家的公民投票都是这种形态。（2）宪法上规定的公民投票。有些国家的宪法规定，某些特定的事务（特别是对宪法修正案），只有经公民直接投票表决通过后才被采用。政府决定修改的措辞在成为法律之前须经过选民的同意。（3）民众请愿的公民投票。有些国家和地区如瑞士和美国的许多州，允许选民提出对某些法令的公民投票请愿书向立法机关的法案提出挑战。如果收集了所需签名的数目，就必须举行一次投票，而且如果民众都投票反对此法令，即使政府想维持这个法令也不维持不了。（4）民众创制发起的公民投票。一般选民被容许提出一个特定的请愿，要求将某些政府尚未采行的法案交给人民。这些请愿者可以决定法案的措辞，如果他们得到了所需签名的数目，此法案必须在下次选举之前被拟好，如果此法案在公民投票时得到多数票而通过，此法案就会变成法律。②

除了上述典型的划分方法之外，我国也有学者对公民投票的类型划分问题进行了系统研究，例如有的学者按照投票主体的范围不同，将公民投票划分为：（1）独立国家在有投票权的公民范围内进行的公民投票。（2）以民族或种族为基础进行的公民投票，内容往往与独立建国问题相联系。（3）居民公决，或称住民公决，是以某一特定地区的居民（住民）为基础进行公民投票。还按照公民投票是否为法律规定的必经程序的不同，将公民投票划分为：（1）强制性的公民投票。该类公民投票往往被法律赋予系某些事项有效成立的必要条件，如以制宪为议题的公民投票。（2）任意性的公民投票。主要包括由公民倡议而进行的公民投票；由议会自愿提交的公民投票；由行政首脑在认为必要时提交的公民投票；应多数地方政府要求进行的公民投票。③

---

① See Lipjhard, Arend, *Democracies Patters of Majoritarian and Consensus Government in Twenty-One Countries*. New Haven: Yale University Press, p. 58.

② 参见［美］巴特勒、兰尼编著：《公民投票的理论与实践》，吴宜容译，台湾韦伯文化事业出版社 2002 年版，第 35 – 39 页。

③ 参见魏贻恒：《国外现代全民公决的类型研究》，载《吉林大学社会科学学报》2003 年第 6 期。

以上对公民投票的类型划分，均有其不同程度标准和视角，也均有其不同程度的合理性。从李帕特分类法和伦尼分类法所研究的对象来看，它们所针对的不是普遍意义上的公民投票，而是针对特定领域内的公民投票；也就是说，它们针对的均是一个主权国家内部民主政治意义上的公民投票，而不涵盖国际法层面上作为领土变更方式的公民投票，因此，他们所做的划分也仅仅是在民主意义的层面上对公民投票所做的类型划分。但是，这种划分方法有一个致命的缺陷，那就是，它无法也不可能对于国际法意义上作为领土变更手段的公民投票和国内民主政治意义上作为直接民主手段的公民投票做出明确地界分，以至于在实践中很容易将这两种公民投票混同起来。某些地区或民族分离主义势力正是借着两者的混同，以“自决”、“公投”为旗号，来为其分裂活动制造理论依据。大多数相关国内学者虽然将国际法上的公民投票纳入了研究视野，但在划分类型时也通常是将其作为多个类型中的一种，而不是直接与国内政治意义上作为民主手段的公民投票直接对应起来，这样一来，由于其针对性不强，难以凸显出国际法上公民投票的适用对象和特点。看来，确定新的标准来划分公民投票的类型，已势在必行。

（二）自决性公民投票与民主性公民投票的划分及其依据

目前学术界对公民投票概念的理解和使用比较混乱，在某种程度上与将国际法上作为领土变更方式的公民投票和国内法上作为直接民主手段的公民投票混同起来的现象有着直接或间接的关联。鉴于弥补以往学界在此研究上的不足，也为了防止有人利用这种混乱来从事损害国家主权的活动。笔者根据公民投票所依照的法律规范是国际法还是国内法将公民投票划分为自决性公民投票和民主性公民投票两种类型。前者是国际法意义上作为领土变更方式的公民投票，后者是国内法意义上作为直接民主手段的公民投票。自决性公民投票通常是指创设领土边界以实现独立建国或决定领土归属以合并到他国的公民投票；民主性公民投票通常是指在一个主权国家的既定疆域内，人民对全国性或地方性重大事务进行集体表决的公民投票。为了进一步说明这种划分的内容，分述如下：

1. 自决性公民投票

该类型的公民投票通常具有以下几个基本特点：

（1）在英文中，自决性公民投票更多的是用“plebiscite”来描述。它与国际法上的自决密切相关，是自决权的实现方式。该类型的公民投票的一个重要特点就是，在举行公民投票时，并不存在既定的法律意义上的领土疆界或领土归属（当然，这里通常有一个历史上形成的习惯界限，否则无法确定参与投票者的范围）；相反，这个领土疆界或领土归属正在等待着由公民投票来决定。

（2）该类型的投票是第一个层次的、超越国家的、超宪法性的公民投票，是要缔造新国家的人民自决投票。自决性公民投票更多的是与独立建国联系在一起的。它的适用范围一般是殖民地、被压迫民族或被外国占领的地区。

（3）实施这类公民投票必须具备相应的条件，即必须是归属不明的地区、殖民地和托管地等才能进行。通过这种投票方式，自由表达实行民族自决的人民的意志，自由确定其民族领土的命运。但该制度应保证生活于该领土之上的全体居民的投票以充分自由的方式进行，并应当由国际组织进行监督，其合法性取决于居民意志是否真正得到充分自由的表达。

（4）严格说来，这里的“民”指居民、住民，而不能称之为“公民”。因为公民是指具有某国国籍的人，而事实上这时候国家还没有建立，投票者的国籍无从说起，所以，这时的投票者还不能称之为“国民”或“公民”，因而严格说来，这时的投票还不能称之为“自决性公民投票”，而只能称之为“自决性人民投票”。因为这里的“人民”比较笼统，既可以指“公民”或“国民”，也可以指“居民”或“住民”。但为了文中表述上的前后统一，也为了表述上的习惯，笔者在此还是将“自决性人民投票”表述为“自决性公民投票”。①

（5）投票结果的效力高于宪法，因为自决性公民投票的举行先于国家的成立，先于宪法的制订。一般说来，制订宪法是独立建国之后的行动。所以我们说，自决性公民投票的行为及其结果的效力高于宪法。此时也没有宪法，宪法此时正在等待着它去创制。从这种投票权利的性质上来说，它属于原生性权利或本源性权利的范畴。所以，它不受宪法的约束，只受国际法的

---

① 需要说明的是，“自决性公民投票”这一称呼在法理上存在着内在矛盾，因为既然是自决，一般意味着尚未独立建国，因而也就谈不上一个国家内部的公民；反过来，既然是公民，也就意味着他已属于某个国家，而事实上国家这时还未建立。所以“自决性公民投票”这个概念前后有些矛盾。笔者也曾试图使用“自决性全民公投”这一概念，这个概念的好处是，这里的“全民”可以笼统地指全体人民，这样可以模糊“民”具体所指的是不是“公民”。但“全民公投”和“全民公决”也存在一定的不足，尽管它们在含义上等同于公民投票，且含义更直白，但它们不属于规范的学术概念。权衡最后，还是使用“自决性公民投票”这一概念。

调整。

(6) 投票的议题通常与独立建国相联系。尽管自决的实现形式通常除了独立建国之外，也有其他的方式，如并入他国、与他国合并等，但最主要的还是独立建国，所以围绕着实现形式所设计的表决议题也更多地是以独立建国为内容的。正由于如此，自决性公民投票还被称为“缔造新国家的人民投票”。

2. 民主性公民投票

该类型的公民投票通常具有以下几个特点：

(1) 是指民主意义上的公民投票，它是相对于自决意义上的公民投票（即自决性公民投票）而言的。在英文中，通常用“referendums”描述。该类型公民投票是实现直接民主的重要方式。

(2) 它是指公民在实现独立建国后，依照宪法和法律就特定公共政策议题而进行的投票。它与自决性公民投票的不同在于，它后于独立建国。它与选举的不同在于，后者实质上是递补公职的途径，并不提供直接或可靠的方法影响政策内容。因此，民主性公民投票是直接民主的手段，一般并不用来代替代议机构，而只是一种补充。

(3) 它通常是依照宪法和法律而进行的，它的适用范围或情形通常是西方发达的民主国家（可参见附录B），而不是一般的发展中国家，更不是未独立建国的殖民地、被压迫民族或被外国占领的地区。

(4) “民”指国民、公民。此时国家已经建立，参加投票的人都属于国家名义下的人，是名副其实的“公民”，此时的投票是真正意义上的“公民”的投票。公民投票在不同国家也有不同的称呼，譬如，在西方大陆法系国家通常将其称为“国民投票”。

(5) 该类投票结果的效力低于宪法，它必须在宪法和法律的范围内运行，必须依据宪法和相关法律的规定来操作。从权利性质的角度来看，该投票权属于派生性权利或过程性权利的范畴。该投票的结果可以是建议性的，也可以是强制性的。至于建议性公民投票的结果，由于不具法律强制力，因此实施顾虑较少，只是征询或了解全国民众的意见，当然只要以行政命令规定实施方法即可。建议性公民投票的结果虽不具法律强制力，但其结果通常是政府施政的重要参考，可解决政府施政上的疑虑。

为了清楚起见，以上两种公民投票的具体区别，可进一步概括为下表的内容：

表 11－1 自决性公民投票与民主性公民投票比较表

类型 / 内容	自决性公民投票	民主性公民投票
与宪法的关系	高于宪法	低于宪法
与建国的先后关系	独立建国前	独立建国后
所行使权利的性质	本源性权利	过程性权利
实现方式	独立建国、合并	复决、创制

总之，自决性公民投票和民主性公民投票属于不同层次、不同范畴和不同时序阶段的行为，不能随意地对它们进行概念的转换或嫁接。随意转换或嫁接在理论上是不合理的，在实践中是有害的。当然，两种类型的公民投票之间也存在着联系，譬如，两种公民投票都依据于主权在民或人民主权理论，都体现了人民当家做主这一政治价值，等等。

（三）该类型划分的意义

1. 理论意义

概括起来，该类型划分的理论意义有二：一是突破了原来多数西方学者将公民投票的类型研究局限于特定领域（特别是民主政治领域）的做法，这样的划分更具有普适性，同时也便于我们发现以往学术界在公民投票的类型划分方面所存在的不足，从而对其作出恰当的评判。二是将国际法上的自决性公民投票与国内法上的民主性公民投票直接对应起来，具有更强的比较性或对照性，便于理论上的梳理和分析，可以用其来分析学术界有关公民投票的某些观点的利弊得失。

2. 现实意义

该类型划分有利于在实践中对不同类型的公民投票的科学运用，有利于避免不同类型的公民投票之间的混用，也有利于对有关公民投票的性质和问题进行准确的判断。譬如，在现实生活中，独立、分离、分立三种行为虽然都以独立建国为目标，但按照自决性公民投票和民主性公民投票的划分标准，殖民地和其他被压迫民族以独立建国为议题的公民投票属于自决性公民投票，一个主权国家的组成单位以分立、分离为议题的公民投票属于民主性公民投票。笔者认为，以独立为议题的公民投票属于民族自决的范畴；而以分立或分离为议题的公民投票则属于民主政治的范畴，必须由全体公民都参加，不能只有一部分人参加。认清这一点对于我们认清现实中某种公民投票的性质和实质，具有至关重要的意义。不同性质的投票行为，具有不同的投票主体、范围和议题，也沿用不同的投票规则。

三、本章结论

由以上分析可见，公民投票包括自决性公民投票和民主性公民投票，公民投票并不都与自决有关，只有自决性公民投票（即国际法意义上的公民投票）才与自决有关，且是自决权的实现方式；而民主性公民投票与自决基本没有什么关联。自决性公民投票是自决权的重要实现方式，但自决权的实现方式并非只有公民投票。除了自决性公民投票之外，还包括武装斗争。因而我们说，自决权的实现方式和公民投票之间的关系是逻辑上的交叉关系，并非等同关系。如下图：

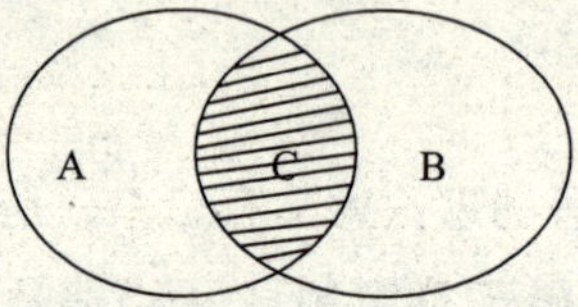

图 11－1　自决方式与公民投票之关系示意图

（说明：A 代表自决的方式，B 代表公民投票，A 与 B 的交叉部分 C 代表自决性公民投票。）

第十二章　自决性公民投票

所谓自决性公民投票是指国际法上创设领土边界以实现独立建国或决定领土归属以合并到他国的公民投票。在国际法上，自决性公民投票是殖民地人民和其他被压迫民族的人民实现民族自决权的重要和平手段。它在国际法上有其特定的适用范围和合法性条件，但在现实中它经常被某些分离主义势力所歪曲和利用。为进一步认识国际法上自决性公民投票的有关理论及其运行规则，本章将通过实证的方法来对其作进一步的研究。

一、国际法渊源

从国际法上来看，自决性公民投票的渊源主要有：自决权原则、国际条约和国际组织的决议等。

（一）自决权原则

1960 年的《给予殖民地国家和人民独立宣言》首次以普遍性国际文件的形式明确宣示了“所有人民”的自决权，并强调了殖民地、托管领地、非自治领地和尚未取得独立的其他一切领地的人民实现“完全独立”的权利。1960 年 12 月通过的《关于指导会员国确定是否存在根据联合国宪章第七十三条戊款传递信息义务的原则》列举了“成为主权独立国家、与一个独立国家自由联合和并入一个独立国家”等自治领地达到全面自治的三种方式，并强调自由联合和并入应是相关领地人民通过公开民主程序自由表达意愿的结果。①1961 年的第十六届联合国大会以第 1654 号决议通过设置“赋予殖民地独立宣言履行特别委员会”，成为联合国非殖民地化行动的中心。1962 年将此委员会由 17 国扩大为 24 国。1966 年的两个国际人权公约均在第 1 条的规定更进一步确立自决权在法律上的权利地位。1970 年的

① 参见白桂梅著：《国际法上的自决》，中国华侨出版社 1999 年版，第 253 – 254 页，

《国际法原则宣言》也阐明了这一点。1975年迪拉德大法官（Judge Dillard）“西撒哈拉”（Western Sahara）一案的咨询意见书中写道：“应该由人民来决定领土的命运，而不是由领土来决定人民的命运。”①在国际实践中，纷争地域、托管地、保护国和其他被压迫民族的人民可以通过行使他们的自决权来决定领土的归属或独立。“在现代法律制度中，公民投票应当视作为保证符合《联合国宪章》所奉行的自决原则的一种方法。”②

（二）国际条约

在现代，国际社会主要是通过制定条约来确认与保障各项权利的规则、原则及相关的制度。条约一般是以书面的形式来缔结，其名称可有多种，如条约、公约、宪章、议定书等，它是两个或两个以上的国家所共同达成的一种必须共同遵守的协议。它对缔约国产生约束力，如果某缔约国未履行其应承担的义务，应承担相应的法律后果。有时国际条约中也会规定某地域以公民投票的方式来解决领土归属问题，此时，当事国当然不能以其宪法无明文规定，而于事后表示反对。此问题涉及国际条约与宪法（即国际法与国内法）的关系及其效力问题。在欧洲发生的众多领土变更的实例中，通常由生活于某领土之上的全体住民经由公民投票来决定该领土的主权归属或最终的政治地位，而这些住民享有的投票权通常是在双方或多方的条约中预先加以规定的。例如，按照1919年《凡尔赛和约》的规定：奥邦、马梅迪（第34条）、萨尔区（第49条）、上西利西亚（第88条）、东普鲁士（第9条）、希内斯维格（第109条）等领土，届时将分别由生活于其上的全体住民采用公民投票的方式来决定这些领土的归属问题。

（三）国际组织的决议

国际组织（特别是联合国）是由它的全体代表所组成的机构。它的有关通过公民投票实现自决权的决议，经常是针对特定地域作出的。有的国家（如美国）认为它们只是一种政治愿望，而无约束力。多数国家认为，其中一些决议是国际组织对联合国宪章的权威解释，应当具有约束力而成为习惯

① 《国际法院报告》（ICJ Reports），1975年，第12页，第122页。

② ［英］詹宁斯、瓦茨修订：《奥本海国际法》第一卷（第二分册），王铁崖等译，中国大百科全书出版社1995年版，第73页。

法。例如，前面多次提到的 1960 年 11 月 14 日在其 1514 号决议中通过的《给予殖民地国家和人民独立宣言》也是对联合国宪章有关精神的进一步落实，它所确认的民族自决权及其实现方式已为各国政府和学者所接受。事实上，国际组织的决议亦为主权国家间的合意，由于国际组织通常采行多数决规则，以往某些会员国经常会对涉及自身利害关系的问题投反对票，且于事后进行抵抗（此即所谓“一贯反对国原则”），但近些年来，此类问题已日趋减少。在实施事例方面，一次大战后“巴黎和会”为解决少数民族问题而议定的公民投票，以及二次大战后联合国决定的五十四个非自治地域名单等，均为国际组织以决议的方式赋予某地域的人民通过公民投票的方式来行使其自决权的事例。

二、合法性要件

国际法和国际实践表明，自决性公民投票的合法性应具备三个要件：(1) 有合法和正当的理由。在国际法上，自决性公民投票有特定的适用范围和原则。它只适用于殖民地、托管地、非自治领地，以及原本就是独立的民族和国家在涉及国家主权和领土变更等方面所进行的公民投票。倘若不具备上述条件，即使采取公民投票的方式，企图在一个国家内部单方面地寻求“分离”也是行不通的，是国际社会和任何一个国家的政府所不允许的。(2) 没有外国的干涉、威胁和操纵，当地居民能够自由地表达其意志。如果某一地区已经被外国军队占领，该外国出于为兼并该领土寻找合法根据的目的而举行全民投票，则投票的结果不可能是当地居民自由意志的反映，国际法不应承认由此产生的领土变更的合法性。(3) 应有联合国的监督。例如，历史上联合国曾对下列托管领土的公民投票进行了监督：1956 年不列颠多哥托管领土；1958 年法属多哥；1959 年和 1961 年北喀麦隆；1961 年南喀麦隆；1962 年西萨摩亚和 1972 年巴布亚新几内亚等。但是，这种监督并不限于托管领土，关于执行《给予殖民地国家和人民独立宣言》的专门委员会曾经以自决的名义要求对殖民地适用同样的程序。①上述谈到的国际法上以“公投”解决问题的实例，均是由国际组织（国联或是联合国）主

① 参见［英］詹宁斯、瓦茨修订：《奥本海国际法》第一卷（第二分册），王铁崖等译，中国大百科全书出版社 1995 年版，第 93 页。

持的。这也是合理的，因为主持“公投”的国际组织，等于负有裁判与合法化的职权与任务。

三、适用范围

自1945年联合国成立以来，“民族自决”变成国际法上的一项基本原则，而大多数殖民地均援引该项原则脱离了殖民统治而独立建国。自决性公民投票的议题大都与领土有关，具体说来，这些与领土有关的议题又可以分为两个方面，即领土归属和领土独立。到目前为止，相关领土争议的公民投票大约举行过100多次（参见附录A），其中自决性公民投票大约举行过近60次。①以公民投票的方式决定领土的变更，是国际法上最常见的方式之一。单在20世纪里，在国际法层面上就领土主权变更而举办的公民投票就达近60次，请参见下表12－1。

表12－1　20世纪实施国际法层次公民投票重要事例一览表

国名	议题	投票日期	投票率（%）	赞成率（%）
纳他尔	与新南非合并	1909.06.10	75.1	58.2
卡士、巴丹、阿达汗	与土耳其统一	1918.07.12	缺	97.8
南罗得西亚	自治政府，不加入南非	1922.10.27	78.5	94.9
菲律宾	同意独立宪法	1935.05.14	缺	96.7
印度西北边界部分	加入巴基斯坦	1947.06.07	51	99.9
塞尔比	加入巴基斯坦	1947.06.07	缺	56.5
有尔比	加入巴基斯坦	1948.02.24	94.7	99.9
有德那古尔	与印度统一	1949.06.19	60.8	98
南罗得西亚	同意中非联邦	1953.04.09	82.1	63.5
柬埔寨	同意独立	1955.02.07	缺	99.8
多哥	加入加纳	1956.05.09	83.6	58.1
乌班吉沙里（中非）	留在法兰西共同体	1958.09.28	78.8	99

① 需要说明的是，在附录A中所列出的公民投票事例并非全部是自决权性公民投票，有的属于民主性公民投票。该附录把凡是涉及领土主权变更的公民投票事例大都列举于此，这需要我们在参考该附录时必须注意：不要把该附录所列举的事例均当作自决性公民投票的事例。

续表

国名	议题	投票日期	投票率（%）	赞成率（%）
马达加斯加	独立	1958.06.12	81.5	77.6
叙利亚	同意与埃及联合	1958.02.20	缺	99.9
埃及	同意与叙利亚联合	1958.02.20	缺	99.9
新喀里多尼亚	留在法兰西共同体	1958.09.28	75.6	98.1
塞内加尔	留在法兰西共同体	1958.09.28	81.1	97.8
索马利亚	留在法兰西共同体	1958.09.28	72.3	75.2
尼日尔	留在法兰西共同体	1958.09.28	36.0	78.5
科特迪瓦	留在法兰西共同体	1958.09.28	97.5	99.9
法属苏丹	留在法兰西共同体	1958.09.28	45.3	97.6
加蓬	留在法兰西共同体	1958.09.28	77.5	92.1
几内亚	同意独立	1958.09.28	84.7	97.2
刚果	留在法兰西共同体	1958.09.28	78.8	99.4
达荷美	留在法兰西共同体	1958.09.28	55.3	92.8
乍得	留在法兰西共同体	1958.09.28	65.8	99.2
阿尔及利亚	留在法兰西共同体	1958.09.28	79.0	96.5
喀麦隆（北半部）	不与尼日利亚合并	1959.11.07	缺	62.3
法属多哥	独立	1960	缺	缺
卢旺达	独立	1961	缺	缺
西萨摩亚	独立	1961	缺	缺
阿尔及利亚	自决	1961.01.06－08	58.8	65.9
喀麦隆（南半部）	与喀麦隆合并	1961.02.11－12	94.1	70.4
索马里	两索马里合并	1961.06.20	缺	90.6
牙买加	同意西印度邦联	1961.09.19	60.4	46.2
赤道几内亚	成立自主政府	1961.12.15	91.6	57.3
阿尔及利亚	独立	1962.07.01	91.8	99.7
新加坡	与马来西亚合并	1962.09.01	100	71.1
尼日利亚（中西部）	独立	1963.07.13	90.2	98.2
索马利亚	继续与法国联合	1967.03.19	95.4	60.5
波多黎各	殖民地地位	1967.07.23	65.8	60.5
叙利亚	同意阿拉伯共和国联邦	1971.09.01	89.7	96.4
埃及	同意阿拉伯共和国联邦	1971.09.01	97.2	99.9
利比亚	同意阿拉伯共和国联邦	1971.09.01	94.6	98.6

续表

国名	议题	投票日期	投票率（%）	赞成率（%）
喀麦隆	东、西喀麦隆成为一国	1972.03.21	98.5	99.9
科摩罗	同意独立	1974.12.28	92.9	95.6
北马里亚纳	同意成为美国领土	1975.01.17	86.5	78.5
美约特	仍为法国一部分	1976.02.08	83.3	99.4
美约特	成为法国海外殖民地	1976.04.11	80.5	2.5
索马里	脱离法国独立	1977.05.08	77.2	98.8
纳米比亚（西南非）	同意独立计划	1977.05.17	64.9	94.9
古拉索（荷兰）	未来地位	1978.01.15	90.0	58.1
维京群岛	更多自治的政府	1979.03.06	38.0	44.0
关岛	自治领	1982.01.30	48.5	38.0
帕劳	与美国自由结合协议	1983.02.10	88.2	55.6
帕劳	与美国自由结合协议	1983.02.10	缺	66.9
密克罗尼西亚联邦	与美国自由结合协议	1983.06.21	63.2	79.0
马绍尔群岛	与美国自由结合协议	1983.09.07	83.5	58.5
摩洛哥	与利比亚成为联邦	1984.08.31	缺	99.9
帕劳	与美国自由结合协议	1984.09.04	缺	67.9

自决性公民投票主要有两种基本形式，即领土归属性公民投票和领土独立性公民投票。分述如下：

1. 领土归属性公民投票是指在国际法承认的特定条件下，由某一领土上的居民通过投票来决定该领土的归属。由于历史原因，当一个地区的主权归属出现争议时，采取该地区居民公决是解决问题的选择之一。在世界近代史上就曾经多次出现过根据当地居民的意愿决定领土归属的事例。譬如，1860 年萨瓦和尼斯根据其居民的愿望与法国合并。1919 年《凡尔赛和约》规定，德国萨尔区的行政管理由国际联盟负责，为期 15 年，期满后通过全民投票决定该地区的最后归属。在 1935 年 1 月的全民投票中，绝大多数居民赞成与德国合并。一次大战后的 1920 年至 1921 年间，石勒苏益格、克拉根富特、上西里西亚、肖普郎等地区就是由战败国或战败国占领区居民在国际监督下以投票表决方式决定其归属的。在现代国际政治实践中，全民投票作为领土变更的方式之一，其运用日益频繁。1961 年英属喀麦隆举行公民投票，结果其北部居民赞成加入尼日利亚，南部居民则同意与喀麦隆合并。

1969年西伊里安经过全民投票与印度尼西亚实现统一。时间较近的一例是，可可斯——基陵岛根据1984年12月通过的《可可斯——基陵岛人民自决法案》的规定，并在联合国使节团的监督下，该岛人民通过投票决定与澳大利亚合并，其后并获得联合国大会的追认。

2. 领土独立性公民投票是指原殖民地和其他被压迫民族的人民根据民族自决权原则在争取独立的过程中通过公民投票来和平地实现独立建国。如1962年西萨摩亚通过公民投票获得独立，1972年巴布亚新几内亚的居民经过公民投票独立建国，等等。反映这类公民投票的事例很多，在此不一一列举。在涉及领土变更的这两种自决性公民投票中，独立性公民投票的数量比归属性公民投票的数量要多。通过公民投票来决定领土的独立符合民族自决权原则，已被国际法和国际社会的实践所承认，是一种合法的领土变更方式。

四、实证分析

（一）归属性公民投票个案：德国萨尔区

德国萨尔区（Saar）。萨尔区位于德、法之间，绝大多数住民属德意志血统。近代史上，该地曾多次在两国争战中易手。1919年《凡尔赛和约》除将该地交国际联盟托管外，还规定十五年之后由当地人民进行表决，以决定其归属。根据1935年1月13日全民投票的结果，有90.8%的人主张归并入德国。于是，德国国社党政府设该地区为萨尔省。1945年德国战败，萨尔区再次落入法国之手。法国当局本想使该区自此与德国脱离，因此于1954年推出了一个规定该区永久接受西欧国家共管的“萨尔地位协议”。时值美、英出于围堵共产主义阵营的需要，积极争取西德加入北大西洋公约组织，以使其成为西欧防线的前沿基地。另一方面，法国时运不济，除债台高筑、濒于破产外，所属殖民地又掀起了风起云涌的反殖民主义浪潮。法国所处的境况极为险峻，若得不到美国的支持便无法渡过难关。在此背景下，法国不得不对美国所施加的压力做出让步，允许萨尔区人民举行投票，以表明他们对“萨尔地位协议”（即分裂）所持的态度。不言而喻，萨尔区人民在1955年的投票中再次坚决地反对分裂的选择。次年，萨尔地区重新归并于德国。从国际法的角度来看，萨尔区人民的两次投票，均是一个被分裂、被异族统治的民族对是否愿接受分裂现状所进行的表决。因此，它纯粹是一个属于民族自决范畴的问题。

（二）独立性公民投票个案：多哥与东帝汶

多哥（Togo）。在非殖民化运动的强大压力之下，少数殖民地的独立是在联合国的监督之下通过公民投票的方式获得的。例如原德国殖民地多哥，一次大战爆发后被英国和法国占领，1922 年成为国际联盟下的委任统治地，分别由英国和法国统治；1946 年又成为联合国下的托管领土，继续分别由英国和法国管理。多哥人民从二次大战以后就开始了结束托管、实现自决的斗争。1956 年法国决定在法属多哥举行公民投票并要求联合国托管理事会派观察团。但是，由于法国安排的公民投票没有为多哥人民提供独立这一选项，只有建立自治共和国或继续托管，所以法国的做法遭到联合国的反对。但法国不顾联合国的反对，于 1956 年 10 月举行公民投票，72% 的投票人同意建立“自治共和国”。1957 年联合国大会建立了一个 6 人委员会对法属多哥的整个形势进行审查，结果是，该委员会拒绝接受在法属多哥举行的公民投票结果，不同意终止托管协定。经过多哥人民的不懈努力，终于在 1958 年 4 月 27 日举行了由联合国监督的选举，有明显独立倾向的政党获得选举的胜利，法国同意多哥于 1960 年 4 月 27 日独立。①英属多哥的自决权是通过公民投票的方式实现的。1956 年 5 月英属多哥在联合国主持下举行公民投票，多数多哥人民同意并入当时的英属殖民地黄金海岸，后者于 1957 年 3 月宣告独立，现称加纳。

东帝汶（East Timor）。东帝汶原是葡萄牙的殖民地，1951 年在名义上被划为葡萄牙的“海外省”。1975 年，葡政府宣布东帝汶举行公民投票，实行民族自决。1975 年 11 月，东帝汶独立革命阵线宣布东帝汶独立，成立东帝汶民主共和国。同年 12 月，印尼派兵占领东帝汶。1976 年 7 月，印尼总统苏哈托宣布东帝汶成为印尼的一个省，而包括联合国在内的国际社会一直未承认东帝汶归属印尼。东帝汶在被印尼占领后，要求独立的斗争一直不断。1997 年亚洲金融危机爆发后，印尼在经济、政治等方面陷入困境，被迫做出重大让步。在联合国主持下，印尼和东帝汶的原宗主国葡萄牙于

---

① See Yves Beigbeder, *International Monitoring of Plebiscites, Referenda and National Elections: Self-Determination and Transition to Democracy*, Martinus Nijhoof Publishers, 1994, p. 130 – 133.

1999年5月签署了“关于东帝汶未来地位问题”的一揽子协议，决定东帝汶人民在8月8日举行投票，以确定东帝汶是实行自治还是脱离印尼实行独立。由于暴力事件时有发生，投票日期延至8月30日举行。东帝汶在联合国主持下举行了全民公决，78.5%的东帝汶居民赞成独立。①依此投票结果，2002年东帝汶正式独立建国。

（三）案例解析——兼论自决性公民投票的启动和运作

以上三个案例，尽管举办公民投票的背景和情形有所不同，但都涉及国家主权和领土变更等方面的事项。从这三个案例中，我们可以更好地把握自决性公民投票之运作程序中的几个关键环节和重要事项。

1. 自决性公民投票有其特定的适用范围。从以上三个自决性案例可以看出，自决性公民投票一般适用于殖民地、托管地、非自治地区，以及那些原本就是独立的而后来被其他国家所兼并的民族和地区。但它不适用于某些历史遗留问题，比如说中国的香港和澳门问题。②基于国际法的自决权而实施的公民投票，其结果具有法律拘束力。

2. 在独立性公民投票中，宗主国对领土的占领大都不具有合法性。例如，案例中的东帝汶在历史上本不属于印尼，印尼在1975年对东帝汶的占领并没有得到国际承认。因此，印尼对东帝汶地位的决定权不是基于确定的国际法权利，而是基于某种因实际占领而导致的主权利益相关性。宗主国对领土的占领主要有两种情形，一是殖民统治，二是非法侵占。国际法要求殖民地宗主国对通过以上两种情形所攫取的领土和所管辖的民族应准其自决，让他们自由选择自己的国际地位。

3. 公民投票背后通常是多年的“热战”。公民投票背后是靠武力来支撑的，没有武装斗争，殖民主义者不会轻易让殖民地人民通过公民投票来实现

---

① 参见熊坤新主编：《21世纪世界民族问题热点预警性研究》，民族出版社2006年版，第122－126页。

② 众所周知，香港和澳门不是国际法意义上的殖民地。1972年3月，中国常驻联合国代表黄华致函联合国非殖民化特别委员会主席时指出：“香港、澳门是属于历史遗留下来的帝国主义强加于中国的一系列不平等条约的结果。香港和澳门是被英国和葡萄牙当局占领的中国领土的一部分，解决香港、澳门问题完全是属于中国主权范围内的问题，根本不属于通常的‘殖民地’范畴。”1972年11月，联合国大会以99票对5票的绝对优势，通过了将香港和澳门从世界殖民地名单上除去的决议。这样，中国在恢复了在联合国合法席位之后就从这个名单里撤出了香港和澳门，认为他们不属于殖民地而是中国领土的一部分，因为如果承认他们是殖民地就表明他们可以根据民族自决独立为新的国家。

独立。须知自1945以来世界上已有九十个前殖民地和非自治地区先后独立，其中东帝汶是一个通过公民投票的方式达成独立的事例，而且其公民投票也是在与印尼热战多年后才由联合国出面督导举行的。因此，国际上很少有人认为公民投票是一个解决问题的常规化手段。

4. 宗主国的态度不容忽视。按照国际法上的自决权原则，受到殖民统治的民族和国家有权脱离原宗主国的统治或压迫而获得独立，这种独立应不以宗主国的同意为前提。不过，殖民地人民脱离原宗主国而独立的自决权是在殖民地人民争取民族独立的斗争中逐步建立起来的国际法原则。由于国际政治的现实障碍，大部分殖民地人民的独立也是在宗主国同意后才获得普遍的国际承认。就拿东帝汶来说，其在1999年8月通过公民投票实现独立，此前印尼政府已与葡萄牙政府及联合国签署协议，同意东帝汶以公民投票的方式来决定自己的前途，实际上等于同意东帝汶独立。葡萄牙对东帝汶属殖民占领，1975年放弃东帝汶时就同意东帝汶前途可以自决。印尼政府之所以同意东帝汶以公民投票的方式来决定自己的前途，不排除印尼政府对公民投票的结果抱有某种程度的幻想，但是在政治上，很难想象在没有印尼政府同意的情况下东帝汶可以通过公民投票实现独立。

5. 通常有联合国的参与或监督。在国际联盟对萨尔区托管15年后，在国际联盟的监督下，通过萨尔居民的投票来决定其归属。在印尼同意通过公民投票来决定东帝汶的前途以后，最后解决办法是由联合国主持在东帝汶举行公民投票。在东帝汶独立以前，还由联合国在该地成立了辅导过渡期间的“摄政政权”（UNTAET），直到2002年5月东帝汶正式独立为止。在公民投票时倘若有违背自决权原则的情况，联合国就会否决投票结果。就法属多哥这个案例来说，由于法国安排的公民投票没有为多哥人民提供独立这一选项，法国的做法遭到联合国的反对，因而1957年联合国大会为该事专门建立的6人委员会拒绝接受在法属多哥举行的公民投票的结果。在现代国际关系史上，1967年直布罗陀关于其主权的公决也曾遭到了联合国的否认。①

6. 自决性公民投票的主体是某一部分领土之上的人民。这一点是民主

① 关于直布罗陀的主权问题，1967年直布罗陀人民举办了一次公民投票，结果表明，人民愿意保持与联合王国的联系。而联合国大会不顾这次投票的结果，要求联合王国和西班牙谈判，结束直布罗陀的殖民地情势，其根据是，由于该决议提到西班牙的“民族统一”，因而应使直布罗陀成为西班牙的一部分。大会还规定了一个武断的（和不现实的）日期终止直布罗陀的殖民地情势。联合王国不同意在这样的基础上进行谈判。

性公民投票和自决性公民投票的区别。这里遇到的第一个问题是，在什么范围内自决？有哪些人参加投票？众所周知，如果投票的范围不同，投票的结果可能会相差很大。因此，投票范围的确定应先于投票。那么，什么决定自决性公民投票的范围呢？国际法上一般依据“殖民边界的维护原则”，亦即“法律上的占有原则”。根据国际实践，这个边际大致沿袭某民族在历史发展过程中所形成的领土边界。这个边界是历史上形成的传统，而不是某一部分人的意志。实行这一原则的目的是防止宗主国撤离后，新独立国家因边界争端互相残杀，以致危及他们的独立和稳定。所以，殖民地人民要以一个整体在不改变殖民地边界的基础上行使自决权，进行公民投票。

第十三章　民主性公民投票

所谓民主性公民投票，指在某个国家或地区内，享有投票权的全体公民对本国或本地区具有重大影响的事务，以投票的方式进行表决的制度。它是人民主权最直接而又最根本的实现方式。从宪政意义上说，公民投票作为直接民主的实现方式，的确可以弥补代议民主的许多不足，具有许多积极的意义。但是，民主性公民投票与国际法意义上的自决权之间本来没有什么必然的联系，为什么在此辟专章来探讨民主性公民投票呢？其一，针对现实中有人将自决性公民投票与民主性公民投票混淆起来的做法，希望通过该研究来进一步认清两者的差异，从而避免两者的混用。其二，在现实中，有时人们走向极端，将民主性公民投票看作是至善至美的制度，更有甚者，有些政治团体或个人还将民主性公民投票作为实现其特定政治目的的挡箭牌。基于此，希望通过该研究来对民主性公民投票制度（特别是对该制度的功能及其局限）形成科学的认识，从而对某些打着“全民公决”旗号的政治行为作出正确的判断。

一、历史发展

公民投票是直接民主的基本手段，它体现了西方人“主权在民”的思想。从历史上看，它起源于古希腊城邦雅典的公民大会。由于当时雅典特殊的社会和地理条件，人们往往将直接民主作为民主的理想形态，而公民投票又是直接民主的重要实现形式。当时，雅典每个月都要举行至少一次的公民投票，城邦所有重要的事务都要由全体公民投票来决定。当然，在古希腊享有“公民权”的只有少数“自由人”①，所以，古希腊的全民投票并非真正意义上的公民投票。但是，这种人人平等参与国家决策的民主制度却为卢梭等资产阶级启蒙思想家所推崇，所以它在法国大革命时期得以复兴。但在近代随着自由民主制的确立，公民投票制度因其存在种种缺陷而不断受到人们的批评，其主流地位也不断衰落。冷战结束后，公民投票又改头换面以“内部自决权”的面目再次兴起。②在当代西方的许多资本主义国家，公民投票这种古老而直接的民主制仍被广泛采用。当国家决策发生分歧、甚至政治纷争时，或涉及国家重大问题时，往往要通过公民投票来决定。

从历史上看，公民投票的发展在总体上呈现出上升的趋势。从统计数字来看，19 世纪期间，全球每年少于一次（0.74 次）。本世纪初，每年有 1.9 次的公民投票。到 20 世纪 50 年代，每年有 8.1 次。到 20 世纪 80 年代，每年有 16.8 次公民投票。从地理分布来看，瑞士是公民投票的发源地，它占 18 世纪世界上所有公民投票总数的 74%；20 世纪中叶，只占世界公民投票总和的 56%；到 20 世纪 80 年代，下降到 40%。第三世界的国家在 1900 年至 1909 年期间，每年只有 0.1 次；到 20 世纪 50 年代，每年有 28 次；在 1980 年至 1986 年期间每年增至 4.3 次。

从地域上看，公民投票几乎遍布于西方主要资本主义国家。二次大战后，公民投票成为一种新的发展趋势。许多资本主义国家在一些具有根本性的重大问题上采行公民投票的方式来保障民意的实现。在人民完全高度自治的状态中，公民投票将成为解决一般性问题而经常使用的手段。下面（表 13－1）是对二次大战后西方 22 个民主国家举办公民投票数目所做的统计。

---

① 在古希腊，公民身份有着一系列的严格限制。这些限制不仅包括地域（外邦不属于本邦公民）和年龄（未成年人尚不具备公民资格），更包括性别和阶级。按照城邦的制度安排，妇女没有政治权利，不能参与公共事务；至于奴隶，则不过是“会说话的工具”，连做人的起码尊严都没有。因此，公民作为城邦居民中的一个身份群体，实际上享有一种特权。但公民群体毕竟不等于一个单纯的财产集团、贵族集团或宗法集团。对他们来说，天下为“公”，而不是天下为“私”，所以，城邦的治理也就不是个别人的事情，而是全体公民的共同事业。在城邦民主政治生活中，公共职位向全体公民平等开放，通过抽签等办法择定公职人选，并实行限任职。从这个角度看，所谓“人民的统治”，也就是公民个人轮流地统治和被统治。参见亚里士多德著：《政治学》，吴寿彭译，商务印书馆 1995 年版，第 312－313 页。

② 潘维著：《法治与“民主迷信”——一个法治主义者眼中的中国现代化和世界秩序》，香港社会科学出版有限公司 2003 年版，第 311－316 页。

表 13－1　22 个民主国家的公民投票数目统计表（1945－1997）

国家＼时间	1945－49	50－50	60－69	70－79	80－89	90－97	总计
澳大利亚	4	1	2	11	6	—	24
奥地利	—	—	—	1	—	1	2
比利时	—	1	—	—	—	—	1
加拿大	—	—	—	—	—	1	1
丹麦	—	2	6	3	1	2	14
芬兰	—	—	—	—	—	1	1
法国	4	1	4	1	1	1	12
德国	—	—	—	—	—	—	0
希腊	1	—	1	2	—	—	4
冰岛	—	—	—	—	—	—	0
爱尔兰	—	1	2	5	4	7	19
意大利	1	—	—	3	12	31	47
卢森堡	—	—	—	—	—	—	0
荷兰	—	—	—	—	—	—	0
新西兰	3	—	2	—	—	5	10
挪威	—	—	—	1	—	1	2
葡萄牙	—	—	—	—	—	—	0
西班牙	1	—	1	2	1	—	5
瑞典	—	2	—	—	1	1	4
瑞士	10	47	26	86	62	78	309
英国	—	—	—	1		—	1
美国	—	—	—	—	—	—	0
总数	24	55	44	116	88	129	456
除瑞士外总数	14	8	18	31	26	51	147
进行公民投票的国家数目	7	7	8	11	8	11	

（资料来源：Documentation Centre for Direct Democracy，University of Geneva.）

上表对西欧 22 个国家的全国性公民投票所作的统计显示，自 1945 年至 1997 年，世界各国举办民主性公民投票次数基本上呈上升趋势。瑞士以 309 次频率最高，其次是意大利 47 次，再次为澳大利亚 24 次，其后依次顺序为爱尔兰 19 次、丹麦 14 次等。由此可见，民主性公民投票已相当广泛地存在于西方国家的政治生活之中，也说明公民投票对于西方民主国家的重要性。

二、理论基础

民主性公民投票的思想源于卢梭的“主权在民”学说。他认为：“正如主权是不能转让的，同理，主权也是不能代表的；主权在本质上是由‘公意’所构成的，而意志又是绝不可以代表的；它只能是同一意志，或者是另一意志，而绝不能有什么中间的东西。因此人民的议员就不是、也不可能是人民的代表，他们只不过是人民的办事员罢了；他们并不能作出任何肯定的决定。凡是不曾为人民所亲自批准的法律，都是无效的；那根本就不是法律。”①他并且强烈的抨击英国的议会制，认为只有人民亲自制定、批准的法律才能体现民主，主张实行直接民主制，②直接民主是人民主权的重要实现形式，而推行直接民主的制度性措施是公民投票。③按照“主权在民”学说，每一个社会成员都有权参与国家事务的商定；国家的最终决策，必须经过全体人民的投票来决定。不经过全体人民参与的决策，都不是民主的政治行为，其正当性或合法性应当受到怀疑。“主权在民”要求每个社会成员在权利面前是完全平等的。“主权在民”集中地表达了公共权力来源于人民、控制于人民并服务于人民的共和政治价值，全新地界定了人民与政府的基本关系，确立了人民在宪政民主国家生活中的自治主体地位。

支撑公民投票的一个最大理由是能获得最大的民主正当性，因为它能够真正体现民意。直接民主程序的采用使人民无需代表即可把自己的意志表达出来，这就使得公民投票更能直接地显示多数人的意见。同时，和代议民主相比，公民投票更能反映公民的真实意思，特别是秘密投票可使公民根据自己的意愿去投票，更反映他的内心意愿，有更高的价值。基于此种考虑，虽

---

① ［法］卢梭著：《社会契约论》，何兆武译，商务印书馆 2001 年版，第 125 页。

② 参见［法］卢梭著：《社会契约论》，何兆武译，商务印书馆 2001 年版，第 125－126 页。

③ 在欧美的语汇中，公民投票包含若干不同的概念，因此存在以下不同的表述形式和制度类型。即：（1）由全国人民就涉及主权的有关问题进行直接性决策或者信任表态的专项表决式公民投票（plebiscite）；（2）源于美国诸州的由人民进行直接立法的征求意见式公民投票（referendum）以及请愿和相应的公民提案投票（initiative）；（3）由人民进行直接任免的弹劾和相应的公民提案投票（recall）。从民主的观点来看，对宪法修正案以及法律等进行直接投票的第（2）种类型最重要，也最有现实意义。特别是在议会民主制本身的民主化也被提上议事日程之后，通过公民投票制改善现代民主政治的议论日趋活跃，在 20 世纪 90 年代还出现了修正和完善公民投票程序的各种方案及举措。参见季卫东著：《宪政新论——全球化时代的法与社会变迁》（第二版），北京大学出版社 2005 年版，第 398－399 页。

然我们不能期望用它来代替代议民主制度，但至少我们可以把一些重要的、根本的问题提交全体公民进行投票，来弥补代议制度的不足。

近代以来，公民投票已成为专政主义国家向宪政主义国家转型所采用的具有开端意义的普遍有效的方法。公民投票作为一项被经常性运用的制度，在理论上原本是高度民主状态中人民直接自治的手段。在宪政国家中，公民投票作为体现人民主权原则的方法，已成为在某些重大事项上必不可少的力图使政府主权趋向人民主权的有效手段。

三、法律规范

从政治学的角度看，公民投票的价值在于弥补代议制民主的不足，以直接民主来防止议员违背选民的意愿，防止代议制民主异化为专制。就这个意义上公民投票而言，它是国内民主意义上的一项政治制度。正由于如此，现行国际法对民主性公民投票制度不加规范。从国际法上看，一个国家采取何种政治制度是其主权范围内的事情，其他国家无权干涉。1945 年《联合国宪章》第 2 条第 7 款规定："本宪章不得认为授权联合国干涉在本质上属于任何国家国内管辖之事件，且并不要求会员国将该项事件依本宪章提请解决。"①1970《国际法原则宣言》指出："每一国均有选择其政治、经济、社会及文化制度之不可移让之权利，不受他国任何形式之干涉。"②因此，国际法对一国是否实行公民投票制度既不禁止，也不支持，这一立场符合当今世界民主制国家与君主制国家并存的局面。

从形式上看，各国在宪法中直接规定公民投票制度的虽然不是那么多，但在宪法中规定公民有创制权和复决权的却不少。其实公民的创制权和复决权是其内容，而公民投票只是其形式。创制权和复决权的行使，都是先由达到一个法定人数的公民团体起草一个建议，再由这个团体的公民予以签署，然后交由国家机关审查其签署人数是否属实与是否达到法定人数，最后进行公民投票，以决定对于该建议的取舍。创制权的历史极其悠久，如古希腊的一切立法均为全体公民直接立法，虽然它的人民的范围很窄，但它毕竟是较大范围内的人有权进行决策的一项制度。后来欧洲部分国家均在其宪法中对

---

① 王铁崖、田如萱编：《国际法资料选编》，法律出版社 1982 年版，第 820 页。

② 王铁崖、田如萱编：《国际法资料选编》，法律出版社 1982 年版，第 6 页。

公民投票进行了明文规定，如奥地利（第41、43条）、丹麦（第20、29、42条）、芬兰（宪法第三章，a部分）、法国（第11条）、希腊（第44条2款）、冰岛（第26条）、爱尔兰（第27条）、意大利（第75条）、葡萄牙（第118条）、西班牙（第87条2款及第92条）、瑞典（第四章第8条），等等。①为更全面地了解西欧国家用宪法来规范公民投票的运作情况，我们可通过下表来作进一步地展示。

表13－2　西欧国家宪法相关公民投票规范一览表

国家	宪法是否提及公民投票的规定	修宪是否需要诉诸公民投票	宪法规定公民投票的条款是否不需法律	由谁提议	是否有需绝对多数通过的规定	公民投票表决结果为咨询性或拘束力
奥地利	是	是	是	政府或ML	否	拘束力
比利时	否	否	否	政府	否	咨询性
英国	否	否	否	政府	是	咨询性
丹麦	是	是	是	ML	是	拘束力
芬兰	是	否	是	政府	否	咨询性
法国	是	是	是	政府	否	拘束力
德国	是	否	否	NA	否	拘束力
希腊	是	否	是	H	否	拘束力
冰岛	是	否	是	H	否	拘束力
爱尔兰	是	是	是	H或ML	是	拘束力
意大利	是	否	是	E	是	NA
荷兰	否	否	否	NA	否	拘束力
挪威	否	否	否	政府	否	拘束力
葡萄牙	是	否	是	H	否	拘束力
西班牙	是	是	是	政府或ML	否	拘束力
瑞典	是	否	是	政府或ML	是	拘束力及咨询性
瑞士	是	是	是	E	是	拘束力

（备注：NA代表无法获得的资料；E代表部分选民；H代表宪法上的国家元首；ML代表国会的少数党议员。资料来源：［美］巴特勒、兰尼编著：《公民投票的理论与实践》，吴宜容译，台湾韦伯文化事业出版社2002年版，第33－34页。）

---

①　参见［美］巴特勒、兰尼编著：《公民投票的理论与实践》，吴宜容译，台湾韦伯文化事业出版社2002年版，第39页。

从上表看出，西欧总共有十七个国家，除了荷兰之外，其他国家都采行公民投票制度，大都在宪法层面对民主性公民投票制度予以规范。需要指出的是，英国由于没有成文宪法，一直被认为其代议民主并无实施公民投票的空间；然而，这一观点在20世纪70年代后已获改变。虽然比利时和挪威在其宪法中没有公民投票的制度规范，但这两国均举办过民主性公民投票。以上表明，公民投票入宪在西欧国家已成为一种通行的做法。

四、适用范围

根据民主性公民投票的议题和地域范围，可将其分为全国民主性公民投票和地区民主性公民投票。全国民主性公民投票主要是针对全国性的事务而举办的，而地区民主性公民投票则是针对地区性事务举办的。全国民主性公民投票亦即宪法层面的公民投票，地区民主性公民投票亦即宪法之下的公民投票，由某一地区的居民自己参与地方事务，或者制定地方特别法。例如，日本京都关于大楼建筑的特别法，关于大楼限建的规定比其他地方严格，这只适用于京都地区，以保护古都风貌，此时就由京都地方居民来投票决定。具体分析如下：

（一）全国民主性公民投票的适用范围

从举办过民主性公民投票的世界各国的情况来看，其表决议题也各有不同。为说明问题起见，我们除了要考察世界民主性公民投票的典范国家——瑞士所举办的公民投票的议题之外（参见附录C），我们再考察其他西方二十一个民主国家所举办公民投票的议题（参见表13－3）。通过考察可以发现，这些国家公民投票的议题涉及了国家和社会生活的方方面面。

表13－3　21个西方民主国家的全国性公民投票统计表（1944－1996）

国别	日期	议题	赞成率（%）	投票率（%）
澳大利亚	1944.8.19	战后重建与民权	47.0	96.5
	1946.9.28	联邦社会服务条款	54.4	94.0
		行销	50.6	94.0
		工业关系	50.3	94.0
	1948.5.29	租赁及价格法	40.7	93.7

续表

国别	日期	议题	赞成率（%）	投票率（%）
	1951.9.22	共产党处置法	49.4	95.6
	1967.5.27	参议员及众议员人数比例	40.3	95.8
		澳大利亚原住民法	90.8	93.8
	1973.12.8	澳大利亚联邦物价	43.8	93.8
		澳大利亚联邦控制收入	34.4	93.4
	1974.5.18	参众两院同时举行大选	48.3	95.5
		程序修宪	48.0	95.5
		国会两院平等	47.2	95.5
		地方政府借贷法	46.9	95.5
	1977.5.21	参众两院同时举行大选	62.2	92.3
		参议员缺位	73.3	92.3
		开放领土经销权	77.7	92.3
		联邦法官退休年龄	80.1	92.3
		选举权	77.7	92.3
		国歌（不成文或多元化等）	缺	92.3
	1984.12.1	参议员任期	50.6	94.0
		权力转移	47.1	94.0
	1988.9.3	国会两院任期延长四年	32.9	92.1
		国会两院制度平等	37.6	92.1
		承认地方政府	33.6	92.1
		审判、宗教及财产权	30.8	92.1
奥地利	1978.11.5	Zwentendorf 核电厂	49.5	64.1
	1994.6.12	加入欧盟	66.6	81.3
比利时	1950.3.12	Leopold 三世回复王位	57.6	92.4
加拿大	1992.10.26	宪政改革	44.6	缺
丹麦	1953.5.28	新宪法	78.8	59.1
		选举年龄自 23 岁降至 21 岁	54.6	57.1
	1961.5.30	选举年龄自 23 岁降至 21 岁	55.0	37.3

续表

国别	日期	议题	赞成率（%）	投票率（%）
	1963. 6. 25	同意农产品添加法	38. 4	73. 0
		同意国家小型股东法	38. 6	73. 0
		同意自治区优先购买权	39. 6	73. 0
		同意自然保育法	42. 6	73. 0
	1969. 6. 24	投票年龄自21岁降至18岁	21. 4	63. 6
	1971. 9. 21	投票年龄自21岁降至20岁	56. 5	83. 9
	1972. 10. 2	加入欧洲经济共同体	63. 3	90. 1
	1978. 9. 19	投票年龄自21岁降至18岁	53. 8	63. 4
	1986. 2. 27	单一欧洲法	56. 2	75. 4
	1992. 6. 2	马斯特里赫特条约	49. 3	83. 1
	1993. 5. 18	马斯特里赫特条约	56. 8	86. 5
芬兰	1994. 10. 16	加入欧盟	56. 9	70. 8
法国	1945. 10. 21	结束议会起草宪法的权力	66. 5	79. 1
	1946. 5. 5	批准宪法	47. 2	79. 6
	1946. 10. 13	批准宪法	53. 2	67. 6
	1958. 9. 29	批准宪法	85. 1	79. 5
	1961. 1. 8	阿尔及利亚自决	75. 0	73. 8
	1962. 4. 9	阿尔及利亚独立	90. 8	75. 3
	1962. 10. 27	总统直选	62. 2	77. 0
	1969. 4. 27	参议员权力及地方分权	47. 6	80. 1
	1972. 4. 23	扩大欧洲经济共同体	68. 3	60. 2
	1988. 11. 6	新加利多尼亚省的未来	80. 0	36. 9
	1992. 9. 20	马斯特里赫特条约	51. 0	69. 8
德国	二次大战以后未曾举办公民投票			
希腊	1946. 9. 1	乔治二世复位	87. 0	93. 8
	1968. 9. 29	批准宪法	91. 9	77. 7
	1973. 7. 29	共和国制度	78. 4	85. 5
	1974. 12. 8	结束君主制	69. 2	75. 6

续表

国别	日期	议题	赞成率（%）	投票率（%）
冰岛	1944.5.29	从丹麦独立	99.5	98.4
		共和制	98.5	98.4
爱尔兰	1959.6.17	废除比例代表制	48.2	56.1
	1968.10.16	增加选民差异制	39.2	62.9
		废止比例代表制	39.2	63.0
	1972.5.10	加入欧洲经济共同体	83.1	70.3
	1972.12.7	降低投票年龄至18岁	84.6	48.0
		撤销宪法宗教地位	84.4	47.9
	1979.7.5	同意新认养法	99.0	27.9
		参议院选举法	92.4	27.4
	1983.9.7	禁止堕胎	66.9	53.4
	1984.6.14	非公民身份投票权	75.4	45.5
	1986.6.26	同意离婚	36.5	60.5
	1987.5.26	单一欧洲法	69.9	43.9
	1992.6.19	马斯特里赫特条约	69.1	57.3
	1992.11.25	堕胎资讯	34.6	64.9
		进行堕胎	62.4	65.3
		自由获得堕胎资讯	59.9	65.2
	1995.11.24	同意合法离婚	50.3	62.0
	1996.1128	禁止累犯交保后审	74.8	29.2
	1997.11.30	内阁信任案	52.7	46.7
意大利	1974.5.12	撤销离婚	87.7	40.7
	1978.6.11	废除反恐怖行动法	23.5	81.2
		废除国家补助政党财源	43.6	81.2
	1981.5.17	废除警察反恐怖主义权	14.9	79.4
		废除终身监禁	22.6	79.4
		限制武器执照	14.1	79.4
		修正堕胎法	11.6	79.4

续表

国别	日期	议题	赞成率（%）	投票率（%）
		限制堕胎法	32.0	79.4
	1985.6.9	撤销政府工资指数命令	45.7	77.9
	1987.11.8	地方官的义务	80.2	65.1
		支持首相审判	85.0	65.1
		反核能（选择地点）	80.6	65.1
		反核能（特别津贴）	79.7	65.1
		反对参与海外核电厂建设	71.9	65.1
	1990.6.3	禁止打猎	92.2	43.4
		禁止打猎	92.3	42.9
		限制食品有毒添加物	93.5	43.1
	1991.6.9	废除议会多重偏好投票	95.6	62.5
	1993.4.18	废除国营企业	90.1	76.9
		废除参议员选举比例代表制	82.7	77.1
		罢免农业部长	70.1	77.0
		罢免观光部长	82.2	76.9
		给予地方健康部门环境权力	82.5	76.9
		使用镇定剂无罪	55.3	77.0
		废除国家补助政党财源	90.3	77.0
		废除政府官派国家银行成员	89.8	77.0
	1995.6.11	废除工会一致协调限制	49.97	56.9
		减少工会一致协调权利限制	62.1	56.9
		废除国营事业一致协调限制	64.7	56.9
		废除强制拘留黑手党嫌疑犯	93.7	57.0
		国家广播事业私有化	54.9	57.2
		废除自治体限制零售业权力	35.6	57.0
		废除顾主减少工会费	56.2	57.1
		省长选举改为复数选区	49.4	57.1
		废除次级政府限制工时权力	37.5	57.1

续表

国别	日期	议题	赞成率（%）	投票率（%）
		私有企业仅能拥有一个电视频道	43.0	57.9
		播放电影时限制商业广告	44.3	57.9
		企业不得在两个以上频道做广告	43.6	57.8
	1997.6.15	禁止法官从事第二职业	85.6	30.2
		废除公仆从事个人推销	83.6	30.2
		禁止政府结合新闻业	65.5	30.2
		禁止政府与私人进行‘黄金分配’	74.1	30.2
		禁止公务人员资格限制	71.7	30.3
		废除同意猎人进入私人土地	80.9	30.2
		废除农业部	66.9	30.1
	1946.6.2	共和国或君主国	54.3	89.1
	1989.6.18	委任意大利国会议员制宪	88.1	81.0
卢森堡	二次大战后未曾举办公民投票			
荷兰	未曾举办公民投票			
新西兰	1949.3.9	同意场外下注	68.0	56.3
		维持晚间六点禁酒令	75.5	56.5
	1949.8.3	维持征兵制	77.8	61.5
	1967.9.23	议员任期为三年，非四年	68.1	71.2
		延长饮酒时间	64.5	71.2
	1990.9.27	延长国会议员任期	30.7	85.2
	1992.9.19	维持选举系统	84.7	55.2
		混合比例代表选举制	70.5	55.2
	1993.11.6	混合比例代表选举制	53.8	82.6
	1997.9.26	强制退休储蓄金	8.2	80.3
挪威	1972.9.25	加入欧洲经济共同体	46.5	79.2
	1994.11.28	加入欧洲联盟	47.8	89.0
葡萄牙		二次大战后未曾举行公民投票		
西班牙	1947.7.6	批准继承法	95.1	94.0

续表

国别	日期	议题	赞成率（%）	投票率（%）
	1966. 12. 14	批准宪法	95. 9	89. 2
	1976. 12. 15	批准政治改革方案	97. 3	77. 7
	1978. 12. 7	新宪法	91. 7	70. 0
	1986. 3. 12	继续参加北大西洋公约	52. 55	59. 7
瑞典	1955. 10. 16	靠右行使	15. 5	53. 2
	1957. 10. 13	三个退休计划选择		
		（i）	45. 8	72. 4
		（ii）	15. 0	
		（iii）	35. 3	
	1980. 3. 23	核电厂：方案一	18. 9	75. 6
		方案二	39. 1	
		方案三	38. 7	
	1994. 11. 13	加入欧盟	52. 2	83. 3
英国	1975. 6. 5	继续参加欧洲经济共同体	67. 2	64. 5
美国	未曾举办联邦层级公民投票			

（资料来源：（1）David Butler，Austin Ranney（eds.），*Referendums around the World*，Basingstock：Macmillan. 1994. （2）Michael Gallagher，Pier-Vincenzo Uleri（eds.），*The Referendem Experience in Europe*. Basingstock：Macmillan. 1996.

从上述附表可以看出，各国付诸于公民投票的议题，虽然各有不同，但大多是关系到国家前途命运和国计民生的重大问题。根据列表中的表决内容，并结合表中虽未列举但在现实政治中通常发生的情况，将全国民主性公民投票的议题概括和归纳为以下几个方面：

（1）宪法议题。包括：新宪法、宪法修正案或宪法性法律草案的通过，中央政府体制的改变，国号的变更，选举制度的改革，主权国家划分行政区或建立新区，等等。执政者基于宪法的规定或政治谨慎的考量，通常会通过公民投票的方式来获取上述行动的合法性。

（2）政策议题。主要包括：国家经济建设、文化建设和社会领域的重大改革措施或直接涉及国计民生和国家利益的重大问题。例如，重大建设项目的上马、某项福利政策的调整，宏观调控的改革、市场规则的制定，等等。

（3）选举议题。包括：通过公民投票直接选举产生总统（如新加坡一直采用公民投票的方式直接选举产生总统）、通过全民公决确认某人的国家元首地位，以及决定是否提前或延期进行总统或议会大选，等等。

（4）国际议题。主要是指国防和外交的议题，通常包括：参加或退出某个国际组织或国际行动，批准或废除国际性条约等事项。例如，2002 年 3 月 3 日，瑞士举行公民投票，议决是否赞成瑞士加入联合国。

（5）道德议题。例如，在西方国家中，出于人权保障和人道主义的考虑，“堕胎”通常是引发广泛争论的议题之一，许多国家通常会以公民投票方式来决定“堕胎法”的通过、修正或限制等。

（6）领土议题。国家之间达成解决领土争端的协议，交由本国公民投票决定是否接受该协议；主权国家划分行政区，或变更辖境，或建立新区；联邦制国家在各组成单位要求独立建国的压力下，就是否保留联邦进行公民投票；国内某些少数民族或族群谋求独立建国的公民投票；等等。

（7）其他议题。在实际政治运作中，经常会遇到非常棘手的问题，若不很好加以解决，常常会造成政党对立，议事瘫痪。此时解决问题的通常做法是将各方相持不下的议题交付公民投票。

从以上列表也可以看出，为了防止公民通过公民投票规避法律上的义务，与公民经济利益有关的法案一般都不在各国公民投票的范围，如预算、赋税以及工资等内容一般都不是公民投票表决的范围。

（二）地区民主性公民投票的适用范围

地区民主性公民投票只能就地区性事务进行投票表决。所谓地区性事务，是指在地方行政区域内仅涉及该地区人民利益的地方公共事业。下面我们以澳大利亚为例，来对此作进一步的研究。

表 13－4　澳大利亚各州及领地的公民投票一览表（1903－1993）

州名	日期	议题	赞成率（%）
新南威尔士州	1903 年 12 月 16 日	减少立法机关的议员人数	72.9
	1916 年 6 月 10 日	酒吧在晚间六点关店休息	62.4
	1928 年 9 月 1 日	禁止贩卖酒精饮料	28.5
	1933 年 5 月 23 日	改革地方议会	51.5

续表

州名	日期	议题	赞成率（%）
	1947年2月15日	酒吧在晚间六点关店休息	62.4
	1954年11月13日	酒吧在晚间十点关店休息	50.3
	1961年4月29日	废止地方议会	44.7
	1967年4月29日	东北新南威尔士州建立新州	45.8
	1969年11月29日	在每星期日开放酒吧	42.0
	1976年5月1日	日光节约时间	63.0
	1978年6月7日	地方立法议会的直接选举	84.8
维多利亚州	1904年6月1日	保留公立学校教育非宗教化	58.6
	1904年6月1日	学校的圣经课程	53.0
	1904年6月1日	使用某些形式的祈祷与圣歌	51.2
	1920年10月21日	地方有权选举贩卖酒类	52.9
	1930年3月29日	废止贩卖酒精饮料执照	42.9
	1938年10月8日	废止贩卖酒精饮料执照	33.6
	1956年3月24日	酒吧在晚间十点关店休息	39.7
昆士兰州	1910年4月13日	宗教教育	56.7
	1917年5月5日	废止地方议会	39.3
	1920年10月30日	禁止贩卖酒类	41.6
	1923年10月6日	禁止贩卖酒类	36.2
	1991年3月23日	延长国会议员的任期	48.7
	1992年2月22日	日光节约时间	45.5
西澳大利亚州	1925年4月4日	禁止贩卖酒类	34.9
	1933年4月8日	脱离英联邦	66.2
	1933年4月8日	修改宪法	42.5
	1950年12月9日	禁止贩卖酒类	26.5
	1975年3月8日	日光节约时间	46.3
	1984年4月7日	日光节约时间	45.6
	1992年4月4日	日光节约时间	46.9
南澳大利亚州	1911年4月26日	提高国会议员的薪水	32.5

续表

州名	日期	议题	赞成率（%）
	1915 年 3 月 27 日	酒吧在晚间六点关店休息	56.3
	1965 年 11 月 20 日	建立州彩卷制	65.7
	1970 年 9 月 19 日	营业（仅限大都市投票）	48.0
	1982 年 11 月 6 日	日光节约时间	71.6
	1991 年 2 月 9 日	选举的选区划分	76.7
塔斯马尼亚州	1916 年 3 月 25 日	酒吧在晚间六点关店休息	58.7
	1968 年 12 月 14 日	建立 Wrest Point 的赌博场	53.0
	1981 年 12 月 12 日	戈登河水力度电场的开发	54.7
首都直辖区	1992 年 2 月 15 日	单记可让渡投票制	65.3

（资料来源：David Butler，Austin Ranney（eds.），*Referendums around the World：The Growing Use of Direct Democracy*，Washington，D. C：American Enterprise Institute，1994.）

由上可见，地区民主性公民投票的议题主要是地区性公共政策或关系到该地区范围内人民利益的重大事项。这里的“地区”所表明的行政区域的界限，实际上是对公民投票参加者的范围的界定，投票者必须是在法律意义上属于这个行政区域的人，否则，无权参加该地区所举办的公民投票，如澳大利亚的昆士兰州欲通过公民投票选举州长，南澳大利亚州的公民无权参加投票。

（三）民主性公民投票适用于领土主权变更的情形

在一般情况下，地区民主性公民投票的议题不涉及关系着全体国民利益的领土主权变更的问题。当然，在特殊情况下，倘若符合一定的条件，它也可以就领土主权变更问题进行表决。那么，在什么情况下，具备什么条件，地区民主性公民投票就可以就领土主权的变更问题进行表决呢？

1. 民主性公民投票适用于领土主权变更的条件

无论是在理论上还是在实践中，领土主权变更也可以成为民主性公民投票的议题。但对该议题进行公民投票的主体必须是一个国家的全体人民，亦即只有全国民主性公民投票才能决定领土主权的变更，这可从 18 世纪以来在所有主权国家内就领土主权变更所举办的公民投票的事例中反映出来（可参见附录 A）。但在现实政治中，为什么有些地区民主性公民投票的议题也可以涉及领土主权的变更呢？我们说，这属于特殊情况，并且带有特殊条件，那就是它必须要经过中央政府的批准或授权。有时在中央政府不能做主的情况下，还必须要举办全国性公民投票来决定是否许可地区民主性公民投票就领土主权变更问题进行表决。有时即使该国家没有举行全国民主性公民投票的历史传统或者依照法律规定不举行全国民主性公民投票，它也必须要经过中央政府的批准（该问题在后面“特殊民主性公民投票的实证分析：以分离为议题”一章中还将详论，此不赘述）。因为既然是民主性公民投票，那就意味着先有固定的法律意义上的（而不是历史传统意义上的）疆界，在这个疆界内的某一部分领土，并不仅仅属于这一部分领土之上的人民，而是属于这个疆界范围内的所有人民。倘若仅有该部分领土之上的人民进行投票，则必须经过全体人民的同意或中央政府的批准，否则它无权就领土变更进行表决，只能由一国之全体公民进行投票。因为，领土变更属于主权管辖范畴的事项，而主权是国家的最高权力，是“公意”，是不可分割的。根据公共选择的原则，任何一项涉及公共事务的投票，只有在所有利益相关人都参加的情况下，才会有效，从而也才具有合法性。地区民主性公民投票只能就地区范畴的地方性事务进行表决，不能就属于全国性的或整体性的主权事项进行表决。所以，地区民主性公民投票不能就某地区是否从国家整体中分离出去进行表决，除非是该国宪法赋予了地方享有这一权利；否则，就是违宪的，要承担相应的违宪责任。从政治实践看，即使一个国家的全体人民同意或中央政府批准某地区民主性公民投票可以就领土变更为议题进行表决，其结果也往往是咨询性的，仅供中央政府对该领土主权变更问题进行决策时作参考。

2. 民主性公民投票和自决性公民投票适用于领土主权变更的比较

从表面上看，虽然自决性公民投票和民主性公民投票都可以就领土变更为议题进行公民投票，但两者就领土变更所作的投票在投票主体、适用范围、法律依据、表决议题和结果效力等方面都有着很大的不同。但在政治生活中，也有人利用这两种公民投票在领土主权变更问题上的某些表面上的相似，故意将二者混淆起来，以便为实现他们的“特殊目的”寻找理论依据。为了今后在领土主权变更问题上正确地区分和运用这两种公民投票，也为了人们能够看清某些分离主义势力欲在某个地区以领土主权变更为议题进行所谓“公民投票”的真正错误之所在，笔者现将它们在适用于领土主权变更问题上的不同，作一系统的概括和归纳。为了清楚起见，现将所比较的内容列表如下：

表 13－5　自决性公民投票和民主性公民投票适用于领土变更之比较表

类型 内容	自决性公民投票	民主性公民投票	
		全国民主性公民投票	地区民主性公民投票
投票主体	自决领土之上的居民	一国之全体人民	地区之全体人民
适用范围	非殖民化过程中的领土独立和归属	主权国家就领土变更的决策	不适用于领土变更，除非得到全体人民或中央政府的批准和授权
法律依据	国际法上的自决权原则	国内宪法和有关法律	中央政府的批准和授权
表决议题	独立、合并、并入等	割让、分离等	除非全体人民或中央政府同意，否则不能以分离或同意割让为议题
国际监督	联合国参与监督	联合国不参与监督	联合国不参与监督
结果效力	一般为强制性效力	一般为强制性效力	一般为咨询性效力

五、基本功能

长期以来，学术界围绕着公民投票的制度功能进行了广泛的讨论，这些讨论与民主政治的实现需要何种机制的理论探讨是密切关联的。①一般认

① 自 17 世纪以来，实践民主政治需要何种政治机制理论的探讨，主要分成两学派：一派被称为直接民主制或参与论（participation or direct-democracy school），代表人物包括古典民主理论家如卢梭、英国平等主义者以及现代民主理论家，如巴伯（Benjamin Barber）、奥斯本（Lee Ann Osbun）以及派特曼（Carole Pateman）。该学派认为决定公共事务政策的唯一真正的民主方式是：所有成年公民全体直接，而不是通过中间转达的间接参与形式来决策。他们宣称全体公民得自行设定议题，进行议论，并作出决策。任何间接形式的参与，诸如由民意代表决策等，都称不上是真正的民主。其理由有二：（1）如果人民的理念与偏好是由民意代表来转达，易遭扭曲。因此，为了确保任何的政策决定都是人民的愿望，其唯一的方式就是，人民都能够直接地表达其偏好，而不是经转述的方式。（2）民主本身并不只是目的，而是为达到更崇高目标的工具。民主所追求的崇高目标，即是寻求人民潜能的充分发展。在此同时，全体公民欲发展其公民潜能，唯有靠公民直接地、充分地参与，而不是假借于民意代表。反对直接民主制的学派被称为代议民主制（reprentationist）或负责精英论（accountable elites）。代表人物包括密尔（John Stuart Mill）、福特（Henry Jones Ford）、熊彼特（Joseph Schumpeter）以及萨托利（Giovanni Sartori）。代议民主学派认为直接民主仅适用于小国寡民。对于民主政治参与模式而言，倘若仍坚持公民对公共决策过程的直接参与，则现代国家的政府运作均称不上是民主政治。代议民主制学派认为，民主的真谛是，政府决策的根本权力属于所有人民，而不是属于部分人民或人民中的一人。这样的理想可以借由民意代表的选举来实现。因此，代议制政府不仅能够体现民主的真谛，更能使民主的典范得以实践。参见［美］巴特勒、兰尼编著：《公民投票的理论与实践》，吴宜容译，台湾韦伯文化事业出版社 2002 年版，第 16－18 页。

为，公民投票是公民直接参与政治的制度化工具，它并不是对代议制——间接民主的否定，相反它是对代议民主制的一种补充。代议制的关键在于人民选出官员以后，就把决策权赋予选他们，人民就不再参与政治决策。这种制度的缺点是人民不能直接参与决策，政治精英控制了政治决策过程。公民投票旨在克服代议制的这种缺点，使公民在一些重大问题上能直接参与决策。概括起来，其制度功能如下：

（一）增强制约力

公民投票制度是人民主权的实现形式。在理论上，人民主权是对国家权力的一种制约或抗衡，是防止政府专制和腐败的重要力量。在代议制民主中，民意代表当选之后，经常为各种利益团体所操纵，甚至他们本身就是一些利益团体的代言人。此时，人民很难控制他们，因为公民投票的程序并不是随时都可以启动的，平时它处于“休眠”状态；但到了公民投票那一刻，“主权在民”原则就得到了最充分的体现，人民当家做主的愿望就得到了最充分的实现。人民通过公民投票制度，有权对政府的官员进行罢免或撤换，有权将自己委托出去的权力随时加以收回。面对公民投票制度，作为接受人民委托而行使权力的政府及其官员，必须按照人民的意志来行使权力；否则，将被人民经由公民投票所撤换或淘汰。况且，公民投票的这种结果具有法律效力，即使议会也不能将其推翻，这在一定程度上可以抗衡执政党的专断和控制议会的恣意立法。在民主体制下，人民不仅可以通过选举代表组成议会来行使立法权，而切当议会怠于行使或不当行使时，人民有必要直接通过投票的方式反映自己的意图。特别是在一些具有高度争议性的问题中，议会或政府官员有可能因为怕其决定会激起选民的反对而不愿进行决策时，人民可以通过公民投票进行决定，从而也可以监督议会的立法行为，使立法行为更有效率。同时，公民投票还可以制约民选政府的权力，确保其符合民意，从而强化了公民对自己命运的掌握，是唯一纯粹的民主形式。

（二）保持稳定性

首先，一般说来，公民投票的结果反映了大多数人的意志。这个投票的结果即使后来被实践证明是错误的，人民也可能会无所怨言。这不同于单由领袖集团所作出的决策，一旦出现失误，责任自然要归咎到领袖集团身上。若决策失误多了，人民对政府的不满情绪便会产生，轻则单在心目中对政府失去信任，重则在行动上对政府表示抗议，这样容易导致政府和人民之间的对立，从而影响政治稳定。而采行公民投票，即使其决策失误，人民往往也能坦然处之，从而可以避免政治不稳定。其次，在一个国家从一种制度向另一种制度转型的过程中，公民投票是使社会避免发生暴力革命和流血的重要途径。在当今世界，和平变革已经成为当今国际社会公认的理性选择。人民虽然有进行暴力革命推翻专制统治的权利，但暴力革命不应该成为理性选择，而只是一个万不得已的实践问题。在理论上，一个社会的良性变革和发展应当以和平方式进行，才能做到以尽可能小的代价取得尽可能多的成果。再次，在常态民主政治中，公民投票是公民实现其政治权利的主要途径，是公民政治参与的重要手段。尽管公民投票并不总是与政治稳定成正比例关系，但它在一定程度上能够满足人们当家做主的愿望，使人们对政府的不满情绪得以释放，也使公民和政府之间的紧张关系得以缓解，最终使“问题”在“秩序”的范围内得以解决，从而保持了政治和社会的稳定。

（三）提升正当性

从公民投票的本质意义上来说，其政治价值就是使得政权合法化、正当化。在一个自认为是民主的制度中，权力应该来自人民，而且权力的形式必须处于人民的监督之下。先前，权力的继受也许可以通过世袭、任命、考试、递补，等等，但是这些形式渐渐地消失甚至变为非法，而选举或投票成为政府权力合法化的必由之路。每个人之间是平等的，没有人可以天然的对另一个人发号施令。于是必须找寻一种方式来创造权威，建立秩序，进行管理。而“少数服从多数”的公民投票正是近现代民主制的要旨和核心，也是近现代民主的基础，还是政府构成和运作合法性的本源。也可以说，这是公民投票的最大优点——它体现着民主，并使得民主的结果得到最大程度的正当化。一般说来，威权政体订立规则主要依靠政治高压；而民主政体建立规则，则主要靠人民同意。公民投票能够使选民深信，由他们自己参与制定的政策会比单由政府官员制定的政策更具有正当性，因为公民投票的结果比民意代表所代为表达的结果，更带有明确的人民意志性，从而能促使公共利益凌驾于个体利益之上。根据美国研究选民对公民投票态度的一项调查结果显示，多数受访者并不认为一般民众的聪明才智会优越于在职的民意代表，甚至多数人认为，由立法机关制定、执行的法律会优越于人民创制的法律。尽管如此，仍有77%至88%的受访者赞成公民投票。因为受访者认为，民众可借由公民投票来对特定议题行使直接参与的权利。[1]上述表明，公民投票结果最具权威性，人民更有可能接受他们自己所做的决定。在人民主权、政治平等、大众咨商与多数统治四原则的制度下，借由公民投票来行使直接民主，其所赋予的正当性是代议制间接民主所不能比拟的。

（四）促进参与感

众所周知，公民投票是公民政治参与的最重要途径。而公民政治参与是公民运用自己的政治权利和资格，通过政治权力最终实现自己利益的主要环节。政治体系承担着社会资源的分配，公民为了满足自己对社会价值资源的需求，就必须与政治体系发生联系。公民投票是公民与政治体系发生联系的最直接形式，因此，它必然影响到政治利益的分配。每个公民都想通过政治参与来获取自己想要获取的政治利益。[2]换言之，在利益的驱使下，大众都想通过公民投票来参与政治。公民投票过程本身也是一种对全体公民的法治教育或政治训练，各方为了使自己的意见为对方所接受，必然会进行广泛的宣传；而且大众也会对围绕着投票议题所进行的广泛讨论做出比较客观的选择。对于公民来说，这不仅是一次法治教育，而且也是使他们更加关心并积极参与相关决策的政治锻炼。因此，它使全体公民更为开朗、政治上更为成熟，从而促进政治参与。在实际政治运作中，公民政治参与已成为民主政治运作的核心。巴柏曾指出："唯有直接的政治参与（即指公民参与），才是民主制相当成功的公民教育教材。而公民参与在政治上的影响力，诸如借由公民直接参与才能体会民主真谛。当然，倘若公民直接不具任何政治效能感或影响力，则公民的参与将只是儿戏。此结果使所有参与的公民自我感到幼稚无知，尔后只愿把时间花在追寻私利。"[3]直接参与派的学者主张，一个民主国家政治体制好或坏的最重要指标，就是该国公民参与政治的程度。参与程度高就意味着该国政治体制良好，而参与程度低则意味着该国政治体制已有明显"病症"。投票是公民参与不可或缺也是最低限度的要素。因此，

---

① See David B. Magleby, *Direct Legislation*: *Voting on Ballot Propositions in the United States*, Baltimore, Md: John Hopkins University Press, 1984, p. 7 – 20.

② ［美］塞缪尔·亨廷顿、纳尔逊著：《难以抉择——发展中国家的政治参与》，汪晓寿等译，华夏出版社 1989 年版，第 184 页。

③ Benjamin R. Barber, *Strong Democracy*: *Participatory Politics for New Age*, Berkeley: University of California Press, 1984, p. 235 – 236.

当越来越多的人开始谈论政治、运作选举、参与政治时，投票率则成为检验该国政治体制的一个最重要指标。①

六、制度局限

民主性公民投票虽然具有上述积极的意义，但也不是至善至美的制度，即使在西方国家，人们对它的批评也从来没有间断过。学术界一般认为，作为直接民主方式的公民投票，在其制度功能上有其明显的局限性。概括起来，主要有以下几点：

（一）未必能避免“多数人暴政”

民主与暴政之间没有天然的不可逾越的界限，民主始终存在着向极权主义演变的危险。因此，不能认为实现多数人的意志就能防止暴政；恰恰相反，只要赋予多数人权力，而不从制度上对多数人的权力加以制约，容忍多数人任意处置少数人，在这种情况下，多数人统治就最容易、最可能演变为多数人暴政。因为“权力不是掌握在少数人手中，而是掌握在全体人民手中。”②但实际上这种民主制度总是多数人的统治，而且由于缺少对少数人的保护措施，这种民主往往沦为多数人的暴政。从理论上说，民主制度本身也不是完美无缺的，它的悖论之一在于，假如大多数人投票决定实行专制的时候，也就是说，通过民主的方式做出反民主的决策，民主的倡导者该如何是好？而我们看到人类历史上并不是没有过这种经历，比如希特勒曾通过公民投票的手段攫取了人民的权力。民主制度所推崇和认可的多数人统治，假如没有人性的反省和追求，假如人道主义得不到高扬，假如不在追求自己的自由同时，也尊重他人的自由，那么，民主大树上所生长的，往往只能是“多数人暴政”这样的畸形恶果。在通常情况下，多数人暴政比少数人暴政更可怕。少数人对多数人暴政，多数人的反抗是有效的；而多数人对少数人的暴政，少数人的反抗是无效的。哈耶克认为，民主并不是多数人的主权，多数人的主权实际上很可能与专制或寡头政体一样，是专制主义的。人多势

① ［美］巴特勒、兰尼编著：《公民投票的理论与实践》，吴宜容译，台湾韦伯文化事业出版社2002年版，第21－22页。

② ［美］乔·萨托利著：《民主新论》，冯克利、阎克文译，东方出版社1998年版，第317页。

众会压迫少数，所以多数原则不得侵犯人权和人格尊严。单讲“多数统治”，不讲被统治者是否同意，必然导致多数人的暴政。①托克维尔曾说：“民主政府的本质，在于多数对政府的统治是绝对的，因为在民主制度下，谁也对抗不了多数。”②

（二）未必结果科学

直接民主制依赖于多数决原则来运行，因此少数服从多数似乎是天经地义的，但多数人的意见并不意味着是正确的意见。民主不等于科学，多数人的意见不一定是真理。真理最初往往掌握在少数人手里，文明的开拓者从来都是少数。由于“一千万人的无知加起来不等于一点点有知”，其决策必然失误较多。历史上柏拉图曾用船长与船员的关系作比喻来说明，在民主制国家中无知往往成为国家的舵手。在进行公民投票时，“人数愈多，知识肤浅、能力薄弱的成员所占比例就越大”。③这样便使呼声较小的真理往往淹没在力量强大的无知里。赫尔德也认为“民主使智慧边缘化”。④在公民投票时，有时人们并不具备表决议题所要求必须具备的专业知识和政治法律知识，从而缺乏对表决议题的完整判断能力。一旦无知占了上风，而无知者往往受自私与情绪的支配，“大众比寡众等容易被操纵”。⑤“我们没有理由认为多数决策具有一种更高的超个人的智慧，因为在某种意义上讲，只有自生自发的社会发展所达到的成就才具有这种智慧。多数决议亦绝非是生成这种超越性智慧之所在。”⑥

（三）未必能保障人权

如果说直接民主不容易被特殊利益团体所操纵的话，那么更大的危险则是其可能危及少数人的权利。公民投票确实体现民主，但以“多数决”为

---

① ［英］弗里德利希·冯·哈耶克著：《自由秩序原理》（上），邓正来译，生活·读书·新知 三联书店2003年版，第130－132页。

② ［法］托克维尔著：《论美国的民主》上卷，董果良译，商务印书馆1996年版，第282页。

③ ［美］汉密尔顿等著：《联邦党人文集》，程逢如等译，商务印书馆1997年版，第298页。

④ ［英］戴维·赫尔德著：《民主的模式》，燕继荣等译，中央编译出版社1998年版，第20页。

⑤ 刘军宁著：《共和·民主·宪政》，上海三联出版社1998年版，第204页。

⑥ ［英］弗里德利希·冯·哈耶克著：《自由秩序原理》（上），邓正来译，生活·读书·新知 三联书店2003年版，第135页。

原则的公民投票，并不必然地提供保护少数的手段，有时反而提供压制少数的方法，这有悖于现代民主和法治的价值目标。采用公民投票这种方法，将会越过正常的民主程序，很可能损害少数人的合法权利，而且几乎无法进行救济。民主制（尤其是直接民主制）的实质与必然结果，是与平等以及坚决地“扶弱制强”紧密地联系在一起的。这在实践中容易导致忽略少数人的利益。“纵观人类历史，多数——种族的、宗教的或仅仅是数量上的多数——事实上一直迫害着少数派，有时甚至起到了灭绝少数的地步。”①从国家内部的民族层面来看，大国内部的直接民主有时会导致欺负少数族裔。少数族裔的“自我民主”又可能欺负多数民族。少数族裔独立建国后，原来的少数变成了多数，原来的多数变成了少数，又开始多数欺负少数的循环。南斯拉夫及其所属共和国自1991年以来在不断的公民投票中分崩离析，十多年来在原始的民族仇杀中难以自拔，宪法秩序荡然无存。没有法治的直接民主是原始制度，摧毁法治的直接民主是蔑视和伤害人权的制度。把人权与多数决定的民主混为一谈是冷战后的一个大“谜思”（myth）。②历史经验表明，公民投票不仅保障不了人权，反而可能会给人类社会造成重大灾难。

（四）未必符合正义

公民投票虽是民意的直接体现，但可能会演变成多数人为自己的利益而压迫少数弱势群体的情形，这也不符合正义原则。古希腊伟大的思想家苏格拉底就是被一哄而起的“多数决”处死的。众多的愚民可以判处思想家的死刑，柏拉图和亚里士多德都认为这种民主主义是“愚民政治”。亚里士多德的《政治学》在对政治形态进行分类时，民主主义被冠以“堕落的政治形态”。③古代雅典崇尚“为平民所悦者即法律”，这也不符合正义。对此，有学者批评性地质疑道：如果真的让法律随人民的意志朝令夕改，那么有谁能够确定今天有效的法律，到明天还能有效？可见，数量本身并不体现正义。前面已经分析了，公民投票本身带有天然的民主色彩，民主就是正当性的代言。公民投票的普遍政治意义是使政权或者决定获得正当性。但是，民

---

① ［英］弗里德利希·冯·哈耶克著：《自由秩序原理》，邓正来译，三联书店1997年版，第127页。

② 潘维著：《法治与‘民主迷信’——一个法治主义者眼中的中国现代化和世界秩序》，香港社会科学出版社有限公司2003年版，第319－320页。

③ ［古希腊］亚里士多德《政治学》，吴寿彭译，商务印书馆1997年版，第208－224页。

主本身并不是没有瑕疵的。在现代社会，它能带来正当性，然而不一定带来正义性。[①]“民主的正义观念指的是数量上的平等，而不是基于个人能力的平等。”[②]这种平等导致“不管多数人的决定如何，它都意味着正义。”[③]而实际情况通常是，这种正义往往将非正义当作正义。所以有学者认为，仅凭多数决原则就推导出其决定的正义性是一种强盗逻辑，因为即使全体人的意志也不能把非正义变为真正的正义。[④]在通常情况下，数量与强势相关，与正义无关。

（五）未必能避免专制

从理论上说，公民投票能够抗衡专制，但在实践中它未必能避免专制，因为在公民投票中并非所有人都同公决（公投）之事有直接的利害关系，并非所有人都能认识到公投之事的眼前乃至长远利益关系，并非所有人都拥有足够的相关知识和判断能力，从而实施正确的“投票”。相反，有相当数量的参与“公投”者，并不一定就深思熟虑，有相当多的投票者可能“随大流”；有相当部分可能因一时之利或其他未必正当的原因而“盲从”投票。这使少数政客就有了充分的机会以人民的名义操纵多数，甚至以人民的名义实行专制。[⑤]这里有众多历史事实可以验证：法国大革命复兴了“人民主权”观念，自此法国曾频繁使用公民投票。1800 年的公民投票批准了一部给专制开绿灯的法国宪法，1802 年的公民投票任命拿破仑为终身执政官，1804 年的公民投票任命拿破仑为法兰西皇帝。后来，拿破仑的侄子路易·拿破仑步其叔之后尘，也通过公民投票，推翻共和，复辟帝制。在 20 世纪 30 年代，欧洲所有的独裁者都频繁使用公民投票，特别是希特勒。他不但靠公民投票把自己于 1934 年送上德国身兼总统与总理的权力顶峰，而且在纳粹德军占领奥地利之后，即举办德、奥合并的公民投票，使其吞并合法化。还有，1958 年埃及与叙利亚两个独立国以公民投票方式达成联邦，在

---

① 潘维著：《法治与“民主迷信”——一个法治主义者眼中的中国现代化和世界秩序》，香港社会科学出版社有限公司 2003 年版，第 314 页。

② ［英］戴维·赫尔德著：《民主的模式》，燕继荣等译，中央编译出版社 1998 年版，第 22 页。

③ 刘军宁著：《共和·民主·宪政》，上海三联出版社 1998 年版，第 204 页。

④ ［英］基托著：《希腊人》，徐卫翔等译，上海人民出版社 2006 年版，第 86 页。

⑤ 潘维著：《法治与“民主迷信”——一个法治主义者眼中的中国现代化和世界秩序》，香港社会科学出版社有限公司 2003 年版，第 311－312 页。

高度文盲的人民中，竟然在750万投票的总数里，只有286票反对，而只有751票反对推举纳瑟为共同元首。苏俄也曾于1939年伪装利用公民投票而使其吞并波罗的海三国的行为合法化。以上表明，公民投票较易为当权者所操纵，野心家们也特别善于将公民投票作为政治图谋的工具。二次大战后，人们才发现，看上去最民主的决策手段“公投”，其实也完全可能成为让独裁政权合法化的最有效手段。①

（六）未必能反映民意

公民投票的绩效取决于社会的法治环境和公民的政治素质。在法制不健全、公民现代化程度不高的情况下，公民投票容易被少数人操纵和利用。所以，公民投票的结果未必可靠。从大部分国家所进行的公民投票来看，决定公民投票的举行与否，通常掌握在执政党或精英集团的手中，而他们常借由公民投票，以实现其自身的政治利益。比较典型的案例是，埋葬苏联的《明斯克协定》就是完全否决保留联盟的“公决”的。在苏联解体前夕举办过是否要保留联盟的公民投票，统计数字是：

表13－6　前苏联部分加盟共和国就保留联盟问题投票结果统计表

结果 投票单位	参加投票人的比率（%）	赞同保留联盟人的比率（%）
俄罗斯联邦	75.31	71.34
白俄罗斯	83.5	93.7
乌克兰	83.0	70.0
阿塞拜疆	75.0	93.0
哈萨克斯坦	89.0	94.0
乌兹别克斯坦	95.0	93.7
吉尔吉斯斯坦	93.0	94.5
塔吉克斯坦	94.0	96.0
土库曼斯坦	97.7	98.0

（资料来源：转引自潘志平主编：《民族自决还是民族分裂》，新疆人民出版社1999年版，第177－178页。）

这一组统计数字表明，参加投票的人数占人口总数的绝大部分，因而投

① 参见［英］戴维·米勒、韦皮·波格丹诺编：《布莱克维尔政治学百科全书》，邓正来等译，中国政法大学出版社1992年版，第635页。

票是有效的；在参加投票的人当中，赞同保留联盟的人占绝大多数。但后来的现实情况却是，联盟没多久就在俄罗斯、乌克兰、白俄罗斯的几位总统的秘密会晤中被埋葬了。从这一点可以看出，分离主义势力特别热衷的公民投票，在某种意义上是封闭的、排他的、"精英"们的"公决"。①正如曼瑟·奥尔森所指出的那样，任何少数人的利益集团为了能够获得大多数人的支持，往往将一己之私说成是符合大众利益的事情，将"官意"和"民意"混淆起来。②认识到公民投票的这一局限性具有重要意义，它可以帮助我们认清有些打着"全民公决"旗号的活动的性质和目的。

七、深层分析

由以上分析可知，民主性公民投票虽然有其积极的功能，但也存在许多弊病。它不是实现民主的唯一形式，它没有也不可能穷尽民主的全部内涵，因而它也不可能被用来解决所有问题。准确地说，它应该是民主制度的补充而非取代现存的民主制度。对于该制度的功能及其局限，我们应做客观的分析。为此，还应注意以下几点：

（一）真正认清民主性公民投票的价值追求

从价值目标上来看，民主追求的是合理。所谓合理就是按照多数人的意志协调利害得失。民主是多数统治（majority rule），不是多数暴政（majority tyranny）。焚烧国旗是否有罪？在美国，多数人认为是有罪的，要求制定法律予以制裁。国会多次未获通过，就是为了保护少数人表达对这个国家的不满，虽然这是不正确的表达，但以多数人的名义制裁少数人表达的权利，就成了多数暴政。为了防止多数统治变为多数暴政，必须制约权力。任何人，不论是多数，还是少数，只要拥有不可制约的权力，就会产生暴政。美国汉密尔顿和麦迪逊等政治思想家在《联邦党人文集》中说：把所有权力赋予少数人，他们就会压迫多数人；把所有权力赋予多数人，他们就会压迫少数人。民主反对少数人的为所欲为，不是代之以多数人的为所欲为。民主的原则不是仅仅把少数和多数的数量关系颠倒过来，更重要的是反对、否定、取

① 参见潘志平主编：《民族自决还是民族分裂》，新疆人民出版社1999年版，第178页。

② 转引自盛洪：《祖国统一与和平感言》，载《国际经济评论》2000年第3-4期。

消任何专横。[①]按照民主原理，一个群体、一个社会在采取共同行动时，只有按多数人的意志来决定才是合理的。但合理的并非总是正确的；即使不正确，多数决定仍然是合理的；少数人的意见未必不正确，有时真理就在少数人手中，即使意见正确，少数强加于多数仍然是不合理的，根本之点在于对权利的尊重。民主是由多数人的权利做出决定，而不是由智慧做出决定。民主追求的是合理而不是正确。因为民主是政治，政治通过竞争与平衡计较利害得失。民主的原则是通过调和妥协来实现的。

（二）民主性公民投票属于非常态的民主表达方式

通过以上分析，可以看出：民主性公民投票既具有其制度功能上的积极价值，也有其制度功能上的局限性。从理论上说，一种制度的萌生需要具备应有的条件，在条件不具备的情况下，硬性采行这一制度，其结果很容易被扭曲。从公民投票的实践来看，公民投票虽然是直接民主的表达方式，但大部分民主国家却只是偶尔举行公民投票而已。目前较为重视公民投票制度的国家，如美国、以色列、日本、荷兰、印度等均未举办过全国性的公民投票。有史以来，世界计有八百多次全国性公民投票，其中有半数在瑞士举行，其余的公民投票则分散于其他国家。就整体而言，公民投票是危机处理的重要机制，是为解决某个特定问题或赋予某一途径的合法性而举行的。但就举行过全国性公民投票的赞成比例来看，公民投票的程序也不是随意启动的。加之公民投票的成本较高，正如法国学者贡斯当所说："一个浅显的常识是，人数越多，决策成本越高。"[②]所以，即便是在民主相对完善的国家，既不可能也无必要将一切国家决策都付诸公民投票。从实际情况看，世界上绝大多数采行公民投票的国家也是将其视为"不到紧要关头绝不动用的最后手段"。[③]即使到了紧要关头，动用了公民投票，其结果也未必具有正义性和合法性。公民投票制度在历史上曾多次被专制势力所利用，就是典型的例证。因此，我们在肯定公民投票制度的积极功能的同时，切不可将其视为

---

① ［美］汉密尔顿等：《联邦党人文集》，程逢如等译，商务印书馆 1997 年版，第 266－267 页。

② ［法］贡斯当著：《古代人的自由与现代人的自由》，阎克文、刘满贵译，商务印书馆 1999 年版，第 63 页。

③ ［美］巴特勒、兰尼编著：《公民投票的理论与实践》，吴宜容译，台湾韦伯文化事业出版社 2002 年版，第 336 页。

绝对的、神圣的制度，否则将会陷入实践中的误区。

（三）要建立保护少数的制度以弥补公民投票的不足

虽然公民投票具有民主之形式，但对于它是否具有民主之实质，也一直是个颇有争议的问题。公民投票的游戏规则是“多数决”，公民投票仅仅是民主的一种方式，并非意味着只要采取了公民投票的方式就实现了民主，因为真正的民主是服从多数人的决定的同时，还要保护少数人权利。在某种意义上讲，民主的真正内涵，是保护少数，而不是服从多数。如前所述，公民投票虽然是直接民主的表达方式，但它并不必然地保障少数人的利益。要真正达到保障人权的目的，还需要加强“保护少数”方面的制度建设。从历史看，古希腊在实行民主的多数原则的时候，还没有少数原则作补充，由此出现了判处哲学家苏格拉底和在伯罗奔尼撒半岛战争中吃败仗的十大将军死刑之类的多数暴政事件。法国大革命时的雅各宾派首领罗伯斯庇尔，就曾挟“多数”之势、以“公意”的名义，处决了大批异己分子，连著名革命家丹东都未能幸免。但是，不明白“多数”保护“少数”的道理，同样会遭到灭顶之灾。后来，罗氏被别人“请君入瓮”，自己也被送上了断头台。“保护少数”的民主内容对于当前我国的社会和政治发展具有重要的意义。就我国的民族自治与民主的关系来说，倘若在少数民族地区实施“多数决”的公民投票，可能带来多数人（汉人）的“暴政”而保障不了少数民族的利益。我国是一个多民族的国家，全国共有56个民族，各民族之间的人口数量极不平衡，其中汉族人口最多，其他55个少数民族在总人口中占的比例很小。在55个少数民族中，人口数量也极不平衡，有的只有几千人；各民族的分布不是整齐划一、界限分明的，而是交错杂居的。这种情况是各族人民在长期的共同生活中历史地形成的，不可能也不应该人为地改变。在这种情况下，如果简单化地在这些区域贯彻民主原则，即多数人统治或少数服从多数原则，现在实行区域自治的民族实际上很难享受到他们根据现行宪法和民族区域自治法享有的这些权利。①如果单纯采用少数服从多数的民主制，少数民族的利益就难以得到保障，从而使他们感到恐慌。而仅凭民主制度本身又不足以消除这些疑虑和不安，因为一定区域内多数者族群对少数者族群的压抑与公民投票是可以并行不悖的，在某种意义上甚至可以说少数者

① 参见童之伟著：《国家结构形式论》，武汉大学出版社1997年版，第396－397页。

族群势必变成投票表决的流放者。只有在少数者族群的权利和自由也得到充分尊重的前提下，族群之间的猜忌和不安才能真正缓解或者消除。因此，对于如何使少数者族群真正当家做主来说，最重要的制度性因素不是多数者族群的支配权，而是少数者族群的保护权。所以，我国实行民族区域自治是实现“保护少数”这一政治价值的恰当的制度选择。

（四）防止民主性公民投票制度的滥用

正如本书在第九章探讨“自决与民主的关系”时所述的：民主政治必须在大家已经预先接受了的领土疆界范围内运作。①国家的疆界属于“外务”，民主通常用来决定“内务”，不能用来决定国家的疆界。②因为民主选举的多数原则的计算，已经预设了大家共同接受的政治体的边界。即使采用公民投票来决定部分领土疆界的变更，那也通常属于全国民主性公民投票所要表决的议题。现实政治中，借着民主性公民投票的旗号来改变或创设领土疆界的做法，是不符合民主政治运行逻辑的。现实中，公民投票制度之所以会被滥用，是因为该制度也存在着自身的问题。从公民投票的历史实践来看，这里的问题是，由谁来启动公民投票的程序，由谁来决定公民投票的议题。议题设计不同，投票结果可能会大相径庭。在现实政治运作中，公民投票通常是由“政治精英”来启动和主导的，因而通常也是由“政治精英”来决定哪些人参加投票的。这便使得公民投票很容易按照“精英”的意图去运作，少数政客就有了充分的机会以人民的名义操纵多数，甚至以人民的名义实行专制，从而使公民投票失去本来意义而变成“精英公决”。所以，在实施公民投票时，应注意加强制度防范，防止其被误导、被滥用。美国学者阿伦·利法特曾对多数裁定原则的滥用进行了批判，他在考察了二十五个民主国家的实践后指出，单纯的多数裁定在现代民主国家并不多见。③

（五）要建立向选民提供充分信息和讨论机会的制度

法国启蒙运动时期的著名哲学家孔多塞（Marquis de Condorcet）从正确

---

① See David Held, Anthony McGrew, David Goldblatt and Jonathan Perraton, *Global Transformation: Politics, Economics and Culture*, Stanford University Press, 1999, p. 46 – 49.

② 转引自潘维著：《法治与“民主迷信”——一个法治主义者眼中的中国现代化和世界秩序》，香港社会科学出版社有限公司 2003 年版，第 318 页。

③ ［美］阿伦·利法特：《多数裁定原则的理论与实践：不完善范例的顽强性》，载《国际社会科学杂志》1992 年第 3 期。

选择的概率的角度来分析公民投票的正当性问题，人们把他在这个问题上的有关结论称为“孔多塞定理”。根据孔多塞定理，假设某一集体的成员在两个方案中进行正确选择的概率平均高于二分之一，且各个成员独立进行投票，那么该集体通过表决实现正确选择的概率随着人数的增加而增加，无限趋近于一。但是，假设成员进行正确选择的概率平均低于二分之一，那么随着人数的增加，该集体进行正确选择的概率将趋近于零。①所以民主不仅仅是一个投票表决、多数通过的问题，为了使最后的结果尽可能的趋于理性，需要向人民提供充分的信息和参与讨论的机会，尽量减少和防止政党及其他结社组织歪曲投票在反映民意方面的功能；对专业知识和技术的依赖性较高的问题（如发展基因技术与否等）不宜由全民投票来决定。对于一些难以判断的价值的问题（如宗教信仰的是非，国家统一与分裂等问题）在公民投票中也要加以一定的限制。因此我们在设计公民投票制度时必须进行充分的调研，不是所有的问题都适合公民投票。孔多塞定理还昭示：要实现理性的公共选择结果必须在投票之前努力创造其所必须的基本条件，这些条件包括充分的信息、个人选择的自主性以及少数者权利保障机制，等等。②如使用不当，将使公民投票被少数政客所利用。因此，为避免出现被利用的情形，一般在举行公民投票之前，必须针对投票议题对公民实施全面讲解，甚至举行公开辩论，以让全体公民对表决议题有深入的了解，直到公民能辨别其投票的利弊得失后才予以举办。并且，这样的做法还不应该是一次性的，必须要将其制度化。否则，由公民盲目投票，极易导致决策失误。

八、本章小结

由以上分析可知，公民投票作为一种实现民主的方式具有两重性。一方面，公民投票能够保证所有公民的政治参与权，它是最有效的直接民主形式，适当运用并不断完善公民投票制度，确保公民参与政治的权利，是政治民主化的必然要求。另一方面，公民投票制度也有其自身的局限性。因此，我们对公民投票应客观地予以评价，对其应持一种谨慎的态度，既不能把它

① See H. P. Young, *Condorect's Theory of Voting*, in American Political Science Review Vol. 82 No. 4, 1988, p. 1231 - 1244.

② 参见季卫东著：《宪政新论——全球化时代的法与社会变迁》（第二版），北京大学出版社 2005 年版，第 23 页。

当作洪水猛兽而避之，也不能把它当作包治百病的良药而崇之；既要为公民参与投票权的实现创造必要的社会政治和经济条件，将应该且可能由全体公民参与的国家决策，交由公民投票，在更大范围内保障公民的政治参与权，同时，又不能迷信公民投票。公民投票毕竟是民主的形式之一，衡量一个国家民主化程度和人权保障的水平不是看这个国家举办公民投票的次数的多或少，而是看它包括公民投票在内的民主过程的质量。一个国家是否举行公民投票，以及如何举行公民投票，应该从本国的实际情况出发，并由法律规定。

第十四章　特殊民主性公民投票的实证分析——以分离为议题

在现实中，有些地区分离主义者或民族分离主义者常常打着行使“自决权”的旗号，试图通过公民投票的方式来实现其从原主权国家分离出去的目的。在这里，我们把一国内部某一地区通过公民投票决定是否分离的行为称为分离性公民投票。前已所述，自决权的主要内容是独立权，而不包括分离权。所以，自决性公民投票不包括分离性公民投票，分离性公民投票应属于民主性公民投票的范畴，是民主性公民投票的特殊形态。鉴于现实生活中，时常出现借地区民主性公民投票来推行地区分离主义的现象，下面我们有必要通过相关的案例来对分离性公民投票作进一步研究。

从世界范围来看，到目前为止企图通过公民投票的形式从母国中分离出去的典型案例是加拿大魁北克的公民投票。

一、分离性公民投票个案：加拿大魁北克

（一）案情简介

魁北克省（Qubec）是加拿大东部的一个省份，面积有154万平方公里，是加拿大面积最大的省份。该省的GDP约占加拿大总额的22.3%，人口约占加拿大总人口的1/4。其中约83%的人把法语作为第一语言，11%的人讲英语，另有6%的人讲英语和法语以外的语言。由于文化背景不同及历史上的种种原因，英裔与法裔之间一直存在着较深的矛盾。聚集在魁北克省的法裔长期试图脱离加拿大，成为独立国家。从历史上看，魁北克有组织地

“独立”运动始于二次大战以后，[1]其最早是由“魁北克人党”提出的，该党成立于1968年，其政纲中明确规定了要“获得魁北克的政治主权”。1976年11月，以争取独立为纲领的魁北克人党首次在该省选举中获胜。自此，要求独立的呼声进一步高涨。1979年10月，该党正式提出要在加拿大联邦和魁北克省之间建立“一种新的平等的伙伴关系”，即政治上独立，经济上与其他地区保持联系的“主权——联系”方案。[2]

迄今为止，加拿大已经就魁北克“独立”问题举行了两次“公民投票”。第一次是在1980年。当年3月，魁北克省议会经过激烈辩论，通过了一项在全省举行一次关于是否要同联邦中央政府谈判独立问题的公民投票的决议，同年5月20日举行了第一次公民投票，以6比4的投票结果否决了“独立”的主张，从而避过了一次可能导致加拿大分裂的风波。因此，这次公民投票被认为是20世纪80年代加拿大政治生活中的一件大事，引起魁北克省和加拿大全国人民的极大关注。第二次是在1995年。该年10月30日，加拿大第二次就魁北克独立问题举行公民投票，反对独立的联邦主义者以50.6%的微弱多数获胜，使加拿大暂时避免了分裂，但分裂主义者发誓要继续为独立而斗争。面对国家被分裂的危险，加拿大联邦政府果断采取了一系列法律手段。其中最为重要的有以下两个方面：

1. 加拿大最高法院的咨询意见[3]

1995年魁北克独立的公决失败后，加拿大国家统一的前景仍面临着严重挑战。在这重要的历史关头，1996年9月30日加拿大最高法院收到了来自加拿大政府通过ORDER IN COUNCIL P. C. 的方式提出的咨询。在咨询中加拿大政府提出了下列三个问题：

（1）依据加拿大宪法，魁北克国民大会、立法机构和魁北克政府是否可以单方面地使从加拿大分离出去成为有效？

（2）国际法是否赋予魁北克国民大会、立法机构和魁北克政府可以单方面地使从加拿大分离出去成为有效的权利？在这方面，国际法是否存在自

---

① 按照国际法上关于“独立”、“分离”和“分立”相区分的理论，魁北克“独立”问题应属于国际法上的“分离”问题，因为“独立”通常特指包括殖民地在内的非自治领土、托管地土及其附属领土实现自主。人们通常说的“魁北克独立”实际上是一个不科学的概念。但鉴于学术界的习惯用法，本书继续沿用这一术语。

② 参见熊坤新主编：《21世纪世界民族问题热点预警性研究》，民族出版社2006年版，第176－177页。

③ 转引自余民才主编：《国际法专论》，中信出版社2003年版，第56－57页。

决权，该自决权是否赋予魁北克国民大会、立法机构和魁北克政府可以单方面地使从加拿大分离出去成为有效的权利？

（3）如果在关于魁北克国民大会、立法机构和魁北克政府可以单方面地使从加拿大分离出去成为有效的权利问题上，如果国际法与加拿大国内法发生冲突，那么应该谁优先？

基于英美法系国家司法解释的严肃性，加拿大最高法院组织了世界著名的宪法和国际法专家，对上述问题进行了深入的研究和缜密的分析之后，分别就上述三个问题提供了咨询意见。

针对问题（1），法院指出，支持魁北克人享有分离权的人将这种权利建立在民主原则之上。但是民主并非仅仅意味着简单多数规则。加拿大联邦建立131年来各省和各领地的人民在包括联邦主义、民主、宪政、法治和尊重少数者在内的共同分享的价值之上构建了相互依赖的（经济、社会、政治和文化上的）密切联系。魁北克人同意分离的民主决定将会使这些关系陷入危机。因此，某个省“根据宪法”而分离不能单方面奏效，这就是说，不能不在现行宪法的框架内与联邦的其他参与者进行谈判。

针对问题（2），法院指出，支持魁北克人在国际法上享有自决权并因此而享有分离权的人认为自决权属于“所有人民”。但是，尽管魁北克人具有一个人民应有的许多特征，这里没有必要确定魁北克是否构成一个人民的问题。因为国际法上享有分离权的是特定的人民，而魁北克人不属于这样的人民。根据国际法上的人民自决原则，只有下列人民享有分离权：第一，在殖民统治下的人民；第二，在外国占领、统治或剥削下的人民；第三，构成某国家之一部分但其自决权的行使被完全拒绝的人民。其他情况下的人民的自决在一个国家的框架内取得。法院认为，一个其政府代表居住在其领土范围内整个或各种人民的国家，在平等和不歧视原则的基础上在国内安排中尊重自决原则，有权根据国际法维护其领土完整并使其领土完整得到其他国家的承认。魁北克人既不是殖民地人民或其他被压迫民族，也没有被否定其有效参与政府以谋求其政治、经济、社会和文化发展的权利。在这种情况下，魁北克国民大会、立法机构和魁北克政府并不在国际法上享有单方面地使从加拿大分离出去成为有效的权利。另外，联邦法院进一步指出，虽然加拿大宪法和国际法上都没有单方面分离的权利，但这并不排除在事实上存在着非宪法性宣告分离的可能性。这种事实上的分离最终能否成功将取决于国际社会的承认。国际社会将可能考虑魁北克和加拿大的行为的合法性和正当性以及其他事实，以便决定是否给予承认。但是，即便给予承认，承认的行为并不具有使分离行为在加拿大宪法或国际法上合法化的追溯力。①

针对问题（3），法院的意见很简单：从上述对第一个和第二个问题的回答可以看出，加拿大国内法与国际法在与该咨询意见的相关方面没有发生冲突。

2. 加拿大议会通过的“清晰法案”

加拿大自由党政府除了向加拿大最高法院请求有关魁北克分离的问题司法解释以外，还积极推动在议会中通过了立法规定处理可能发生的分离要求的程序，从而在法律上限制将来魁北克分离主义者可能的任意行为。

2000 年 5 月，加拿大联邦议会通过所谓的“清晰法案”——《公决明确法》，规定今后魁北克省若再就独立问题举行公民投票，必须得到联邦政府的批准才能生效。该法规定了主权国家的一部分可以依法和平分离的详细程序，这在世界各国中是绝无仅有的（尽管有少数国家在宪法上规定了脱离联邦的条款）。该法规定主要有：第一，一个省要进行独立“公决”，首先在文字上必须清晰表明独立意图，不能用含糊的文字来降低人民对独立后果的认识。为此，一个寻求独立的省份首先应将从联邦主体分离出去的“公决问题”提交给联邦议会的众议院进行讨论和评判，由众议院确定该问题是否足够“明确”。如果认为公决的问题不明确，则不应该进行公决，强行公决的结果将不被联邦政府所接受。第二，如果众议院认为公决的问题明确，并且公决结果也以多数票通过（在计票问题上简单多数不行，必须绝对多数才有效），则众议院须根据赞成票的比例、选民的投票率和其他“众议院认为应该考虑的因素或情况”来确定该地区居民中是否有“明确的多数”表示愿意脱离加拿大联邦。第三，在众议院认定了“明确的多数后”，独立省份须与联邦政府及其他各省进行宪法层面的协商，讨论修改联邦宪法，并讨论资产和负债的分割、边境的确定、土著居民权益、少数族裔的权益等问题，在就所有上述问题达成协议后才能实现独立。这就是说，一个省的独立不仅要经过与联邦政府和其他省的协商和同意，就连该省关于独立的公决问题的设计和公决结果多数的认定，都要经过联邦立法机关的审核和

① 参见剑桥大学著名国际法专家 James Crawford（1997）受加拿大司法部所要求而提交的报告：“State Practice and International Law in Relation to Unilateral Secession”。转引自余民才主编：《国际法专论》，中信出版社 2003 年版，第 57 页。

同意。

（二）案例解析

1. 对加拿大最高法院咨询意见的评析

首先，加拿大最高法院的咨询意见是今后在法律上解决魁北克问题的重要法律依据。该咨询意见中至少有下述几点与目前探讨的问题有直接联系：第一，自决权属于所有人民，但分离权仅属于特定人民。第二，一个主权国家内部的部分人民只有在其自决权的行使被完全拒绝的情况下才可以享有分离权，否则只能在主权国家的框架内行使自决权。第三，通过非宪法程序取得分离的成功与否取决于国际社会的承认。国际社会即使承认事实上的分离，承认行为并不能使分离行为本身合法化。第四，1998 年加拿大最高法院的咨询意见认为，无论加拿大宪法，还是国际法都不允许魁北克在未经谈判、未获联邦政府同意的情况下单方面地宣布独立。魁北克要实现独立，必须得到联邦和其他省份的认可。这在事实上取消了魁北克独立的可能性。①

其次，从其自身的法律效力来看，作为加拿大国内法院的咨询意见，仅仅属于加拿大国内法的范畴，无论它是什么内容，它只能对加拿大国内产生法律效力，而对其他国家没有任何法律拘束力。但是，从国际法的角度来看，该咨询意见作为国内法院的判例，在今后形成国际法上与自决原则相关的国际习惯法规则方面，也可能会产生或大或小的影响，但它不足以将来能够发展成为国际习惯法的一部分，因为加拿大联邦法院所发表的咨询意见，是基于加拿大的民主传统、人权理念、结构形式等特殊的政治国情和复杂的民族状况，并针对特定的魁北克问题而作出来的。从国际法的角度来看，这种咨询意见具有很强的针对性，应属于特例。我们不能把加拿大国内法院的咨询意见当成了国际法院所作的“咨询意见”。那样的话，我们就犯了混淆国际法和国内法界限的错误。

再次，咨询意见中的某些观点也值得进一步商榷。该咨询意见认为，一个主权国家内部的部分人民只有在行使其自决权被完全拒绝的情况下才可以享有分离权，否则只能在主权国家的框架内行使自决权。这个表述意见表明，一方面，该咨询意见基本上是将“一个主权国家一部分的人民享有分离权”作为肯定性的“共识”或“定论”来运用的。事实上，一个国家内

① 参见余民才主编：《国际法专论》，中信出版社 2003 年版，第 56－57 页。

部的一部分人民是否享有分离权的问题，是一个主权国家的内政问题，国际法在这个问题上的态度是：不承认分离权，也不禁止主权国家赋予其人民享有分离权；但从政治实践来看，国内法一般也不支持分离权。另一方面，这个表述是以所谓的“内部自决”和“外部自决”的划分为基础的。例如，咨询意见中所说的“在主权国家框架内行使的自决”实则为“内部自决”。至于“内部自决”的概念也仅仅是一种学术观点，并且这种观点在学术界也存有争议，而不是现行国际法上的观点。但在咨询意见中却把这些富有争议的概念和理论作为它分析问题的肯定性前提。这是我们所不赞同的。

2. 对“清晰法案”的评析

2000年的“清晰法案”规定了要启动公民投票的复杂程序，如此复杂的程序，无疑等于在事实上限制甚至取消了魁北克分离出去独立建国的可能。

（1）加拿大以议会立法的形式规定了就分离问题进行公民投票的严格程序，提升了限制分离的层次，这表明加拿大议会在对待分离主义问题上的高度重视。分三个步骤：开始先是通过司法手段，即1998年8月20日，加拿大最高法院裁定，魁北克不能单方面决定独立，而必须得到联邦和其他省份的认可；后又通过行政手段，即1999年12月，联邦政府又推出“清晰法案”，该法案规定，今后魁北克省若再就独立问题举行公民投票，不论结果如何，都必须得到联邦政府的批准才能生效；最后通过立法手段，即2000年议会通过“清晰法案”。在这个问题上，加拿大可以堪称是以法治手段遏止地区分离主义的“典范”。

（2）它以表面允许而实则限制的柔性做法来对付分离主义。这种做法与加拿大的政治国情有直接关系，众所周知，加拿大是民主国家，其国民通常具有反对硬性管理的政治习惯，采取柔性限制的方法既比较符合其政体性质，也比较符合其国民的政治心理。倘若采取硬性限制的做法，则容易激起魁北克人民的抵触心理，反而可能不利于维护加拿大的统一。这种柔性限制的做法并不意味着加拿大议会反“魁独”的决心不坚决，相反，加拿大作为英美法系国家的典范，其法律构成以判例法为主，但当加拿大的领土主权面对“魁独”的挑战时，议会直接通过制定法律来对其加以限制，这一做法本身就表明加拿大反对分离主义的坚定决心和态度，只是手段更技巧一些而已。

（3）尽管加拿大政府在实质上是反对分离主义的，但毕竟还是以法律的形式赋予了魁北克人民可以从加拿大分离出去的权利，只不过这项权利的行使条件非常严格以至于使其近乎没有而已。然而，对于魁北克人民来说，“拥有权利但被限制行使”和“不拥有权利”是两码事。这对于加拿大政府来说，无论怎样也算是埋下了分离的隐患。从历史上看，苏联在成立之时为吸引各共和国加盟，在其宪法中赋予了各加盟共和国以分离权。诚然，该规定当时的确也起到了扩大加盟共和国数目的作用。后来在苏联高度集权的政治体制下，“自由退出”的规定也近乎虚无。但当苏联的社会和国家情势一旦发生变化而出现分离或独立契机的时候，分离或独立就会发生并且这还不违反法律。当然，苏联的解体并不是其各加盟共和国行使分离权的结果（详细分析请参见本文“第二章自决的涵义与内容”中马克思主义自决观的有关分析），但是，不可否认，其解体与苏联宪法的这一规定有直接的联系。所以，笔者认为，加拿大政府的这一做法是不明智之举，至少它没有从苏联的解体中吸取教训。这也从反面提醒我们，在“授予权利并限制行使权利”和“不授予权利”之间，我们应坚定地选择后者，在宪法和有关基本法中直接作出禁止分离主义的法律规定。

（4）这个立法是合法的，它与国际法不冲突。首先，立法的主体和程序都符合法律规定。它是由加拿大的专门立法机关——联邦议会依照法定程序通过的。其次，立法的内容合法。分离问题是一个主权国家的内政问题，针对本国分离问题进行立法是加拿大的内部事务，国际社会无权干涉，这与自决问题是不一样的——自决权问题要接受国际法的规范和调整。按照国际法，国家作为义务主体，有义务保障人民去实现的是“自决”，而不是“分离”。分离和自决是两码事（请参见“第十章自决与分离”中的分析），国家有帮助其殖民统治下的人民去实现自决的义务，而没有接受其内部的一部分领土分离出去的义务，所以加拿大议会的这个立法并没有与国际法规范相冲突。

（5）分离属于领土主权变更的事项，凡是关涉领土主权变更事项所进行的公民投票，应属于全国范围的民主性公民投票，由全体的领土主权所有者参加投票。倘若一个国家没有举行全国民主性公民投票的法律规定，那么，分离及其分离性公民投票也必须经过代表全体人民利益的中央政府的同意或批准。因此，加拿大“明晰法案”关于“省独立的公决问题的设计和公决结果多数的认定都要经过联邦立法机关的审核和同意”的规定，符合人民主权的原理。

该案例是国际社会最为典型的国内地区分离性的“公民投票”实践。它没有直接涉及外国的因素或国际的因素。它们并不像直布罗陀地区的公民投票，需要决定的是该地区的主权到底是属于西班牙还是英国；它们也不像东帝汶的公民投票那样，是在联合国的主持下进行的。魁北克的“公民投票”纯属于主权国家内部的事项。

二、魁北克公民投票的几点启示

首先，该案例表明，一个主权国家的内部的某个地区欲通过公民投票的形式来获取分离独立，中央政府有最终的权力决定是否允许其脱离出去。一般说来，一个地区要完成分离、实现独立建国往往要经历两次“同意”，第一次是全体人民的同意（其通常采用全国民主性公民投票的形式），或者至少是代表全体人民的中央政府的同意；第二次是地区居民的同意（其通常采用地区民主性公民投票的形式）。前者的重要性和决定意义往往大于后者。这是因为，如前所述，从领土所有权的角度来说，领土主权只能属于全体人民，这个国家的部分人民是不能单独拥有领土主权的。因此，就领土所有权而举办的公民投票，只能属于全国民主性公民投票；地区民主性公民投票不能就领土主权问题进行表决，除非它经过了全国民主性公民投票的批准，至少是获得了中央政府的批准。①可见，主权国家的同意是该国家的部分领土和居民独立出去另立新国家的前提条件，也是核心条件，尽管这种同意可能是内外各种因素综合作用的结果。外国势力的压力，内部民族、种族和宗教冲突，独立势力的恐怖主义行动，争议地区的特殊历史背景等，均是可能导致主权国家同意分离独立的因素。但从来没有在缺乏主权国家同意的情况下，一个主权国家的部分领土能够单方面地分离出去，进而实现了“独立”的先例。

其次，地区分离意味着领土主权的变更，这势必会影响到母国的国家利益，为此，母国对分离性公民投票一般持以反对的态度。按照加拿大的“清晰法案”，加拿大联邦最高法院和联邦政府要求魁北克省的公民投票结

① 在现代宪政国家制度中，主权国家的中央政府是国内全体人民的代表，因此无论在国际法上还是在国内法上通常是主权国家的中央政府代表全体人民对整个国家的领土行使主权。行使领土主权的内容之一就是行使对领土的处分权。因此，生活在该国家领土之上的全体人民的代表者——中央政府有权决定整个国家领土或部分国家领土的处分权。

果必须经过最高法院的司法审查，并且必须与联邦政府和其他省进行协商。表面上，加拿大政府没有完全剥夺魁北克分离的权利，但通过上述限制条款，事实上使魁北克很难再通过公民投票的途径达到分离的目的。这很明显地表明了加拿大政府对“魁独”的反对态度。一般来说，任何一个国家都不希望自己的领土遭到分割。从主权的性质来看，任何一个国家的领土主权都具有唯一性与排他性，是不可分割的，它属于该国的全体人民。个人或部分人无权去分割属于“一国之全体人民”的领土主权。魁北克的主权不仅仅属于魁北克当地居民，而是属于包括魁北克在内的全体加拿大人民。一个地区的居民没有权利片面地宣布独立。未经全国人民的批准，任何片面地“公投”或者宣布“独立”，都是无效和非法的。要想获得法理上的真正独立，就必须得到主权所有者的批准。除了加拿大的魁北克之外，目前世界上乌克兰的克里米亚，以及英国的北爱尔兰、斯里兰卡东北部泰米尔人聚居区等地区至今没有获得独立，就是因为无法获得其主权所有者或中央政府的批准。由此可见，作为主权国家组成部分的地方单位企图通过公民投票的形式脱离主权国家都是主权国家所不能容许的。这不是仅仅在一个地区或行政辖区内搞个“公民投票”就可以合法化的，否则美国的印第安人和黑人早就各自分裂建国了。把公民投票制度与国家领土变更联系起来考察，就会发现：世界各国的宪法，没有任何国家规定其公民可以通过公民投票的方式来分裂国家。这是因为，国家领土问题往往是历史上长期以来诸多复杂因素决定的，它不仅关乎在其之上繁衍生息的人民的利益，而且也与一国内其他地区的人民的利益息息相关，一个地区的发展也往往凝聚着其他地区人民的贡献。

再次，对分离性公民投票不能迁就让步。就魁北克的投票来说，加拿大政府之所以能够同意，除了对“魁独”的严重性估计不足以外，还有一个重要原因，就是加拿大政府受西方民主主义传统的影响，过分地看中了民主的价值，而忽视了民主本身所固有的局限性，以至于当“魁独”势力打着“自决”和“民主”的旗号进行分离活动时，它不能采取果断而有力的政治措施。直到在幸运地避免了一场“分裂危机”之后，加拿大政府总理克雷蒂安在总结教训时才坚定地说：“百分之五十加一票就可以分裂一个国家？这不是民主！”①试想，如果加拿大政府一开始不对“魁独”势力迁就让步，

① 转引自刘若非：《“独立公投”伴随战争》，载《环球时报》2002年8月29日版。

后来还会有“虚惊一场”吗？加拿大政府之所以在“魁独”问题上手软、让步，固然原因是多方面的，但其中之一就是它过分地看中了“自决”、“民主”等人权价值观念。其实，“魁独”势力正看中了联邦政府的这一“弱点”而迫使其不断作出让步的（即允许魁北克人民就“分离”问题举行公民投票）。加拿大政府在处理“魁独”问题上既有许多成功的经验值得我们借鉴，也有许多教训值得我们吸取——那就是对于那些假借“民主”、“人权”、“公民投票”等旗号来从事分离主义活动的政治势力，决不退让，决不妥协。国家主权和领土完整高于一切，在领土完整受到威胁或挑战的时候，应对分离主义采取果断的政治措施，甚至军事措施。

第四，如果联合国或者国际法允许自决权可用作国家分离的话，那么整个国际社会就有解体的危险。公民投票方式无疑比战争手段要好，但如果一个省、一个城市由于有某种不满情绪就擅自举行公投，以达到从国家母体中分裂出去的目的，这完全是对自决或民主的歪曲。从国际法上看，以分离为议题的公民投票属于国家的内政问题。在历史上，较早的一例是 1905 年在当时即将瓦解的瑞典，以“公民投票”方式决定了让挪威地区从瑞典分出而独立。需要强调的是，挪威的独立并非由于分离主义的胜利，而是因为瑞典面临分崩离析的境地。是否让一个挪威地区从面临瓦解的瑞典国的版图内脱离出去，都是内政问题。“公民投票”只是为当时的现实提供背书而已。再如，一战后，芬兰和瑞典曾因为阿兰德岛屿的归属发生争执。1920 年，应国际联盟的请求，由法国、荷兰和瑞士各一名教授组成的国际法学家委员会就阿兰德群岛的居民能否以人民拥有自决权为依据而主张与瑞典联合的问题发表咨询意见，专家委员会发表的意见认为：“在国际条约（对民族自决权——笔者注）没有明确规定的情况下，民族国家内部领土的处置权在实质上属国家主权范围内的性质。现行国际法并不承认构成一个国家的此类民族群体有权通过表达意愿方式分裂出来，也不承认其他国家有这种权利主张。”该意见进一步指出：“一般而言，是否赋予一部分居民以全民投票或其他某种方式确定其政治命运的权利，纯属明确建立起来的每一国家的主权的象征。”①

① See *Report of International Commission of Jurists on Legal Aspects of the Aaland Islands Question*, in Henry J. Steier and Philip Alston, op. cit, Note 3, p. 1258.

三、关于遏止分离性公民投票滥用的对策思考

（一）要善于运用法律手段遏止分离主义

加拿大政府对分离主义挑战的国内法对策对中国政府在可能出现的台湾独立问题危机的对应决策上有很大的参考价值。从国际上看，运用法律手段反对分裂，维护国家统一也是西方发达国家的通例。除了加拿大政府之外，美国也善于运用法律手段来维护国家统一。美国宪法上有一个关于联邦政府权力的“商务条款”。联邦最高法院在美国历史上总是倾向于对该条款进行扩大解释，以削弱各州的权力，加强联邦政府的地位。特别值得一提的是美国历史上的南北战争，这场战争兼有反对种族歧视和维护国家统一两种目的。林肯总统发布的《解放黑人奴隶的宣言》和联邦最高法院在这个时期的几个有关反对种族歧视的判例，其直接后果除了消除种族歧视以外，就是加速了战争的胜利结束，制止了美国的南北分裂，维护了国家的统一。英国也十分重视运用法律手段维护国家统一，为了适应加强中央集权统治的需要应运而生的英国普通法，几百年来在维护联合王国的主权、统一和领土完整方面，发挥了重要的作用。

中国政府于2005年3月14日通过《反分裂国家法》，是运用法律手段反对“台独”的需要。一旦不得已采取断然措施解决“台独”问题时，该法就是中央政府采取这种行为的依据，并使这种国家行为的合法性和正当性获得全国人民的接受和国际社会的承认。该法律的出台标志着我们在运用法律手段遏止“台独”方面迈出了重要一步，这对于遏止“台独”，维护国家统一具有重要的意义。今后我们在以法反“台独”，尤其是以法遏止“法理台独”方面还有许多工作要做，所以我们还需在适当的时机再制定、修改和补充相应的法律，使国家有关台湾问题的法律进一步体系化。

（二）要建构妥善解决“差异”问题的制度安排

尽管国际法没有赋予少数者群体行使分离的权利，但少数民族一旦对这个国家失去所有信任，他们就会全力以赴地创建自己的国家或者移民离开原来的国家。加拿大魁北克的情况就是如此。魁北克独立派的主要怨言是：在英裔居民占多数的加拿大联邦内，法裔居民不能受到公正的待遇，享受不到

充分的权利。因此，他们要求修宪，以明确魁北克享有的权利。①事实上，加拿大联邦政府一向谨慎地对待魁北克问题，采取了一定的特殊政策。只是没有在联邦宪法层面上单独规定魁北克的特殊权利而已。当然，这与加拿大属于英美法系国家，且实行联邦制的国家结构形式有直接关系。但事实上，魁北克也确实有其特殊情况。无论其在文化方面、经济方面，还是在社会方面均有着与其他行政区域不同的地方，因此才有“魁独”运动的问题。

笔者认为，1995 年以前加拿大政府在对待“魁独”问题上有许多失误，但在 1995 年“魁独”失败以后，它在遏止分离主义问题上所采取的一系列措施是比较成功的。然而，它在消除分离主义的问题上却没有可供我们借鉴的经验。加拿大采用联邦制来解决地区差异问题，固然是很好的制度选择。但联邦制容纳差异的空间到底有多大，尚需进一步研究。是否有比联邦制更好的制度安排来解决地区差异？这需要除了通过法律来限制以分离为议题的公民投票权利的行使以外，还需要加拿大政府通过联邦宪法作出让魁北克“高度自治”的制度安排，以保障“魁省”人民的利益。同时，加拿大政府可以借鉴英国处理北爱尔兰独立运动的实践经验，让魁北克与其他省份从“存异并立”式的联邦自治转移到“求同分享”式的共治，使争持不下的双方最终统一到某种互相理解和各自接受的制度之下（关于该问题的详细分析，请参见本文“自决与自治”一章中的“自决与自治关系的另一种误读与调适——案例分析”）。否则，“魁独”问题不会从根本上消除。加拿大政府在消除分离主义问题上的“疏漏”，从反面向我们昭示：进一步搞好我国的民族区域自治制度的建设，并进一步实现由“自治”向“共治”的转轨，对于我国从根本上消除“藏独”和“疆独”有重要的意义。

① 魁北克曾对联邦政府提出若干要求，作为保留在加拿大政治“怀抱”中的条件。1984 年 9 月，加拿大举行第 33 届大选，马尔罗尼就任总理，新政府强调民族和解，承认魁北克的特殊性。1987 年马尔罗尼总理又同意魁北克人就宪法提出的五项条件，签订了《米契湖协议》。这些条件是：魁北克省有权参与最高法院法官以及参议员的选派过程；参与宪法的修订过程；在移民问题上有较大权力；联邦权力削减；宪法宣布魁北克是个独特的社会。《米契湖协议》先后被 8 省的议会及众议院通过，但必须在 1990 年 6 月 23 日前被其他两个省议会通过，方能生效。该协议未能在规定的三年内获得全部 10 省议会的批准，最终在 1996 年 6 月夭折。参见孙兰芝：《魁北克问题的由来和发展》，载《世界经济与政治》2006 年第 3 期。

结束语：自决权理论的问题与思路

通过前面对自决权理论的探讨，我们可以发现，自决权理论的确是一个非常复杂的理论，单就自决权的概念来说，它也并非十分精确。为了科学地理解、把握和运用自决权理论，也为了指导人们去分析一些与自决权原则相关的政治现象，笔者在前面研究的基础上，再作如下总结。

一、理论混乱的根源与出路

通过前面的研究，我们可以看出，自决权与主权、人权、自治、民主、分离等既有密切关联的一面，也有相互区别的一面。我们需要分清自决与它们之间的区别，以便准确地把握自决的内涵。但是，由于自决理论本身的模糊因素，也使自决问题的研究及其成果更加复杂化。自决权本身的模糊是由于国际法没有清晰地对自决权加以界定，使得人们对它的含义随意发挥。而国际法对自决权没有做出清晰界定的原因在于西方发达国家与发展中国家在自决权问题上的分歧与斗争。换言之，自决权在国际法上的模糊规定是双方既相互斗争，又相互妥协的产物。所以，有些模糊问题是难以说清楚的。有时即使能够将有些问题从理论上说清楚，但一到实践中，问题也不像书本上所论述的那么简单。通过前面的研究，我们也可以发现，学术界在自决与主权、人权、自治、民主等关系上的混乱，在很大程度上是由于“内外划分法”以及将宪政意义上的自决权和国际法意义上的自决权混淆在一起而造成的。为此，笔者提出以下几点建议：

一是要结合具体的学科背景来理解以往有关自决权的论述。虽然以往国际法学界或政治学界、宪法学界都使用过自决权的概念，但他们所说的自决权的含义是大相径庭的，所以，对于以往学界关于自决权的论述，一定要将其放置于一定的学科背景下才能对其含义有准确的把握和理解，切不可将不同学科中的自决权概念简单地加以引用和嫁接。以往学界有些学者之所以常常将国际法意义上的自决权混同于国内宪政意义上的自决权，也大都是将两种不同学科中的自决权混淆所致。我们要求结合具体的学科背景来理解自决权的含义，也是为了更深入地研究自决权的性质、功能和价值。理论和实践表明，不同学科背景下的自决权均有其不同的适用范围、条件和场合，不能混淆。为了科学地理解和使用自决权的概念，我们必须区分不同学科背景下的自决权。否则，容易将不同学科中的自决权“张冠李戴”。

二是国际法上的自决权要固守本来的含义。为此，国际法学界不要再对自决权进行“内部自决权”和“外部自决权”的划分，更不要再使用“内部自决权”和“外部自决权”这两个概念。假如为了表达的需要，非要借用不可，也必须在宪政意义上使用“内部自决权”和在国际法意义上使用“外部自决权”，但不能同时在国际法层面上使用“内部自决权”和“外部自决权”。而如果坚持将国际法意义的自决权区分为“内部自决权”和“外部自决权”，那则是令人非常担心的理论动向。这是因为，这不仅已经偏离了当初国际法意义上的自决权的本质含义，而且在一定程度上模糊了国际法与国内法甚至国内政治之间的界限，最终使干涉他国内政合法化。果真这样，将使有关问题变得更加复杂化。

三是建议今后不要再在政治学和宪法学中使用“自决权”的概念。因为：(1) 在宪政意义上自决权的含义已包含在“主权在民”、民主、自治等范畴之中了，没有必要为了时髦再借用自决这一概念了。相反，在政治学和宪法学领域引入自决这一概念后会引起一系列概念之间的混乱。(2) 这样可以凸显自决权在国际法上的含义，从而可以更准确地使用国际法上的自决权这一概念。(3) 自决权在国际法上已经发展成为一个成熟的概念，其意思主要是指独立建国，在宪政领域里使用这一概念容易产生歧义。

二、两个“法理上的陷阱”及其超越

自决权理论是一个非常复杂的热点理论，对其发展应持谨慎的态度，稍有不慎，便会陷入困境。季卫东先生在其《自决权与宪政理论》一文中指出了在自决权问题上有可能出现的两个法理上的陷阱，即国际法上的陷阱和宪法上的陷阱。(1) 所谓国际法上的陷阱，即自决权靠投票行为来实现，却又因投票行为而分解。现行国际法上承认的人道主义干涉本来有严格的界定，只限于制止某国对其本国公民进行野蛮而广泛的虐待（例如大规模屠杀、种族歧视）。但在实践中，该原则往往遭到滥用，成为强权国家对弱小国家进行侵略和占领的粉饰性理由。①当人道主义干涉与所谓的“对内自决权”结合在一起时，涉及面必然要扩大到政治体制和决策方式，滥用的危险会成倍增大。还会出现“民主主义对抗民主主义”的奇怪事态，即建立在国格平等基础上的国际民主原理与建立在人格平等基础上的国内民主原理发生正面冲突，使自决权中包含的人民自由选择社会体制、政治制度以及生活方式的内在矛盾能推导出截然相反的复数解释。(2) 所谓宪法上的陷阱，即没有个人自决就很难落实人民自决权，而承认个人自决却又可能挖空人民自决权。国际法上承认的自决权是一种集体性人权，然而，当对内自决的标准改变为对市民自由权的保障，并且通过一人一票的表决来判断时，实际上自决权的主体就由复数的人民变成了单数的个人，在这样的状况下，人民自决原则已经失去了本来的内涵，甚至不再具有存续的意义。②

避免掉入陷阱的最好方法就是将宪政意义上的自决权与国际法意义上的自决权区分开来，分别在各自的学科领域中使用，并且不要在国际法层次上对自决权进行内外划分。(1) 之所以会产生国际法上的陷阱，是由于国际法学界有人在国际法层面上对自决权进行内外划分而带来的。本来，“内外划分法”的提出旨在解决自决权与国家领土完整冲突，但它却给外国假借民主的名义干涉他国内政提供了方便。这样便带来了自决权与国家主权的新冲突。(2) 之所以产生宪法上的陷阱，也是由于国际法学界有人对自决权进行内外划分带来的。为了使自决权能够在国际法上继续存在下去而赋予它新的含义（即“内部自决权”的含义），结果赋予其新的含义以后却使自决权失去了起原来独特的存在价值或意义，这不仅不能使自决权继续存在下去反而断送了自决权的命运。基于以上分析，笔者认为，避免这两个陷阱的最好方法就是让自决权退回到原来的国际法意义上去，不要再对其在国际法层面上进行内外划分。

三、自决权的工具主义色彩

在社会科学领域内，不存在绝对的、普适性的经典理论。任何理论都具

① ［美］托马斯·伯根索尔著：《国际人权法概论》，潘维煌等译，中国社会科学出版社 1995 年版，第 2－3 页。

② 季卫东著：《宪政新论——全球化时代的法与社会变迁》（第二版），北京大学出版社 2005 年版，第 399－400 页。

有工具性，自决权理论自然也不例外。回顾历史上的自决实践，自决权理论通常服务于一定阶级的需要。这首先表现在它兼具从属性与条件性。在资产阶级民主革命时期，民族自决的发生或倡导乃从属于资产阶级的革命利益。从被压迫者而上升为统治者的资产阶级发现民族自决理念对其海外殖民政策形成掣肘时，便毫不犹豫地否定之。列宁领导的前苏联无产阶级民主革命在肯定民族自决的同时，多次阐述了它对无产阶级革命利益的从属性。由此可见，民族自决理论在资产阶级民主革命实践和无产阶级民主革命运动中的实现相互关联，各有其相应前设条件。前者以反封建专制制度和神权为取向，后者则以反对殖民统治和民族压迫为取向。

尽管关于民族自决权的规范和阐释已经相当丰富，但是，时至今日，不同的国家、不同的政治团体对于这一原则仍然存在着不同的解释，进行着不同的运用。(1) 西方学者在民族自决权原则问题上走过了一条前后矛盾的道路。当西方国家在海外存在殖民地时，他们竭力反对自决权原则。早在第一次世界大战结束时，美国威尔逊尽管已提出自决权原则，但自决原则却变成了战胜国重新划分战败国领土或殖民地的工具。英国、法国、加拿大等国因自己也存有殖民地问题而担心自决权理论对自身利益造成伤害，便使得自决权原则在后来的“巴黎和会”上不了了之。在二次大战后殖民地民族和人民争取民族独立和民族解放的过程中，西方国家作为前殖民地的宗主国总是强调殖民地是该国的一部分，甚至把殖民地人民的民族解放斗争认定为该国领土内的“内乱”，主张宗主国为维持其统治可以进行武力镇压，认为联合国无权讨论这类问题。例如，法国在阿尔及利亚争取民族自决的问题上、葡萄牙在安哥拉争取民族自决的问题上等等，都曾出现过类似的情况。而当它们的殖民地纷纷独立了，特别是冷战结束以后，一些发展中国家的民族问题、种族问题日益突出，西方国家却闭口不谈维护国家主权和领土完整的一系列国际法基本准则，转而强调民族自决权是一个民族的基本人权，以此作为插手发展中国家内部事务的借口和工具，这时他们便又纷纷主张自决权原则。到非殖民化后期，民族自决权几乎被降为国家实现狭隘政治目的的工具，而不是把人民从强加的政治控制下解放出来的工具。如沃纳·列维（Wemer Levi）指出：“（民族）自决权在被使用或滥用的过程中，已经彻底被讹误而服务于（与人民相对立的）新独立的前殖民地国家的政治利益。”①这充分说明了西方国家在这个问题上的功利性和现实性。(2)对于发展中国家来说，民族自决权原则在广大殖民地和其他被压迫民族反抗西方殖民统治、争取民族解放和民族独立的过程中发挥了重要作用。在当今世界的非殖民化问题基本得以解决，但全球范围内仍存在新型殖民主义的背景下，民族自决权原则又成为广大发展中国家反对强权干涉、坚决维护国家主权和领土完整、自由选择本国经济和社会发展道路的理论武器。②

以上表明，自决权带有浓厚的工具主义色彩，我们在理解有关它的论述时，一定要结合论述者所处的立场，以及所代表的国家利益。我们在对自决权理论加以发展时，一定要考虑发展的内容会对本国的政治和法律的影响。离开了这一点，抽象地谈论自决权原则的好与坏，是没有依据的，也是没有意义的。

四、自决权的局限及其运行边际

从哲学上说，自决权理论有一个预设的前提，那就是人类有能力完全自由地指导他们自己的生活。但这样一来，又使得该理论存在着一个它自身难以摆脱的困境，即它无法说明内部强制的根源以及产生于传统、社会制度和集体性历史的结构限制。自决权理论也无法解释能够行使自决权的“自我”。③不管是宪政意义上的自决权，还是国际法上的自决权，他们的理论基础都是人民主权学说。也就是说，自决权是建立在人民主权学说这一假定前提之下的。就人民主权学说而言，尽管已被大多数政治国家所广泛接受。但人民主权这一学说本身也时常遭到学术界的质疑。如有学者认为，“我们应该看到，这一学说虽然在历史上起过进步的作用，在今天也还在一定意义上具有实际的价值，但它却是建立在一种没有根据的假设的基础之上的，因而是不科学的。”④因此，我们虽然不否认自决权的积极意义和存在价值，但也不能将其看作是完美无缺的。

我们在论证自决权的功能和存在价值时，总是倾向于探讨它能够解决什

---

① Werner Levi, *Contemporary International Law*, Boulder: Westview Press, 1991, p. 188.

② 参见李先波等著:《主权、人权、国际组织》，法律出版社2005年版，第151－152页。

③ [英] 戴维·米勒、韦皮·波格丹诺编:《布莱克维尔政治学百科全书》，邓正来等译，中国政法大学出版社1992年版，第693页。

④ 李景鹏著:《权力政治学》，黑龙江教育出版社1995年版，第47页。

么问题。事实上，自决权不是万能的，它不可能被用来解决任何问题。任何概念都与自决权相联系也是非常有害的。为了更好地认识自决权的功能及其局限，我们可以换一个角度来研究自决权问题，不妨问一问自决权不能解决哪些问题？也就是说，自决权的边际在哪里？至少我们可以将其局限性概括为以下几个方面：首先，通过行使自决权可以独立建国，但不能保证所建立起来的新国家一定是民主国家，即它不一定能够解决民主问题。换言之，它适宜用来解决民族主义问题，但不适宜用来解决民主主义问题。其次，它不能保证人权一定能够获得制度保障并得以实现，它只能促进人权的保障和实现。倘若人民行使自决权后所建立起来的政府是一个专制政府或军人独裁政府，其治理下的人民很难有人权保障。简言之，它是人权获得保障和实现的必要条件，但不是充分条件。再次，民族自决权作为一种原则并不能保证解决国内民族冲突问题，就像民主体制并不能保证产生民主政府一样。从国际实践看，鲜有采用自决权原则来处理国内民族问题并取得成功的事例。第四，自决权的实现方式大多要依靠武力，即使采用公民投票、协商谈判等和平的方式，其背后也往往是以武力为后盾来支撑的，加之它是一项集体人权，所以，它的启动条件很严格、行使成本很高，这些都决定了它不是一项可以随意行使的权利，也不是一项可以经常行使的权利。

五、自决权的当代价值

当某种权利有其独特的价值时，其存在才是有意义的；如果它的价值可以被其他权利可以取代时，它就失去了其存在的意义。那么，自决权的情况怎样呢？

自决权被确立为一项国际法原则，与政治领域内的非殖民化运动有着密切的联系。自决权原则一方面是非殖民化运动取得的一项重大成果，另一方面又为非殖民化运动提供了国际法依据，从而极大地推动了非殖民化运动的进程。饶有意味的是，自决权原则得到普遍承认之际，正是非殖民化运动在政治方面的使命基本实现之时。①本来，在自决原则的确立过程中，在其适用范围的问题上便已存在不同的理解和认识，进入20世纪80年代以后，非自治领土、托管地、殖民地和半殖民地所剩无几，各殖民地人民和其他被压迫民族基本上获得独立。民族自决原则似乎随着非殖民化运动的胜利而完成了其历史使命。于是，我们面临着这样一个现实问题：在殖民体系瓦解后，民族自决权是否已经完成了其历史使命？是否还有继续存在下去的意义？笔者认为，在殖民体系瓦解后，民族自决权仍是国际法的基本原则，仍具有重大的现实意义。这是因为：前面分析表明，自决权有其独特的功能和存在价值。通过对它与主权、自治权、人权、民主等范畴的关系的探讨，我们可以发现，它的功能是主权、自治权、人权、民主等范畴的功能所不能代替的。这主要表现在：（1）随着时代的发展和变化，自决权先前的适用情形是不存在了，即殖民主义已经被消除了，但这并不意味着自决权本身没有存在的必要了。在历史上，自决权作为摆脱殖民统治和民族压迫的工具而获得存在意义；而如今，自决权作为消除或防止重新出现殖民主义的理论武器而获得存在价值。正如我国学者白桂梅所说："它仅仅随着非殖民化运动的终结而失去了通常适用的范围，但它的法律效力依然存在。就像国际法上的禁止奴隶制度的规则一样，虽然奴隶制度已经消灭，但这项规则并不因此而过时并从而失去法律效力。它的效力体现在禁止出现新的或类似的奴隶制度。人民自决原则在当代现行国际法上的效力体现在禁止建立新的殖民统治或类似的制度。"②（2）当今世界强权政治依然存在，并对各民族发展构成了巨大威胁。因而，建立和平、稳定、公正、合理的国际新秩序仍然是摆在绝大多数国家面前的艰巨任务。第三世界在摆脱殖民统治后，只有摆脱经济上的落后和依附状态，国家才有可能真正独立。独立后的第三世界国家又必然以民族自决权为武器，反对新殖民主义即帝国主义在经济上的剥削与掠夺，为建立

① 据统计，从二次大战结束到1980年底，共出现了89个新独立国家，其中68个国家出现于20世纪60-70年代。参见王铁崖："第三世界与国际法"，载中国国际法学会主编：《中国国际法年刊》（1982），中国对外翻译出版公司1982年版，第14页。另据统计，到1973年（另一说法为1975年），联合国托管制度下的全部10块托管领土均已终止托管；此外，被列入联合国大会清单的非自治领土在1946年为76块（另一说法为74块），到1977年已下降为30块，到1984年更降为17块。参见许光建主编：《联合国宪章诠释》，山西教育出版社1999年版，第492-493、536-537页。

② 参见白桂梅著：《国际法上的自决》，中国华侨出版社1999年版，第229页。

国际经济新秩序而斗争。①也就是说，自决权原则将继续维持和巩固因实施该原则而业已产生的任何权利、义务或法律情势。②所以，“自决权过时论”是不能成立的。从国际法原理来看，只要有关方面未以国际法许可的方式终止一项有效的国际法规则的效力，该规则便持续对有关各方具有法律约束力。自决权作为一项在国际法上得到普遍承认的基本原则，它仍将在今后的国际政治活动中发挥着重要的作用。

① 参见慕亚平著：《和平、发展和变革中的国际法问题》，法律出版社 2003 年版，第 116－117 页。

② 即使该项规则依法终止（失效），在其终止前因其实施而产生的任何权利、义务或法律情势原则上也不因其嗣后终止而受到影响。参见《维也纳条约法公约》第 70 条的规定。

参考文献

一、中文文献（除译文文献外，按作者姓氏音序排列）

1. 白桂梅：《国际法上的自决》，中国华侨出版社 1999 年版。

2. 白钢、林广华著：《宪政通论》，社会科学文献出版社 2005 年版。

3. 陈其人著：《殖民地的经济分析史和当代殖民主义》，上海社会科学院出版社 1994 年版。

4. 陈波著：《马克思主义视野中的人权》，中国社会科学出版社 2004 年版。

5. 程晓霞主编：《国际法的理论问题》，天津教育出版社 1989 年版。

6. 程中原主编：《中国特色社会主义：奠基·开创·发展》，当代中国出版社 2004 年版。

7. 董云虎、刘武萍编著：《世界人权约法总览》，四川人民出版社 1990 年版。

8. 丁伟、朱榄叶主编：《当代国际法学理论与实践研究文集》（国际公法卷），中国法制出版社 2002 年版。

9. 端木正主编：《国际法》，北京大学出版社 2000 年版。

10. 费孝通等著：《中华民族多元一体格局》，中央民族大学出版社 1989 年版。

11. 富学哲主编：《从国际法看人权》，新华出版社 1998 年版。

12. 《复旦大学政治学评论》，上海辞书出版社 2005 年版。

13. 葛公尚主编：《当代政治与民族问题》，中央民族学院出版社 1993 年版。

14. 葛公尚主编：《当代国际政治与跨界民族研究》，民族出版社 2006 年版。

15. 韩德培主编：《人权的理论与实践》，武汉大学出版社 1995 年版。

16. 何春超等编著：《国际关系史纲（一九一七——一九八五）》，法律出版社 1987 年版。

17. 黄森、沈宗灵主编:《西方人权学说》(下),四川人民出版社 1994 年版。

18. 黄文扬主编:《国内外民主要览》,中国人民大学出版社 1990 年版。

19. 季卫东著:《宪政新论——全球化时代的法与社会变迁》(第二版),北京大学出版社 2005 年版。

20.《简明不列颠百科全书》(6)(中译本),中国大百科全书出版社 1988 年版。

21. 江伟钰著:《现代国际法原理解析》,中国人民公安大学出版社 2002 年版。

22. 赖彭城等著:《国际人权论》,上海人民出版社 1993 年。

23. 陆庭恩著:《非洲问题论集》,世界知识出版社 2005 年版。

24. 李铁成主编:《联合国的历程》,北京语言学院出版社 1993 年版。

25. 李宏图著:《西欧近代民族主义思潮研究——从启蒙运动到拿破仑时代》,上海社会科学院出版社 1997 年版。

26. 李龙著:《宪法基础理论》,武汉大学出版社 1999 年版。

27. 李龙、万鄂湘著:《人权理论与国际人权》,武汉大学出版社 1992 年版。

28. 李景鹏著:《权力政治学》,黑龙江教育出版社 1995 年版。

29. 李先波等著:《主权、人权、国际组织》,法律出版社 2005 年版。

30. 刘鸿武等著:《从部族社会到民族国家》,云南大学出版社 2000 年版。

31 刘军宁、王焱主编:《公共论丛——直接民主与间接民主》,生活·读书·新知三联书店 1998 年版。

32. 刘军宁著:《共和·民主·宪政》,上海三联出版社 1998 年版。

33. 刘明著:《国际干预与国家主权》,四川人民出版社 2000 年版。

34. 联合国新闻部编:《联合国手册》(第十版),中国对外翻译出版公司 1987 年版。

35. 罗志刚著:《中苏外交关系研究》(1931—1945),武汉大学出版社 1999 年版。

36. 莫纪宏著:《国际人权公约与中国》,世界知识出版社 2005 年版。

37. 莫纪宏主编:《全球化与宪政》,法律出版社 2005 年版。

38. 慕亚平等著:《当代国际法》，法律出版社 1998 年版。

39. 慕亚平著:《和平、发展和变革中的国际法问题》，法律出版社 2003 年版。

40. 宁骚著:《民族与国家——民族关系与民族政策的国际比较》，北京大学出版社 1995 年版。

41. 潘志平主编:《民族自决还是民族分裂——民族和当代民族分立主义》，新疆人民出版社 1999 年版。

42. 潘维著:《法治与“民主迷信”——一个法治主义者眼中的中国现代化和世界秩序》，香港社会科学出版社有限公司 2003 年版。

43. 庞森编:《当代人权 ABC》，四川人民出版社 1991 年版。

44. 邱宏达主编:《现代国际法基本文件》，台北三民书局 1989 年版。

45. 任东来著:《政治世界探微》，北京大学出版社 2005 年版。

46. 邵沙平、余敏友主编:《国际法问题专论》，武汉大学出版社 2004 年版。

47. 苏昌培著:《共和观》，社会科学文献出版社 2001 年版。

48. 施治生、郭方主编:《古代民主与共和制度》，中国社会科学出版社 1998 年版。

49. 孙建中著:《国家主权——理想与现实》，世界知识出版社 2001 年版。

50. 童之伟著:《国家结构形式论》，武汉大学出版社 1997 年版。

51. 王绳祖主编:《国际关系史资料选编》上册（第二分册），武汉大学出版社 1983 年版。

52. 王绳祖等编选:《国际关系史资料选编》（17 世纪中叶——1945 年），法律出版社 1988 年版。

53. 王铁崖、田如萱编:《国际法资料选编》，法律出版社 1982 年版。

54. 王建娥等著:《族际政治与现代民族国家》，社会科学文献出版社 2004 年版。

55. 王哲著:《西方政治法律学说史》，北京大学出版社 1988 年版。

56. 王启富、刘金国著:《人权问题的法理学研究》，中国政法大学出版社 2003 年版。

57. 王逸舟著:《当代国际政治析论》，上海人民出版社 1995 年版。

58. 王家福、刘海年主编:《中国人权百科全书》，中国大百科全书出版社1998年版。

59. 王家福等主编：《人权与21世纪》，中国法制出版社2000年版。

60. 王英津著：《转型中的中国政治和法治》，台湾博扬文化事业有限公司2005年版。

61. 王丽萍著：《联邦制与世界秩序》，北京大学出版社2000年版。

62. 万鄂湘、郭克强著：《国际人权法》，武汉大学出版社1994年版。

63. 文正邦主编：《宪法与行政法论坛》第二辑，中国检察出版社2006年版。

64. 吴士余主编：《协商民主》，上海三联书店2004年版。

65. 夏勇著：《人权概念的起源——权利的历史哲学》，中国政法大学出版社2001年版。

66. 夏勇等主编：《法治与21世纪》，社会科学文献出版社2004年版。

67. 肖佳灵著：《国家主权论》，时事出版社2003年版。

68. 徐迅著：《民族主义》，中国社会科学出版社1988年版。

69. 徐显明主编：《国际人权法》，法律出版社2004年版。

70. 徐显明主编：《人权研究》第一卷，山东人民出版社2001年版。

71. 徐大同主编：《西方政治思想史》第三卷，天津人民出版社2006年版。

72. 许崇德、张正钊主编：《人权思想与人权立法》，中国人民大学出版社1992年版。

73. 许光建主编：《联合国宪章诠释》，山西教育出版社1999年版。

74. 杨宇冠著：《人权法——"公民权利和政治权利国际公约"研究》，中国人民公安大学出版社2003年版。

75. 杨泽伟著：《主权论——国际法上的主权问题及发展趋势研究》，北京大学出版社2006年版。

76. 叶立煊主编：《西方政治思想史》，福建人民出版社1992年版。

77. 余建华著：《民族主义——历史遗产与时代风云的交汇》，学林出版社1999年版。

78. 余民才、程晓霞编著：《国际法教学参考书》，中国人民大学出版社2002年版。

79. 余民才主编：《国际法专论》，中信出版社2003年版。

80. 张乃根著：《西方法哲学史纲》，中国政法大学出版社1997年版。

81. 张文山等著：《自治权理论与自治条例研究》，法律出版社 2005 年版。

82. 张文木著：《世界地缘政治中的中国国家安全利益分析》，山东人民出版社 2004 年版。

83. 赵宝云著：《西方五国宪法通论》，中国人民公安大学出版社 2005 年版。

84. 周星著：《民族政治学》，中国社会科学出版社 1993 年版。

85. 周勇著：《少数人权利的法理》，社会科学文献出版社 2002 年版。

86. 中国社会科学院法学研究所编：《国际人权文件与国际人权机构》，社会科学文献出版社 1997 年版。

87. 中国人权研究会编：《正确认识民主、自由和人权》，党建读物出版社 2003 年版。

88. 中国政法大学国际法教研室编著：《国际公法案例评析》，中国政法大学出版社 1995 年版。

89. 中国人民解放军政治学院党史教研室编：《中共党史参考资料》第五册，内部发行，1979 年。

90. 中央档案馆编：《中共中央文件选集》（一九二一——一九二五），中共中央党校出版社 1989 年版。

91. 中央档案馆编：《中共中央文件选集》（一九二八），中共中央党校出版社 1989 年版页。

92. 中央档案馆编：《中共中央文件选集》（一九三一），中共中央党校出版社 1989 年版。

93. 中央档案馆编：《中共中央文件选集》（一九三六——一九三八），中共中央党校出版社 1991 年版。

94. 《中国大百科全书》（政治学卷），中国大百科全书出版社 1992 年版。

95. 《中国大百科全书》（法学卷），中国大百科全书出版社 1984 年版。

96. 朱毓朝：《国际法和国际政治中的分离主义》，载《国际政治科学》二00五年第二期，北京大学出版社 2005 年 6 月出版。

97. 朱晓青、柳文华著：《“公民权利与政治权利国际公约”及其实施机制》，中国社会科学出版社 2003 年版。

98. 《种族问题国际会议论文集》，重庆出版社 1988 年。

99. 资中筠主编：《国际政治理论探索在中国》，上海人民出版社 1998 年版。

100.《马克思恩格斯全集》第 10 卷，人民出版社 1962 年版。

101.《马克思恩格斯全集》第 16 卷，人民出版社 1964 年版。

102.《马克思恩格斯全集》第 19 卷，人民出版社 1963 年版。

103.《马克思恩格斯全集》第 31 卷，人民出版社 1972 年版。

104.《列宁全集》第 6 卷，人民出版社 1986 年版。

105.《列宁全集》第 7 卷，人民出版社 1986 年版。

106.《列宁全集》第 20 卷，人民出版社 1958 年版。

107.《列宁全集》第 22 卷，人民出版社 1990 年版。

108.《列宁全集》第 23 卷，人民出版社 1990 年版。

109.《列宁全集》第 25 卷，人民出版社 1988 年版。

110.《列宁全集》第 26 卷，人民出版社 1988 年版。

111.《列宁全集》第 27 卷，人民出版社 1990 年版。

112.《列宁全集》第 28 卷，人民出版社 1990 年版。

113.《列宁全集》第 32 卷，人民出版社 1985 年版。

114.《列宁全集》第 38 卷，人民出版社 1986 年版。

115.《斯大林全集》第四卷，人民出版社 1956 年版。

116.《斯大林全集》第七卷，人民出版社 1958 年版。

117. ［德］黑格尔著：《历史哲学》，王造时译，上海书店出版社 1999 年版。

118. ［德］康德著：《法的形而上学原理》，苗力田译，商务印书馆 1986 年版。

119. ［德］黑格尔著：《法哲学原理》，范扬、张企泰译，商务印书馆 1961 年版。

120. ［德］马克斯·韦伯著：《经济与社会》（上卷），商务印书馆 1997 年版。

121. ［德］哈贝马斯著：《论包容他者》，曹卫东译，上海人民出版社 2002 年版。

122. ［德］沃尔夫刚、格拉夫、魏智通主编：《国际法》，吴越、毛晓飞译，法律出版社 2002 年版。

123. ［法］托克维尔著：《旧制度与大革命》，冯棠译，商务印书馆

1992 年版。

124. ［法］皮埃尔－安德烈·塔吉耶夫著：《种族主义源流》，高凌瀚译，生活·读书·新知三联书店 2005 年版。

125. ［法］罗伯斯庇尔著：《革命法制和审判》，赵涵舆译，商务印书馆 1965 年版。

126. ［法］马里旦著：《人和国家》，霍宗彦译，商务印书馆 1964 年版。

127. ［法］孟德斯鸠著：《论法的精神》上册，张雁深译，商务印书馆 1997 年版。

128. ［法］卢梭著：《论人类不平等的起源和基础》，李常山译，商务印书馆 1997 年版。

129. ［法］卢梭著：《社会契约论》，何兆武译，商务印书馆 2001 年版。

130. ［法］托克维尔著：《论美国的民主》上卷，董果良译，商务印书馆 1996 年版。

131. ［法］贡斯当著：《古代人的自由与现代人的自由》，阎克文、刘满贵译，商务印书馆 1999 年版。

132. ［美］杰克·唐纳利著：《普遍人权的理论与实践》，王浦劬、张文成等译，中国社会科学出版社 2001 年版。

133. ［美］亨利·基辛格著：《大外交》，顾淑磬、林添贵译，海南出版社 1998 年版。

134. ［美］理查德·霍夫施塔特著：《美国政治传统及其缔造者》，崔永禄、王忠和译，商务印书馆 1994 年版。

135. ［美］熊玠著：《无政府状态与世界秩序》，余逊达、张铁军译，浙江人民出版社 2001 年版。

136. ［美］亨廷顿著：《第三波——20 世纪后期民主化浪潮》，刘军宁译，上海三联出版社 1998 年版。

137. ［美］凯尔森著：《国际法原理》，王铁崖译，中国华夏出版社 1989 年版。

138. ［美］路易斯·亨金著：《国际法：政治与价值》，张乃根等译，中国政法大学出版社 2005 年版。

139. ［美］巴特勒、兰尼编著：《公民投票的理论与实践》，吴宜容译，台湾韦伯文化事业出版社 2002 年版。

140. ［美］托马斯·伯根索尔著：《国际人权法概论》，潘维煌等译，中国社会科学出版社 1995 年版。

141. ［美］L. 亨金著：《权利的时代》，信春鹰等译，知识出版社 1997 年版。

142. ［美］萨拜因著：《政治学说史》下册，盛葵阳等译，商务印书馆 1986 年版。

143. ［美］科恩著：《论民主》，聂崇信等译，商务印书馆 1988 年版。

144. ［美］约瑟夫·S. 奈、门洪华编著：《硬权力与软权力》，门洪华译，北京大学出版社 2005 年版。

145. ［美］乔·萨托利著：《民主新论》，冯克利、阎克文译，东方出版社 1998 年版。

146. ［美］汉斯·摩根索著：《国际纵横策论——争强权，求和平》，卢明华等译，上海译文出版社 1995 年版。

147. ［美］菲利克斯·格罗斯著：《公民与国家——民族、部落和族属身份》，王建娥、魏强译，新华出版社 2003 年版。

148. ［美］塞缪尔·亨廷顿、纳尔逊著：《难以抉择——发展中国家的政治参与》，汪晓寿等译，华夏出版社 1989 年版。

149. ［美］汉密尔顿等著：《联邦党人文集》，程逢如等译，商务印书馆 1997 年版。

150. ［英］詹宁斯、瓦茨修订：《奥本海国际法》第一卷（第一分册），王铁崖等译，中国大百科全书出版社 1995 年版。

151. ［英］詹宁斯、瓦茨修订：《奥本海国际法》第一卷（第二分册），王铁崖等译，中国大百科全书出版社 1995 年版。

152. ［英］伊恩·布朗利著：《国际公法原理》，曾令良、余敏友等译，法律出版社 2003 年版。

153. ［英］A. J. M 米尔恩著：《人的权利与人的多样性》，夏勇、张志铭译，中国大百科全书出版社 1995 年版。

154. ［英］弥尔顿著：《为英国人声辩》，何宁译，商务印书馆 1958 年版。

155. ［英］戴维·米勒、韦皮·波格丹诺编：《布莱克维尔政治学百科全书》，邓正来译，中国政法大学出版社 1992 年版。

156. ［英］霍布斯著：《利维坦》，黎思复、黎廷弼译，商务印书馆1997年版。

157. ［英］洛克著：《政府论》下篇，叶启芳、瞿菊农译，商务印书馆1997年版。

158. ［英］苏珊·马克斯著：《宪政之谜：国际法、民主和意识形态批判》，方志燕译，上海世纪出版集团2005年版。

159. ［英］阿库斯特著：《现代国际法概论》，汪瑄等译，中国社会科学出版社1981年版。

160. ［英］戴维·M. 沃克著：《牛津法律大词典》，李双元等译，法律出版社2003年版。

161. ［英］弗里德利希·冯·哈耶克著：《自由秩序原理》（上），邓正来译，生活·读书·新知 三联书店2003年版。

162. ［英］戴维·赫尔德著：《民主的模式》，燕继荣等译，中央编译出版社1998年版。

163. ［英］基托著：《希腊人》，徐卫翔等译，上海人民出版社2006年版。

164. ［英］伊夫·梅尼、文森特主编：《西欧国家中央与地方的关系》，朱建军等译，春秋出版社1989年版。

165. ［奥］曼弗雷德·诺瓦克著：《民权公约评注》，毕小青、孙世彦主译，生活·读书·新知三联书店2003年版。

166. ［奥］阿·菲德罗斯等著：《国际法》，李浩培译，商务印书馆1981年版。

167. ［奥］凯尔森著：《法与国家的一般理论》，沈宗灵译，中国大百科全书出版社1996年版。

168. ［荷］克拉勃著：《近代国家观念》，王检译，商务印书馆1957年版。

169. 《国际法院报告》（ICJ Reports），1975年。

170. 《国际法院报告》（ICJ Reports），1986年。

171. ［韩］柳炳华著：《国际法》（上卷），朴国哲、朴永姬译，中国政法大学出版社1997年版。

172. ［瑞士］托马斯·弗莱纳著：《人权是什么》，谢鹏程译，中国社会科学出版社1999年版。

173. ［以色列］耶尔·塔米尔著：《自由主义的民族主义》，陶东风译，上海世纪出版集团2005年版。

174. ［古希腊］亚里士多德著：《政治学》，吴寿彭译，商务印书馆1995年版。

175. ［意］尼科洛·马基雅维利著：《君主论》，潘汉典译，商务印书馆1997年版。

二、英文文献

1. Antonio Cassese, *Self-Determination of Peoples, A Legal Reappraisal*, Cambridge University Press, 1995.

2. Antonio Cassese, *The Helsinki Declaration and Self-Determination*, in *Human Rights, International Law and the Helsinki Accord*, edited by Thomas Buergenthal, 1977.

3. Alfred Cobban, *National Self-Determination*, 1944.

4. Alfred Cobban, *The Nation-State and National Self-Determination*, rev. ed., London, 1969.

5. Allan Rosas, *Internal Self-Determination*, in *Modern Law of Self-Determination*, edited by Christian Tomuschat, 1993.

6. Albert O. Hirschman, *Eit, Voice, and Loyalty: Responses to Declinein Firms, Organizations and States*, Cambridge, Mass.: Harvard University Press, 1970.

7. Andree Lawrey, *Contemporary Efforts to Guarantee Indigenous Rights Under International Law*, 23 Vanderbilt Journal of Transnational Law, 1990.

8. Allen Buchanan, *Secession, State Breakdown, and Humanitarian Intervention*, in Deen K. Chatterjee and Don E. Scheid, eds., *Ethics and Foreign Intervention*, Cambridge University Press, 2003.

9. Barber Benjamin R, *Strong Democracy: Participatory Politics for a New Age*. Berkeley: University of California Press, 1984.

10. B. Boutros-Ghali, *An Agenda for Peace*, 1992.

11. Christian Tomuschat eds., *Modern Law of Self-Determination*, Martinus Mijhof Publishers, 1993.

12. Cronin, Thomas E, *Direct Democracy: The Politics of Initiative, Referendum, and Recall*. Cambridge, Mass.: Harvard University Press, 1989.

13. Cf. Ernst Tugendhat, *Self-Consciousness and Self-Determination*, Cambridge, Mass. : MIT Press, 1986.

14. Corntassel, J. , Primeau, T. , *Indigenous "Sovereignty" and International Law: Revised Strategies for Pursuing "Self-Determination"*, 17 Human Rights Quarterly, 1995.

15. Cf. S. Farren, B. Mulvihill, *Beyond Self-Determination Towards Co-Determination in Ireland*, Etudes Irelandaises Vol. 21, 1996.

16. Cerna, C. , *University Democracy: An International Legal Right or the Pipe Dream of the West?* 27 New York University Journal of International Law and Politics, 1995.

17. Crawford, J. , *Democracy in International Law: Inaugural Lecture*, Cambridge: Cambridge University Press, 1994.

18. Carothers, T. , *Empirical Perspectives on the Emerging Norm of Democracy in International Law*, Proceedings of the American Society of International law, 1992.

19. Dahl, Robert A, *Democracy and Its Critics*, New Haven, Conn. : Yale University Press, 1984.

20. Dov Ronen, *The Quest for Self-Determination*, New Haven: Yale University Press, 1988.

21. Dr. Frank Przetacznik, *The Basic Collective Human Right to Self-Determination of Peoples and Nations as a Prerequisite for Peace*, Vol. 8 New York School Journal of Human Rights.

22. Dr. iur. Et habil, Manfred nowak, *CCPR Comentary*, N. P. Engel, Publisher. Kehl. Strasbourg. Arlington, 1993.

23. Deborah Z. Cass, *Rethinking Self-Determination: A Critical Ana1ysis of Current International Law*, 18 Syracuse J. International Law and Commerce, 1992.

24. David Held, Anthony McGrew, eds. , *Global Transformation: Politics, Economics and Culture*, Stanford University Press, 1999.

25. David Butler, Austin Ranney, eds. , *Referendums around the World: The Growing Use of Direct Democracy*, Washington, D. C. : American Enterprise Institute Press, 1994.

26. David B. Magleby, *Direct Legislation: Voting on Ballot Propositions in the*

United States, Baltimore, Md: John Hopkins University Press, 1984.

27. Edward M. Morgan, *The Imagery and Meaning of Self-Determination*, Vol. 20 New York University Journal of International Law and Politics, 1998.

28. Edvard Lawson, *Encyclopedia of Human Rights*, Second Edition, Taylor and Francis, 1996.

29. Elsa Stamatopoulou, *Indigenous Peoples and the United Nations: Human Rights as a Developing Dynamic*, Vol. 16 Human Rights Quarterly, 1994.

30. Erica-Irene A. Daes, *Some Considerations on the Right of Indigenous People of Self-Determination*, Vol. 3 Transnatinal Law and Contemporary Problems, 1993.

31. Edward Hallett Carr, *Conditions of Peace*, New York: Macmillan, 1942.

32. Frederick Neuhouser, *Fichte's Theory of Subjectivity*, Cambridge: Cambridge University Press, 1991.

33. Fergus MacKay, *the Rights of Indigenous Peoples under International Law: Selected Issues*, being a paper presented to the International Symposium of Human Rights and Development, Beijing, June, 1996.

34. Fox, G., *The Right to Political Participation in International Law*, *in National Sovereignty Revisited: Perspectives on the Emerging Norm of Democracy in International Law*, Proceedings of the American Society of International Law, 1992.

35. Fernando R. Teson, *A Philosophy of International Law*, Westview Press, 1998.

36. Gregory H. Fox, Book Review: *Self-Determination in the Post-Cold War Era: a New Internal Focus?* 16 Michigan Journal of International Law, Spring, 1995.

37. Harold S. Johnson, *Self-Determination Within the Community of Nations*, 1967.

38. Heraclides, Alexis, *The Self-Determination of Minorities in International Politics*, Frank Cass, 1991.

39. Hurst Hannum, *Self-Determination in the Post-Colonial* Era, in *Self-Determination: International Perspectives*, Edited by Donald Clark and Robert Willianmson, St. Martin's Press, Inc., 1996.

40. Hurst Hannum, *New Developments in Indigenous Rights*, Vol. 28 Virginia

Journal of International Law, 1988.

41. Hurst Hunnum, *Self-Determination as a Human Right*, in Richard Pierre Claude and Bum3 H. Weston, *Human Rights in the World Community: Issues and Action*, 1992.

42. Hurst Hannum, *Autonomy, Sovereignty, and Self-Determination, The Accommodation of Conflicting Rigths*, rev. ed. , University of Pennsylvania Press, 1996.

43. Hahn, Harlan, and Sheldon Kamieniecki, *Referendum Voting: Social Status and Policy Preferences.* Westport, Conn. : Greenwood Press, 1987.

44. Hine, David, *The Italian Referendum of* 8/9 *November 1987*, in *Electoral Studies* 7.

45. Hans Kelsen, *The Law of the United Nations: A Critical Analysis of Its Fundamental Problems*, 1950.

46. Hugh Seton-Watson, *Nations and States*, Washington-Cambridge, 1972.

47. Henry J. Steiner, Philip Alston, *International Human Rights in Context: Law, politics, Morals*, 1996.

48. H. P. Young, *Condorect's Theory of Voting, in American Political Science Review* Vol. 82, 1988.

49. Jochen A. Frowein, *Self-Determination as a Limit to Obligations under International Law, in Modern Law of Self-Determination*, 1993.

50. J. Oloka-Onyango, *Heretical Reflections on the Right to Self-Determination: Prospects and Problems for a Democratic Global Future in the New Millennium*, in American University International Law Review, Vol. 15, 1999.

51. Johannes Mattern, *The Employment of the Plebiscite in the Determination of Sovereighty*, Baltimore: The Johns Hopkins Press, 1920.

52. James Crawford, *The Rights of Self-Determination in International Law: Its Development and Future*, in Philip Alston ed. , Peoples' Rights, Oxford University Press, 2001.

53. Javaid Rehman, *International Human Rights Law: A Practical Approach*, Pearson Education Limited, 2003.

54. John Howard, Jim Thomson, eds. , *Sovereighty and Self-Determination*:

the Rights of Native Americans under International Law, in Buffalo Law Review, Vol. 27, 1978.

55. James Grawford, *Democracy and International Law*, British Yearbook of International Law, 1993.

56. Jonathan Tonge, *Politics in Northern Ireland, in Patrick Dunleavy, Developments in British Politics*, New York: Palgrave, 2003.

57. Karl E. Meyer, *Woodrow Wilson's Dynamite: The Unabated Power of Self-Determination*, New York Times Aug., 1991.

58. Kristin Henrard, *The Interrelationship Between Individual Human Rights, Minority Rights and the Right to Self-Determination and its Importance for the Adequate protection of Linguistic Minorities*, in The Global Review of Ethnopolitics Vol. 1, Sep., 2001.

59. Karen Parker, *Understanding Self-Determination: The Basics*, Presentation to First International Conference on the Right to Self-Determination, Geneva: United Nations, 2000.

60. Koskenniemi, M., *The Future of Statehood*, 32 *Harvard International Law Journal*, 1991.

61. LaPalombara, Joseph, *Democracy Italian Style.* New Haven, Conn.: Yale University Press, 1987.

62. Lipjhard, Arend, *Democracies Patters of Majoritarian and Consensus Government in Twenty-One Countries.* New Haven: Yale University Press.

63. McLean, Iain: *Democracy and New Technology.* Cambtidge, Eng.: Polity Press.

64. Magleby, David B, *Direct Legislation: Voting on Ballot Proposition in the United States.* Baltimore, Md.: Johns Hopkins Univeisity Press, 1984.

65. Michla Pomerance, *United State and Self-Determination: Perspectives on the Wilsonian Conception*, Vol. 70 American Journal of International Law, 1976.

66. Morton H. Halperin, David J. Schefher, eds., *Self-Determination in the New World Order*, 1992.

67. Mortier Sellers ed., *The New World Order: Sovereignty, human Rights, and the Self-Determination of People*, Oxford, 1996.

68. Neuman, W. Russell, *The Paradox of Mass Politics.* Cambridge, Mass. : Harvard University Press, 1986.

69. Nihal Jayawickrama, *The Right of Self-Determination: A Time for Reinvention and Renewal*, 57 Suskachewan Law Review, 1993.

70. Osbun, Lee Ann, *The Problem of Participation.* Lanham, Md. : University Press of America, 1985.

71. Patrick Thornberry, *The Democratic or Internal Aspect of Self-Determination.* in Christian Tomuscht, *Modern Law of Self-Determination*, 1993.

72. P. H. Kooijmans, *Tolerance, Sovereignty and Self-Determination, Netherlands Intemational Law Review*, 1996.

73. Patrick Thornberry, *Self-Determination, Minorities, Human Rights: A Review of International Instruments*, Vol. 38 International and Comparative Law Quarterly, 1989.

74. Patrick J. Monahael, Michael J. Bryant and Nancy C. Cote, *Coming to Terms with Plan B: Ten Principles Governing Secession*, CD Howe Institute Commentary 83, 1996, June.

75. Ranney, Austin, *The Referendum Device.* Washington, D. C. : American Enterprise Institute, 1981.

76. Rosalyn Higgins, *The Development of International Law Through the Political Organs of the United Nations*, Oxford University Press, 1963.

77. Rosalyn Higgins, *Problems and Process: International Law and How We Use it*, New York: Oxford University Press, 1994.

78. Rupert Emerson, *Self-Determination Revisited*, 1964.

79. Rupert Emerson, *Self-Determination*, 65 American Journal of International Law, 1971.

80. Robertson. A. H. , Merrills. J. G. , *Human Rights in the World*, 4th ed. , Manchester University Press, 1996.

81. Ruth Lapidoth, *Autonomy and Sovereignty: Are They Mutually Exclusive*? In New Political Entities in Public and Private International law with Special Reference to the Palestinian Entity, Kluwer Law International, 1999.

82. Robert. A. Dahl, *On Democracy*, Yale University Press, 1998.

83. Roth, B. , *Democratic Intolerance: Observations on Fox and Nolte*, 37

Harvard International Law Journal, 1996.

84. Richard Falk, *Self-Determination Under International Law: the Coherence of Doctrine Versus the Incoherence of Experience*, in Wolfgang Danspeckrruber, ed. , *The Self-Determination of Peoples*, Boulder: Lynne Rienner Publishers, 2002.

85. Radha Kumar, *Settling Partition Hostilities: Lessons Learned, Options Ahead*, in Michel Seymour, ed. , *The Fate of the Nation State*, Montreal-Kingston: McGill-Queen's University Press, 2004.

86. Sartori, Giovanni, *The Theory of Democracy Revisited*. Chatham, N. J. : Chatham House, 1987.

87. Schmidt, David D. Citizen, *Lawmarkers: The Ballot Initiative Revolution*. Philadelphia: Temple University Press, 1989.

88. Stephen D. Krasner, *Sovereighty and Intervention*, in Gene M. Lyons and Michael Mastanduno, *Beyond Westphalia, State Sovereighty and International Intervention*, The Johns Hophinks Univeisity Press, 1995.

89. S. James Anaya, *A Contemporary Definition of International Norm of Self-Determination*, 3 Transnational Law and Contemporary Problems, 1993.

90. Schumpeter, J. , *Capitalism, Socialism and Democracy*, 6th ed. London: Unwin Paperbacks, 1987.

91. Slaughter, *International Law and International Relations Theory: A Dual Agenda*, 87 American Journal of International Law, 1993.

92. Thomas M. Frank, *The Emerging Right to Democratic Governance*, 86 American Journal of International Law, 1992.

93. Umozurike, OJI, *Self-Determination in International Law*, 1972.

94. Ved Nanda, *Self-Determiation under International Law: Validity of Claims to Secede*, 13 Case W. Res. J. International Law, 1981.

95. Vernon van Dyke, *Human Rights, the United States, and the World Community*, New York: Oxford University Press, 1970.

96. Walker Connor, *National Self-Determination and Tomorrow's Political Map*, in Alan C. Cairans etal. , Citizenship, Diversity and Pluralism. Montreal and Kingston: McGill-Queen's University Press, 1999.

97. Walker Connor, *Nationalism and Political Illegitimacy*, in Daniele Coner-

si, ed., *Ethnonationalism in the Contemporary World*, New York: Routledge, 2002.

98. Werner Levi, *Contemporary International Law*, Boulder: Westview Press, 1991.

99. Yves Beigbeder, *International Monitoring of plebiscite, Referenda and National Elections: Self-Determination and Transition to Democracy*, Martinus Nijhoof Publishers, 1994.

100. Zimmeman, Joseph F, *Participatory Democracy*, New York: Praeger, 1986.

101. Zisk, Betty H. Money, *Media and the Grass Roots: State Ballot and the Electoral Process*. Newbury Park, Calif.: Sage Publications, 1987.

附　录

附录 A：

1791－1993 年世界各地以领土变更为议题的公民投票

国家及领土	时间	议题	赞成率（%）	投票率（%）
澳大利亚				
科科斯群岛	1984 年 4 月 6 日	与澳大利亚合并	88.5	—
新南威尔士	1967 年 4 月 29 日	使新英格兰成为独立的国家	45.8	92.5
西澳大利亚	1933 年 4 月 8 日	脱离澳大利亚宪法规范	66.2	92.0
奥地利				
萨尔茨堡	1921 年 5 月 29 日	加入德国	98.7	—
提洛尔	1921 年 4 月 24 日	加入德国[a]	98.7	—
福拉尔贝格	1919 年 5 月 11 日	加入瑞士	87.5	—
比利时				
卢旺达	1961 年 9 月	同意思瓦米（Mwami）制度[b]	20.2	—
	1961 年 9 月	同意现在的思瓦米[b]	20.2	—
加拿大				
西北地区	1982 年 4 月 12 日	分裂领土	55.9	—
	1982 年 5 月 4 日	分裂为二	—	—
魁北克	1980 年 5 月 20 日	支持独立	40.4	84.1
中国				
蒙古	1945 年 10 月 20 日	脱离中国独立	97.8	98.4
塞浦路斯				
土耳其部分领土	1985 年 5 月 5 日	独立派的宪法	70.2	78.3
丹麦				
法罗	1946 年 9 月 14 日	脱离丹麦[a]	50.1	66.4
格陵兰岛	1979 年 1 月 17 日	赞成地方自治	73.1	63.2
	1982 年 2 月 23 日	退出欧洲共同体	53.0	75.0

续表

国家及领土	时间	议题	赞成率（%）	投票率（%）
圣托马斯与圣约翰	1868年1月9日	割让予美国[c]	98.2	—
埃塞俄比亚				
厄立特立亚	1993年4月25日	支持独立	99.8	98.2
芬兰				
亚兰岛	1919年6月	与瑞典结盟（非官方性）	45.5	96.4
法国（1900年前）				
亚维农	1791年7月7-24日	加入法国	66.0[d]	—
日内瓦	1798年4月15日	加入法国	—	—
摩罗兹	1798年1月	加入法国	97.5	—
尼斯	1792年12月	加入法国	100[d]	—
尼斯	1860年4月15日	加入法国	99.3	85
巴黎	1870年11月3日	同意政府防卫措施	89.9	—
萨瓦	1792年10月8-20日	加入法国	99.8	—
萨瓦	1860年4月22日	加入法国	99.8	96.6
瑞士	1802年5月	建立瑞士共和国	43.9	49.7
法国（1900年后）				
阿法斯及埃塞斯（法国的索马里岛）	1958年9月28日	续留法国共同体	75.2	72.3
	1967年3月19日	继续与法国结盟	60.5	95.4
	1977年5月8日	脱离法国独立	98.8	77.2
阿尔及利亚	1958年9月28日	续留法国共同体	96.5	79.0
	1961年1月6-8日	民族自决	65.9	58.8
	1962年4月8日	同意埃维恩协定	—	—
	1962年7月1日	在埃维恩条款下独立	99.7	91.8
乍得	1958年9月28日	续留法国共同体	99.2	65.8
雪德纳格尔	1949年6月19日	与印度结盟	98.0	60.8
科摩洛	1974年12月28日	支持独立	95.6	92.9
刚果	1958年9月28日	续留法国共同体	99.4	78.3
达荷美	1958年9月28日	续留法国共同体	97.8	55.3

续表

国家及领土	时间	议题	赞成率（%）	投票率（%）
法属苏丹	1958 年 9 月 28 日	续留法国共同体	97.6	45.3
加蓬	1958 年 9 月 28 日	续留法国共同体	92.1	77.5
几内亚	1958 年 9 月 28 日	支持独立	97.2	84.7
象牙海岸	1958 年 9 月 28 日	续留法国共同体	99.9	97.5
马达加斯加	1958 年 9 月 28 日	续留法国共同体	77.6	81.5
毛里塔尼亚	1958 年 9 月 28 日	续留法国共同体	94.2	83.9
马约特岛	1976 年 2 月 8 日	维持为法国的一部分	99.4	88.3
	1976 年 4 月 11 日	维持为法国海外领土	2.5	80.5
新加利多尼亚	1958 年 9 月 28 日	续留法国共同体	98.1	75.6
	1987 年 9 月 13 日	维持为法国的一部分	94.6	—
尼日尔	1958 年 9 月 28 日	续留法国共同体	78.5	36.0
圣皮耶及密克萨	1941 年 12 月 24 日	支持自由法国[e]	98.2	—
	1958 年 9 月 28 日	续留法国国协	98.1	84.6
	1976 年 3 月 7 日	成为法国的省	91.5	43.0
塞内加尔	1958 年 9 月 28 日	续留法国共同体	97.8	81.1
大溪地	1940 年 9 月	支持自由法国	99.7	—
多哥	1956 年 10 月 28 日	自主权	93.4	76.7
乌邦吉—萨里	1958 年 9 月 28 日	续留法国共同体	99.0	78.8
	1961 年 5 月 11 日	在宪法架构下支持独立[b]	85.4	77.6
荷兰				
库拉索岛	1993 年 11 月 19 日	未来的地位：	—	58.0
		保留荷兰有大小安第列斯群岛联邦	73.6	—
		独立	0.5	—
		成为荷兰的一省	8.0	—
		在荷兰君主同意下自主	17.9	—
尼日利亚				
中西部地区	1963 年 7 月 13 日	创立中西部地区	98.2	90.2
南非				
纳他尔	1909 年 6 月 10 日	与新南非合并	58.2	75.1

续表

国家及领土	时间	议题	赞成率（%）	投票率（%）
西南非	1977 年 5 月 17 日	支持独立方案	94.9	64.9
苏联		详见第十三章表 13 - 6		
瑞典				
圣巴塞罗密欧	1877 年 10 月	割让予法国	99.7	67.9
土耳其				
卡尔斯、巴东及阿尔达罕	1918 年 7 月	与土耳其统一	97.8	—
乌干达				
百欧橘及巴干楸达兹	1964 年 11 月 4 日	与 Bunyoro 统一	78.8	—
英国				
喀麦隆北部	1959 年 11 月 7 日	延迟决定，不并入尼日利亚[b]	62.3	—
喀麦隆北部	1961 年 2 月 11 - 12 日	立即合并到尼日利亚	59.8	83.6
喀麦隆南部	1961 年 2 月 11 - 12 日	合并到喀麦隆[b]	70.4	94.1
直布罗陀	1967 年 9 月 10 日	与英国保持联系	99.6	95.8
英国统治下的澳大利亚				
新南威尔士	1898 年 6 月 3 日	支持联合	51.9	43.5
南澳大利亚	1898 年 6 月 4 日	支持联合	67.4	30.9
塔斯马尼亚岛	1898 年 6 月 3 日	支持联合	81.3	25.0
维多利亚	1898 年 6 月 3 日	支持联合	82.0	50.3
印度				
朱纳迦达	1948 年 2 月 24 日	加入印度，而非巴基斯坦	99.9	94.7
西北边界	1947 年 7 月 6 日	加入巴基斯坦，而非印度	99.9	51.0
西尔贝特	1947 年 7 月 6 日	加入巴基斯坦，而非印度	56.5	—
伊奥尼亚群岛	1863 年 9 月 23 日	与希腊统一	99.0	—
牙买加	1961 年 9 月 19 日	同意西印度联盟	46.2	60.4
马耳他	1870 年	教会圣职者的政治权利	96.0	59.8
	1956 年 2 月 11 - 12 日	同意与英国合并	77.0	59.1
	1964 年 5 月 2 - 4 日	同意独立宪法	50.7	79.7

续表

国家及领土	时间	议题	赞成率(%)	投票率(%)
纽芬兰	1948年6月3日	(1) 政府责任制	45.1	88.4
		(2) 加入加拿大	40.5	
		(3) 留在英国托管	14.4	
	1948年7月22日	加入加拿大，非负责的自主政府	52.3	84.9
北爱尔兰	1973年3月8日	留在英国	98.9	58.7
苏格兰	1979年3月1日	支持中央权利下放到地方	51.6[c]	63.6
雪特兰	1976年3月17日	自由决定是否退出苏格兰，中央下放权力到地方[l]	89.9	71.5
新加坡	1962年9月1日	合并到马来西亚的三种形式	(1) 70.8	89.4
			(2) 1.6	
			(3) 1.8	
南罗得西亚	1922年10月27日	政府自主，不加入南非	59.3	78.5
	1953年4月9日	同意中非联邦	63.5	82.1
	1961年7月26日	批准宪法	65.8	76.5
	1964年11月5日	批准宪法	89.3	61.9
	1969年6月20日	成为共和国	81.0	92.4
	1969年6月20日	批准宪法	72.5	92.4
多哥	1956年5月9日	加入加纳[b]	58.1	83.6
图瓦卢	1974年8－9月	从吉尔特群岛分离出来	92.8	94.0
美国				
密克罗尼西亚	1978年7月12日	密克罗尼西亚宪法	61.6	78.8
	1983年6月21日	与美国订定自由联盟协议	79.0	63.2
关岛	1982年1月31日	六个自身地位选项	48.5	38.0
马绍尔群岛	1983年9月7日	与美国订定自由联盟协议	58.5	83.5
北马里亚纳	1975年1月17日	支持联邦地位	78.5	86.5
帕劳	1983年2月10日	与美国订定自由联盟协议	55.6[g]	88.2
	1984年9月4日	与美国订定自由联盟协议	66.9[g]	—
	1987年7月30日	与美国订定自由联盟协议	67.9[g]	—
	1987年10月4日	与美国订定自由联盟协议	73.3[g]	—
	1900年2月6日	与美国订定自由联盟协议	60.8[g]	—

续表

国家及领土	时间	议题	赞成率（%）	投票率（%）
菲律宾	1935年5月14日	支持独立宪法	96.7	—
波多黎各	1951年6月4日	筹备联邦宪法	76.5	65.0
	1952年3月3日	批准宪法	81.9	58.2
	1967年7月23日	联邦，而非“州”的地位，或者独立	60.5	65.8
	1993年11月14日	未来的地位：		—
		（1）加入共同体	48.4	—
		（2）州地位	46.2	—
		（3）独立	4.4	—
国际联盟托管地的公民投票				
爱伦斯坦	1920年7月11日	加入德国，非波兰	97.8	87.0
克拉根福	1920年10月10日	加入奥地利，非南斯拉夫	59.0	95.8
马林温得	1920年7月11日	加入德国，非波兰	92.1	87.0
萨尔	1935年1月13日	加入德国，非法国	90.3	97.9
北施乐苏益格	1920年2月10日	加入丹麦，非德国	75.4	91.5
南施乐苏益格	1920年3月14日	加入德国，非丹麦	80.2	90.6
索普罗	1921年12月17日	加入匈牙利，非奥地利	65.1	89.5
上西勒西亚	1921年3月20日	加入德国，非波兰	59.7	97.5
国际托管委员会				
萨尔	1955年10月23日	同意其欧洲化法令	32.2	93.3

备注：

“—”表示无法获得的资料。

a 意指非正式的公民投票，无后续行动。

b 在联合国的监督之下。

c 直到1916年新协议达成才割让，在St. Croix举行的非正式公民投票中，有99.9%的选民支持该提案。

d 所有市的选票。

e 此次公民投票的结果是783：14，其中有215张票是无效票，所以，投赞成票的选民仅占投票总数的77.3%。

f 非正式的（邮寄式）公民投票。

g 因为赞成比例未达到 75% 的法定数目，该契约未获通过。

资料来源：David Butler，Austin Ranney（eds.），*Referendums around the World：The Growing Use of Direct Democracy*，Washington，D. C.：American Enterprise Institute，1994.

附录 B:

1793 – 1993 年世界各地各国所举行全国性的公民投票

地区或国家	时　间	议　题	赞成率（%）	投票率（%）
欧洲[a]				
安道尔共和国（2）	1982 年 5 月 28 日	新选举制度	51.9	—
	1993 年 3 月 14 日	新宪法	74.2	75.7
奥地利（2）	1938 年 4 月 10 日	批准德奥合并	99.7	99.7
	1978 年 11 月 5 日	批准核能发电	49.5	64.1
比利时（1）	1950 年 3 月 12 日	Leopold 三世复位	57.6	92.4
保加利亚（3）	1922 年 11 月 19 日	赞成审判战犯	97.1	—
	1946 年 9 月 8 日	结束君主统治	95.1	89.2
	1971 年 5 月 16 日	批准宪法	99.7	99.7
丹麦（16）	1916 年 12 月 14 日	割让维京群岛	64.2	38.0
	1920 年 9 月 6 日	合并北施乐苏益格（North Schleswig）	96.9	50.1
	1939 年 5 月 23 日	投票年龄从 25 降至 23 岁	91.9[b]	48.9
	1953 年 5 月 28 日	新宪法	78.4	58.3
	1953 年 5 月 28 日	投票年龄为 23 岁而非 21 岁	54.6	62.2
	1961 年 5 月 30 日	投票年龄为 23 岁而非 21 岁	55.0	37.2
	1961 年 6 月 25 日	农产获取管道法	38.4	73.0
	1963 年 6 月 25 日	小农管制条例法	38.6	73.0
	1963 年 6 月 25 日	市政优先购买权	39.6	73.0
	1963 年 6 月 25 日	自然保育法	42.6	73.0
	1969 年 6 月 24 日	投票年龄从 21 岁降至 18 岁	21.2	63.6
	1972 年 10 月 2 日	加入欧洲共同体	63.6	90.1
	1978 年 9 月 19 日	投票年龄为 18 岁而非 21 岁	53.9	63.4
	1986 年 2 月 27 日	同意单一欧洲共同体法案	56.2	74.8
	1992 年 6 月 2 日	批准马斯特里赫特条约	49.0	68.7
	1993 年 5 月 18 日	批准马斯特里赫特条约	56.8	86.0

续表

地区或国家	时 间	议 题	赞成率（%）	投票率（%）
爱沙尼亚（5）	1923年2月17－19日	恢复宗教教育	71.7	66.2
	1932年8月19日	宪法改革	49.2	90.5
	1933年6月10日	总统制政体	32.6	66.5
	1933年10月14日	总统制之内阁责任	72.6	77.9
	1936年1月8日	召集制宪会议	76.1	80.0
芬兰（1）	1931年12月29日	废除禁止贩售酒精饮料	70.5	44.4
1900前的法国[e]（10）	1793年8月4日	批准宪法	99.3	26.7
	1795年9月6日	批准宪法	95.6	13.7
	1799年8月30日	批准宪法	63.8	3.8
	1800年2月7日	同意拿破仑为第一执政	99.9	43.1
	1802年8月2日	同意拿破仑终身为第一执政	99.8	51.2
	1804年5月18日	同意拿破仑为帝王	99.7	43.3
	1815年5月30日	恢复帝制宪法	99.7	18.8
	1851年12月21日	十年任期总统制	92.1	79.7
	1852年11月21日	恢复帝制	96.9	79.7
	1870年5月8日	国会统治	83.1	83.5
1900年后的法国[e]（12）	1945年10月21日	国会草拟宪法	96.3	79.9
	1945年10月21日	国会的过渡权力	66.8	79.9
	1946年5月8日	批准宪法	47.1	80.7
	1946年10月13日	批准宪法	53.2	68.8
	1958年9月29日	批准宪法	79.2	84.9
	1961年1月8日	同意阿尔及利亚独立自决	75.3	76.5
	1962年4月9日	同意与阿尔及利亚政府的协定	90.7	75.6
	1962年10月28日	直选总统	61.7	77.2
	1969年4月27日	参议院权力及地方分权	46.8	80.6
	1972年4月23日	扩充欧洲经济共同体	67.7	60.7[e]
	1988年11月6日	新加利多维尼亚省的独立	80.0	37.0
	1992年9月20日	批准马斯特里赫特条约	51.0	69.7

续表

地区或国家	时间	议题	赞成率（%）	投票率（%）
德国（6）	1926年6月20日	没收皇室财产	92.3[d]	39.3
	1929年12月22日	拒绝承认战争的罪过（赔偿）	92.3[d]	14.9
	1933年11月12日	同意纳粹政府	93.4	92.2
	1934年8月19日	同意希特勒为领导者与总理	88.2	94.7
	1936年3月29日	同意国会名单	98.1	98.9
	1938年4月10日	批准德奥合并	99.0	99.7
德意志民主共和国（1）	1968年4月16日	批准宪法	94.5	98.1
希腊（8）	1862年11月19日	推举Alfred王子为国王	95.4	—
	1920年12月5日	恢复帝制	98.6	—
	1924年4月14日	建立共和	70.0	—
	1935年11月3日	恢复君主制	97.9	—
	1946年9月1日	恢复乔治二世	69.0	90.0
	1968年9月29日	批准宪法	91.9	77.7
	1973年7月29日	建立共和	77.2	74.7
	1974年12月8日	结束君主制	69.2	75.6
匈牙利（5）	1989年11月26日	总统选举延期	50.0	55.0
	1989年11月26日	禁止共产主义组织	95.1	55.0
	1989年11月26日	公开共产主义组织的资产	95.4	55.0
	1989年11月26日	解散共产主义国民军	94.9	55.0
	1990年7月29日	选出总统	13.9	85.9
冰岛（4）	1918年10月19日	与丹麦合并	92.6	43.8
	1933年10月21日	废除禁止贩售酒精的饮料	57.7	45.3
	1944年5月29日	与丹麦分离	98.5	98.4
	1944年5月29日	建立共和	98.5	98.4
爱尔兰（18）	1937年7月1日	批准宪法	56.5	68.3
	1959年6月17日	废除比例代表制	48.2	58.4
	1968年10月16日	在各选区中增加变幅	39.2	62.9
	1968年10月16日	废除比例代表制	39.2	63.0

续表

地区或国家	时　间	议　题	赞成率（%）	投票率（%）
	1972年5月10日	加入欧洲共同体	83.1	70.9
	1972年12月7日	降低投票年龄至18岁	84.6	50.7
	1972年12月7日	撤销宗教特殊地位	84.4	50.7
	1974年5月12日	废除离婚法	40.9	88.1
	1979年7月5日	新认养法	99.0	28.0
	1979年7月5日	参议院的大学代表	92.4	28.0
	1983年9月7日	禁止堕胎	66.9	54.3
	1984年6月14日	给予非爱尔兰公民投票权	75.4	45.8
	1986年6月26日	允许离婚	36.5	62.7
	1987年5月26日	单一欧洲共同体法案	69.9	—
	1992年6月19日	批准马斯特里赫特条约	57.3	68.7
	1992年11月25日	相关堕胎资讯	64.0	—
	1992年11月25日	传播堕胎资讯	67.0	—
	1992年11月25日	当母亲有生命危险时可堕胎	34.0	—
	1929年5月24日	批准法西斯主义政体	98.3	89.5
	1934年3月26日	批准法西斯主义政体	99.9	99.5
	1946年6月2日	结束君主制	54.3	89.1
	1974年5月12－13日	废除离婚法[e]	59.1	88.1
意大利（31）	1978年6月11日	废除国家补助政党财源[e]	43.7	81.3
	1978年6月11日	废除反恐怖主义法律	23.3	81.4
	1981年5月17日	废除堕胎法	32.1	79.8
	1981年5月17日	修正堕胎法	11.5	79.8
	1981年5月17日	废除反恐怖行动法	14.8	79.8
	1981年5月17日	废除武器证照	14.0	79.8
	1981年5月17日	废除无期徒刑	22.7	79.8
	1985年6月9日	修正薪资指标	45.7	78.0
	1987年11月8日	废除核能法	80.6	65.2
	1987年11月8日	废除核能计划补助法	79.7	65.2
	1987年11月8日	废除与外国核能联合关系	71.8	65.2
	1987年11月8日	文职官员的责任	85.0	65.2
	1987年11月8日	部长审判	85.1	65.2

续表

地区或国家	时间	议题	赞成率（%）	投票率（%）
	1989年6月18日	联合欧洲政府	88.0	—
	1990年6月3日	否决一项狩猎法[e]	92.3	43.3
	1990年6月3日	否决杀虫剂法	92.5	43.3
	1990年6月3日	否决另一项狩猎法	92.3	43.3
	1991年6月9日	废除多重偏好投票法	95.6	62.5
	1991年6月9日	选举制改革	95.6	62.5
	1993年4月18日	环境规范	—	77.0
	1993年4月18日	废除参议院选举的比例代表制	82.7	77.0
	1993年4月18日	停止国家补助政党财源	90.3	77.0
	1993年4月18日	减轻毒瘾犯刑事责任	55.3	77.0
	1993年4月18日	国营银行的变更	89.8	77.0
	1993年4月18日	裁撤观光部长职务	82.2	77.0
	1993年4月18日	裁撤农业部长职务	70.1	77.0
	1993年4月18日	裁撤企业部长职务	90.1	77.0
拉脱维亚（1）	1931年夏天	宗教权利	32.1	—
卢森堡（3）	1919年9月28日	确认大公夫人（Grand Duchess）	77.8	68.0
	1919年9月28日	与法国而非比利时建立经济联盟	73.0	65.3
	1937年1月6日	对极端政党的规范	49.3	—
挪威（5）	1905年8月13日	脱离瑞典	99.9	84.8
	1905年11月13日	批准君主制	78.9	75.3
	1919年10月6日	维持禁令	61.6	66.5
	1926年10月19日	废除禁令	55.8	64.8
	1972年9月24-25日	加入欧洲共同体	46.5	77.6
波兰（5）	1946年6月30日	废除参议院	68.0	87.6
	1946年6月30日	维持经济制度的永恒不变	77.1	87.6
	1946年6月30日	批准波罗的海与东边国界	91.4	87.6[d]
	1987年11月29日	同意经济改革	64.0	67.3
	1987年11月29日	同意政治改革	69.0	67.3

续表

地区或国家	时　间	议　题	赞成率（%）	投票率（%）
葡萄牙（1）	1933年3月19日	批准宪法	99.1	97.6
罗马尼亚（7）	1864年5月10日	宪法的变更	99.8	51.2
	1866年5月2日	路易斯(Charles Louis)王子为王储	99.9	—
	1938年2月24日	批准宪法	99.9	92.0
	1941年3月2日	同意安东内斯库(Antonescu)政府	99.9	—
	1941年11月9日	同意安东内斯库(Antonescu)政府	99.9	—
	1986年11月3日	单方面缩减军队	100	99.9
	1991年12月8日	新宪法	69.1	77.3
俄罗斯（6）	1991年3月17日	直接民选总统	69.9	75.1
	1993年4月25日	对叶利钦的信任投票	57.4	65.0
	1993年4月25日	同意经济政策	53.7	65.0
	1993年4月25日	提前总统选举	49.1	65.0
	1993年4月25日	提前国会选举	70.6	65.0
	1993年12月12日	批准新宪法	54.8	58.4
苏联（1）	1991年3月17日	保留苏联	75.3	73.0
西班牙（4）	1947年7月6日	批准继承法	95.1	94.0
	1966年12月14日	批准宪法	95.9	98.2
	1976年12月15日	同意政治改革方案	94.2	77.7
	1986年3月12日	续留北大西洋公约组织	52.6	59.4
瑞典（3）	1922年10月6日	禁止贩售酒精饮料	49.0	51.1
	1955年10月16日	争取权利	15.2	53.2
	1957年10月13日	多重选项的退休金计划(1)	47.7	—
		(2)	36.7	72.4
		(3)	15.6	—
瑞士（414）	详见本书中的附录C			
土耳其（4）	1961年7月9日	批准宪法	61.2	78.5
	1982年11月7日	新宪法	91.5	—
	1987年9月6日	特赦政治犯	50.2	92.0
	1989年9月25日	提升地方选举	35.0	—

续表

地区或国家	时　间	议　题	赞成率（%）	投票率（%）
英国	1975年6月5日	续留欧洲共同体	67.2	64.5
非洲与西亚[f]				
阿尔及利亚（6）	1962年9月20日	批准议会权力	99.6	81.5
	1963年9月8日	批准宪法	99.6	82.7
	1976年6月27日	批准国家宪章	98.5	91.4
	1976年11月19日	批准宪法	99.2	92.9[a]
	1986年1月16日	修正国家宪章	98.3	95.9
	1989年2月23日	宪法变革	74.0	70.0
贝宁（2）	1964年1月5日	批准宪法	99.8	92.1
	1968年3月31日	批准宪法	93.2	81.2
博茨瓦纳（1）	1987年9月26日	选举监督独立	赞成	—
布隆迪（3）	1981年11月18日	新宪法	97.4	—
	1991年2月5日	支持团结宪章（Unity Charter	89.2	96.2
	1992年3月9日	批准宪法	90.0	97.1
喀麦隆（2）	1960年2月21日	批准宪法	58.8	76.6
	1972年5月21日	统一东喀麦隆与西喀麦隆	99.9	98.5
中非共和国（2）	1981年2月1日	新宪法	99.4	—
	1986年11月21日	一党宪法	90.0	—
乍得（1）	1989年12月19日	支持总统与宪法	99.4	92.0
科摩洛（2）	1977年10月28日	阿里（Ali Soilih）继续当总统	56.6	92.2
	1978年10月1日	批准联邦回教宪法	99.3	—
刚果（4）	1963年12月8日	批准宪法	86.1	91.7
	1973年6月24日	批准宪法	94.6	77.0
	1979年7月8日	新宪法	—	—
	1992年3月15日	宪法变革	96.0	70.0

续表

地区或国家	时　间	议　题	赞成率（%）	投票率（%）
埃及（19）	1956年6月23日	批准宪法与纳瑟（Nasser）	99.8	—
	1958年2月20日	同意与叙利亚结盟	99.9	—
	1965年3月15日	使纳瑟再次当选及同意政策	99.9	98.2
	1968年5月2日	同意3月30日的声明	99.9	99.8
	1970年10月5日	同意Sadat为总统	90.4	84.8
	1971年9月1日	同意阿拉伯共和国联邦	99.9	97.2
	1971年9月11日	批准宪法	99.9	—
	1974年5月15日	同意10月白皮书	99.9	—
	1976年6月10日	同意延长总统的任期	99.9	95.7
	1976年9月16日	使沙达特再次当选并同意政策	99.9	95.8
	1977年2月10日	批准对抗暴民的法令	99.4	96.7
	1978年5月21日	批准对抗反对者的手段	97.8	85.2
	1979年4月19日	解散议会	99.9	90.0
	1979年4月19日	同意与以色列订定的条约	99.9	90.0
	1980年5月22日	宪法变革	99.9	87.0
	1981年9月10日	安全措施	99.5	91.6
	1981年10月13日	同意穆巴拉克（Mubarak）总统	98.5	81.0
	1990年10月11日	同意新选举	92.7	—
	1993年10月4日	同意穆巴拉克总统续任	96.8	—
赤道几内亚（2）	1973年7月29日	批准宪法	99.0	—
	1982年8月15日	新宪法	95.0	—
冈比亚（2）	1965年11月	批准共和国宪法	65.9[g]	62.3
	1970年4月20日	共和国宪法	74.3	84.8
加纳（4）	1960年4月17日	批准共和国宪法	88.4	54.3
	1964年1月24日	一党领政国家	99.9	96.5
	1978年3月31日	同意非政党的宪法	55.6	—
	1982年4月28日	提高对政党的禁令	90.0	60.0
象牙海岸（1）	1986年11月	新宪法	—	—
伊拉克（1）	1921年8月	同意Feisal为国王	96.0	—

续表

地区或国家	时　间	议　题	赞成率（%）	投票率（%）
利比里亚（2）	1975年10月7日	限制总统任期	—	98.6
	1984年7月3日	宪法变革	90.0	80.0
利比亚（1）	1971年9月1日	同意阿拉伯共和国联邦	98.6	94.6
马达加斯加（2）	1972年10月8日	批准宪法	95.6	84.3
	1975年12月21日	批准宪法	94.6	91.7
马拉维（1）	1993年6月14日	终结一党统治	63.2	67.0
马里（1）	1974年6月26日	批准宪法	99.7	67.0
毛里塔尼亚（1）	1992年7月12日	终结一党统治	95.0	86.0
摩洛哥（7）	1962年12月7日	批准宪法	95.3	84.2
	1970年7月24日	批准宪法	89.7	93.1
	1972年3月1日	批准宪法	98.7	92.9
	1980年5月23日	多数赞成皇室继承年龄在16岁	99.7	96.9
	1980年5月30日	宪法变革	96.7	91.2
	1984年8月31日	与利比亚建立联邦	99.9	—
	1989年12月1日	扩大国会任期为两年	99.9	95.8
尼日尔（2）	1987年6月14日	批准国家宪章	99.6	—
	1989年9月24日	新宪法	99.3	95.0
卢旺达（1）	1978年12月17日	新宪法	89.9	—
圣多美（1）	1990年8月22日	新宪法	赞成	79.4
塞内加尔（2）	1963年3月3日	新宪法	99.5	—
	1970年2月2日	恢复总理的地位	99.9	94.9
塞舌尔（1）	1989年6月9日	总统可连任三次	96.2	91.0
塞拉利昂（2）	1978年6月5日	同意一党宪法	97.1	96.2
	1991年8月	同意多党民主制	60.0	75.0
索马里（2）	1961年6月20日	两个索马里合并	90.6[a]	—
	1979年8月25日	新宪法	89.9	—

续表

地区或国家	时　间	议　题	赞成率（%）	投票率（%）
南非（4）	1960年10月5日	变更为共和体制	52.3	90.7
	1983年11月2日	总统宪法	66.3	75.6
	1992年3月17日	宪政改革	69.0	—
	1992年3月17日	同意终结种族隔离政策	66.8	—
苏丹（2）	1971年9月15日	同意Numeriry为总统	98.6	92.9
	1977年4月3日	重选Numeriry为总统	99.1	—
叙利亚（7）	1949年6月25日	宪政改革上的四项问题	90.0	60.0
	1953年7月10日	赋予总统新权力	99.7	86.8
	1958年2月20日	同意与埃及联盟	99.9	—
	1971年9月1日	同意阿拉伯共和国联邦	96.4	89.7
	1973年3月12日	同意宪法	97.8	88.9
	1978年2月8日	再次选举Assad为总统并同意政策	99.9	97.0
	1985年2月11日	支持Assad总统	99.9	—
多哥（4）	1961年4月9日	批准宪法	—	95.0
	1963年5月5日	批准宪法	98.3	90.6
	1972年1月9日	重选Eyadema为总统	99.9	98.6
	1979年12月30日	新宪法	99.9	—
突尼斯（1）	1974年11月	同意Bourguiba终身任期总统	99.9	96.8
赞比亚（1）	1969年6月17日	宪法变更确立条款	53.0	91.0
亚洲[h]				
孟加拉共和国（2）	1977年5月30日	批准宪法及其齐亚（Zia）总统	98.9	85.0
	1985年3月21日	接续总统的任期	94.5	71.5
缅甸（1）	1973年12月15－31日	批准宪法	94.5	71.5
柬埔寨（4）	1955年2月7日	同意西哈努克亲王自主	99.80	—
	1958年6月14日	减少代表的数目	99.0	—
	1960年6月5日	同意西哈努克亲王及其政策	99.9	91.8
	1972年4月30日	批准共和国宪法	97.5	75.0

续表

地区或国家	时间	议题	赞成率（%）	投票率（%）
伊朗（4）	1953年8月10日	解散回教咨询会议（Majlis）	99.9	—
	1963年1月26日	雪尔（Shah）的改革方案	99.9	92.0
	1979年10月2日	新宪法	99.5	65.0
	1968年3月	共和国，非回教君主的领土	90.0	—
马尔代夫（1）	1988年9月23日	再次选举Mamoun为总统	96.4	—
尼泊尔（1）	1980年5月2日	保留咨询性会议	54.8	67.0
巴基斯坦（1）	1984年12月19日	总统统治与回教宪法	98.0	62.0
菲律宾（11）	1947年3月11日	同意美国商业权利	88.4	40.0
	1973年7月27日	同意Marcos与戒严令	90.7	—
	1975年2月27日	同意重建地方政府	69.0	90.7
	1975年2月27日	同意Marcos实施戒严令	87.6	90.7
	1975年2月27日	同意继续实施戒严令	86.7	90.7
	1976年10月16日	同意继续实施戒严令	97.9	97.2
	1976年10月16日	批准宪法修正	90.6	97.2
	1977年12月18日	同意Marcos为总统及总理	89.5	98.0
	1981年4月7日	扩大总统任期及其权力	79.5	66.0
	1984年1月27日	四项宪法修正案	85.0	—
	1987年2月2日	同意草拟宪法	76.4	87.0
韩国（6）	1962年12月17日	批准宪法	78.6	85.0
	1969年10月18日	总统可连任三次	65.1	75.9
	1972年11月21日	批准宪法	92.2	90.0
	1975年2月12日	支持宪法及总统	74.4	79.8
	1980年10月22日	新宪法	91.6	95.5
	1987年10月9日	宪法变革	95.0	—
南越（1）	1955年10月23日	罢黜Bao Dai国王	98.9	—
斯里兰卡（1）	1982年12月22日	新宪法	54.6	70.9
北美与南美[i]				
阿根廷（1）	1984年11月25日	与智利签订条约	81.0	73.0
玻利维亚（1）	1931年1月11日	批准宪法	—	—

续表

地区或国家	时　间	议　题	赞成率（%）	投票率（%）
巴西（4）	1963年1月6日	授予总统全权	84.2	66.2
	1972年4月25日	共和国，非君主国	87.0	—
	1993年4月21日	同意总统制	68.9	—
	1898年9月29日	禁止贩售酒精饮料	51.3	44.0
加拿大（2）	1942年4月27日	军队征兵制	63.7[j]	71.3
	1992年10月26日	批准宪政协议	45.6	—
智利（5）	1925年8月30日	批准宪法	94.7	86.3
	1978年1月4日	同意皮诺切特防卫智利	78.4	91.4
	1980年9月11日	政体认可	69.0	92.9
	1988年10月5日	延长总统任期	43.0	—
	1989年7月30日	同意宪法变革	85.7	—
哥伦比亚（2）	1957年12月1日	批准宪法	94.6	72.3
	1990年5月25日	建立宪政议会	90.0	—
古巴（1）	1976年2月15日	批准宪法	99.0	98.7
厄瓜多尔（2）	1978年1月15日	新宪法	58.1	90.0
	1986年7月1日	所有的独立派有其地位	30.4	—
危地马拉（1）	1935年6月22－24日	延长总统的任期	99.9	—
圭亚那（1）	1978年7月10日	废除宪法变革而举行公民投票	97.4	70.7
海地（6）	1918年6月12日	新宪法	赞成	—
	1928年1月10日	宪法变革	赞成	—
	1964年6月14日	给Duvalier终生任期的总统职务	100.0	—
	1971年6月30日	赋予迪瓦那选择继任者的权力	100.0	—
	1987年3月27日	新宪法	—	99.0
	1988年3月9日	批准宪法	99.0	99.0
墨西哥（2）	1863年12月4日	同意Maximillian为国王	99.0	—
	1867年12月	修正宪法	—	—

续表

地区或国家	时间	议题	赞成率（%）	投票率（%）
纽芬兰（1）	1915年11月	同意禁令	82.4	71.3
巴拿马（3）	1940年12月15日	批准宪法	—	—
	1977年10月23日	同意与美国签订的运河条约	67.4	94.0
	1983年4月24日	宪法修正案	87.8	—
巴拉圭（1）	1940年8月4日	批准宪法	92.4	—
秘鲁（2）	1939年6月18日	修正宪法	87.4	—
	1993年10月31日	批准宪法	55.0	—
苏里南（1）	1987年9月10日	新宪法	93.0	70.0
乌拉圭（13）	1916年	九人会议而非总统制	反对	—
	1917年11月25日	批准宪法	95.2	—
	1934年4月19日	批准宪法	95.6	54.9
	1938年3月27日	批准宪法修正案	93.8	55.0
	1942年11月29日	批准宪法	77.2	66.9
	1946年11月24日	批准宪法修正案	42.6[k]	79.9
	1958年	恢复总统制	反对	—
	1962年11月25日	恢复总统制	反对	73.0
	1966年12月16日	恢复总统制政体	64.9	70.0
	1971年11月28日	两项宪法修正案	30.0	92.0
	1987年9月10日	特赦政治犯	57.0	77.0
	1987年4月16日	退休金指标	赞成	—
	1992年12月13日	同意私有化	30.0	—
委内瑞拉（1）	1957年12月15日	同意Perez总统的统治	86.6	—
澳大利亚与新西兰[1]				
澳大利亚（39）	1906年12月12日	参议院选举	82.7	50.2
	1910年4月13日	财政	49.0	62.2
	1910年4月13日	政府的负债	55.0	62.2
	1911年4月26日	立法机关的权力	39.4	53.3
	1911年4月26日	独占垄断的企业	39.9	53.3

续表

地区或国家	时　间	议　题	赞成率（%）	投票率（%）
	1913年5月31日	贸易与商业	49.4	73.7
	1913年5月31日	财团法人公司	49.3	73.7
	1913年5月31日	工业事务	49.3	73.7
	1913年5月31日	铺设铁路争议	49.1	73.7
	1913年5月31日	信托法	49.8	73.7
	1913年5月31日	国营与垄断企业	49.3	73.7
	1916年10月28日	为海外服务的征兵	48.4	82.7
	1917年12月20日	为海外服务的征兵	46.2	81.3
	1919年12月13日	立法机关的权力	49.7	71.3
	1919年12月13日	国营与垄断企业	48.6	71.3
	1926年9月4日	工业与商业	43.5	91.1
	1926年9月4日	基本公用事务	42.8	91.1
	1928年11月17日	政府的负债	74.3	93.6
	1937年3月6日	航空业	53.6	94.1
	1937年3月6日	行销	36.3	94.1
	1944年8月19日	战后重建及民权	47.0	96.5
	1946年9月28日	社会服务	54.4	94.0
	1946年9月28日	行销	50.6	94.0
	1946年9月28日	工业关系	50.3	94.0
	1948年5月29日	出租与价格	40.7	93.6
	1951年9月22日	共产主义	49.4	95.6
	1967年5月27日	议会关系	40.3	93.8
	1967年5月27日	原住民	90.8	93.8
	1973年12月8日	物价	43.8	93.8
	1973年12月8日	收入	34.4	93.4
	1974年5月18日	同时举行的选举	48.3	95.5
	1974年5月18日	修宪的程序	48.0	95.5
	1974年5月18日	民主的选举	47.2	95.5
	1974年5月18日	地方政府	46.9	95.5
	1977年5月21日	同时举行的选举	62.2	92.3
	1977年5月21日	参议院的缺位	73.3	92.3

续表

地区或国家	时间	议题	赞成率（%）	投票率（%）
	1977年5月21日	有关选举权的公投	77.7	92.3
	1977年5月21日	法官的退休规定	80.1	92.3
	1984年12月1日	参议员任期	50.6	94.0
	1984年12月1日	互换权力	47.1	94.0
	1988年9月3日	国会任期	32.9	92.1
	1988年9月3日	公正的选举	37.6	92.2
	1988年9月3日	地方政府	33.6	92.1
	1988年9月3日	权利与自由	30.8	92.1
新西兰[m,o]（13）	1908年11月17日	继续禁酒	32.9	—
	1908年11月17日	降低禁酒规范	38.7[n]	79.8
	1911年12月7日	禁酒	55.8[n]	83.5
	1914年12月10日	禁酒	49.0	84.6
	1919年4月30日	禁酒	48.6	—
	1949年3月9日	赛马场外的下注	68.0	56.3
	1949年3月9日	维持晚间六点后饮酒宵禁	75.5	56.5
	1949年8月3日	维持征兵制	77.8	61.5
	1967年9月23日	国会议员的任期为三年	68.1	71.2
	1967年9月23日	延长饮酒时间	64.5	71.2
	1992年9月19日	保留选举制度	84.7	55.2
	1992年9月19日	四个多重选项的选举制度	70.5	55.2
	1993年11月6日	同意国会议员选举法	53.8	82.6

备注：

“—”表示无法获得的资料。国家名称后面带括号的阿拉伯数字表示该国所举办公民投票的次数。

a 在欧洲，未举办过全国性公民投票的国家有：阿尔巴尼亚、塞浦路斯、捷克斯洛伐克、马耳他、荷兰、德国。

B 该公民投票是无效的，因为仅获得44.5%的选民的支持，而没有达到丹麦宪法所规定的45%的法定数目。

c 这个数据仅针对法国大都市而已。

d 这些都是创制性公民投票。1962年的确认投票仅占总选民36.4%；而1929年的投票也只有 40.1%。按照规定，公民投票的议题要获得通过，必须赢得 50% 选民的支持。

e 意指创制性公民投票。尽管获得 90% 以上选民的赞成，但意大利在 1990 年所举办的三次公民投票均宣告失败，因为投票率未超过 50%。

f 在非洲与西亚，未举办过全国性公民投票的国家有：安哥拉、巴林、博茨瓦纳、佛得角*、埃塞俄比亚、加蓬*、吉布提*、几内亚*、几内亚比绍、以色列、象牙海岸、约旦、肯尼亚、科威特、黎巴嫩、莱索托、马拉维、毛里求斯、莫桑比克、尼日利亚、阿曼、卡塔尔、卢旺达*、沙特阿拉伯、斯威士兰、坦桑尼亚、乌干达、阿拉伯联合酋长国和也门。以上这些有星号标记的国家均是在宣布独立前举行了公民投票。

g 必须有三分之二多数通过才能有效，1965 年提案因没有超过法定数目而失败。

H 在亚洲，未举办过全国性公民投票的国家有：阿富汗、不丹、中国、印度、印度尼西亚、日本、老挝、马来西亚、蒙古*、尼泊尔、韩国、新加坡*、泰国和越南。以上有星号标记的国家都是在宣布独立前举行公民投票。

I 在北美及南美洲，未举办过全国性公民投票的国家有：阿根廷、巴哈马、巴巴多斯、百慕大群岛、哥斯达黎加、多米尼加共和国、萨尔瓦多、格林纳达、洪都拉斯、牙买加（在宣布独立前举行了公民投票）、墨西哥、尼加拉瓜、美国、立尼达和多巴哥。

j 29% 的选民赞成魁北克独立。

k 其中一项提案获得 42.6% 的选票，另一提案获得 37.2% 的选票，并且有 25.1% 选票未投给任何一个方案。此较受偏好的提案获得了合格选民中 29.1% 的选票。因此，此提案失败的原因在于其未获得宪法规定的 35% 的法定数目。

l 在大洋洲，未举办过全国性公民投票的国家有：斐济、瑙鲁、所罗门群岛、图瓦卢、巴布亚新几内亚、汤加和西萨摩亚国，等等。

m 新西兰于 1907 年独立之前，曾通过普选完成酒类证照议题投票。自 1919 年后举行十七次大选，新西兰的人民被要求在下列三项中做选择：（1）维持酒类证照现状；（2）国家收购酒类；（3）禁止贩售。1919 年的投票结果是：（1）获得 44.4% 的选票；（2）获得 69.2% 的选票（3）获得 14.9% 的选票；（4）获得 15.9% 的选票。

n 需要有 60% 的选民赞成，才能够使 1908 年至 1914 年的公民投票通过。

o 有 70.5% 的选民赞成采用混合比例代表制（Mixed member proportional system）。

资料来源：David Butler，Austin Ranney（eds.），*Referendums around the World：The Growing Use of Direct Democracy*，Washington，D. C.：American Enterprise Institute，1994.

附录 C:

1848 - 1993 年世界“民主性公民投票之典范”瑞士的公民投票

类型	时间	议题	成功或失败	赞成的选票		
				选民(%)	邦	投票结果
1A	1866 年 1 月 14 日	比重与度量	失败	50.4	9.5	—
2A	1866 年 1 月 14 日	对犹太人平等看待	成功	53.2	12.5	—
3A	1866 年 1 月 14 日	对市镇事务的投票权	失败	43.0	12.5	—
4A	1866 年 1 月 14 日	对已具公民身份的课税	失败	39.9	8	—
5A	1866 年 1 月 14 日	对邦事务的投票权	失败	48.0	10	—
6A	1866 年 1 月 14 日	宗教自由	失败	49.1	11	—
7A	1866 年 1 月 14 日	排除特定处分	失败	34.2	6.5	—
8A	1866 年 1 月 14 日	著作权法	失败	43.6	9.5	—
9A	1866 年 1 月 14 日	禁止贩售奖券	失败	44.0	—	—
10A	1866 年 5 月 12 日	宪法全部修订	失败	49.5	9	—
11A	1866 年 5 月 20 日	宪法全部修订	成功	63.2	14.5	—
12D	1875 年 5 月 23 日	公民地位及婚姻	成功	21.0	—	—
13D	1876 年 4 月 23 日	投票权法案	失败	49.4	—	—
14D	1876 年 4 月 23 日	发行纸币的议题	失败	38.3	—	—
15D	1876 年 7 月 9 日	军人免税	失败	45.8	—	—
16D	1877 年 10 月 21 日	工厂劳工的权益	成功	51.5	—	—
17D	1877 年 10 月 21 日	军人免税	失败	48.4	—	—
18D	1876 年 10 月 21 日	投票权法案	失败	38.1	—	—
19D	1879 年 1 月 19 日	补助私营高山铁路	成功	72.9	—	61.9
20A	1879 年 5 月 18 日	批准死刑	成功	52.5	14	60.4
21E	1880 年 10 月 31 日	创立垄断的纸币	失败	31.8	4.5	60.3
22A	1882 年 7 月 30 日	保障发明权	失败	47.5	7.5	51.6
23D	1882 年 7 月 30 日	预防传染病	失败	21.2	—	61.6
24D	1882 年 11 月 26 日	建立联邦书记教育	失败	35.1	—	76.3
25D	1884 年 5 月 11 日	司法部门的组织	失败	41.1	—	60.1
26D	1884 年 5 月 11 日	废除课征商务旅客执照税	失败	47.9	—	60.1
27D	1884 年 5 月 11 日	刑法法典	失败	44.0	—	60.1

续表

类型	时间	议题	成功或失败	赞成的选票		
				选民（%）	邦	投票结果
28D	1884年5月11日	驻美大使馆有专用书记官	失败	38.5	—	60.1
29A	1885年10月25日	小酒馆与贩售酒精饮料	成功	59.4	—	60.1
30D	1887年5月15日	联邦垄断专卖酒类	成功	65.8	—	62.5
31A	1887年7月10日	保障发明权	成功	77.9	20.5	42.4
32D	1889年11月17日	破产法	成功	52.9	—	70.9
33A	1890年10月26日	工人享有健康及意外保险	成功	75.4	20.5	59.8
34D	1891年3月15日	政府官员的退休金法案	失败	20.8	—	68.7
35A	1891年7月5日	人民的创制权	成功	60.3	18	49.3
36A	1891年10月18日	对纸币的垄断	成功	59.3	14	61.9
37D	1891年10月18日	关税	成功	58.0	—	61.9
38D	1891年12月6日	国营铁路	失败	31.1	—	64.3
39B	1893年8月20日	禁止以放血方式屠宰牲口	成功	60.1	11.5	49.1
40A	1894年3月4日	扩大联邦政府有权通过制式的职业法规	失败	46.1	7.5	46.7
41B	1894年6月3日	国家有义务提供劳工工作	失败	19.8	0	57.6
42B	1894年11月4日	各邦共享海关收入盈余	失败	29.3	8.5	72.9
43D	1895年2月3日	外交部门	失败	41.2	—	46.3
44A	1895年9月29日	政府垄断火柴事业	失败	43.2	7.5	48.6
45A	1895年11月3日	军队全部中央化	失败	42.0	4.5	66.5
46D	1896年10月4日	牲口交易保证书	失败	45.5	—	57.6
47D	1896年10月4日	政府未来收购铁路规范	失败	55.8	—	57.6
48D	1896年10月4日	军队惩戒条款	失败	19.9	—	57.6
49D	1897年2月28日	建立联邦银行	失败	43.3	—	64.7
50A	1897年7月11日	水力发电与森林监督法	成功	63.5	16	38.5
51A	1897年7月11日	联邦食品控制法	成功	65.1	18.5	38.5
52D	1898年2月20日	铁路国营化	成功	67.9	—	78.0

续表

类型	时间	议题	成功或失败	赞成的选票		
				选民（%）	邦	投票结果
53A	1898年11月13日	允许联邦政府统-民法	成功	72.2	16.5	53.5
54A	1898年11月13日	允许联邦政府-刑法	成功	72.3	16.5	53.5
55D	1900年5月20日	劳工享有强制险健康、意外及军人保险	失败	30.2	—	66.7
56B	1900年11月4日	议会的比例代表制选举	失败	40.8	10.5	59.0
57B	1900年11月4日	人民直选联邦议会	失败	35.0	8	59.0
58A	1902年11月23日	补助公立初等学校	成功	76.3	21.5	46.6
59D	1903年3月15日	关税	成功	59.6	—	73.2
60D	1903年10月25日	军事刑法可处罚假借职务所进行的煽动教唆	失败	30.8	—	53.2
61B	1903年10月25日	国家议会的议席	失败	24.4	4	53.3
62A	1903年10月25日	允许联邦政府规范酒精饮料之贩卖	失败	40.7	4	53.1
63A	1905年3月19日	保障发明权	成功	70.4	21.5	40.0
64D	1906年6月10日	食品贩售法	成功	62.6	—	51.4
65D	1907年11月3日	军队组织	成功	55.2	—	74.6
66A	1908年7月5日	扩大联邦政府有权通过所有职业法规统一	成功	71.5	21.5	48.7
67B	1908年7月5日	取缔艾酒	成功	63.5	20	49.2
68C	1908年10月25日	扩大联邦政府对水力发电的权力	成功	84.4	21.5	48.2
69B	1910年10月23日	议会的比例代表制选举	失败	47.5	12	62.3
70D	1912年2月4日	劳工享有意外强制险	成功	54.4	—	64.3
71A	1913年5月4日	人类及动物疾病	成功	60.3	16.5	36.0
72A	1914年10月25日	行政法庭	成功	62.3	18	44.0
73A	1915年6月6日	战争税	成功	94.3	22	56.0
74A	1917年5月13日	印花税	成功	53.2	14.5	42.1
75B	1918年6月2日	联邦所得税	失败	45.9	7.5	65.4

续表

类型	时间	议题	成功或失败	赞成的选票		
				选民（%）	邦	投票结果
76B	1918年10月13日	议会的比例代表制选举	成功	68.8	19.5	49.6
77A	1919年5月4日	航海	成功	83.6	22	53.9
78A	1919年5月4日	新战争税	成功	65.1	20	53.7
79A	1919年8月10日	解散国家议会	成功	71.6	21.5	32.8
80D	1920年3月21日	工作环境	失败	49.8	—	60.3
81B	1920年3月21日	赌博场所	成功	51.0	14	60.5
82C	1920年3月21日	赌博场所	失败	20.3	0.5	60.5
83A	1920年5月16日	加入国际联盟	成功	56.3	11.5	77.5
84D	1920年10月31日	在公立交通运输单位的工作时间	成功	57.1	—	68.1
85B	1921年1月30日	条约裁决公民投票	成功	71.4	20	63.1
86B	1921年1月30日	废止军事司法审判	失败	33.6	3	63.1
87A	1921年5月22日	规范汽车与机车的法律	成功	59.8	15.5	38.5
88A	1921年5月22日	航空业	成功	62.2	20.5	38.4
89B	1922年6月11日	归化为瑞士公民	失败	15.9	0	45.6
90B	1922年6月11日	驱逐外国人	失败	38.1	0	45.6
91B	1922年6月11日	国家议会的文官	失败	38.4	5	45.6
92D	1922年9月24日	联邦刑法	失败	44.6	—	70.3
93B	1922年12月3日	资本税	失败	13.0	0	86.3
94B	1923年2月18日	国内安全法	失败	11.0	0	53.2
95F	1923年2月18日	自由贸易协定	失败	18.5	—	53.4
96B	1923年4月15日	关税制	失败	26.8	0.5	65.8
97A	1923年6月3日	酒精饮料法	失败	42.2	10	64.6
98D	1924年2月17日	劳工法（修正）	失败	42.4	—	77.0
99B	1925年5月24日	老人与疾病保险	失败	42.0	6	68.3
100A	1925年10月25日	外国人地位	成功	62.2	18.5	68.0
101A	1925年12月6日	老人与疾病保险	成功	65.4	16.5	63.1

续表

类型	时间	议题	成功或失败	赞成的选票		
				选民（%）	邦	投票结果
102A	1926年12月5日	骨头食品供应	失败	49.6	8	72.7
103A	1927年5月15日	补助高山铁路	成功	62.6	21	55.3
104D	1927年5月15日	交通法	失败	40.1	—	57.8
105A	1928年5月20日	归化为瑞士公民	成功	70.6	19.5	45.2
106B	1928年12月2日	赌博场所	成功	51.9	14.5	55.5
107B	1929年3月3日	骨头食品供应	失败	2.7	0	67.3
108C	1929年3月3日	骨头食品供应	成功	66.3	21	67.3
109D	1929年3月3日	关税	成功	66.4	—	67.3
110B	1929年5月12日	联邦交通法	失败	32.7	3	65.0
111B	1929年5月12日	禁止（酒精饮料）	失败	37.2	0.5	66.4
112A	1930年4月6日	酒精饮料立法	成功	60.6	17	75.7
113C	1931年2月8日	禁止公务人员和军人配戴勋章	成功	70.2	17	41.8
114A	1931年3月15日	国家议会的席次	成功	53.9	13.5	53.4
115A	1931年3月15日	联邦代议士的任期	成功	53.7	16	53.4
116D	1931年12月6日	退休金法	失败	39.7	—	78.1
117D	1931年12月6日	烟草税	失败	49.9	—	78.1
118D	1933年5月28日	调降联邦雇员的薪水	失败	44.9	—	80.5
119D	1934年3月11日	法治保障	失败	46.2	—	78.9
120D	1935年2月24日	军训教育	成功	54.2	—	79.9
121D	1935年5月5日	交通惯性转换	失败	32.3	—	63.2
122B	1935年6月2日	对抗经济危机的方法	失败	42.8	4	84.4
123B	1935年9月8日	宪法全部修正	失败	27.7	—	60.9
124B	1937年11月28日	禁止共济会	失败	31.1	1	64.6
125A	1938年2月20日	罗曼斯方言当作第四个官方语言	成功	91.6	22	54.3
126B	1938年2月20日	任意式公民投票修正	失败	15.2	0	54.3
127B	1938年2月20日	民营军火工业	失败	11.5	0	54.3

续表

类型	时间	议题	成功或失败	赞成的选票		
				选民（%）	邦	投票结果
128C	1938年2月20日	民营军火工业	成功	68.8	22	54.3
129D	1938年7月3日	瑞士刑法法典	成功	53.5	—	57.0
130A	1938年11月27日	联邦政府财政	成功	72.3	21	60.3
131B	1939年1月22日	扩大宪法裁判权	失败	28.9	0	46.6
132C	1939年1月22日	滥用紧急条款	成功	69.1	21	46.6
133A	1939年6月4日	国家预防失业	成功	69.1	19	54.7
134D	1939年12月3日	文官地位	失败	37.6	—	63.4
135D	1940年12月1日	准军人训练	失败	44.3	—	62.2
138B	1941年3月9日	酒精饮料规范立法	失败	40.2	—	60.1
137B	1942年1月25日	联邦议会的选举	失败	32.4	0	61.9
138B	1942年5月3日	国会重组	失败	34.9	0.5	51.4
139D	1944年10月29日	不公平的竞争	成功	52.9	—	50.9
140D	1945年1月21日	国营铁路法	成功	56.7	—	52.8
141C	1945年11月25日	家庭保障	成功	76.3	21.5	55.5
142C	1946年2月10日	公共交通运输之调整	失败	33.6	1	65.2
143B	1946年12月8日	工作权	失败	19.2	0	51.3
144B	1947年5月18日	经济改革及劳工法	失败	31.2	0	59.4
145A	1947年7月6日	经济商品	成功	53.0	13	79.7
146D	1947年7月6日	退休金法	成功	80.0	—	79.7
147D	1948年3月14日	糖业的垄断	失败	36.2	—	56.5
148A	1949年5月22日	发行纸币	失败	38.5	1.5	61.0
149D	1949年5月22日	预防结核病	失败	24.8	—	61.0
150B	1949年9月11日	直接民主（紧急条款）	成功	50.7	12.5	42.5
151D	1949年12月11日	联邦官员的地位	成功	55.3	—	72.0
152D	1950年1月29日	国家补助住屋建设	失败	46.3	—	52.8
153A	1950年6月4日	联邦财政	失败	35.5	6	55.3

续表

类型	时间	议题	成功或失败	赞成的选票		
				选民（%）	邦	投票结果
154B	1950年10月1日	不动产与劳力投资	失败	27.0	0	43.7
155A	1950年12月3日	国家议会的席次	成功	67.3	20	55.7
156A	1950年12月3日	1951－1954年的联邦税	成功	69.5	20	55.7
157D	1951年2月25日	汽车的交通运输系统	失败	44.3	—	52.4
158B	1951年4月15日	发行纸币	失败	12.3	0	53.1
159C	1951年4月15日	发行纸币	成功	68.1	22	53.1
160B	1951年7月8日	课征国营企业税	失败	32.6	—	37.6
161D	1952年3月2日	新旅社的建设	失败	46.1	—	40.1
162D	1952年3月30日	农业法	成功	54.0	—	64.1
163B	1952年4月20日	联邦薪资税	失败	19.0	0	49.1
164B	1952年5月18日	军备的财源	失败	43.7	4	53.9
165A	1952年7月6日	军备的财源	失败	42.0	3	44.2
166D	1952年10月5日	课征香料产品税	成功	68.0	—	52.6
167D	1952年10月5日	空袭避难所	失败	15.5	—	52.6
168A	1952年11月23日	控制物价	成功	62.8	16	56.4
169A	1952年11月23日	供给谷物	成功	72.5	21.5	56.4
170D	1953年4月19日	邮政关税	失败	36.5	—	52.7
171A	1953年12月6日	联邦政府财政	失败	42.0	3	60.3
172A	1953年12月6日	水污染防治	成功	81.3	22	59.1
173D	1954年6月20日	核发专业联邦证书	失败	33.0	—	40.9
174D	1954年6月20日	补助瑞士战争的受难者	失败	44.0	—	40.7
175A	1954年10月24日	1955－1958年的联邦税	成功	70.0	21	46.8
176B	1954年12月5日	古迹维护	失败	31.2	1	51.9
177B	1955年3月13日	消费者与借贷人之保障	失败	50.2	7	55.5
178C	1955年3月13日	消费者与借贷人之保障	失败	40.6	8.5	55.5
179A	1956年3月4日	控制物价	成功	77.5	22	48.7

续表

类型	时间	议题	成功或失败	赞成的选票		
				选民（%）	邦	投票结果
180B	1956年5月13日	开发水利资料	失败	36.9	2.5	52.1
181D	1956年5月13日	国家补助私人木材事业	失败	42.5	—	52.6
182A	1956年9月30日	供给骨物（修正版）	失败	38.7	5.5	44.0
183C	1956年9月30日	经费支出的公民投票	失败	45.5	9	43.8
184A	1957年3月3日	民防组织	失败	48.1	14	53.1
185A	1957年3月3日	广播与电视之立法	失败	42.8	10.5	53.0
186A	1957年11月24日	核能能源	成功	77.3	22	45.5
187A	1957年11月24日	供给谷物	成功	66.7	21.5	45.5
188B	1958年1月26日	经济权力的误用	失败	25.9	0	51.8
189A	1958年5月11日	联邦政府财政	成功	54.6	17.5	53.2
190A	1958年7月6日	电影业	成功	61.3	20.5	42.3
191C	1958年7月6日	高速公路系统	成功	85.0	21	42.4
192B	1958年10月26日	每周44小时工时	失败	35.0	0.5	61.4
193A	1958年12月7日	在温泉浴场的赌博行为	成功	59.9	20.5	46.2
194F	1958年12月7日	开发斯波河（Spol）	成功	75.2	—	46.4
195A	1959年2月1日	女性享有投票权	失败	33.1	3	66.7
196A	1959年5月24日	民防组织	成功	66.3	22	42.9
197A	1960年5月29日	控制物价	成功	77.5	22	39.0
198D	1960年12月4日	对牛奶制品的法律	成功	56.3	—	49.8
199A	1961年3月5日	对输油管的法律	成功	71.4	22	62.8
200D	1961年3月5日	课征汽车燃料税	失败	46.5	—	63.3
201B	1961年10月22日	立法创制权	失败	29.4	0	40.1
202D	1961年12月3日	制表工业	成功	66.7	—	45.8
203B	1962年4月1日	禁止核武	失败	34.8	4	55.6
204A	1962年5月27日	对自然山水的保护	成功	79.1	22	38.7
205D	1962年5月27日	国会议员的薪水	失败	31.7	—	38.7

续表

类型	时间	议题	成功或失败	赞成的选票		
				选民（%）	邦	投票结果
206A	1962 年 11 月 4 日	国会席次	成功	63.7	16	36.3
207B	1963 年 5 月 26 日	核武	失败	37.8	4.5	48.8
208A	1963 年 12 月 8 日	联邦政府财政	成功	77.6	22	41.8
209A	1963 年 12 月 8 日	学术奖助制	成功	78.5	22	41.7
210A	1964 年 2 月 2 日	财税特赦	失败	42.0	3.5	44.3
211D	1964 年 5 月 24 日	专业教育	成功	68.6	—	37.0
212A	1964 年 12 月 6 日	控制物价	成功	79.5	22	39.2
213G	1965 年 2 月 28 日	信用的限制	成功	57.7	18.5	59.7
214G	1965 年 2 月 28 日	建设的限制	成功	55.5	17	59.7
215D	1965 年 5 月 16 日	牛奶与牛奶制品	成功	62.0	—	37.4
216A	1966 年 10 月 16 日	旅居海外的瑞士人	成功	68.1	22	47.9
217B	1966 年 10 月 16 日	对抗酒精中毒	失败	23.4	—	48.0
218B	1967 年 7 月 2 日	房地产投资	失败	32.7	1	37.9
219A	1968 年 2 月 18 日	财税特赦	成功	61.9	22	41.8
220D	1968 年 5 月 19 日	制订香料制品的价格	失败	48.2	—	36.9
221D	1969 年 6 月 1 日	联邦技术中等学校	失败	34.5	—	33.9
222A	1969 年 9 月 14 日	乡镇计划	成功	55.9	19.5	32.9
223D	1970 年 2 月 1 日	控制糖业	成功	54.2	—	43.8
224B	1970 年 6 月 7 日	减少外国人的数目	失败	46.0	7	74.1
225A	1970 年 9 月 27 日	体育教育	成功	74.5	22	43.8
226B	1970 年 9 月 27 日	住宅供给与家庭	失败	48.9	8	43.8
227A	1970 年 11 月 15 日	联邦政府财政	失败	55.4	9	40.9
228A	1971 年 2 月 7 日	女性投票权	成功	65.7	15.5	57.7
229A	1971 年 6 月 6 日	环境的保护	成功	92.7	22	37.9
230A	1971 年 6 月 6 日	联邦政府财政	成功	72.7	22	37.8
231B	1972 年 3 月 5 日	寓所的建设	失败	28.9	0	35.7

续表

类型	时间	议题	成功或失败	赞成的选票		
				选民（%）	邦	投票结果
232C	1972年3月5日	寓所的建设	成功	58.5	21	35.7
233A	1972年3月5日	借贷人之保障	成功	85.4	22	35.7
234G	1972年6月4日	营建市场	成功	83.3	22	26.7
235G	1972年6月4日	捍卫瑞士币	成功	87.7	22	26.7
236B	1972年9月24日	武器的输出	失败	49.6	7	33.1
237B	1972年12月3日	老人退休金（修正案）	失败	15.6	0	52.9
238C	1972年12月3日	老人退休金（修正案）	成功	74.0	22	52.9
239A	1972年12月3日	与欧共体协定自由贸易	成功	72.5	22	52.9
240A	1973年3月4日	教育	失败	52.8	10.5	27.5
241A	1973年3月4日	科学研究	成功	64.5	19	27.5
242A	1973年5月20日	废除自白条款	成功	54.9	16.5	40.3
243G	1973年12月2日	物价与薪水之控制	成功	59.8	20	35.0
244G	1973年12月2日	信用的控制	成功	65.1	18.5	35.0
245G	1973年12月2日	管制营建市场	成功	70.4	20	35.0
246G	1973年12月2日	限制分期偿还的宽限	成功	68.0	19.5	35.0
247A	1973年12月2日	保护动物	成功	84.0	22	35.0
248B	1974年10月20日	减少外国人的数目	成功	34.2	0	70.3
249A	1974年12月8日	联邦政府财政	失败	44.4	4	39.6
250A	1974年12月8日	限制联邦支出	成功	67.0	22	39.5
251B	1974年12月8日	健康保险	失败	26.7	0	39.7
252C	1974年12月8日	健康保险	失败	32.1	0	39.7
253A	1975年3月2日	经济政策	失败	52.7	11	28.4
254A	1975年6月8日	联邦政府财政	失败	56.0	17	36.8
255G	1975年6月8日	捍卫端士币	成功	85.5	22	36.8
256A	1975年6月8日	限制联邦支出	成功	75.9	22	36.8
257D	1975年6月8日	关税、燃料税	失败	48.2	—	36.8

续表

类型	时间	议题	成功或失败	赞成的选票		
				选民（%）	邦	投票结果
258D	1975年6月8日	高速公路系统的财源	成功	53.5	—	36.8
259A	1975年12月7日	居住的自由与社会救助	成功	75.6	22	30.9
260A	1975年12月7日	水资源的法案	成功	77.5	21	30.9
261D	1975年12月7日	农业产品输入与输出	成功	52.0	—	31.1
262B	1976年3月21日	工人的参与权	失败	32.4	0	39.4
263C	1976年3月21日	工人的参与权	失败	29.6	0	39.4
264B	1976年3月21日	更公平的税率	失败	42.4	—	39.3
265A	1976年6月13日	强制性失业保险	成功	68.3	21	34.5
266D	1976年6月13日	乡镇计划	失败	48.9	—	34.6
267F	1976年6月13日	借贷给国际发展协会	失败	43.6	—	34.5
268A	1976年9月26日	广播与电视法案	失败	43.3	3.5	33.5
269B	1976年9月26日	政府对汽车的责任保险	失败	24.3	0	33.5
270G	1976年12月5日	货币与信用政策	成功	70.3	22	44.8
271G	1976年12月5日	控制物价	成功	82.0	22	45.1
272B	1976年12月5日	每周工时40小时	失败	22.0	0	45.2
273B	1977年3月13日	减少外国人的数目	失败	29.5	0	45.2
274B	1977年3月13日	外国人归化为端士人	失败	33.8	0	45.2
275B	1977年3月13日	国际条约公投	失败	21.9	0	45.0
276C	1977年3月13日	国际条约公投	成功	61.0	20.5	45.0
277A	1977年6月12日	采用增值税	失败	40.5	1	50.0
278A	1977年6月12日	各邦税赋一致化	成功	61.3	17.5	49.9
279B	1977年9月25日	借贷人的保障	失败	42.2	3.5	51.6
280C	1977年9月25日	借贷人的保障	失败	41.2	1.5	51.6
281B	1977年9月25日	汽车造成的空气污染	失败	39.0	1.5	51.7
282A	1977年9月25日	公民投票的连署数目	成功	57.8	18	51.6
283A	1977年9月25日	创制权连署的数目	成功	56.7	19	51.6

续表

类型	时间	议题	成功或失败	赞成的选票		
				选民（%）	邦	投票结果
284B	1977年9月25日	怀孕前12周可堕胎	失败	48.3	7	51.9
285B	1977年12月4日	高收入课征高所得税	失败	44.4	2.5	38.3
286A	1977年12月4日	文官	失败	37.6	0	38.1
287D	1977年12月4日	政治权利的运用	成功	93.7	—	38.1
288D	1977年12月4日	平衡联邦政府的财政	成功	62.4	—	38.2
289B	1978年2月26日	高速公路的建设	失败	38.7	0	48.2
290B	1978年2月26日	退休的年龄	失败	20.6	0	48.3
291A	1978年2月26日	经济政策	成功	68.4	22	48.0
292D	1978年2月26日	老年退休金法（修正案）	成功	65.6	—	48.3
293D	1978年5月28日	日光时间	失败	47.9	—	48.8
294D	1978年5月28日	关税	成功	54.8	—	48.8
295D	1978年5月28日	堕胎法	失败	31.2	—	48.8
296D	1978年5月28日	大学与研究法	失败	43.4	—	48.8
297B	1978年5月28日	星期日不使用汽车运输	失败	36.3	0	48.8
298A	1978年9月24日	建立侏罗（Jura）邦	成功	82.3	22	42.0
299D	1978年12月3日	供应牛奶	成功	68.5	22	43.2
300D	1978年12月3日	保护动物	成功	81.7	22	43.3
301D	1978年12月3日	联邦安全警察	失败	44.0	6	43.3
302D	1978年12月3日	职业教育	成功	56.0	17	43.3
303A	1979年2月18日	满18岁有投票权	失败	49.2	9	49.6
304C	1979年2月18日	行人徒步区	成功	77.6	22	49.6
305B	1979年2月18日	禁止酒及香料广告	失败	41.0	0.5	49.6
306B	1979年2月18日	核子计划	失败	48.8	9	49.6
307A	1979年5月12日	采用增值税	失败	34.6	0	37.7
308D	1979年5月12日	原子能量之修正	成功	68.9	22	37.6
309B	1980年3月2日	政教分离	失败	21.1	0	34.7

续表

类型	时间	议题	成功或失败	赞成的选票		
				选民（%）	邦	投票结果
310A	1980年3月2日	商品之供应	成功	86.1	23	34.5
311D	1980年11月30日	安全带与安全帽	成功	51.6	13	42.1
312A	1980年11月30日	中止邦共享印花税收入	成功	67.3	20	41.9
313A	1980年11月30日	酒税收入的再分配	成功	71.0	21	41.9
314A	1980年11月30日	谷物价格	成功	63.5	20	41.9
315B	1981年4月5日	外国居留者的政策	失败	16.2	0	39.9
316C	1981年6月14日	男女的平等权	成功	60.3	15.5	33.9
317C	1981年6月14日	保护消费者权利	成功	65.5	20	33.9
318A	1981年11月29日	联邦税	成功	69.0	23	30.4
319D	1982年6月6日	对暴力犯罪的刑法规定	成功	63.7	22	35.2
320D	1982年6月6日	有关外国人的法律	失败	49.6	9	35.2
321B	1982年11月28日	控制物价	成功	56.1	17	32.9
322C	1982年11月28日	控制物价	失败	21.6	0	32.9
323A	1983年2月27日	汽油税	成功	52.7	15.5	32.4
324A	1983年2月27日	建立能源政策的准则	失败	50.9	11	32.4
325A	1983年12月4日	修正国籍法	成功	60.8	20.5	35.8
326A	1983年12月4日	放宽归化政策	失败	44.8	5	35.9
327A	1984年2月26日	课征卡车税	成功	58.7	15.5	52.8
328A	1984年2月26日	高速公路税	成功	53.0	16	52.8
329B	1984年2月26日	文官	失败	36.2	1.5	52.8
330B	1984年5月20日	银行业	失败	27.0	0	42.5
331B	1984年5月20日	禁售土地给外国人	失败	48.9	8.5	42.5
332B	1984年9月23日	终结原子能发展	失败	45.0	6	41.7
333B	1984年9月23日	安全的能源政策	失败	45.8	6	41.6
334A	1984年12月2日	广播法	成功	68.7	23	37.5
335C	1984年12月2日	帮助暴力下的受害者	成功	82.1	23	37.6

续表

类型	时间	议题	成功或失败	赞成的选票		
				选民（%）	邦	投票结果
336C	1984年12月2日	保障母权	失败	15.8	0	37.6
337A	1985年3月10日	终止联邦初等学校补助	成功	58.5	18	34.4
338A	1985年3月10日	终止联邦初等学校补助	成功	53.0	13	34.4
339A	1985年3月10日	终止联邦教育补助	失败	47.6	8.5	34.4
340B	1985年3月10日	休假领薪的期限	失败	34.8	2	34.6
341B	1985年6月9日	生命权	失败	31.0	5.5	35.7
342A	1985年6月9日	中止邦共享印花税收入	成功	66.5	22	35.2
343A	1985年6月9日	减少邦共享酒类税收入	成功	72.3	22	35.2
344A	1985年6月9日	谷类法案	成功	57.0	18.5	35.3
345C	1985年9月22日	学校学期标准化	成功	58.8	16	41.0
346D	1985年9月22日	创新风险承担之保险	失败	43.1	0	40.9
347D	1985年9月22日	夫妻权益新法	成功	54.7	14	41.1
348B	1985年12月1日	禁止活体解剖	失败	29.5	0	38.0
349A	1986年3月16日	加入联合国	失败	24.3	0	50.7
350D	1986年9月28日	补助糖业产品	失败	38.4	5	34.0
351B	1986年9月28日	艺术的补助	失败	17.1	0	34.0
352C	1986年9月28日	艺术的补助	失败	45.0	0	34.0
353B	1986年9月28日	职业训练保证	失败	18.4	0	34.0
354C	1986年12月7日	承租人的保障	成功	64.4	18.5	34.0
355B	1986年12月7日	高承载卡车的科税	失败	33.9	0	34.0
356D	1987年4月5日	政治庇护法的修正	成功	67.3	23	42.4
357D	1987年4月5日	有关外国人法律的修正	成功	65.7	23	42.2
358A	1987年4月5日	创制法案须经双重同意	成功	63.3	21	42.3
359B	1987年4月5日	军事支出提交公民投票	失败	40.6	2.5	42.4
360D	1987年12月6日	2000铁路计划	成功	56.7	18.5	47.7
361B	1987年12月6日	关闭罗斯恩特军事基地	成功	57.8	20	47.7

续表

类型	时间	议题	成功或失败	赞成的选票		
				选民（%）	邦	投票结果
362D	1987年12月6日	疾病与母权保险	失败	28.7	1	47.7
363A	1988年6月12日	调整交通运输政策	失败	45.5	3.5	41.9
364B	1988年6月12日	降低领取老人金的年龄	失败	35.1	2	42.0
365B	1988年12月4日	禁止于乡市搞房地产	失败	30.8	0	52.8
366B	1988年12月4日	每周工时40小时	失败	34.3	2	52.9
367B	1988年12月4日	限制移民	失败	32.7	0	52.8
368B	1989年6月4日	保护小型农场	失败	48.9	8	36.0
369B	1989年11月26日	废止军队	失败	35.6	2	68.6
370B	1989年11月26日	高速公路限速130公里	失败	38.0	5	68.6
371B	1990年4月1日	停止所有新道路铺设	失败	28.5	0	40.5
372B	1990年4月1日	避免在墨登与于佛登间设置高速公路	失败	32.7	0	40.5
373B	1990年4月1日	避免在威兹维尔与克罗南间设置高速公路	失败	31.4	0	40.5
374B	1990年4月1日	避免在毕尔与索罗腾间设置高速公路	失败	34.0	0	40.5
375D	1990年4月1日	进口酒标准	失败	46.7	11	40.5
376D	1990年4月1日	联邦司法的修正	失败	47.4	7	40.5
377A	1990年9月23日	建立联邦能源政策准则	成功	71.0	23	39.6
378B	1990年9月23日	十年内暂停核子建设	成功	54.6	19.5	39.6
379B	1990年9月23日	终止使用核能	失败	47.1	7	39.6
380D	1990年9月23日	放宽卡车宽度限制	成功	52.8	15	39.6
381A	1991年3月3日	降低投票年龄至18岁	成功	72.8	23	31.1
382B	1991年3月3日	转换道路建设资金到公共交通运输	失败	37.1	1.5	31.1
383D	1991年6月2日	采用联邦加值税以取代公司税	失败	45.7	2.5	32.6
384D	1991年6月2日	因基于宗教信仰而不服兵役者将不违法	成功	55.7	19	32.6

续表

类型	时间	议题	成功或失败	赞成的选票		
				选民（%）	邦	投票结果
385F	1992 年 5 月 17 日	加入国际货币基金及世界银行	成功	55.8	18.5	36.6
386D	1992 年 5 月 17 日	规范政府加入国际货币基金及世界银行	成功	56.4	18.5	36.4
387B	1992 年 5 月 17 日	减少水库的数目以保护自然生态	失败	37.1	0	38.4
388D	1992 年 5 月 17 日	削减减水库数目	成功	66.1	18.5	38.5
389D	1992 年 5 月 17 日	规范基因技术	成功	73.8	22	38.0
390A	1992 年 5 月 17 日	文官可因基于宗教信仰而不服兵役	成功	82.5	23	38.6
391D	1992 年 5 月 17 日	未成年之间与同性恋者的行为合法化	成功	73.1	22	37.9
392D	1992 年 9 月 27 日	建造跨阿尔卑斯山铁路的汽车行驶道路	成功	63.6	21	45.9
393D	1992 年 9 月 27 日	修正报酬、出版和法律引用的程序	成功	58.0	17	45.4
394D	1992 年 9 月 27 日	变更银行印花税	成功	61.5	23	45.7
395D	1992 年 9 月 27 日	农夫继承的规定	成功	53.6	15	45.7
396D	1992 年 9 月 27 日	增加国会议员的薪资与政党的补助金	失败	27.6	0	45.6
397D	1992 年 9 月 27 日	增进国会议员的设备与行政服务	失败	30.6	1	45.5
398A	1992 年 12 月 6 日	加入成为欧洲经济体	失败	49.7	7	78.3
399D	1993 年 3 月 7 日	提高汽油税每公升为 20 分瑞士法郎	成功	54.5	15	51.3
400A	1993 年 3 月 7 日	赌场合法化	成功	72.5	23	51.3
401B	1993 年 3 月 7 日	禁止所有动物实验	失败	27.8	0	51.3
402B	1993 年 6 月 6 日	2000 年前中止购买 F/A－18 飞机	失败	42.7	4	54.5
403B	1993 年 6 月 6 日	限制军事基地总数	失败	44.5	7	54.6

续表

类型	时间	议题	成功或失败	赞成的选票		
				选民（%）	邦	投票结果
404A	1993 年 9 月 26 日	预防武器滥用	成功	86.3	23	39.4
405A	1993 年 9 月 26 日	将伯恩区合并至伯索州	成功	75.2	23	39.5
406B	1993 年 9 月 26 日	8 月 1 日公休	成功	83.8	23	39.9
407D	1993 年 9 月 26 日	限制健康保险的成本	成功	80.5	23	39.8
408D	1993 年 9 月 26 日	失业保险之修正	成功	70.4	23	39.7
409A	1993 年 11 月 28 日	会计制度之修正	成功	66.7	22	44.3
410A	1993 年 11 月 28 日	对所有货品及服务课征联邦加值税	成功	60.6	20	43.8
411A	1993 年 11 月 28 日	增加联邦税收（加值税约 6.5%）	成功	57.7	18	44.2
412A	1993 年 11 月 28 日	保留社会保险之措施	成功	62.6	22	44.0
413B	1993 年 11 月 28 日	禁止酒类广告	失败	25.3	0	44.7
414B	1993 年 11 月 28 日	禁止香料产品广告	失败	25.5	0	44.7

备注：

（1）“—”意指无法获得的资料。

（2）首次强制宪法公投是针对 1848 年宪法而举行。此类型的公民投票于 1866 年首次举行。投票的类型包括：A 表示宪法的修正（义务性公民投票）。B 表示创制性公民投票。C 表示国会反创制提案。D 表示废止型（任意型）公民投票。E 表示对宪法全部修正的创制性公民投票。F 表示签定或加入国际条约的公民投票（选择性的）。G 表示与宪法规范不符的紧急法令。

资料来源：David Butler, Austin Ranney (eds.), *Referendums around the World: The Growing Use of Direct Democracy*, Washington, D. C: American Enterprise Institute, 1994.

后　记

本书是笔者近五年来研究成果的一个集中体现，大致包括以下两个阶段的成果内容：

第一阶段（时间为2002年8月至2004年8月）的研究成果是笔者的博士后研究报告。2002年7月，笔者于中国人民大学获得政治学博士学位后留校任教；同年9月，又入中国社会科学院法学博士后流动站从事宪法学专业的课题研究。当初在我的博士后进站申请报告中所设计的本来不是这个选题，而是“海峡两岸政治体制比较研究”。后来考虑到原选题很敏感，也难以研究得很深入。因而进站后我就产生了改变原选题的想法，但怎么改呢？基于本人博士生期间师从黄嘉树教授研究台湾问题的学术背景，思来想去，最后选中了“自决权理论”这一研究课题。从现实意义来看，改为这个选题应该是正确的选择；但该选题的研究难度很大。因为自决权理论是一个横跨政治学、宪法学、国际法、国际政治等几个学科或专业的论题。单就其中的若干概念而言，由于使用它们的学科背景不同，因而含义模糊、歧义丛生，将它们界定清楚尚属不易；倘若在此基础上再有所“理论突破”，那就显得更加艰难。经过两年的博士后研究，至2004年7月博士后研究报告如期完成（当时文稿近18万字），后顺利通过答辩。在答辩会上，专家们对该研究报告所取得的成果给予了积极的肯定和高度的评价；同时也希望我在今后的一段时间里，对于还没有来得及研究的几个问题要继续研究下去。

第二阶段（2004年7月至2007年8月）的研究成果是国家社科基金项目的结项成果。带着博士后研究期间还未来得及研究的问题，笔者将该选题作为青年自选项目申报国家社科基金项目，并于2004年6月被批准立项。这样，在原来博士后研究的基础上，笔者对自决权理论问题又开始了进一步的研究。至2007年8月，课题基本完成，该书也就基本定稿。

本书出版之际，首先我要感谢博士后研究期间的合作导师和相关老师，他们是：中国社会科学院政治学所的白钢教授、中国社会科学院法学所的张庆福教授、莫纪宏教授、夏勇教授、周汉华教授、信春鹰教授、李林教授、陈云生教授。在这两年的博士后研究期间，他们给了我莫大的帮助和指导，特别是在该研究报告的选题论证、提纲设计、开题报告、中期考核、论文答辩等环节上，都对课题的研究提出了宝贵的建议。论文成形以后，各位导师对初稿进行了详细的审阅，并对初稿的完善提出了建设性的意见，从而使该研究报告以更加成熟的面貌呈现于此。法学系办公室的崔燕云主任和孙秀升老师也对本人在流动站期间的研究提供了很大的帮助，在此一并表示真诚的谢意。另外，我要特别感谢北京大学法学院的白桂梅教授。2003 年 3 月 13 日经夏勇老师介绍，我第一次来北大拜访她时，受到了她的热情接待，并将个人专著《国际法上的自决》赠送与我。自此以后，又多次打电话向她请教自决权的有关理论问题。她都尽其所知，认真答复。她的这本书对于我后来的研究有许多帮助，很多思路都受其启发。

本书初步定稿以后，我的博士学位导师中国人民大学黄嘉树教授从百忙中抽出时间通读了书稿，就文中的基本观点和有关表述，提出了宝贵的个人意见，后来笔者在考虑他有益建议的基础上，又对书稿作了修改和加工。国务院台湾事务办公室法规局局长周宁先生对书稿进行了审阅，之后还特意打电话约我去他办公室，就书稿中的有些观点进行进一步切磋，并提出了宝贵的修改意见。我的同事中国人民大学当代中国政治研究所的林红博士也对书稿提出了宝贵的个人建议。在此，对他们一并表示感谢。

本书得以顺利出版，应归功于九州出版社总编辑王杰教授的关心和支持，他对于该课题的研究以及该书的出版都给予了很大的帮助。让我不好意思的是，我未能按照约定的时间按时交出书稿。在此既向他表示感谢，也向他表示歉意。责任编辑祝松先生对本书的出版付出了大量的辛劳，在此也表示感谢。

王英津

2007 年 9 月 20 日于中国人民大学